뉴레프트리뷰 · 5

뉴레프트리뷰 · 5
New Left Review

예란 테르보른 · 낸시 프레이저 외 지음 | 김영선 · 박형준 · 서영표 · 정병선 외 옮김

도서출판 길

뉴레프트리뷰 · 5

2014년 4월 25일 제1판 제1쇄 인쇄
2014년 4월 30일 제1판 제1쇄 발행

지은이 | 예란 테르보른 · 낸시 프레이저 · T. J. 클라크 외
옮긴이 | 김영선 · 박형준 · 서영표 · 정병선 외

편집위원장 | 진태원
편집위원 | 홍기빈 · 서영표

펴낸이 | 박우정

기획 | 이승우
편집 | 권나명

펴낸곳 | 도서출판 길
주소 | 135-891 서울 강남구 신사동 564-12 우리빌딩 201호
전화 | 02)595-3153   팩스 | 02)595-3165
등록 | 1997년 6월 17일 제113호

한국어판 ⓒ 도서출판 길, 2014. Printed in Seoul, Korea

ISBN 978-89-6445-086-4 93100

1

새로운 상황이 나타날 때마다 여기에서 새로운 실천을 펼쳐야 하는 이들이 부딪히게 되는 문제가 있다. 이 상황이 '새로운 상황'이라는 것을 어떻게 알 수 있는가? 그리고 정말 새로운 상황이라면 어떤 '새로운' 인식의 틀과 개념들로 그것을 포착해야 하는가? 그 과정에서 우리의 기존의 의식 세계를 구성하는 개념들과 인식 틀은 어디에서 도움이 되며 어디에서 버려야 하는가?

난데없이 추상적인 질문을 던져서 당혹스러울 수도 있겠다. 하지만 이 문제는 달리 표현할 방법이 없는 것 같다. '새것'은 그야말로 헤겔이 말하는 대로 '무매개적으로' 우리의 얼굴을 강하게 가격하면서 닥쳐오기 때문이다. 이때 가장 흔히 벌어지는 일은 마셜 맥루언(Marshall McLuhan)의 유명한 '백미러 보기'다. 분명히 눈앞에 나타난 것은 새로운 것이지만, 그것을 인식하는 적당한 틀과 개념을 단번에 만들어낼 수는 없고, 결국 우리가 가지고 있는 기존의 인식 틀 및 개념 가운데 가장 비슷한 것을 꺼내어 그것을 포착할 수밖에 없게 되어 있다. 하지만 이렇게 해서 우리가 보게 되는 것은 차 앞에서 벌어지는 일이 아니라 사실 백미러에 비치는 과거의 이야기일 뿐이다. 불행한 일이지만, 우리가 눈앞의 상황이라고 인식하고 있다고 믿었던 게 사실 뒤통수 뒤의 그림이었다는 것은 차가 화단을 박살 내고 벽에 부닥친 후에야 깨닫기 십상이다.

좌파가 전통적으로 지구적 자본주의의 현실을 인식하고 그 안에서의 실천을 고민하는 인식의 틀과 개념은 '노동계급의 이데올로기'로서의 마르크스주의에 결정적으로 기대고 있었다. 대략 19세기 중반의 자본주의를 모델로 하여 태어난 마르크스주의는 20세기 초 수정주의 논쟁과 레닌주의로의 전환 등을 겪으면서 그 범위와 규모를 확장하였고, 마침내 죄르지 루카치(György Lukács)는 마르크스주의의 정수는 '방법'에 있다고 선언하여 마르크스주의에 영구적인 진리의 위치를 부여하게 된다. 자본주의는 역사적 실체이므로 계속 변해 나가며, 이를 극복하기 위한 좌파의 프로젝트 또한 계속 변해 나갈 수밖에 없다는 것은 당연히 인정된다. 하지만 마르크스주의 또한 예사의 이데올로기와는 다른, '변증법적 세계관'이다. 따라서 그 틀과 개념들에는 역사의 본질이 이미 포착되어 있으므로, 그 어떤 상황과 조건이 전개된다고 해도 그 틀과 개념들을 변증법적으로 사유하고 구사하기만 하면 그것들을 충분히 설명할 수 있을 뿐만 아니라 이를 타개할 수 있는 전략도 도출될 것이라는 주장이다.

하지만 역사와 현실의 전개는 그런 식의 '변증법 드립'으로 때울 수 있을 만큼 만만하지 않았다. 새로운 상황이 펼쳐질 때마다 좌파들은 기존에 가지고 있었던 인식 틀과 개념들로 그것을 설명하고 그에 근거한 실천 방향을 도출하려고 했다. 하지만 이런 시도는 번번이 실패하고 말았다. 기존의 인식 틀과 개념들을 변증법적 사유라는 냄비에 넣어 아무리 고아내고 우려낸다고 해도 거기에서 나오는 것은 기실 허구한 날 똑같은 옛이야기일 뿐, 새로운 상황의 새로움을 새롭게 이해시켜줄 수 있는 인식의 틀은 내놓지 못했다. 그러니 여기에서 도출되는 실천이라는 것도 새로울 것이 하나도 없는 옛날의 행태를 그대로 답습하는 것에 불과했다. 당연히 이러한 실천은 현실에서의 무능력, 심지어 재난에 가까운 파산으로 끝날 때가 많았다.

21세기 초입에 들어선 오늘, 미래는 여전히 뿌옇고 현재 또한 제대로 포착되지 않고 있다. 이를 위해서는 새로운 인식의 틀과 개념들을 밑바닥에서부터 새로이 벼려내야 하며, 그러기 위해서는 차창 위에 달려 있는 백미러를 뜯어내야 하고, 우리도 모르는 사이에 우리 눈을 '가리고' 있던 안경과 렌즈가 있었는지 찾아내서 제거해야 한다. 그리고 훗날 되돌아보면 틀림없이 참으로 어설픈 삽질이었다고 비웃게 될 억지 가설과 조잡한 개념을 설정할 수밖에 없다. 그렇게 만들어낸 가설과 개념들을 또 자신의 손으로 철저히 때려 부수고 또 다른 삽질을 시작하는 고통스러운 일도 해야 한다. 이 고통스럽고 지루한 작업을 계속해 나간다면 그리고 운이 좋다면, 뿌옇기만 하던 시야에 몇 가지 굵직한 실체들이 돋을새김으로 나타날 수도 있으며, 그렇다면 잘 만들어진 지도까지는 몰라도 당장 어디로 몇 발짝 떼어놓을지의 앞가림은 할 수 있을지도 모른다. 물론 운이 좋지 않다면 이조차 실패하고 또 제자리로 돌아올 수밖에 없다. 하지만 이를 회피할 수 있는 선택지는 우리에게 없다.

2

이번 한국어판 『뉴레프트리뷰』에서 우선 눈에 띄는 글들은 역시 예란 테르보른의 「21세기의 계급」이다. 계급과 사회운동 연구의 대가답게 20세기의 세계사를 조감하면서 이 세기야말로 인류 역사상 보통의 근로 대중이 명확한 이름으로 스스로를 내세우면서 실질적인 평등과 민주주의의 대약진을 이루었던 '노동계급의 세기'였음을 분명히 보여주고 있다. 하지만 그 세기가 저물면서 더 이상 그렇게 뚜렷한 역사와 사회 변동의 한 주체로서의 노동계급의 시대도 막을 내렸다고 진단하고 있다. 이 글의 본문에서도 언급되고 있지만, 1990년대 초 한국의 젊은(혹은 어린) 마르크스주의 청년 들은 역사가 에릭 홉스봄(Eric Hobsbawm)이 이미 1970년대에 내놓았던 "노동계급의 행진은 종말을 고했다"는 글을 보면서 분개했고, 이를 비판하 면서 노동계급에 대한 희망을 여전히 고수하는 테르보른의 글에 열광했던 바 있다. 그랬던 테르보른이 이제 담담하게 홉스봄과 동일한 결론을 내리 는 것을 보면서 만감이 교차할 이들이 있을 것이다. 테르보른은 이제 지구 적 자본주의 전체를 볼 때, 희미하게나마 모종의 집단으로서 식별이 가능 해지고 있는 두 개의 집단을 들고 있다. 하나는 '중산층'이며 또 하나는 생 계 수준에서 허덕이며 일하고 있는 서민층이다. 하지만 첫째, 과연 이들이 현상 유지를 타파하고 새로운 사회질서를 만들어 나갈 주체로서 형성될 수 있을까? 둘째, 그렇다면 2008년 미증유의 세계경제 위기로 신자유주의적 금융자본주의가 일대 타격을 입은 지난 몇 년간 우리는 어째서 이렇다 할 만한 세력 형성을 보지 못했던 것일까?

볼프강 슈트렉의 글 「고객으로서의 시민」은 첫 번째 질문에 대해 상당히 비관적인 전망을 보여주는 듯하다. 소비주의에 대한 비판은 이미 1960년 대부터 이루어진 해묵은 주제이지만, 많은 경우 소비 대중을 대기업과 매 체에 의한 조작과 통제의 수동적 대상으로만 보았을 뿐 그러한 소비 활동 속에서 그들이 어떻게 새로운 존재로 변화해 나가는가에는 큰 관심을 기울 이지 않았던 감이 있었다. 슈트렉은 이 글에서 1980년대 이후 소비자에게 나타난 변화에 초점을 둔다. 중국집에 가면 무조건 짜장면이던 시절이 있 었듯이, 독일인들의 자동차는 무조건 폭스바겐이요 포드 자동차 색깔은 무 조건 검은색이던 시절이 있었지만, 오늘날의 자본주의는 소비자들의 다양 한 욕망과 욕구에 따라 맞춤형 소비를 가능케 한다. 하지만 공공성의 문제 와 민주적 정치의 영역은 이렇게 개인의 욕망에 따른 차별화가 불가능하며 본성상 집단적인 것일 수밖에 없다. 그렇다면 이러한 맞춤형 소비를 통해 새로이 나타난 고객으로서의 시민들에게 공공 영역과 민주정치는 항상 짜증나고 귀찮은 것으로 여겨질 수밖에 없다.

낸시 프레이저의 「삼중 운동?: 폴라니 이후 정치적 위기의 속살을 파헤친다」도 이번 호에서 가장 눈여겨보아야 할 글 가운데 하나로서, 위의 두 번째 질문에 대해 중요한 생각의 지점을 던져준다. 주지하듯이, 시장자본주의는 인간, 자연, 화폐의 전면적 상품화를 통해 자기조정 시장을 확립하려는 운동과 그 파괴적 결과로부터 사회를 보호하려는 운동이 서로 맞서게 되어 있고, 이 '이중 운동'의 길항작용이 전체 사회의 역동성을 결정한다는 것이 칼 폴라니(Karl Polanyi)의 명제였다. 그런데 전 지구적으로 상품화의 야수적인 물결이 휩쓸었던 지난 몇십 년간, 특히 그 절정에서 경제 위기가 터졌던 2008년 이후의 몇 년간 우리는 어째서 시장으로부터 사회를 보호하려는 운동이 일어나는 것을 볼 수 없었던 것일까? 프레이저는 1960년대 이후 현대 자본주의의 사회적 역동성을 결정하는 한 축으로 '해방운동'이 나타났다고 주장하면서, 이것이 그 '이중 운동'이라는 틀에서 갖는 애매성을 강조하고 있다. 이 운동은 한편으로는 사회의 보호를 내걸면서 억압적이고 위계적인 기존 질서를 강요하는 자들로부터 여러 다양한 주체의 해방을 주장하기도 하지만, 그 대신 시장과 상품화의 굴레에 그 주체들이 새로운 노예가 되는 것에 대해서도 조심스러운 태도를 견지하고 있다는 것이다. 결국 이 '해방운동'은 기존의 두 축과 더불어서 '삼중 운동'을 형성하고 있는 것이 현재의 양상이며, 상황의 전개를 폴라니가 그렸던 그림보다 복잡하고 비선형적으로 만들고 있는 것도 바로 이것이라는 생각을 시사하고 있다.

아세프 바야트의 「혁명의 호시절?」과 이에 대한 대답인 타리크 알리의 「과거와 미래 사이에서」는 이렇게 사회 세력의 출현을 둘러싼 상황은 변하고 있지만 그렇게 해서 출현한 세력이 부닥치게 되는 권력정치의 현실은 여전히 옛날과 다르지 않다는 것을 느끼게 해준다. 이집트와 튀니지를 필두로 아랍 전역을 휩쓸었던 시위는 새로운 양상의 대중운동이라는 점에서 크게 각광을 받았지만, 이집트의 경우 이러한 대중운동이 실제의 정치적 변화의 주역이 된 것은 아니었다. 이를 어떻게 보아야 할까? 바야트는 대중운동이 구체적으로 국가권력을 접수하고 바꾸어 나갈 수 있는 주체를 형성하지는 못했다는 것을 중요시하지만 그래도 정치판의 행위자들이 일정한 방향으로 나아가도록 계속 역할을 했다는 데 주목하면서, '개혁과 같은 혁명'이며 레이몬드 윌리엄스(Raymond Williams)가 말한 '긴 혁명'에 견주어볼 수 있다고 주장한다. 알리의 글은 이에 대해 이집트 및 아랍 국가들을 둘러싼 서방 국가들의 권력과 개입을 바야트가 무시하고 있음을 지적하면서 사태를 이렇게 대중운동에 의해 인도되는 '긴 혁명'으로 보는 시각을 일축하고 있다.

3

인류 역사상 인터넷보다 훨씬 더 큰 변화를 가져온 사건들은 여럿 댈 수 있겠지만, 인터넷만큼 인간의 정신생활과 물질생활에 똑같이 큰 변화를 가져온 사건은 찾아보기 힘들 것이다. 새로운 세상의 풍경을 파악하는 데 빼놓을 수 없는 화두가 웹과 가상 세계다. 로브 루카스의 「비판적 인터넷 평론가」는 니컬러스 카(Nicholas Carr)의 저작을 비판적으로 소개하고 있다. 카는 『와이어드』 같은 곳에서 쉽게 만나볼 수 있는 인터넷 '긱'(geek)들이 불어넣는 '바람'(hype)을 빼고 그것이 인간 세상에 가져오는 효과들에 대해 비관적인 시각을 제시하는 인물이다. IT가 생산성을 폭증시켜주리라는 항간의 믿음과 달리 단순히 전체적인 생산비만을 증가시킬 뿐 다른 경쟁자들에 대해 상대적인 우위를 가져다주는 것으로 보기는 힘들다는 것이다. 루카스는 여기에 덧붙여 이것이 전기나 수도 같은 일반 인프라와 달리 그 공급이 대규모 기업에 철저하게 독점되어 있는 상태라는 점을 덧붙인다.

또한 기술을 단지 '물질적'인 것에 국한하는 시각을 벗고 본다면, 인터넷이 사람들의 정신적 능력의 질과 심지어 뇌 구조 같은 생리적 변형까지 가져올 가능성을 간과할 수 없다는 점도 지적하고 있다.

줄리언 스탤러브라스의 「디지털 빨치산: 『뮤트』와 인터넷의 문화정치학」은 캘리포니아 냄새가 듬뿍 나는 『와이어드』와 달리 런던에 뿌리박은 채 인터넷 이후의 세상에서 벌어지고 있는 정치·문화·사회의 변화에 대해 비판적 시각을 제공하고 있는 매체 『뮤트』의 작업을 소개하고 있다. 인터넷이 과연 저항적·전복적 운동의 요람이자 요새가 될 수 있을까를 놓고서 많은 비관론과 낙관론이 교차한 바 있다. 『뮤트』의 향후 궤적은 어쩌면 이 질문의 답을 짚어볼 수 있는 시금석 역할을 할지도 모르겠다는 생각이 든다.

4

이번 호에는 새로운 세계의 경제질서를 다루는 글들이 몇 편 실려 있다. 먼저 리처드 던컨의 「새로운 세계 불황?」은 오늘날의 세계경제를 이해하는 한 열쇳말로서 '신용주의'라는 개념을 제시하고 있으며, 이것이 기존의 자본주의를 대체했다는 주장을 전개하고 있다. 기업의 영업을 통하여 축적된 이윤이 회수되고 순환되는 과정에서 통화가 창출되고 신용이 창조되는 것이 기존의 자본주의였다고 한다면, 20세기 중반과 후반 두 번의 대사건을 거치면서 금본위제가 사멸한 오늘날의 경제는 전혀 다른 질서인 '신용주의'의 시대로 들어섰다는 것이다. 국가를 정점으로 은행들과 금융기관, 각종 자산 시장으로 짜인 네트워크는 이제 스스로의 힘으로 얼마든지 '신용'에 의거하여 유동성을 창출할 수 있게 되었다. 이로 인해 폭발적으로 늘어난 신용과 화폐의 공급으로 인하여 자본주의 금융시장에 본래 내재하고 있는 과열-거품붕괴의 순환주기가 엄청나게 증폭될 수밖에 없으며 이것이 전면적 위기로 터진 것이 2008년의 사태였다는 분석이다. 던컨은 그렇다고 예전 금본위제 시절의 자본주의로 돌아가는 것을 답이라고 보지 않는다. 오히려 그렇게 생겨난 '신용주의'의 네트워크를 활용하여 친환경 에너지 산업 등의 건설적인 부문으로 사회적 구매력이 집중되도록 조직하는 것을 장래의 방향으로 제시하고 있다.

주류 경제학이나 정통 마르크스 경제학의 상품화폐론에 친숙한 이들에게는 이러한 '신용주의'의 개념이 낯설게 느껴질 수도 있겠다. 이런 분들에게는 로빈 블랙번의 글 「아나키스트들을 위한 금융 이야기」에서 다루고 있는 데이비드 그레이버(David Graeber)의 저작 『부채: 처음 5천 년』을 권하고 싶다. 그레이버는 그동안 이루어진 인류학과 고고학, 역사학의 성과를 동원하여 화폐가 시장에서의 교환 네트워크가 아니라 공동체 및 국가의 사회적 부채 관계로부터 파생된 것임을 풍부하게 예증하고 있으며, 이를 통해 오늘날의 통화 체제와 부채 관계도 다른 시각에서 볼 것을 권하고 있다. 블랙번의 글은 이러한 그레이버의 저서가 놓치고 있는 몇 가지 중요한 점들을 비판적으로 부각시키고 있다.

미셸 아글리에타의 글 「소용돌이 속의 유럽」은 EU와 유로화를 낳은 경제 이론과 그것에 기초한 여러 제도적 장치들이 얼마나 어처구니없는 결과를 낳았는가를 차분히 보여주고 있다. '최적 통화 지역'(optimal currency area)이라는 이론에 근거하여, 적절한 물리적 단위에서 단일 통화를 확립하고 자본과 노동 등 생산요소의 이동을 자유롭게 허용하면 저절로 경제공동체가 형성되게 된다는 이론과, 화폐란 순수하게 교환의 매개 수단일 뿐이니 각 회원국의 재정 주권과 분리하여 유럽 차원의 중앙은행에서 오로지 물가 인상률만을 감안하여 가치를 조절하면 안정적인 통화 시스템을 유지할 수 있다는 통화주의 이론이 그 기초였다. 하지만 실제로 탄생한 EU 내부에는 미국과 중국 사이에서 볼 수 있는 '지구적 불균형'과 똑같은 메커니즘의 불안정성이 생겨났고 이것이 남유럽 위기로 이어지게 되었다. 또한 유로화를 낳은 마스트리히트 조약 등의 체제는 비현실적인 구상일 뿐임도 폭로되었다. 아글리에타는 여기에서 이러한 온갖 모순이 중첩되어 큰 위기에 처한 그리스 같은 나라에 10년 전 아르헨티나가 취했던 '일국적 자본주의'의 해법, 즉 지급 불이행 선언을 적극적으로 검토할 필요가 있다고 조언한다.

앤드류 스미스의 「서비스 노동」은 이른바 탈산업사회에서 폭발적으로 늘어난 서비스 부문에서의 노동자들의 행태와 감정을 보고 및 관찰의 형태로 제시하고 있다. 여러 혜안과 통찰에도 불구하고, 이를 자꾸 M-C-M′이라는 자본순환의 도식으로 설명하려고 하는 틀 때문에 이야기가 단순해지고 있다는 느낌을 지울 수 없다. 즉 위의 자본순환이 순탄하게 사회적 과정으로 이루어지도록 일종의 '총알받이'로 전선에 내몰리는 것을 서비스 노동자들의 본질로 파악하는 것인데, 그것만으로 과연 이 해명되어야 할 것 투성이인 미지의 연구 영역을 다 밝혀낼 수 있을지 의심이 든다.

5

T. J. 클라크의 「미래가 없는 좌파를 위하여」는 저자가 그렇게 의도한 것인지는 모르겠으나, 길게 이어지는 아포리즘의 연속으로 느껴진다. 셰익스피어의 비극에서 반복되는 주제이지만, 선한 의지를 가진 주인공은 자신이 믿어 의심치 않는 바를 실제의 세상이라고 생각하고 그에 입각하여 자신과 모두의 미래를 만들어 나가고자 한다. 하지만 급세 그가 알고 있는 세상은 실제의 세상에 비해 극히 일부에 불과하며, 그의 가련한 등불이 밝히고 있는 좁은 영역 너머에는 도대체 얼마나 넓은지 가늠조차 할 수 없는 시꺼먼 어둠의 영역이 버티고 있다는 것을 알게 된다. 주인공은 자신이 밝힌 불

빛 안에서는 공명정대하고 옳을지 모르지만, 그에게 닥쳐오는 파멸과 비극은 막을 도리가 없다. 이때 우리는 그 알량한 합리성의 등불을 내던지고 비합리성의 물결에 몸을 맡겨 이 어둠 속을 헤쳐 나가고자 하는 유혹을 느끼게 된다. 차라리 미래라는 것을 잊어버리면 어떨까. 그것이 가능한지 알아보는 것도 하나의 의미 있는 실험일 수 있다. 자신의 발 앞에 어떤 그림이 펼쳐져 있는지 굳이 그려내려 하지 말고 그저 발 앞의 땅을 밟아 나갈 수는 없는 것일까.

수전 왓킨스의 해설인 「현재주의?」는 이러한 궁지에 몰린 21세기 좌파의 현재 상태를 돌아보면서 클라크의 글의 의미를 음미하고 있다. 하지만 어떤 이들은 이 글들을 보면서 "좌파와 아방가르드의 동거는 언제까지 유효한가"라는 질문을 떠올릴 수도 있겠다. 본래 둘 사이는 결코 좋은 것이 아니었다. 러시아의 '프롤레트쿨트'나 프랑스의 초현실주의 운동 같은 예외도 있었지만, 이는 어디까지나 예외였을 뿐 좌파 운동의 주류는 전위적 예술운동에 결코 호의적이지 않았다. 둘 사이가 긴밀하게 결합된 것은 아마도 1960년대 이후에 벌어진 일로 보아야 할 것이며, 클라크가 젊었을 때 참여했던 '상황주의 인터내셔널'이 거기에서 중요한 역할을 하기도 했다.

하지만 '미래에서 온 편지'를 받아 읽어내야 할 아방가르드가 더 이상 미래로부터 아무런 신호도 받아내지 못하는 지경이 되었다면, 둘 사이가 계속되어야 할까? 이미지이든 기호이든 새로운 내러티브이든, 그 어떤 것도 제대로 제시하지 못하고 그저 단속적으로 끊어지는 아포리즘—너무 할 말이 많아 숨 가쁘게 쏟아지는 니체의 경우와는 다르다—이 고작이라면, 냉정하게 말해 좌파 운동의 입장에서는 효용 가치가 다한 것이라고 할 수밖에 없다. 어느새 기정사실처럼 되어 있는 예술적 전위주의와 '문화 좌파'의 관계라는 것도 다시 설정되어야 하는 것이 아닐까 하는 생각이 든다.

6

이번 호에는 케빈 그레이의 「한국의 정치 문화」가 실려 있다. 이 좁은 땅에서 울고 웃고 악다구니를 써가며 지난 몇십 년을 버텨온 이들은 이렇게 담담하게, 하지만 거침없이 그 많은 일들을 속도감 있게 정리해 나가는 글을 읽으면서 때로 배꼽을 잡을 수도, 또 열을 받을 수도 있겠다. 하지만 아마도 더 많은 이들은 저자인 그레이만큼이나 이 많은 일들을 담담한 시선에서 보고 있을 것 같다는 생각도 든다. 제니퍼 피츠의 글 「자유주의적 지(地)문화?」는 이매뉴얼 월러스틴(Immanuel Wallerstein)의 『근대 세계체제』 제4권을 다루면서 이 책이 19세기에 폭발적으로 확장된 세계체제 전반을 다루기보다 영국과 프랑스를 중심으로 나타난 하나의 헤게모니적 이데올로기로서의 자유주의의 출현에 집중한다는 점을 비판하고 있다. 월러스틴을 감싸려는 의도는 없지만, 어쩌면 오늘날 한국에서 살고 있는 우리는 결국 모든 정치 담론은 이 뜨겁지도 차갑지도, 보수적이지도 혁명적이지도 않고 그저 뜨뜻미지근하게 우리의 안온한 일상과 정확하게 같은 온도를 유지하고 있는 '자유주의'로 수렴되게 되어 있는 게 아닐까라는 생각을 하지 않을 수 없다. 이 글의 시작에서 우리의 현재와 미래가 모두 뿌옇게만 보이고 있으며 이를 명확히 보고 헤쳐 나가기 위해서는 각고의 노력과 분투가 필요하다는 말을 한 것 같다. 이는 그렇게 하려는 사람에게나 적용되는 이야기일 것이다. 한때 반주변부의 대표 국가로 세계체제론자들에게 지목되던 한국 또한 그 정치 문화는 어느새 노쇠한 중심부의 선진국들처럼 '포스트 데모크라시'(콜린 크라우치)의 늪에 들어선 것 같다. 실로 혜안이다. 세계체제의 '地문화'로서의 자유주의라니.

2014년 편집위원들을 대신하여

홍기빈

●차례

제1부
〔특집〕 21세기 자본주의론

21세기의 계급

예란 테르보른(Göran Therborn)

　　20세기에 붙일 수 있는 이름은 많지만, 사회사의 관점에서 보자면 20세기는 분명히 노동계급의 시대였다. 재산이 없는 근로 민중이 역사상 처음으로 으뜸가는, 또 지속적인 정치 세력이 된 것이다. 이러한 역사의 단절을 알린 것이 바로 세계에서 가장 크고 가장 오래된 사회조직의 수장인 교황 레오 13세가 1891년에 발표한 회칙(回勅) 「새로운 사태」(Rerum Novarum)였다. 레오 13세는 산업의 진보가 "소수에게는 풍요의 축적을, 다중에게는 빈곤(inopia)의 축적을" 가져왔지만, 또 동시에 이 시대의 특징은 노동자들의 "자신간이 증대되고 응집력도 커진 것"이라고 말하고 있다.[1] 지구적

---

1)　"Rerum Novarum", 1891. 에스파냐어와 라틴어 대역으로 편집된 Federico Rodríguez, ed., *Doctrina Pontificia: Documentos sociales*, Madrid 1964, p. 251에서 인용. 번역은 인용자.

차원에서 봐도, 노동조합은 대부분의 대규모 산업 기업은 물론 다른 종류의 기업들에서도 분명한 지위를 획득했다. 노동계급 정당들은 유럽과 호주 일대 나라들의 선거 정치에서 주요한 세력—때로는 지배적 세력—이 되었다. 러시아의 10월혁명은 중국과 베트남에 정치조직과 사회변혁의 모델을 제공했다. 네루의 인도는 '사회주의적인 발전 패턴'을 따른다는 목표를 공언한 바 있으며, 탈식민 지역 국가들의 다수가 그 뒤를 따랐다. 수많은 아프리카 나라들에서는 프롤레타리아라 할 만한 이들의 숫자가 교실 몇 개나 겨우 채울 정도에 불과했지만, 그럼에도 '노동계급 정당'을 건설하자는 이야기가 널리 회자되었다.

노동절은 1886년 시카고의 거리에서 시작되었고, 1890년에는 아바나 및 다른 남미의 도시들에서 기념되었다. 북미와 남미에서 조직노동은 비록 종속적인 위치에 묶여 있었음에도 중요한 세력임이 입증되었다. 미국의 뉴딜은 계명된 자유주의와 산업 노동계급이 하나로 뭉쳤던 것으로서, 후자는 대공황 기간 영웅적 투쟁으로 스스로를 조직해내는 데 성공했다. 새뮤얼 곰퍼스(Samuel Gompers)는 뉴딜 이전 시대 숙련공 위주의 편협한 조합주의를 상징하는 인물이기는 했지만, 그의 운동이 대변하는 숙련노동자들의 이익을 위해 무서운 힘을 발휘한 협상가였고, 워싱턴에 세워진 그의 기념비는 파리, 런던, 베를린에 세워진 그 어떤 노동운동 지도자의 그것보다 크고 웅장하다.[2]

멕시코의 노동계급은 숫자가 적어 멕시코혁명에서 지도적 행위자는 아니었지만(그렇다고 무시할 만한 세력은 아니었다), 혁명 이후의 엘리트 집단은 자신들의 권력 재생산 장치에 조직노동을 흡수하는 데 많은 공

---

2) 그런데 아일랜드 노동조합 지도자 짐 라킨(Jim Larkin)은 기념비의 크기 면에서 곰퍼스를 꺾었으며, 이는 마땅한 일이기도 하다. 그의 기념비는 더블린의 주요 도로인 오코넬(O'Connell) 거리에 있다. 여기서 그는 1913년 공장폐쇄 싸움 동안 저 유명한 경찰들과의 대치 상황에서 파업 노동자들을 지휘했다.

을 들었다. 이 혁명이 낳은 첫 번째 대통령이었던 베누스티아노 카란사(Venustiano Carranza)는 멕시코시티의 아나코 생디칼리즘 노동자들(Casa del Obrero Mundial, '세계 노동자들의 집')과 모종의 협정을 맺음으로써 자신의 사회적 기초를 마련했고, 1930년대에는 라사로 카르데나스(Lázaro Cárdenas)가 이 신질서의 구조에 명시적으로 노동자적 지향성을 부여했다.[3] 비록 브라질의 지툴리우 바르가스(Getúlio Vargas)와 그의 '신국가'에 대해서도 똑같이 말하기는 힘들지만, 수많은 진보적인 노동 관련 법들이 그 유산으로 남아 있다. 아르헨티나에서는 노동계급의 동원, 특히 전투적 트로츠키주의자들이 지휘한 운동이 후안 페론(Juan Perón)을 권좌로 밀어올린 힘이었으며, 이를 통해 아르헨티나의 노동조합은(최소한 그 지도부는) 이후로 페론주의 운동에서 주된 목소리로 자리매김하게 되었다. 볼리비아의 광부들은 1952년의 혁명에서 중심적 역할을 맡았고, 1980년대 양철 생산이 무너졌을 때 새로운 일자리를 찾아 헤매던 이들의 조직 기술 덕분에 에보 모랄레스(Evo Morales)와 그의 코카 재배자들은 기율 잡힌 간부진의 기간 조직을 제공받을 수 있었다.

아마도 지난 세기 노동계급의 중심적 위치에 가장 크게 공헌했던 것은 독립적 노동운동을 그토록 광란적으로 적대시했던 파시즘 세력이었을 것이다. '코포라티즘' 사상은 무솔리니의 이탈리아에 절대적인 중요성을 갖는 것으로서, 노동과 자본을 한데 묶는 것을 표방하고 있었지만 현실적으로는 자본과 국가가 쳐놓은 울타리로 노동을 몰아넣는 것이었다. 히틀러의 운동은 스스로를 "민족사회주의 독일 노동자당"(나치당)이라고 불렸으며, 그의 독일은 노동절을 '독일 노동자절'의 이름 아래 공휴일로 만든 세계에서 두 번째(소련보나는 뒤졌지만 스웨덴보다는 앞섰다) 나라였다. 20세기의 처음 80년 동안 노동자들은 무시되거나 지워져버릴 수 있는 존재가 아니

---

3) Diane Davis, *Discipline and Development*, Cambridge 2004, pp. 287~301.

었다. 노동자들과 다른 편의 입장에 서 있다면, 이들은 최소한 엄격한 통제 아래에 묶어두어야만 하는 존재였다.

　노동자들은 예술 작품에서도 주인공으로, 또 모델로 등장했다. 이는 브레히트에서 피카소에 이르는 좌파 전위예술가들만의 이야기가 아니라, 벨기에의 조각가 콩스탕탱 므니에(Constantin Meunier) 같은 더 보수적인 이들에게서도 마찬가지였다. 므니에는 여러 다른 직종의 노동자들을 묘사하는 몇 개의 조각상을 만들었으며, 그가 죽은 후 브뤼셀에서 왕이 친히 참여한 가운데 제막식이 거행되었던 그의 야심작「노동에 바치는 기념비」 (Monument to Labour)도 그 예다. 독일에서는 프로이센의 장교 및 작가였던 에른스트 윙거(Ernst Jünger)가 1932년 경탄할 만한 에세이『노동자』를 집필한다. 이 글에서 그는 제3신분에 대한 지배(Herrschaft)가 종식되고 그 대신 "노동자들의 지배, 노동자민주주의 혹은 국가민주주의에 의한 자유민주주의에 대한 지배"가 나타나리라고 예언하고 있다.[4]

　노동계급의 세기가 환멸과 낙담을 남기고 실패로 끝났다는 것은 의문의 여지가 없다. 하지만 그래도 이 세기는 그 후에도 지속되는 여러 성과물들을 남겨주었다. 전 세계 어디에나 보편화된 민주주의라는 정치 모델이 그 하나로서, 오늘날 아주 특별한 이유를 대지 않고서는 민주주의를 침해할 수 없게 되었다. 사회민주주의 노동운동은 옛날 차티스트 선배들의 뒤를 따라 민주적 개혁의 주된 옹호자가 되었다. 1918년 이전에는 대부분의 자유주의자들 그리고 모든 보수주의자들이 민주주의란 사적 소유의 보존과는 양립할 수 없다고 확신했으며, 따라서 투표권과 의회의 자유를 엄격히 제한할 것을 요구했었다.[5] 하지만 여러 대륙에 걸쳐 공산주의자들, 자유

---

4)　Ernst Jünger, *Der Arbeiter, Herrschaft und Gestalt* (1932), Stuttgart 1982, p. 312.

5)　나의 글 "The Rule of Capital and the Rise of Democracy", NLR I/103, May‐June 1973 참조.

주의자들, 사회민주주의자들, 게다가 처칠이나 드골 같은 보수주의자들까지 하나로 뭉친 인민전선이 파시즘을 패배시켰으며, 비록 이보다 더 오랜 시간이 걸렸지만 여러 나라에 들어선 반혁명적 군사독재 정권들도 몰락했고, 미국과 남아프리카공화국에서 제도화되어 있던 인종주의도 쇠락하면서, 전 지구적인 인권의 유효성은 확고하게 뿌리를 내리게 되었다. 노동자들이 스스로를 조직하여 단체협상을 벌일 권리를 얻어낸 것도 전후 세계라는 국면에서 얻어낸 또 하나의 성과물이다. 최근 미국과 영국에서는 보수세력들이 이러한 진보를 조금씩 갉아먹으며 없애왔지만, 그 와중에도 이러한 권리는 전 세계로 확산되어 아프리카와 아시아의 공식적 경제 부문들에까지 퍼져 나갔으며, 라틴아메리카와 유럽의 대부분 지역에서는 오늘날에도 강력하게 남아 있다.

20세기를 이해하기 위해서는 중국과 러시아에서 벌어졌던 대혁명을 종합적으로 충분히 이해해야만 한다. 이 대혁명들이 서유럽의 노동운동과 사회정책에 어떤 영향을 끼쳤는가는 물론이며, 또 동유럽, 카리브해, 동아시아와 중앙아시아의 대부분 지역에 얼마나 근원적인 영향을 끼쳤는가를 이해해야 한다. 이런 것들을 어떻게 평가할 것인가는 정치적으로는 논쟁거리이며, 학문적으로도 평가하기에 아직 너무 이르다. 이 두 개의 대혁명이 야수적 억압을 불러일으켰을 뿐만 아니라 오만함을 특징으로 하는 근대적 잔인성의 여러 사건들을 낳아 엄청나게 많은 사람들에게 말할 수 없는 고통을 가져왔다는 것은 의문의 여지가 없다. 스탈린과 마오쩌둥 통치 동안 벌어졌던 끔찍한 기근들을 생각해보라. 이 두 개의 대혁명이 가져온 지정학적인 성취 또한 의문의 여지가 없다—물론 이를 좌파들이 따지는 평가 기준이라고 보기는 힘들지만. 1905년에는 일본에, 1917년에는 독일에 패배했던 낙후한 데다가 쇠퇴해가던 러시아가 소비에트 사회주의공화국 연방으로 거듭났으며, 이 새로운 국가는 히틀러를 무릎 꿇리고 스스로를 전 세계의 두 번째 초강대국으로 확립하여 얼마간은 미국의 지배에도 심각한 도

전자로 등장했다. 중국 혁명은 세계의 중심에 자리한 이 '가운데 국가[中 國]가' 150년간 겪어야 했던 쇠퇴와 굴욕을 종식시키고, 중국을 전 지구적 인 세력으로 만들었을 뿐만 아니라 그 후에는 자본주의로의 경로를 밟아 나가면서 전 세계의 두 번째 경제대국으로도 만들었다.

이러한 20세기의 혁명들은 최소한 네 가지 중요한 진보적 유산을 세상 에 남겨놓았다. 첫째, 자본주의 세계 내의 전후 개혁은 이 혁명들이 가져 온 충격에서 결정적인 영향을 받았다. 일본, 대만, 한국에서의 토지 재분 배, 서유럽에서의 사회권의 발전, 라틴아메리카에서의 '진보를 위한 동맹' 등은 모두 공산주의의 위협에서 영감을 얻은 것이었다. 둘째, 자기만의 고 유한 이데올로기를 가진 경쟁적인 권력 블록이 존재한다는 사실 자체가 유 럽-아메리카의 인종주의 및 식민주의를 약화시키는 데 큰 역할을 했다. 아 이젠하워가 만약 모스크바와의 프로퍼갠더 전쟁에서 승리하는 데 관심을 두지 않았다면, 아칸소 주에서 인종 분리 철폐를 법으로 강제하기 위해 연 방군을 보내지는 않았을 것이다. 그로부터 20년 후 쿠바군은 앙골라를 정 복하려던 차에 그곳에 진주한 남아프리카공화국 군대와 맞서게 된다. 지구 적 정치에서 소련이라는 존재가 없었다면 남아프리카공화국의 인종차별 체제를 그토록 효과적으로 고립시킬 수는 없었을 것이다.

셋째, 공산주의 운동의 지도자들이 가지고 있던 무자비한 권위주의에 대 해 어떤 비판을 하든, 그 운동이 자신을 희생하는 헌신적 운동가들을 전 세 계 구석구석에서 놀랄 만한 숫자로 낳았다는 것은 부인할 수 없다. 이들이 스탈린과 마오쩌둥을 추앙했던 것은 물론 우매한 짓이었지만, 이들은 가 난하고 짓밟힌 이들의 가장 좋은(때로는 유일한) 친구일 때가 아주 많았다. 공산주의 운동이 일상의 활동 속에서 보여주었던 일관되게 책임지는 자세 에 대해서 모든 진보주의자들은 경의를 표해야 한다. 마지막으로 어느 정 도 논란의 여지가 있는 문제이지만, 공산주의 운동이 남긴 조직적 유산은 여전히 현대 세계의 한 요소로 남아 있다. 20세기 두 개의 대혁명에서 태어난 국가들은 더 이상 희망의 등대는 아닐지라도, 오늘날의 세계에 최소한 일정한 지정학적 다원주의가 유지되려면 반드시 필요한 존재다(이는 공산주의 이후의 러시아를 포함한다). 1989~91년 이후에도 공산당이 이끄는 국가들이 존속하고 있다는 것은 곧 사회주의라는 선택지가 어느 정도는 계속 열려 있다는 것을 뜻한다. 중화인민공화국의 지배자들은 만약 중국이 그 국가적 힘을 떠받치기 위해 모종의 사회주의적 경제의 기초가 필요하다는 결론에 도달하거나 자본주의로의 길로 더 나아갔다가는 사회의 응집성이 위태로워지리라는 결론에 도달하게 된다면, 지금 당장에라도 중국이 나아가는 길을 변화시킬 수 있는 권력과 자원들을 여전히 보유하고 있다.

공산당이나 그 후신들은 많은 나라에서 여전히 발판을 유지하고 있다. 인도에서는 공산주의가 정치적으로 중요한 존재이지만, 공산주의 운동은 경쟁하는 두 세력으로 분열되어 있다. 마오주의자들은 여러 부족들이 살고 있는 지역에서 게릴라전을 추구하고 있으며, 인도공산당(마르크스주의 정당)은 케랄라와 서(西)벵갈에서 주 정부의 권력에서 물러난 후 계속해서 선거 패배를 겪으며 흔들리고 있다. 그리스, 포르투갈, 일본, 칠레, 체코공화국 등에는 여전히 어느 정도 힘을 가진 공산당이 존재한다. 그리스와 포르투갈의 공산당은 유로존이 이 나라들을 경제적으로 고문하는 것에 저항하여 노동계급을 동원하는 데 중요한 역할을 수행했고, 왕년의 유로공산주의자들이 이끄는 시리자(SYRIZA) 동맹은 2012년 6월 그리스 선거에서 제2당의 위치에 아주 근접한 바 있다. 유럽의 공산주의 전통에서 가장 혁신적인 성과는 독일의 좌파당으로서, 개혁 공산주의자들과 좌파 사회민주주의자들이 여기에 한데 모여 있다. 그리고 스웨덴의 좌파당으로부터 키프로스의 집권낭인 AKEL에 이르기까지, 공산권 몰락 이후 새롭게 나타난 몇 가지 형태들은 더 언급해둘 가치가 있다.

남아프리카공화국의 공산당은 아프리카민족회의(ANC)와의 동맹을 통해 지배 블록의 일부를 이루고 있다. 브라질의 공산당은 전국 단위의 정부

구성에서 소수당으로 참가하고 있으며, 최근까지는 인도공산당도 그러했었다. 칠레에서는 피노체트의 쿠데타 이후 거의 40년 만에 공산당이 의회에 다시 진출했으며, 2011년 아랍의 봄 이후 공산주의 전통에 뿌리박은 좌파 집단들이 다시 나타나는 것이 가능해졌지만 좌파 집단들은 그곳에서 여전히 정치 생활의 주변부로 밀려나 있는 상태다. 하지만 인도네시아에서는 민주주의가 다시 회생했음에도 불구하고 1965년에 벌어진 20세기 최대의 정치적 학살극으로(비교해서 말하자면 1937~38년에 스탈린이 행했던 숙청을 능가할 것이다) 파괴되었던 공산당은 소생하지 못했다. 다른 지역을 보자면, 1989년 이후 공산당이나 공산주의 전통이 허공으로 사라져버린 속도는 놀라울 지경이다. 이런 곳에서는 공산당이 러시아와 중앙아시아 공화국들에서처럼 보수적 민족주의를 받아들이거나 폴란드와 헝가리에서처럼 우파 사회민주주의를 받아들이기도 했다. 이탈리아의 공산주의자들은 심지어 '사회'라는 말조차 너무 좌파적이라 구미에 맞지 않는다고 느꼈기에, 미국인들을 모방하여 아무 형용사도 앞에 붙지 않는 그냥 민주당이라는 이름으로 자신들을 포장하는 쪽을 선택했다.

20세기에 나타난 노동의 개혁주의 진영 또한 그 유산이 오늘날에도 지속되고 있으며, 유럽 대부분 나라들에서 정부를 구성하는 주요 정당 하나가 여기에서 나오고 있다. 그리고 오늘날 진정으로 전 지구적 규모에서 노동조합 운동이 존재하고 있으니, 이는 1세기 전에는 없었던 현상이다. 비록 서유럽 밖에서는 노동조합이 사회 안으로 파고드는 것이 제한되어 있지만, 브라질, 아르헨티나, 남아프리카공화국 등에서는 노동조합의 힘이 대단히 크다. 사회민주당과 노동당은 여러 나라에서 계속 유지되고 있으며, 20세기 초보다 훨씬 더 많은 지지자들을 거느리게 된 경우가 많다. 또 라틴아메리카와 아프리카의 일부에서는 새로이 입지를 얻어내기도 했다. 하지만 사회주의 인터내셔널은 새로운 가입 정당을 얻기 위해서 원칙이고 뭐고 완전히 팽개친 때가 종종 있었고, 그래서 로랑 그바그보[6]와 호스니 무바라크처럼 진보와는 거리가 먼 자들까지 자기들 정치조직을 여기에 가입시키기도 했다.

현대적인 중도좌파 사회민주주의는 여성, 아동, 동성애자의 권리 같은 일정한 분야에서 여전히 진보 세력으로 기능하고 있다. 하지만 경제정책의 분야로 가면 사회민주당은 본질적으로 이런저런 형태의 자유주의에 항복해버린 상태다. 이 운동은 본래 노동계급에 기초하고 있었지만, 그 기초는 정치적으로 주변화되고 또 사회적 변화로 인해 침식되었다. 현재의 유럽 위기가 진행되는 동안 각국의 사회민주당이 보여준 실적은 기껏해야 그저 창피만 모면한 수준에서부터 아예 한심할 정도로 완전히 자리를 빼앗긴 경우까지 있다. 복지국가는 20세기 개혁주의가 이루어낸 가장 중요한 성취이며, 시민적 사회권의 최신 발전이라고 할 만하다. 하지만 이는 현재 공격에 직면하고 있으며, 겨우겨우 지켜내지고 있는 상태다. 미국 대통령 선거에 나왔던 천방지축의 미트 롬니 후보가 일관되게 공격 대상으로 삼았던 것은 유럽식으로 만들어진 '복지수급권'(entitlements)이었다. 영국에서는 보수당과 신노동당이 손을 맞잡고 벌써 수십 년째 영국 복지국가의 기초를 허물고 있다. 물론 영국 복지국가는 이미 단단한 성채가 된 상태이니 앞으로도 한두 번의 선거로 허물어지지는 않을 것이다. NATO 유럽 지역에서는 복지국가가 계속 심각한 타격을 받고 있으며, 특히 가장 작은 나라들부터 그런 일이 벌어지고 있다. 하지만 완전히 해체되지는 않을 것이다. 오히려 복지국가라는 정책 원리들은 지구적으로 확산되고 있어 중국이나 다른 아시아 나라들에서도 복지국가의 외침이 나오고 있으며, 라틴아메리카의 많은 지역에서는 발판을 단단히 굳히고 있다. 중국과 인도네시아는 미국보다 훨씬 앞서서 보편적 건강보험을 확립한 것으로 보인다.

---

6) 〔옮긴이〕 코트디부아르의 전 대통령.

패배를 어떻게 설명할 것인가

이렇게 20세기에 걸쳐 얻어낸 진보적 성과물들이 오늘날에도 지속되고 있다. 하지만 20세기가 끝나면서 좌파가 패배하게 된 과정들 또한 이해해야 한다. 유럽과 아메리카의 지배적인 사상 학파는 이 자본주의의 반혁명이 어째서 이렇게 큰 성공을 거두었는지를 설명할 수 없다. 마르크스는 갈수록 사회적 성격을 띠는 생산력과 계속해서 사적 자본주의의 성격을 유지하는 생산관계 사이에 충돌이 벌어지며, 이것이 시간이 갈수록 더 날카롭게 일어나리라고 예견한 바 있다. 이것이 마르크스식의 거대한 변증법이었던바, 이는 그 묵시록적인 함정들 말고는 시간이 지나면서 정당한 것으로 판명되었다. 통신, 교통, 에너지, 전략적 천연자원 등은 순수하게 자본주의적인 영역으로부터 떼어내어 국가 소유 혹은 엄격한 공공 규제 아래에 두는 것이 전형적인 모습이 되었다. 나라마다 정부의 이념적 색조에 따라 이 과정의 형식은 영향을 받았을지 몰라도 그 내용은 거의 다르지 않다. 교육 및 연구에서의 공공 투자는 경제의 경쟁력에 결정적인 것이 되었다. 미국에서는 이를 달성하는 중요한 경로가 군비 지출이었고, GPS와 인터넷은 그렇게 해서 태어난 발명의 사례들이다.

1970년대는 노조의 조직에서나 전투적 투쟁성에서나 20세기 노동운동의 정점이었다. 영국 광산노조가 에드워드 히스 정부를 끌어내릴 힘이 있었던 때가 이때였다. 그리고 스웨덴 사회민주당이 제안했던 임노동자 기금에서 프랑스 좌파의 '공동정부 프로그램'[7]에 이르기까지 총체적인 국유화 및 '자본주의와의 단절'을 요구하는 급진적 사상이 주류에까지 침투한 것도 이 시기였다. 하지만 당시에는 이때가 절정이며 그 뒤로는 추

---

7) 〔옮긴이〕 1972년 프랑스의 공산당, 사회당, 급진당은 선거 연합을 결성한다. 이는 1977년에 해체되지만, 이후 1980년대의 사회당 집권에 중요한 발판이 되었다.

락의 시기가 올 것임을 거의 누구도 알지 못했다. 고인이 된 에릭 홉스봄(Eric Hobsbawm)은 1978년 강연인 「노동의 전진은 멈출 것인가」[8]에서 이를 예견했던 드문 이 가운데 하나였다. 새로운 정치적 시대가 시작되었다는 것이 아직 확실해진 것은 아니었지만, 이는 금세 분명한 사실이 되었다. 1979~80년 선거에서 대처와 레이건이 집권했고, 그 뒤인 1983년에는 프랑스 미테랑 정부가 신자유주의에 굴복했으며, 스웨덴 사회민주당은 메이드네르 플랜을 포기했다.

마르크스가 말했던 거대한 변증법은 그 운동이 정지되었고 심지어 역전되기까지 했다. 신자유주의의 승리는 단순한 이데올로기의 문제가 아니었다. 이는 탄탄한 물질적 기초를 가진 것이었으며, 마르크스주의자들도 이를 예측할 수 있는 일이었다. 자본 흐름과 신용팽창과 전자거래를 자유화하고 또 연금과 보험의 자본을 합치는 것 등을 포함하는, 금융화라고 불리는 일군의 혁신이 있었다. 이로 인해 어마어마한 양의 사적 자본이 집중되었고, 이 자본은 새로이 생겨난 금융 카지노들을 가득 채우고 또 멀리 흘러나갔다. 2011년 여름 애플은 미국 정부보다 더 많은 유동 현금을 가지고 있었다. 전자혁명 덕분에 민간 자본은 먼 곳에 있는 생산 기지를 얼마든지 경영할 수 있게 되었고, 이에 지구적 상품 사슬이 확립되면서 예전의 규모의경제는 해체되어버렸다. 이렇게 맥락이 완전히 달라지면서 정부의 모든 정책에 핵심을 이루는 원리는 더 이상 국유화와 규제가 아니라 사유화와 시장화로 바뀌어버렸다.

마르크스의 이야기에는 앞에서 말한 큰 변증법과 더불어 작은 변증법이라고 할 만한 것도 있다. 자본주의가 발전하게 되면 노동계급의 힘이 생겨

---

8) Eric Hobsbawm, "The Forward March of Labour Halted?", *Marxism Today*, September 1978. 당시 내가 그의 주장을 회의적으로 받아들였다는 점을 밝혀두는 게 정직한 일일 듯하다. 나의 논의는 "The Prospects of Labour and the Transformation of Advanced Capitalism", NLR I/145, May ·June 1984 참조.

나며 자본에 대한 반대 운동 또한 커지게 된다는 것이다. 부유한 나라들이
탈산업화로 접어들면서 이 작은 변증법 또한 후퇴하게 된다. 우리는 발전
된 자본주의 나라에서 한 시대의 획을 그을 만큼 중대한 구조적 변형이 벌
어져 산업이 차지하는 비중이 줄어들게 되었다는 사실을 인정해야만 한다.
이는 노동계급 권력이 절정에 달하기 직전에 시작되었다. 이렇게 되자 제
조업은 유럽과 아메리카를 떠나 바깥으로 이동하게 된다. 산업 생산의 새
로운 중심지들―무엇보다도 동아시아―에서는 이 마르크스의 작은 변증법
이 나타나는 속도가 느리지만 그래도 그 여러 결과들을 추적해볼 수 있다.
이는 우선 1980년대 한국에서 눈에 띄게 나타났으며 오늘날에는 중국 전역
에 걸쳐 확산되고 있다. 비록 노동자들의 저항과 조직화는 보통 국지적 경
계선을 넘지 못하고 있는 실정이지만, 중국의 임금수준과 노동조건은 크게
개선되고 있다. 2002년에 이르면 중국의 산업 노동자 숫자는 G7 국가들의
산업 노동자들을 모두 합친 것의 두 배에 달하게 되었다.[9]

여러 나라와 여러 계급

20세기가 노동계급의 것이었다고 말할 수 있다는 것에는 상당한 아이러
니가 숨어 있다. 이 시기는 여러 나라의 **내부**에서는 노동계급의 투쟁 결과
계급의 평등에 가까워진 시대였던 반면, 지구적 규모에서 보자면 나라들 **사
이의** 불평등은 극대화되었던 시대이기도 하기 때문이다. 19세기와 20세기
에 걸친 '저발전의 발전'(development of underdevelopment)[10]은 인간들

---

9) Judith Banister, "Manufacturing employment in China", *Monthly Labor Review*, July
   2005, p. 11.
10) 〔옮긴이〕 종속이론의 대가 안드레 군더 프랑크(Andre Guder Frank)의 책 제목. 주변부는 '미
    개발'(undeveloped)된 것이 아니라 16세기 이후 서양의 지배 아래에서 '저발전의 발전'을 해온

사이의 불평등을 결정하는 주된 요소가 대개 그 사람이 어디에 살고 있는 가였음을 뜻한다. 2000년에는 가정경제 사이의 소득 불평등에서 살고 있는 나라의 차이로 설명할 수 있는 비중이 80퍼센트에 달하는 것으로 추산되었다.[11] 하지만 21세기에 들어와 여러 나라들 사이에는 수렴이 벌어지는 반면, 여러 계급들 사이의 격차는 벌어지고 있다.

지난 20년간은 전 세계의 가난한 나라들에게는 좋았던 시절이었다. 아시아의 경제 엔진인 중국, 인도, 아세안 국가들의 경제성장률은 지구적 평균의 두 배였다. 20세기의 마지막 25년간에는 아주 비극적으로 뒤처진 상태에 있던 사하라 사막 이남의 아프리카 지역 또한 2001년 이후에는 세계평균 및 '선진국 경제' 평균을 넘는 성장률을 보이고 있다. '신흥 시장국 및 발전도상국' 또한 탈공산주의 유럽 지역을 제외하면 앵글로색슨 은행가들이 만들어낸 위기를 부자 나라들보다 더 잘 극복한 바 있다. 여기에서 우리는 단지 지정학 차원에서뿐만 아니라 불평등이라는 차원에서도 중요한 역사적 전환을 경험하고 있다고 생각된다. 초국적인 불평등은 전반적으로 감소하고 있지만, 부자들과 가장 가난한 사람들 사이의 격차는 계속 더 벌어지고 있다. 하지만 전체적으로 볼 때 나라들 내부의 불평등은 비록 불균등하게나마 계속 증가하고 있다. '지구화' 혹은 기술적 변화의 보편적 논리라는 것으로 보면 이러한 사실은 도저히 설명하기 힘든 것이다.

이러한 상황이 뜻하는 것은 곧 계급이 그 어느 때보다 불평등을 결정하는 강력한 요소로 되돌아오게 되었다는 것이다. 이러한 추세가 확립된 것은 1990년대로서, 중국의 소득 격차가 소비에트를 벗어난 러시아의 소득 격차와 나란히 하늘로 치솟았던 것도, 또 당시까지 그런대로 평등화의 경향이 나타나고 있던 인도의 농촌에서 추세가 역전되었던 것도 그때였

것이라는 게 핵심 주장이었다.

11)   Branko Milanovic, *The Haves and the Have-Nots*, New York 2011, p. 112.

다. 라틴아메리카에서는 멕시코와 아르헨티나가 신자유주의의 충격을 견뎌내고 있었다. IMF에서 나온 한 연구에 따르면, 지구적 차원에서 볼 때 1990년대 이후 소득 몫이 늘어난 유일한 집단은 고소득 국가에서나 저소득 국가에서나 상위 20퍼센트 집단임이 밝혀진 바 있다.[12] 모든 나라에서 하위 20퍼센트는 소득 몫을 크게 잃었다. 특히 가장 중요한 변화가 벌어진 곳은 소득 사다리의 최상층이었다. 1981년에서 2006년까지 미국에서 가장 부유한 0.1퍼센트가 가져간 소득 몫은 6퍼센트포인트 늘어났으며, 오늘날 악명을 떨치게 된 저 1퍼센트 내의 나머지 사람들 또한 소득 몫이 4퍼센트포인트 늘어났다. 그 아래의 9퍼센트도 소득 몫을 더 얻거나 현상 유지는 할 수 있었지만, 그 아래인 전 인구의 10분의 9는 계속 몫을 잃어갔다.[13] 2008~09년 위기 이후 1년간 약간의 회복이 찾아왔을 때, 미국의 총소득 증가분에서 그 상위 1퍼센트가 가져간 몫은 놀랍게도 93퍼센트에 달했다.[14]

중국과 인도에서도 이와 동일한 불평등의 추세가 작동해왔다. 비록 최상위 1퍼센트가 가져가는 부의 몫은 인도가 약 10퍼센트, 중국이 약 6퍼센트로, (세전) 미국보다는 훨씬 작지만,[15] 인도 경제에 벌어진 '기적'은 이 나라의 하위 20퍼센트 아동들에게 거의 아무 도움도 되지 않았다. 2009년 조사에서 이 아동들 가운데 3분의 2는 체중 미달로 나타났는데, 이 수치는 1995년과 동일한 것이었다. 21세기 처음 10년간 예전의 제3세계 지역 전역에 걸쳐 급속한 경제성장이 있었지만, 이는 지구적 기아 상태에 거의 아

---

12) International Monetary Fund, *World Economic Outlook 2007*, New York 2007, p. 37.

13) "Top 1% increase share of US income", *International Herald Tribune*, 27 October 2011; "Oligarchy, American style", IHT, 5 · 6 November 2011.

14) "Wealth disparity a drag on economic growth", IHT, 17 October 2012.

15) A. B. Atkinson and T. Piketty, eds., *Top Incomes: A Global Perspective*, Oxford 2010, p. 46.

무런 도움도 되지 못했다. 2000년에서 2007년 사이의 기간에 영양실조 상태인 이들의 숫자는 6억 1800만에서 6억 3700만으로 늘었으며, 식량 가격은 계속해서 상승했다.[16] 한편 다른 쪽 끝으로 가보자. 『포브스』에서는 2012년 3월 억만장자 계급의 숫자가 역사상 최고에 달했음을 경축한다. 그 숫자는 사상 최고인 1226명에 달했고, 그 가운데 미국인이 425명, 중국인이 95명, 러시아인이 96명이었으며, 이들이 가진 부를 모두 합치면 독일의 GDP를 훨씬 넘는 무려 4조 6천억 달러라고 했다.[17] 우리는 이러한 사태 전개가 불가피한 것이라고 가정해서는 안 된다. 라틴아메리카는 그 반대쪽으로 방향을 틀었으며, 불평등이 감소하고 있는 유일한 지역이 되었다.[18] 이는 군사독재와 그 민간 정부의 후임자들이 일관되게 추구해온 신자유주의에 대해 민중이 반격을 가했던 일을 반영하는 것으로서, 지난 10년간 브라질, 아르헨티나, 베네수엘라 등에서는 여러 가지 재분배 정책이 채택된 바 있다.

국경선을 넘어 여러 계급들을 비교하는 또 다른 방법은 이들의 인간발전지수를 계산하는 것이다. 이 지수에는 소득, 기대 수명, 교육 등이 포함되지만, 이상은 원대해도 아직 그 계산 조작이 대단히 복잡하여 오차의 폭이 상당히 큰 것이 사실이다. 그래도 이 지수는 전 세계의 불평등을 그려내는 데 유용한 도구를 제공한다. 미국의 최하위 20퍼센트는 볼리비아, 인도네시아, 니카라과의 최상위 20퍼센트보다 인간 발전 수준이 더 낮다. 이는 브라질과 페루의 상위 40퍼센트보다 더 낮으며, 콜롬비아, 과테말라, 파라

16) UN, *The Millennium Development Goals Report 2011*, pp 11~14.

1/) *Forbes*, 7 March 2012.

18) CEPAL, *La hora de la igualdad*, Santiago 2010; Giovanni Andrea Cornia and Bruno Martorano, "Policies for reducing income inequality: Latin America during the last decade", *UNICEF Working Paper*, New York 2010; UNDP, *Regional Human Development Report for Latin America and the Caribbean*, New York 2010.

과이의 하위 25퍼센트와 같은 수준이다.[19] 계급이 갈수록 중요해지는 데는 이렇게 나라 간 경제 수준이 수렴되는 것 말고도 다른 이유들이 있다. 인종과 성별 불평등은 물론 소멸한 것은 결코 아니지만 적실성이 일부 사라지게 되었다. 남아프리카공화국에서 인종차별 체제가 무너진 것이 그 중요한 예다. 그런데 이렇게 제도화된 인종주의가 소멸하게 되자 이 나라는 오늘날 계급 양극화가 가장 극적으로 나타나는 나라 가운데 하나가 되고 말았다. 21세기가 시작되는 시점에서 세계은행 경제학자들은 전 세계 가정경제들 사이의 소득 불평등 지니 계수가 0.65에서 0.7이라고 추산한 바 있다. 하지만 2005년 남아프리카공화국의 요하네스버그에서 측정된 지니 계수는 무려 0.75다.[20] 오차의 폭을 감안한다고 해도, 우리는 이 도시 하나 안에서 이 지구 전체에 걸쳐 나타나는 것과 똑같은 폭의 불평등이 존재한다고 결론을 내릴 수 있는 것이다.

21세기의 계급과 계급 갈등은 두 가지 새로운 무정형 집단으로 발전할 것이다. 두 집단 모두 유럽보다는 그 무게중심이 NATO 지역 한참 아래일 것이다. 첫 번째는 중간계급의 희망과 분노를 원동력으로 하는 집단이 형성될 가능성이 있다. 두 번째는 노동자들 그리고 민중 내에 존재하는 모든 다양한 계급들 사이에 기초를 두는, 즉 프롤레타리아트가 아니라 '서민들'(plebians) 사이에 기초를 두는 집단이 나타날 가능성이다. 두 가지 집단 모두에서 우리는 앞으로 두 가지 경로를 생각해볼 수 있다.

19) M. Grimm et al., "Inequality in Human Development: An Empirical Assessment of 32 Countries", *Social Indicators Research*, vol. 97, issue 2, 2010.

20) Branko Milanovic, "Global Inequality Recalculated and Updated", *Journal of Economic Inequality*, vol. 10, no. 1, 2012; UN Habitat, *The State of the World's Cities*, London 2008, p. 72.

중간계급의 세기가 오는가

21세기가 지구적 중간계급의 시대가 되리라는 생각은 이미 나타나고 있다. 지난 세기의 노동자들은 이미 기억에서 멀리 밀려났으며, 프롤레타리아트가 이끌던 보편적 해방의 프로젝트는 사라지고 그 대신 중산층의 위치를 얻고자 하는 보편적인 열망이 그 자리를 메우게 되었다. 룰라의 후임으로 브라질의 새로운 대통령이 된 게릴라 여전사 출신의 지우마 호세프는 자신의 소망이 "브라질을 중간계급의 나라로 바꾸는 것"이라고 선언한 바 있다.[21] OECD에서는 '새로이 출현하는 중간계급에게 버팀목을 제공할' 필요를 논하는 한편, 지구적 발전 센터(Center for Global Development)의 낸시 버드솔(Nancy Birdsall)은 '없어서는 안 될 중간계급'을 이야기하면서 정책 입안자들의 목표는 이제 '빈민을 위한 성장'에서 '중간계급을 위한 성장'으로 전환되어야 한다고 촉구한다.[22]

중간계급이라는 말은 무언가 가운데를 지칭하는 것으로 되어 있지만, 막상 그 사회계층을 어떻게 정의할 것인가로 가게 되면 경우마다 크게 다르다. 중간계급의 범위를 파악하고자 했던 세 가지 시도를 살펴보자. 그 가운데 확실한 것은 없지만 하나하나가 다 의미가 있다. 세계은행의 마틴 래벌리언(Martin Lavallion)은 발전도상국의 중간계급을 하루 소득 2달러에서 13달러 사이의 지대에 놓는다. 2달러라는 수치는 세계은행에서 자체

---

21) Joe Leahy, "FT interview: Dilma Rousseff", FT, 3 October 2012. 그녀의 정치적 조언자인 룰라 전 대통령은 이미 2006년 재선에 나섰을 때 자신이 신흥 중산층에게 헌신하셨다고 말한 바 있다. "브라질은 신흥 중산층의 출현을 목도하고 있다. 만약 내가 재당선된다면 나는 이 집단에 특별한 관심을 기울이겠다." Richard Bourne, *Lula of Brazil*, London 2010, p. 204.

22) OECD, *Perspectives of Global Development 2012*, Paris 2011, p. 103; Nancy Birdsall, "The (Indispensable) Middle Class in Developing Countries", *Center for Global Development Working Paper 207*, Washington 2010.

적으로 보는 빈곤의 경계선이며, 13달러는 미국의 빈곤선을 뜻한다. 그는 이 '중산층'이 1990년에는 발전도상국들의 인구에서 3분의 1이었지만 2005년이 되면 거의 절반—절대 수치로는 12억 명이 된다—으로 폭발적으로 성장했음에 주목한다. 이 계층에는 중국 인구의 거의 3분의 2가 들어가지만, 남아시아와 사하라 남쪽 아프리카 지역에 사는 사람들은 불과 4분의 1이 포함될 뿐이다.[23] 하지만 낸시 버드솔은 중간계급이 자유주의적 정치 행위자가 되리라 기대하므로 그 기준을 더 높여 하루 10달러 이상으로 놓는다. 그녀는 부자라고 할 만한 이들과 중간계급을 구별하는 데 관심을 가지고 있다. 중간계급에 그 나라의 부유한 5퍼센트의 사람들이 포함되어서는 안 된다는 것이다. 이 기준으로 따져보면 중국 농촌에는 중간계급이라고 할 만한 사람이 거의 없으며, 인도, 파키스탄, 방글라데시, 나이지리아 등도 마찬가지다. 중국 도시 지역으로 가면 3퍼센트가 이 범주에 속하며, 남아프리카공화국에서는 8퍼센트가 여기에 들어간다. 브라질로 가면 이 숫자가 19퍼센트로 올라가며, 멕시코에서는 28퍼센트, 급기야 미국에 가면 가장 높은 수치인 91퍼센트에 달한다.[24]

빈곤을 연구하는 저명한 경제학자인 아베히지트 바너지(Abehijit Banerjee)와 에스터 두플로(Esther Duflo)는 탄자니아, 파키스탄, 인도네시아 등을 포함한 13개 국가의 국제적 가계 통계 조사에 기초하여 자신들의 관점을 내놓는다. 이들은 1일 소득 2달러에서 10달러 사이에 있는 사람들에 초점을 맞추면서, 이들이 정확히 어떤 의미에서 중간계급이냐고 묻는다. 이들이 찾아낸 가장 주목할 만한 발견은, 저축과 소비에 대한 이들의 생각과 행태를 볼 때 2달러 문턱에 이르지 못하는 빈민들에 비해 더 기업가

---

23) Martin Ravallion, "The Developing World's Bulging (but Vulnerable) Middle Class", *World Development*, vol. 38, no. 4, 2010.

24) Birdsall, "The (Indispensable) Middle Class in Developing Countries", Appendix: Tables 3, 4, 7.

정신에 입각해 있는 게 아니라는 점이다. 이 집단의 사람들을 규정하는 특징이 있다면 그것은 이들이 안정된 임금이 나오는 일자리를 가지고 있다는 점이다.[25] 따라서 이들을 무언가 애매하게 중간계급에 속한다고 보느니 안정된 노동계급의 위치를 점한 이들이라고 묘사해야 한다는 것이다. 브라질 정부 또한 중간계급의 취약성을 강조하는 경향이 있다. 이들은 언제라도 다시 빈곤으로 추락할 위험이 있는 이들이며, 따라서 주의 깊은 관심과 지원을 필요로 한다는 것이다.[26] 아시아, 특히 동아시아에서는 이와 같은 염려가 확연하지는 않다.

중국에서는 1990년대 말 이후 학계와 매체에서 중간계급 혹은 중간계층이라는 말이 주된 논의 주제가 되었다. 이전에는 중간계급이라는 것에 대한 이야기 자체가 금지되어 있었고, 이를 옹호하는 이들 가운데 일부는 오늘날에도 계급이라는 말에 완전한 사회적 정당성을 부여하지 않으려는 '이데올로기적 압력'이 있음을 한탄하고 있다.[27] 중국 학자들은 오늘날 중간계급을 이상화하는 경향이 있다. 이 개념에 대한 비판적 논의는 회피하는 한편, 주로 미국식 고정관념에 의지하는 것이다. 중간계급이야말로 오늘날 중국의 매체들이 으뜸가는 고객 대상으로 보는 집단으로서, 이러한 접근은 대개 중국에 널리 유통되고 있는 미국 매체들—『보그』에서 『비즈니스 위크』에 이르기까지—에서 영감을 받은 것이다.[28] 중간계급은 또한 앞

25) Abhijit Banerjee and Esther Duflo, "What is Middle Class about the Middle Classes around the World?", *MIT Department of Economics Working Paper*, no. 7 ·29, 2007.

26) Ricardo Paes de Barros et al., *A nova classe media brasileira: desafios que representa para a formulacao de politicas publicas*, Brasilia 2011.

27) Xiaohong Zhou, "Chinese Middle Class: Reality or Illusion?", in Christophe Jaffrelot and Peter van der Veer, eds., *Patterns of Middle Class Consumption in China and India*, New Delhi 2008, p. 124.

28) He Jin, "The Transformation and Power of 'Middle Class' Language in Chinese Media Publications", in Li Chunling, ed., *The Rising Middle Classes in China*, Milton

으로 다가올 기간에 정치적 안정과 온건화를 지켜낼 성곽이라고 여겨져 왔다. 하지만 일부 감각이 예리한 논평가들은 이 신흥 중간계급의 기초를 놓은 것은 갈수록 벌어지는 소득 격차라는 사실에 주목했다. 중국은 오늘날 아시아에서 가장 불평등이 심한 나라가 되었으며, 1960년대에 불과 0.21이던 중국의 지니 계수는 오늘날 0.46으로 치솟았다는 것이다.[29] 인도 또한 경제 자유화의 여파로 과시적 소비를 일삼는 중간계급의 발흥이 나타난 바 있었으며, 이는 2004년 힌두교 우파당의 선거 구호였던 '찬란한 인도'(India Shining)라는 선전 문구를 낳기도 했다. 하지만 인도의 이데올로기적 지형은 중국보다 훨씬 더 복잡하고 논쟁의 여지가 많다. 이 "도덕적으로 천방지축이며 물질에만 집착하고 사회에 대해서는 무감각하다"고 여겨지는 계급이 과연 바람직한 존재인가를 놓고 비판의 목소리가 높아지기도 했다.[30] 이 '찬란한 인도'라는 선거 전략은 도리어 역풍을 불러왔고, 결국 인도국민회의가 다시 정권을 잡게 되었다.

소비냐 민주주의냐

노동계급과 사회주의의 근대성이 퇴물이라고 선언된 세상에서 이제 그 대안적 미래의 상징은 중간계급 사회가 되었다. 비록 이는 미국에서 생겨난 관념이며 유럽에서는 실제로 널리 퍼진 적이 결코 없었지만, 오늘날 사람들은 과거를 돌이켜보면서 북대서양 선진국들에 중간계급 사회라는 이

Keynes 2012.

29) Zhou Xiaohong and Qin Chen, "Globalization, Social Transformation and Construction of the Chinese Middle Classes", in Li, ed., *Rising Middle Classes in China*, p. 52.

30) Pawan Varma, *The Great Indian Middle Class*, New Delhi 1998, p. 174.

름을 붙여주고 있다. 이들이 꿈꾸는 유토피아의 핵심은 중간계급이 지구를 접수하여 차에다가 집에다가 온갖 전자 제품을 끝도 없이 소비해주면서, 또 전 지구의 여행 산업까지 탄탄히 떠받쳐주리라는 희망이다. 물론 생태 문제에 대한 의식이 깨어 있는 이들에게 이러한 지구화된 소비주의란 끔찍한 악몽이겠지만, 사업가들과 이들이 보는 각종 출판물들은 여기에 군침을 흘리고 있다. 중간계급의 소비는 또한 부자들의 여러 특권을 자연스러운 것으로 받아들이게 하는 한편, 서민 계급들을 그저 이들의 삶을 부러워하면서 조용히 세상에 순응하게 만드는 큰 이점이 있다. 그런데 이들의 꿈에 깃들어 있는 어두운 측면이 있으니, 이것이 본질적으로 배제를 내포하고 있다는 점이다. 중간계급이나 부자가 아닌 사람들은 무슨 돈이 될 만한 재주를 가진 것도 아니고 자산이 있는 것도 아니다. 2009년 미국의 티파티 운동에 불을 지른 텔레비전 뉴스쇼의 고함소리처럼,[31] 이들은 그저 '루저들'일 뿐이다. 이들은 '계급도 못되는 것들'(underclass)이며 '망가진 애들'(chavs)일 뿐이다. 발전도상국 세계에서는 이런 이들을 공공장소에서 '치우는 것'이 발견되며, 이는 이러한 배제의 못된 경향이 나타나는 한 예라 할 것이다. 이제 가난한 이들은 해변, 공원, 길거리, 광장 등으로부터도 쫓겨나게 되었으니까. 이 가운데서도 특히 충격적인 예는 자카르타의 독립광장 사례일 것이다. 한가운데에 거대한 남근을 닮은 국가 기념비가 우뚝 서 있는 이 광장은 가난한 이들이 맘 놓고 쉴 수 있는 유일한 지역이었지만, 이제는 여기에다 울타리를 둘러쳐 모두 쫓아내버리고 '중간계급만이

---

31) 〔옮긴이〕 2009년 초 오바마 정부가 주택 담보대출의 파산으로 궁지에 몰린 이들을 위한 재대출 계획을 발표하자, 2월 19일 시카고 선물 시장에서 뉴스쇼를 진행하던 CNBC 채널 편집자 릭 샌틸리(Rick Santelli)는 이것이 '루저들'에게 돈을 집어다 주는 미친 짓이라고 고함을 지르면서, 이에 항의하는 의미로 파생상품 증권들을 모조리 강물에 처넣는 제2의 '티파티' 운동을 하자고 제안한다. 이에 대해 선물 시장에 있던 많은 거래자들이 열광적으로 호응하는 것이 그대로 TV에 방영되었다. 이것이 현재 미국의 티파티 운동의 시작이라고 알려져 있다.

즐기는 모종의 '테마파크'로 바꾸어버렸다고 한다.[32]

　자유주의 언론 매체에서는 이렇게 상승하는 중간계급을 민주적 개혁의 전위라고 본다. 하지만 아시아의 중간계급에 대해 학문적으로 이루어진 논의를 보면, 이들의 정치적 역할이 어떤 것일지에 대한 착시와 환상을 덜어낼 수 있다. 어느 중요한 연구의 결론은 이러하다. "중간계급은 개혁과 민주주의에 대한 태도에서 '상황적'(situational)이다."[33] 인도에서는 정치 계급에 대한 혐오가 확산되면서 참으로 드문 정치적 현상이 나타난 바 있다. 옛날의 '불가촉민들'—달리트(dalit)들—과 가난한 이들보다 오히려 사회적 계층이 높아질수록 선거 참여가 더 저조해지는 현상이다. 2004년 선거에서는 63.3퍼센트의 달리트들이 투표했지만, 그 위의 카스트들에서는 투표율이 57.7퍼센트일 뿐이었다.[34] 라틴아메리카의 여러 나라들은 이미 20세기를 통과하면서 중간계급이 본질적으로 민주주의를 지향하는 성격이 있는 게 전혀 아니라는 점을 뼈아픈 경험으로 배운 바 있다. 중간계급은 아르헨티나에서(1955~82년), 칠레에서(1973년), 베네수엘라에서(2002년) 민주주의에 격렬하게 반대한 바 있다. 중간계급은 '상황적으로'(즉 기회주의적으로) 민주적일 수도 있고, 또 반민주적이 될 수도 있다.

　버드솔의 논문에서는 잠깐 지나가며 언급하는 식이기는 하지만, 또 다른 중간계급 시나리오가 나온다. 부자들과 그 밖의 사람들 사이에 대결 국면이 펼쳐질 것이며, 이때 중간계급은 후자의 편에서 중요한 역할을 하리라는 것이다. 홍콩의 학자 앨빈 소(Alvin So)도 주목한 바 있듯이, 동아시아

---

32)　Lizzy van Leeuwen, *Lost in Mall*, Leiden 2011, pp. 64, 192.

33)　Hsin-Huang Hsiao, "Prioritizing the Middle Classes: Research in Asia-Pacific", in Hsiao, ed., *The Changing Faces of the Middle Classes in Asia-Pacific*, Taipei 2006, p. 7.

34)　Christophe Jaffrelot, "The Indian middle class and the functioning of the world's largest democracy", in Jaffrelot et al., eds., *Patterns of Middle Class Consumption in China and India*, p. 47.

는 이러한 명제를 지지하는 예라고 할 수 있다. 이곳에서는 중간계급의 전문직 종사자들이 IMF나 미국 군사주의 등에 대한 시위는 물론이고 '국가에 맞서는 저항의 전면'에 나설 때도 있기 때문이다.[35] 이렇게 중간계급이 대중과 한데 뭉쳐 소수의 권력 집단에 맞서는 것이야말로 '인민들의 봄날'이 었던 1848년 혁명의 핵심이었고, 이는 2011년 지중해 위쪽 아래쪽에서 터져 나왔던 봉기에서도 발견되는 바다. 카이로, 튀니지, 바르셀로나, 마드리드에서 전문직의 중년 남녀가 학생 및 청년 실업자들과 함께 시위 대열에 참여했다. 전자의 집단은 후자 집단의 부모일 때도 많은데, 이러한 세대 간 연대는 1968년의 급진파들은 전혀 겪어보지 못한 사건이다.

민주주의의 기초를 중간계급으로 삼을 수는 없는 일이지만, 중간계급이 권위주의 통치에 맞서 들고 일어서는 것이 승패를 결정적으로 좌우하는 일은 꽤 있다. 21세기 들어 오늘날까지 벌어진 일들 가운데 가장 중요한 중간계급 혁명은 규모로 보나 또 그 나라가 지역에서 차지하는 중요성으로 보나 단연코 이집트 혁명임이 틀림없다. 물론 아직, 게다가 국외자가 이 사건에 대해 강한 결론을 끌어낼 수는 없는 일이지만, 그래도 몇 가지 이야기를 조심스럽게 꺼내보겠다. 이 혁명을 촉발한 것은 이집트 밖의 사건들과 세력들이지만, 선진국들의 금융 위기는 이 혁명과 아무 상관이 없다. 무바라크 정권이 무너지기 바로 전에 IMF가 내놓은 분석에서는 이집트 경제가 좋아지리라고 예측되고 있었다. 혁명을 촉발한 계기는 튀니지의 봉기였다. 북아프리카 지역의 다른 부분과 마찬가지로 근년 들어 이곳에서도 고등교육이 급속히 확대되어 여성들도 교육을 받게 되었고, 이는 공식적인 가부장제의 기초를 잠식하게 되었다. 그런데 이 새롭게 나타난 교육받은 중간

---

35) Alvin So, "Historical Formation, Transformation and the Future Trajectory of Middle Classes in Asia", in Hsiao, ed., *Changing Faces of the Middle Classes in Asia-Pacific*, p. 32.

계급은 대부분 실업 혹은 반실업 상태의 대학 졸업자들로 이루어져 있었다.[36] 이들은 19세기 독일에 있었던 교양시민계급(Bildungsbürgertum)과는 전혀 다른 존재였다.

더욱이 정치체제 또한 부패하고 억압적이었을 뿐만 아니라 이 새로운 대학 졸업자들에게나 또 저임금에 시달리는 그들의 선배들에게나 아무것도 보여줄 전망이 없었다. 하짐 칸딜(Hazim Kandil)은 나세르 체제의 상속자인 가말 무바라크 주변에 모여든 신자유주의 도당들이 일으킨 '쇠망치 효과'에 주목하라고 한다. 나세르가 남긴 유산은 이제 모두 민간 대자본가들에게 넘어가버렸다. 이 체제와 중간계급을 이어주던 유대를 이 체제 자체가 끊어버렸다는 것이다.[37] 1848년의 유럽 혁명 당시처럼 이집트의 노동계급도 이 혁명 과정에 참여했지만, 그 주요 세력은 아니었다. 가까운 과거에 이들이 경험한 전투의 기억—예를 들어 2008년 엘 마할라 엘 코브라(El Mahalla El Kobra)에서 진압당한 파업—이 이들의 동원에 큰 도움이 되었다고 한다.[38] 하지만 이집트의 중간계급 혁명은 곧 '브뤼메르 18일' 문제에 봉착하게 된다. 즉 급진적 요소들은 주로 도시에 집중되어 있는 반면, 그보다 훨씬 많은 농촌 지역의 인구는 대부분 보수적이라는 문제 말이다. 이집트의 급진파는 1세기 반 전 프랑스의 선배들이 그랬던 것처럼 선거에서 대패했다. 그렇다고 해서 2011년 혁명이 완전히 반전된 것은 아니다. 이는 나폴레옹 3세가 승리를 거두었다고 해서 1848년 혁명의 성과물들이 사라진 것이 아니라는 점과 마찬가지다. 하지만 또한 이는 중간계급이 가장 강력하고도 가장 급진적인 형태의 반란을 일으킨다고 해도 분명한 약점이 있

---

36) Paul Mason, *Why It's Kicking Off Everywhere*, London and New York 2012; Manuel Castells, *Networks of Outrage and Hope*, Cambridge 2012.

37) Hazem Kandil, "Why Did the Egyptian Middle Class March to Tahrir Square?", *Mediterranean Politics*, July 2012.

38) Mason, *Why It's Kicking Off Everywhere*, p. 10.

음을 보여준다.

지구를 휩쓰는 중간계급의 소비주의는 모든 곳에 침투해 있다. 이는 리마, 나이로비, 자카르타에 있는 쇼핑몰 아무 곳에나 가보아도 알 수 있다. 그럼에도 불구하고 자유주의 학자들과 마케팅 컨설턴트들이 꿈꾸는 소비의 낙원은 아직은 대부분 미래의 희망 사항일 뿐이다. 그리고 중간계급 덕분에 정치적 안정성이 찾아오리라는 기대는 중간계급 반란이 중심적 위치를 차지함에 따라 크게 꼬여버렸다. 이러한 반항적 정신의 현상 형태들은 그 형식에서나 이데올로기에서나 아주 다양하다. 이는 북아프리카의 여러 혁명들, 인도의 정치적 부패에 저항하는 안나 하자레(Anna Hazare)의 선전 활동, 미국의 티파티, 칠레 중간계급이 급진적 학생운동에 보여준 적극적인 지원 등에서 보이는 바다. 한 나라 안의 중간계급이 서로 경쟁하는 여러 운동을 만들어낼 수도 있다. 태국에서처럼 보수파인 황색 셔츠(Yellow Shirts)에 대해 좀 더 친서민적이며 지역 색깔이 강한 붉은 셔츠(Red Shirts)가 도전하는 경우가 그 예일 것이다. 앞으로도 분노한 중간계급이 길거리로 뛰쳐나와 더 많은 격변이 벌어지고 그 결과도 예측할 수 없게 되는 사태는 얼마든지 나타날 수 있다.

노동계급의 여러 가능성

노동계급이 사회 발전의 미래로 보이던 시절은 바로 어제처럼 가깝게 느껴지지만, 이런 날이 돌아올 것 같지는 않다. 유럽과 북아메리카의 산업자본주의가 절정에 달했던 당시에는 마르크스가 예견했던 것처럼 그것이 스스로의 주요한 반대자인 노동계급 운동에 힘을 가져다주었다. 하지만 이런 시절은 갔다. 선진국 경제는 탈산업화를 겪고 있으며, 그곳의 노동계급은 분열되어 있고 계속되는 패배 속에서 사기가 완전히 꺾여 있다. 산업의 배턴(baton)은 전 세계 제조업의 새로운 중심으로 떠오른 중국으로 넘어가 버렸다. 그런데 중국에는 호구(戶口) 제도가 아직도 남아 도시 출신과 농촌 출신을 나누고 있기 때문에, 중국 산업 노동자들의 대다수는 중국 내부의 이민자들이다. 하지만 마르크스가 예상한 바 있듯이 중국의 산업 성장은 노동자들의 힘을 강화시키고 있어, 파업도 더 빈번해지고 있으며 임금도 상승하고 있다. 부의 분배를 놓고 새로운 사회적 갈등의 장이 이제는 유럽에서 동아시아로 옮아오고 있다는 사실도 빼놓아서는 안 된다. 물론 중국의 당국자들도 이 사실을 알고 있기에 자본주의가 고삐 풀린 채 날뛰지 않도록 하기 위해 여러 노동법이 제정되고 있으며, 이 점에서 가장 주목할 만한 것은 2008년에 시행된 노동계약법이다. 또 동시에 노동계급을 위한 '서비스'와 '상담' 센터들이 우후죽순으로 생겨나고 있으며, 그 가운데 다수는 외국의 자금으로 지원되고 있다. 이 센터들은 공식적인 노동조합이나 지역의 공산당 위원회와 연계되어 있는 경우도 있다. 하지만 아마도 지방정부에서는 고용주 측과 한편이 되어 있는 경우가 훨씬 더 많을 것이다.[39] 어쨌든 공산주의의 유산으로 남은 흔적들에다 새로운 입법이 더해지고 또 전자 매체까지 확산되면서 자율적인 노동계급 조직화가 이루어질 여지가 더 많아진 것은 사실이다. 이는 단기적으로 중국의 사회 시스템을 바꾸지는 못해도 현존하는 틀 내에서 노동자들이 좀 더 좋은 조건을 얻어내는 데 도움이 될 것이다. 중국의 도시 지역에서는 육체노동자들이 중요한 세력이지만, 그 정확한 숫자는 확정하기 어렵다. 가장 잘된 추산에 따르면 그 숫자

39) Fang Lee Cooke, "The Enactment of Three New Labour Laws in China: Unintended Consequences and the Emergence of 'New Actors' in Employment Relations", in Sangheon Lee and Deirdre McCann, eds., *Regulating for Decent Work*, Basingstoke 2011; Joseph Y. S. Cheng, Kinglun Ngok and Wenjia Zhuang, "The Survival and Development Space for China's NGOs: Informal Politics and Its Uncertainty", *Asian Survey*, vol. 50, no. 6, 2010.

가 등록된 인구의 3분의 1쯤 되는 것으로 보인다.[40] 하지만 도시 지역에서는 주거증이 **없는** 이민자 농민공들이 전체 노동력의 3분의 1 이상을 이루고 있으며, 그 대부분 또한 제조업, 건설업, 요식업 등에 종사하는 육체노동자들이다.[41] 이 두 집단을 더하면 중국 도시 지역의 육체노동 계급의 3분의 2까지는 몰라도 절반은 충분히 넘을 것이다. 이 프롤레타리아트에 기초한 강력한 운동이 출현한다면 중국뿐만 아니라 발전도상국 세계 전체에 걸쳐 엄청난 충격을 가져오겠지만, 이를 실제로 가능한 전망이라고 제시할 수는 없는 일이다.

다른 곳에서는 개혁적이든 혁명적이든 노동계급 정당이 정치적 변혁을 이끌 가능성이 더욱 낮다. 인도의 여러 산업 계급의 규모는 중국보다 더 작아서, 중국에서는 전체 노동력의 4분의 1에 달하는 반면 인도에서는 6분의 1을 넘지 못한다. 아직도 주종을 이루는 형태는 가내 고용과 자영업이다.[42] 정규적인 임금을 받는 이들 가운데서는 노조의 조직률이 약 38퍼센트라는 상당한 수치를 보이고 있다.[43] 하지만 이 노동자들은 12개의 전국 노총으로 갈라져 있으며, 그 가운데 큰 것들은 여러 정당과 연계되어 있다. 인도에서 노조의 힘은 1980년대 초에 최고조에 달했었지만, 산업의 양대 중심지인 봄베이의 섬유 공장들과 캘커타의 황마(黃麻) 산업 모두에서 처참한

40) Li Chunling, "Profile of China's Middle Class", in Li, ed., *Rising Middle Classes in China*, p. 96. 다른 추산을 보고 싶으면 같은 책의 Liu Xin, "Urban Chinese Class Structure and the Direction of the Middle Class", p. 112 참조. 구조적 분석을 위한 자료는 2003년 "China General Survey"에서 취했다.

41) Li Shi, "Rural Migrant Workers in China: Scenario, Challenges and Public Policy", *ILO Policy Integration and Statistics Department Working Paper*, no. 89, Geneva 2008; OECD, *Employment Outlook 2007*, Paris 2007.

42) Therborn, *The World*, Cambridge 2011, p. 182.

43) Anibel Ferus-Comelo, "Unions in India at Critical Crossroads", in Craig Phelan, ed., *Trade Union Revitalisation*, Oxford 2007, p. 479.

패배를 겪게 된다.[44] 인도의 노동조합은 오늘날까지 계속 명맥을 유지하고 있지만, 노동 빈민들의 대다수를 끌어당길 수 있는 축으로서 우뚝 서는 데는 실패했다.

수하르토가 몰락한 후 인도네시아에서는 노동조합 운동이 부흥했지만, 대부분 공단 노조의 형태를 띠고 있어 노동력 전체의 3분의 1에 불과한 공식 부문에 집중되어 있다. 은행업 같은 곳에서 화이트칼라 노동자들도 이 영향을 받았다. 정규직 노동자들의 법적 권리는 2003년의 '노동력법'(Manpower Act)으로 강화되었다. 하지만 노동은 여전히 주요한 사회적 행위자와는 거리가 멀고, 공식 경제 부문으로 가보아도 그 가운데 조합으로 조직된 숫자는 10분의 1에 불과하다. 노동당을 결성하려는 시도가 여러 번 있었지만 지금까지는 모두 실패했다.[45] 2012년 노동절에는 9천 명의 노동자들이 모여 이날을 기념했지만 이를 1만 6천 명의 경찰이 둘러싸고 있었다. 아시아 산업 발전의 개척자 가운데 하나인 한국에서도 비록 그 노동조합이 여전히 의미 있는 위치를 유지하고는 있지만 20세기 유럽에 견줄 만한 운동을 낳지는 못할 것이다. 냉전 시기 군부독채 치하에서의 가혹한 노동 착취는 1980년대 벌어졌던 민주주의 저항 운동의 중요한 집결 지점 가운데 하나였다. 또 이 시기는 한국 노동조합 운동의 고점에 해당하는 시기로서, 노동자들의 5분의 1이 노동운동으로 조직된 바 있었다. 하지만 이후 탈산업화와 서비스 부문 고용의 증가로 인해 노조 조직률은 계속 잠식되었다.[46] 양대 노총의 하나는 그런 와중에도 민주노동당을 창당할 수 있었고, 이 정당은 국회의원을 배출하기도 했다. 내가 마지막으로 한국을 방

44) Sukomal Sen, *Working Class of India*, Calcutta 1997, p. 464.

45) Michele Ford, "Indonesia's New Unions", in Phelan, ed., *Trade Union Revitalisation*.

46) Yoonkyung Lee, *Militants or Partisans: Labour Unions and Democratic Politics in Korea and Taiwan*, Stanford 2011, pp. 28, 55.

문했던 2011년 12월에는 좌파 정당과 중도좌파 정당이 통합되리라는 기대가 높았지만, 결국에는 이 과정도 실패하고 말았다.

1917년 혁명을 일으켰던 러시아 노동계급은 혁명 이후에 벌어진 내전에서 대개 사멸해버렸고, 소비에트 치하에서 창출된 새로운 노동계급은 1990년대의 자본주의 복귀에서 아무런 활동도 보여주지 않았다. 1989년과 1991년의 파업 물결은 고르바초프의 몰락에 일조했지만, 소비에트 이후의 러시아는 예전 시스템보다 노동자들에게 제공할 것이 적었고 기대 수명은 이후 10년간 아래로 뚝 떨어졌다. 공산당은 여전히 상당한 중요성을 가진 선거 세력이지만, 좌파 이념이 아닌 과거 지향적인 민족주의에 의존하고 있다. 사회민주주의적 조직은 아직 확립된 바 없다. 러시아의 노동조합 연맹은 회원 수로는 상당하지만 노동자들의 이익을 보호하는 데서는 거의 한 일이 없다.[47]

상파울루의 산업 노동자들이 세운 노동조합 운동은 노동자당(PT)이라는 성공적인 정치적 도구를 만들어냈으며, 이 당의 후보가 2002년 네 번째 도전에서 브라질의 가장 인기 있는 대통령으로 당선되었다. 노동자당은 이 나라의 사회적 지형을 변화시켰다. 극심한 빈곤과 씨름했고, 대중 교육을 확대했으며, 노동권이 법으로 보호되는 공식 노동력에 더 많은 노동자들을 합류시켰다.[48] 하지만 이 당은 여러 사회운동들의 연합체로 시작하여 지금까지 그러한 성격이 변하지 않았다. 따라서 지역 당직자들은 물론 대통령들조차 그림자 속의 패거리 네트워크에 의존하지 않으면 힘을 행사할 수 없다. 앞에서 말했듯이, 오늘날 지우마 호세프는 노동자들 혹은 임금 생활

---

47) Sarah Ashwin, "Russian Trade Unions: Stuck in Soviet-style Subordination?", in Phelan, ed., *Trade Union Revitalisation*.

48) 공식 부문의 노동자 수는 2002년 15퍼센트에서 2008년에는 50퍼센트로 늘었다. Janine Berg, "Laws or luck? Understanding rising formality in Brazil in the 2000s", in Lee et al., eds., *Regulating for Decent Work*, p. 128.

자들의 나라가 아니라 '중간계급'의 나라가 되기를 희구하고 있다. 하지만 그녀의 나라는 전 세계의 '거대' 국가들 가운데 어디에서도 볼 수 없는 가장 강력한 좌파 세력을 가지고 있으며, 사회 변화의 전망 또한 가장 밝다.

남아프리카공화국 또한 상승하는 경제 강대국으로서, 인종차별 체제에 대한 투쟁을 지도한 연합체의 일부였던 강력하고도 잘 조직된 노동운동을 가지고 있다. 하지만 아프리카민족회의는 1994년 권력을 잡은 후 흑인 경제 엘리트들을 키우는 데 주안점을 두어왔다. 이러한 과정의 충격적인 사례 하나는 광산 노동자들의 지도자였던 시릴 라마포사(Cyril Ramaphosa)가 부유한 사업가로 변신한 것이다. 극빈층이 상당히 줄어들기는 했지만, 불평등은 아마도 인종차별 체제가 무너졌을 때보다 2009년이 더 심할 가능성이 크다.[49] 2012년 8월에 대규모 광산 파업을 시작했던 것은 기존의 노동조합에 대한 경쟁자로 새롭게 나타난 노조였다. 이들은 처음에는 목숨이 위협받을 정도로 억압당했고 또 인종차별 체제 시절의 법률을 동원하여 진압당했다. 이 파업 물결의 최종적 결과가 어떻게 될지는 두고 보아야겠지만, 남아프리카공화국에서의 노동계급 헤게모니라는 것이 멀고 먼 이야기임은 변함이 없다. 아프리카의 다른 곳을 보자면, 나이지리아의 노총이 2002년 노동당을 출범시켰고 EU와 독일의 에베르트 재단에서 이를 지지했다. 하지만 이는 결국 사산(死産)으로 끝나고 말았다. 이 당의 여러 계획은 노조 조합원들 사이에 뿌리를 전혀 내리지 못했으며, 그 지도자들은 곧바로 전통적인 패거리주의에 기초한 정치가로 전락해버렸다.[50]

오늘날의 세계에서 고전적 의미의 노동의 전진은 찾아볼 수 없지만, 그

---

49) 『이코노미스트』에 따르면, 1993년에는 지니 계수가 0.59였던 것이 2009년에는 0.63이 되었다. 물론 측정에 여러 차이가 있을 수 있으므로 직접적인 비교는 무리가 있다. *Economist*, 20 October 2012.

50) Björn Beckman and Salihu Lukman, "The failure of Nigeria's Labour Party", in Beckman et al., eds., *Trade Unions and Party Politics*, Cape Town 2010.

래도 여러 다양한 전선에서 진보가 나타나고 있는 것을 발견할 수 있다. 노동-자본의 관계는 지금도 팽창하고 있으며, 앞으로도 그럴 것이다. 우리는 노동자들이 새로운 산업 세계와 맞부딪힐 때마다 새로운 요구를 내걸 것이며 조직화를 통해 힘을 얻고 또 시간이 지나면서 더욱 야심적이 되리라 기대할 수 있다. 마르크스식 계급투쟁이라는 작은 변증법처럼 어느 날 갑자기 사회가 바뀌는 것은 기대하기 어려울지 몰라도, 자본주의의 팽창과 그 불평등의 증가는 노동계급을 여전히 21세기 정치의 중요한 의제의 담당자로 만들 것이다.

서민들은 어떻게 움직일 것인가

붉은 깃발은 유럽에서 라틴아메리카로 넘어갔다. 이곳은 사회주의가 여전히 정치 의제로 남아 있는 유일한 지역으로서, 베네수엘라, 에콰도르, 볼리비아 등의 정부가 '21세기 사회주의'를 이야기하고 있다. 또 이곳에서는 브라질과 아르헨티나가 큰 비중을 차지하기 때문에 중도좌파 국가들이 우위를 점하고 있으며, 불평등이 감소하고 있는 유일한 곳이기도 하다—비록 안데스 산맥 지역에서의 불평등 수준을 기준으로 하는 이야기이지만. 모랄레스, 코레아, 차베스의 '사회주의'는 새로운 정치적 현상으로서, 자신들이 20세기의 유라시아식 좌파 정치 모델로부터 독자적일 뿐만 아니라 자기들 내부 또한 동질적이지 않다는 것을 강조한다. 이는 도시 빈민(빈민가 거주민들, 불안정 노동자들, 노점상들), 토착민들 혹은 아프리카계 사람들, 중간층의 진보적 요소들(전문직 및 화이트칼라 노동자들) 등 사회의 여러 계층들로부터 지지를 얻고 있다. 여기서 산업 노동자들은 전위 역할은 거의 하는 법이 없다. 볼리비아의 광산 프롤레타리아트의 남은 세력은 코카 재배 농민들과 힘을 합쳐 모랄레스를 지지했지만, 베네수엘라의 가장 중요한 전국 노총은 2002년의 실패한 쿠데타를 지지한 바 있다.[51] 남아메리카 남쪽 나라들의 중도좌파 정권들 또한 그 사회적 기초가 다양하지만, 전통적 노동계급과 그 노조는 훨씬 더 큰 역할을 맡고 있다. 이는 브라질과 아르헨티나의 산업화 정도가 더 크다는 점을 반영하고 있다.

라틴아메리카 진보 세력들의 이데올로기에는 여러 다른 흐름들이 포함되어 있다. 차베스는 페루의 좌익 군부민족주의로부터 영감을 얻었고 피델 카스트로를 중요한 조언자로 보지만, 또 시몬 볼리바르의 유산에 (선별적이지만) 크게 의존하여 자기만의 민주적 인민주의 스타일을 발전시키기도 했다. 모랄레스는 여러 문화 혈통이 뒤섞인 토착민 지도자로서, 코카 재배 농민조합에서 협상 기술을 발전시켰고 원주민 게릴라 전사였던 알바로 가르시아 리네라(Álvaro García Linera)를 부통령으로 하여 함께 일하고 있다. 에콰도르의 라파엘 코레아는 해방신학에 영향을 받은 훈련된 경제학자로서, 민족주의 중도좌파에서 마르크스주의에 이르는 다양한 견해를 가진 재능 있는 젊은 지식인 집단에 둘러싸여 있다. 지우마 호세프, 크리스티나 페르난데스 데 키르히너(Cristina Fernández de Kirchner), 호세 무지카(José Mujica) 등을 둘러싼 집단은 앞에 말한 이들보다 좀 더 오른쪽에 있지만, 여러 생각이 절충되어 있는 것은 마찬가지다. 멕시코에서는 안드레스 마누엘 로페스 오브라도르(Andrés Manuel López Obrador)가 (대통령 선거에서 (아마도 부정선거로) 두 번이나 아깝게 패배했다) 공화주의적인 엄격함과 사회민주주의적 개혁 정책들을 결합하고 있다.

라틴아메리카가 당장 가까운 미래에 세계 바깥으로 수출할 수 있는 모델을 내놓을 것 같지는 않다. 하지만 앞으로 다가올 시기에 무언가 급진적인 사회변혁이 벌어진다면 이는 임금노동자에 기초한 20세기의 개혁 혹은 혁

---

51) Héctor Lucena, "Trade Unionism in Venezuela: The Current Situation", in Phelan, ed., *Trade Union Revitalisation*.

52 제1부 (특집) 21세기 자본주의론

명의 경험보다 이 라틴아메리카 지역에서 벌어진 최근의 발전과 더 공통점이 많을 것임이 분명하다. 사회적 행위자로서의 임금노동자는 이제 아프리카와 아시아 대부분의 지역에서 근로 민중의 소수에 불과하다. 최근 문자해독률이 올라가고 새로운 통신수단이 나타나면서 이러한 서민 계급의 여러 운동이 힘을 얻고는 있지만, 그래도 커다란 장애물들을 넘어야 한다. 사람들이 문화적 혈통 및 종교로 갈라져 있으며 또 상이한 여러 종류의 고용형태에 따라 갈라져 있다는 것이 그것이다. 이러한 다양한 도전들에 담대하게 대처할 수 있는 강령과 조직 형태만이 이 다양한 서민 계층을 하나로 모을 확률을 높일 수 있다.

지역 수준으로 내려가면 이런 종류의 창의적 시도를 이미 여럿 발견할 수 있다. 볼리비아의 코카 재배 농민들은 일자리 잃은 광부들의 운동 건설 기술과 경험을 활용할 수 있을 것이다. 마푸토(Maputo)에 있는 노동조합들은 공식적인 일자리를 잃은 노조원들을 위하여 노점상 연합체를 조직했다.[52] 이런 일이 처음 있는 것도 아니다. 노점상들은 이미 자신들의 국제 연대체인 스트리트넷(StreetNet)을 만들고 그 본부를 남아프리카공화국에 두고 있다. 멕시코시티에서는 이들이 이미 시장도 무시할 수 없는 당당한 정치 세력을 이루고 있다. 인도의 비공식 경제에서 일하는 여성들은 뭄바이, 첸나이, 아마다바드 등에서 이미 자체적인 상호 부조의 구조들을 만들었고, 전국적으로는 '자영업 여성연합'을 결성했다.[53] 노동조합은 또 물가 상승과 권위주의 체제에 저항하는 폭넓은 민중 저항의 도구가 될 때도 있다. 최근에는 튀니지에서 벤 알리에 맞서는 반란이 그런 경우였다. 공식 부문 노동자들이 앞에 나서지만 단순히 이들뿐만 아니라 폭넓은 사회저 연합

52) Ilda Lindell, "Informal work and transnational organizing", in Andreas Bieler and Ingemar Lindberg, eds., *Global Restructuring, Labour and the Challenges for Transnational Solidarity*, London 2010.

53) Ela Bhatt, *We Are Poor but So Many*, Oxford 2006.

체들이 노동조합이 내건 요구들을 지지하고 나선 사례도 있다. 한 예가 아시아의 의류 산업에서 벌어진 '기본·최저임금'(floor wage) 운동일 것이다. 이는 뭄바이에서 있었던 세계사회포럼으로부터 시작된 초국가적 운동으로서, 노동조합, 여성 단체, 경제 발전 관련 비정부조직들의 지지를 받았다.[54] 이 맥락에서 볼 때 계급은 '의식'으로 채워져야 할 구조적 범주가 아니라 운동의 방향성을 잡는 나침반으로 쓰이고 있다. 즉 착취당하고 억압받고 불이익에 처해 있는 모든 다양한 집단의 사람들을 판별하는 기준이 되는 것이다. 미래의 사회변혁이 기초로 삼아야 할 사회적 동맹은 아직 형성되지 않았고, 또 그 가운데 어느 집단에다 미리 '지도적 역할'을 부여할 수도 없다. 하지만 계급을 나침반으로 삼지 않는다면 아무리 뛰어난 사회운동이라고 해도 현대 자본주의의 여러 불평등을 극복할 수는 없을 것이다.

이렇게 우리는 앞으로 다가올 수십 년간 사회학자의 눈으로 볼 때 현실성이 있는 네 가지 계급 관점을 알아보았다. 지구화된 중간계급의 소비주의, 중간계급의 정치적 반란, 동아시아에 중심을 둔 산업 계급의 투쟁(아마도 새로운 사회적 타협을 낳을 수 있다), 이질적인 민초들의 여러 계급으로 이루어진 대규모 행동 등이 그것이다. 이 새로운 세기의 사회적 성격은 아직 결정되지 않았지만, 계급은 분명히 절대적인 중요성을 갖게 될 것이다.

좌파의 새로운 지정학

유럽 중심적인 산업자본주의의 쇠퇴는 사회 세력의 구성에 대해서뿐만 아니라 이를 어떻게 조직할 것인가에 대해서도 폭넓은 함의들을 가진다.

---

54) Jeroen Merk, "Cross-border wage struggles in the global garment industry", in Bieler and Lindberg, eds., *Global Restructuring*.

정당이라는 형태―독일 사회민주당이나 이탈리아 공산당 같은 대중정당이든, 또 소수의 레닌주의적 전위정당이든―는 매력을 크게 잃었다. 유럽 밖의 노동조합들은 이미 그러한 정당들의 한계를 깨달았고, 다양한 종류의 사회운동 및 비정부조직들과 연계를 맺으려 노력하고 있다. 하지만 어떠한 조직을 도구로 삼느냐는 여전히 결정적으로 중요한 문제다. 2001년 아르헨티나에서의 대중 행동은 10년 후 에스파냐에서 나타난 '인디그나도스'(Indignados, 분노한 사람들)보다 더 큰 영향을 끼칠 수 있었던바, 그 주된 이유는 페론주의 운동의 좌파라는 진보적인 정치적 메커니즘을 활용할 수 있었기 때문이다. 무슬림 형제단이라는 튼튼한 조직은 이집트 혁명의 잠정적인 승리자로 판명되었다. 인터넷 네트워크가 정상적인 정치 생활의 여러 경로들 바깥에서 지지를 동원하는 중요한 능력을 갖고 있다는 생각이 널리 퍼져 있지만, 이런 생각에 너무 현혹되어서는 안 된다.[55]

이를 염두에 두고 말한다면, 근자에 들어 강력한 새로운 역동성이 분명히 나타나고 있다. 우리는 알카에다 조직과 티파티 운동으로부터 2011년에 각지에서 나타난 좌파 저항운동까지 느슨하면서도 탈중앙화된 네트워크들이 출현하는 것을 목도하고 있다. 유행에 쉽게 휩쓸리는 경영학 문헌들에서는 이러한 지도자 없는 '불가사리' 조직들이 열성적으로 논의되고 있다.[56] 이러한 조직체들이 '비위계적' 성격을 가진다고 해서 반드시 민주적이거나 진보적이라고 할 수 없다는 것은 앞에서 든 예들에서 볼 수 있는 바다. 하지만 집단적 토론과 개인의 자율성이라는 것은 1968년이 남긴 절대적인 유산임이 분명하며, 앞으로 나타날 모든 좌파 프로젝트의 일부가 되어야만 한다. 이데올로기적으로 보자면 이 새로운 운동들은 거부주

55) 마뉴엘 카스텔스(Manuel Castells)의 중요하고도 시의적절한 연구인 『분노와 희망의 네트워크들』(Networks of Outrage and Hope) 또한 이러한 유혹에 영향을 받고 있다.

56) Elizabeth Price Foley, *The Tea Party: Three Principles*, Cambridge 2012, p. 218.

의(rejectionism)와 실용주의의 혼합으로 추동되어왔다. 한편으로 사람들은 비록 그 대상은 아주 다양하지만 어떤 것을 거부한다는 분노로서 집단적 행동을 표출했다. 이슬람 신앙을 모독한다는 느낌으로 인하여 수많은 아랍 나라들에서는 저항이 촉발되었고, 저소득 '루저들'에게 대출 구제와 의료보험을 준다는 것이 티파티 지지자들의 진노를 촉발했으며, 오큐파이(occupy) 운동은 정실자본주의 체제 아래에서 벌어진 대규모 은행 구제금융과 생활수준 악화에 대한 대중의 분노를 활용했다. 이런 여러 운동들은 거부주의를 통해 사람들에게 용기와 전투성을 가져다주었고 갈등의 역동성도 낳을 수 있었던 한편, 또 실용주의를 통하여 교조적 논쟁을 피하고 전술적 유연성을 보여줄 수 있었다. 산업사회주의의 시대 이후 좌파의 관점이 어떻게 정식화될지는 아직 시야에 들어오지 않는다. 하지만 그 관점은 불평등 그리고 제국의 오만함에 대한 반대를 포함할 것이며, 인권이 자유롭게 또 완전하게 기능하는 것을 지지할 것이다.

노동계급의 20세기는 다분히 유럽인들이 만들어낸 산물이었다. 이는 유럽식 가족 시스템 안에서 출현했기에 확장된 친족들과의 유대가 약하다. 젊은이들은 성인이 되면 부모와 조상들을 모실 의무 따위 없이 그냥 자기 가정을 꾸리게 되어 있으므로 비교적 자율성이 주어진다. 유럽이 근대에 도달한 경로는 독특한 사회적 공간을 창출했었다. 계급들 간의 내적 갈등은 비교적 동질적인 국민국가 내부에서 벌어졌으며, 종교는 구체제와 연결되어 있었으므로 후자가 패배하면서 함께 약화되었다. 자본주의 발달로 생겨난 노동계급은 산업 이전 시대의 길드 조직에서 내려온 문자 해독 능력과 숙련의 전통에 광범위하게 의존할 수 있었다. 유럽이 헤게모니적 위치에 있었기 때문에 유럽의 계급정치 모델은 다른 대륙으로도 확산되었다. 유럽의 빈민들이 오세아니아나 남북아메리카로 이주하기도 했고, 여러 유럽 제국이 정보와 교육의 중심지 역할을 하기도 했으며, 또 적지 않게는 반제국주의의 모델이던 소비에트 러시아 등이 그 유럽식 계급정치 모델의 확

산 경로가 되기도 했다. 이 계급정치의 모델은 지구 구석구석에까지 자리
잡았지만, 유럽 바깥의 사회들로 들어가면서 그 내용은 변화되었다. 노동
계급 운동은 유럽이 전 세계에 가져다준 선물이었다. 북아메리카의 노농당
(Farmer-Labor parties)[57]부터 페루의 원주민 문제를 새롭게 이론화한 마
리아테귀(Mariátegui)[58]에 이르기까지, 아랍사회주의 혹은 아프리카사회
주의를 만들어내려는 여러 시도부터 민족 독립의 깃발 아래 농민들을 동
원했던 중국과 베트남의 공산당에 이르기까지, 유럽의 노동운동은 전 세계
모든 대륙에서 강력하고도 혁신적인 세력들에 영감을 불어넣었다. 앞에서
보았듯이, 이러한 유산은 오늘날에도 완전히 지워진 것은 아니다. 하지만
유럽은 더 이상 해방, 발전, 정의에 대한 단일한 지구적 시각을 제공할 수
없다. 지금으로서는 유럽 대륙 자체에 대한 비전조차 없는 상태다.

　20세기의 좌파는 두 가지 주요한 영감의 원천을 가지고 있었다. 그 하나
는 서유럽으로서, 무엇보다 프랑스대혁명과 독일의 마르크스주의 노동운
동이 원천이었다. 이는 전 세계 대부분의 선진 강대국 지역에서 다가올 미
래를 나타내는 것이었으며, 사상과 강령, 조직 원리, 변화의 모델 등을 모
두 제공하는 것이었다. 이는 또한 중요한 물질적 지지 세력까지 가지고 있
었다. 프랑스는 다른 나라로부터 찾아오는 급진파 망명객들을 받아들였
으며, 잘 조직된 데다가 조합비도 꼬박꼬박 내는 독일 노동운동은 그 가난
한 형제들의 자금 마련에 도움을 주었다(프리드리히 에베르트 재단[FES,
Friedrich Ebert Stiftung]은 오늘날에도 그 일을 하고 있다). 두 번째 영감의
원천은 지구적 권력과 부의 주변부로서, 유럽 마르크스주의의 영감을 받은
여러 정치적 조류의 지도력을 빌려 혁명이 벌어진 지역이다. 소련은 이러

---

57)　〔옮긴이〕미국의 제1차 세계대전 참전으로 경제적 어려움에 처한 노동자들과 농민들은 함께
　　정당을 만든다. 1918년 미네소타 주에서 처음으로 노동당이 나타났고, 미국 노동당은 1920년 노
　　농당으로 이름을 바꾼다.

58)　〔옮긴이〕1920년대 페루에서 사회주의 운동에 결정적인 영향을 끼친 마르크스주의 언론인.

한 일이 벌어진 최초의 그리고 최대의 중심지였으며, 그 여파로 중국과 쿠바가 그 뒤를 따랐다. 이들은 세계 모든 곳에서 혁명을 꿈꾸는 이들에게 어떻게 권력을 잡고 어떻게 사회를 변혁할 것인가에 대한 여러 모델을 제공했으며, 직접적인 자금 지원도 아끼지 않았음은 물론이다. 지금으로서는 라틴아메리카가 그러한 세계 중심에 가장 가깝다고 할 수 있다―비록 사회적 이데올로기의 지형은 복잡하지만. 그러나 라틴아메리카의 중심적 역할이라는 것은 그다지 이야기할 만한 것이 되지도 못한다. 21세기의 좌파는 탈중심의 상태가 될 확률이 아주 크며, 게다가 설령 지금 진행 중인 사회 변화가 막다른 한계까지 나아간다고 해도, 라틴아메리카는 아마도 전 지구가 나아갈 바를 밝혀줄 등대가 되기에는 너무 작은 지역이다. 새로운 좌파가 정말로 전 지구적 차원에서 중요성과 의미를 가지기 위해서 더 깊게 뿌리를 내려야 할 지역이 있다면, 그곳은 아시아다.

우리는 오늘날 새로운 시대의 탄생을 목도하고 있다. 계급과 국민에 대해서도, 이데올로기와 정체성과 동원에서도, 지구적 좌파 정치에서도 모두 새로운 관계가 형성되는 중이다. 냉전의 종식은 '평화 배당금'을 가져온 것이 아니라 그저 새로운 전쟁의 순환주기를 가져왔을 뿐이다. 서구 자본주의의 승리 뒤에는 전 세계적 번영이 찾아온 것이 아니라 불평등 그리고 반복되는 경제 위기들만 동아시아, 러시아, 아르헨티나에서 나타났으며, 이제는 유럽과 아메리카의 혼란이 오래도록 지속되기에 이르렀다. 좌파들의 고전적인 관심사라 할 자본주의적 착취, 제국주의, 젠더와 문화 혈통의 여러 억압적 위계 등의 문제가 새로운 세기에 들어와서도 계속 스스로를 재생산하고 있다. 이 투쟁이 앞으로도 계속되리라는 점만큼은 분명히 확신할 수 있다. 하지만 이 투쟁에 스스로의 인장을 찍을 이는 누구인가? 새로운 중간계급인가 아니면 민초 대중인가?

〔홍기빈 옮김〕

고객으로서의 시민

새로운 소비 정치에 대한 고찰

볼프강 슈트렉(Wolfgang Streeck)

40년 전 『공공 이익』(*Public Interest*)에 실린 '대중재(public goods)와 사적 지위'라는 제목의 획기적 논문에서 조지프 몬젠(Joseph Monsen)과 앤서니 다운스(Anthony Downs)는 케니스 갤브레이스(Kenneth Galbraith)의 어구를 이용하여 왜 미국 사회는 "사적으로는 부유하지만 공적으로는 가난한가"라는 질문을 제기했다.[1] 저자들은 당시에 받아들여졌던 설명, 즉 소비자들을 조작하는 대규모 기업들에 의해 이용되는 "영리하고 비도덕적인 광고 기술"과 그것의 결과로 소비자들이 "상대적으로 필요로 하지 않거나 원하지 않는 사적인 재화와 서비스를 구매하게 된다"는 주

---

[1] R. Joseph Monsen and Anthony Downs, "Public Goods and Private Status", *The Public Interest*, vol. 23, Spring 1971, pp. 64~77.

장에 회의적이었다. 그 대신 몬젠과 다운스는 공적 부문과 사적 부문 사이에서 재화가 차별적으로 분배되는 것에는 '좀 더 근본적인 요인'이 작동하고 있다고 제안한다. 그것은 '경쟁과 차별화'를 향한 소비자의 '욕망'인데, 이것은 소비자들로 하여금 "큰 집단과 계급 사이에서 가시적인 구별을 창조하고, 그런 집단 안에서 좀 더 미묘한 개인성의 구별을 만들어내도록" 추동한다. 몬젠과 다운스는 1960년대 유행했던 미국 사회에서의 지위 추구적 소비 행동에 대한 설명뿐만 아니라 소스타인 베블런(Thorstein Veblen)이 '유한계급 이론'에서 제시한 과시적 소비 개념을 차용하여, 이러한 욕망을 "모든 사회 및 과거와 현재 모두에서 최소한 어느 정도는 명백하게 드러나는 인간 성격의 내재적 부분"으로 묘사한다. "근본적이어서 인간 본성의 '법칙'으로 간주될 수 있다"는 것이다.

인류학적으로 변함없는 상수에 가까운 것으로 받아들여지는 '소비자 차별의 법칙'은 왜 근대 정치경제의 사적 영역과 공적 영역 사이에서 벌어지는 상대적인 자원의 배분에 영향을 끼쳐야만 하는가? 몬젠과 다운스가 주장한 바의 핵심은 그들이 '정부재'(government goods)라고 부른 것, 즉 공적 권력에 의해 생산·분배되는 재화는 "획일성의 눈으로 디자인된다"는 것이다. 군대 소총의 표준화는 이와 관련된 가장 명백한 사례다.

그런 재화는 관료제에 의해 생산·관리되기 더 쉽고, 정부재 분배의 기초를 이루는 평등의 이상에 부합한다. 그러나 바로 그 성격 때문에 이 재화는 선진 산업사회에서 모든 재화의 주요 기능인 지위 구별에 용이하게 사용될 수 없다.

이 글에서 나는 서로 다른 종류의 재화를 선호하는 내재적인 능력과 함께 재화를 제공하는 이러한 두 가지 양식에 대한 몬젠과 다운스의 생산적인 구별을 이용할 것이다. 이 두 가지 양식 가운데 하나는 국가의 권위에 의해 관리되는 공적이면서 집합적인 양식이고, 다른 하나는 상업적 시장에 의해 매개되는 사적이면서 개인적인 양식이다. 하지만 나는 이 두 양식을 공시적으로 비교하거나 경제적 인류학의 영속적인 소유 공간에서 연구하기보다 그것들 사이의 상호 관계의 발전에 대한 시간적 탐색을 시도할 것이다. 더욱이 생산물의 다양화를 지위 추구를 향한 변치 않는 인간의 성향 안에 위치시키기보다 필요공급(need-supplying) 경제에서 욕구공급(want-supplying) 경제로의, 판매자 시장에서 구매자 시장으로의, 빈곤한 사회에서 포화된 사회를 거쳐 풍요로운 사회로의 이행에서 선호되는 효용 극대화의 특정한 양식과 관련지을 것이다. 이러한 이행은 몬젠과 다운스의 논문이 출간되었던 때(1971년) 즈음에 나타나던 현상이었다. 이러한 의미에서 나는 몬젠과 다운스가 인간 본성 이론을 선호하면서 거부했던 공적 공간의 축소에 대한 '제도주의적' 설명으로 되돌아가기를 제안한다.

I. 맞춤형 상품

오늘날 우리가 알고 있듯이, 1960년대 후반과 1970년대 초반은 전후 민주적 자본주의 역사의 분수령이었다. 영광스러운 30년(trente glorieuses) 동안 전례 없는 경제성장을 유지하면서 포드주의라고 축약되어 불리기 시작했던 어느 정도 일관되고 국제적인 생산–소비 체제가 위기에 처하고 궁극적으로 붕괴되고 있다는 데 대해 이야기하는 일은 이상할 것이 없게 되었다. 오늘날 이러한 종말에 대해 가장 많이 기억되고 있는 것은 1960년대 말 전 세계를 휩쓸었던 전투적 노동자운동의 물결일 것이다. 이러한 노동자의 선투성은 점점 더 많은 노동자계급 분파들이 더 적은 노동시간과 더 많은 봉급 그리고 정치적으로 보장된 고용에서의 시민권을 요구하는 것과 함께 테일러주의적 공장 규율에 스스로가 종속되는 것을 거부하게 만들었다.

그러나 자본주의적 축적의 진전을 어렵게 하는 병목이 되었던 것은 단지 노동시장만이 아니었다. 대단히 유사한 국면이 제품 시장에서도 발생했으며, 사실상 이 두 가지는 복잡하게 관련되어 있었다. 포드주의는 농촌적인 삶의 양식에서 도시적이고 산업적인 삶의 양식으로의 세속적 이행에서 사회를 위한 표준화된 대량생산을 가져다주었다. 그 속에서 사람들은 증가하는 소득을 자기 가족의 삶에서 처음으로 획득할 수 있었던 자동차와 냉장고 등과 같은 내구소비재에 사용했다. 필요는 여전히 충족되지 않았고, 결핍도 사라지지 않았으며, 사람들이 요구하고 획득할 수 있었던 것은 값싸고 믿을 만한 제품이었다. 이러한 제품은 저렴한 가격에 제공되고 확장 중이던 규모의 경제에 의해 가능해진 활기차고 성숙한 기술의 도움을 받았다. 결과적으로 제품 시장은 종종 생산이 따라잡기 어려울 정도로 지속적으로 성장하던 수요로부터 이득을 얻는 거대한 과두적 기업들에 의해 통제되고 있었다. 실제로 포드주의적 대량생산자에게는 판매하는 것이 생산하는 것보다 훨씬 더 수월한 문제였다. 고객들은 긴 인도 기간에 익숙해져 있었으며, 기업이 자신들에게 약속된 시간을 알려주면 인내심을 가지고 공급을 기다렸다.

　　분수령이 되었던 때를 직접적으로 경험한 독일의 경영자들을 인터뷰하던 중에, 나는 때때로 그들이 1950년대와 1960년대의 '할당경제'(Zuteilungswirtschaft)를 언급하면서 그리워하는 것을 들을 수 있었다. 그들이 해야만 했던 것은 하나의 표준 제품을 만들어내고, 그런 다음 언제나 서비스를 제공받는 데 만족하는 매우 공손한 고객들에게 기업의 생산 일정에 맞아떨어질 때 전달하는 것뿐이었다. (또 다른 독일어 용어는 Versorgungswirtschaft로서, 이것은 '공급경제'로 번역될 수 있을 것이다.) 경쟁 구조가 있고 고객들은 낮은 가격을 욕망한다는 사실을 고려할 때, 고객들은 많은 선택지를 가지기를 기대하지 않았다. 헨리 포드(Henry Ford)가 자신의 T2 모델에 대해 이야기했던 격언 "그것이 검정색인 한 당신은 당신이 좋아하는 어떤 색도 가질 수 있다"는 전후 포드주의 시대 판매자 시장의 생산자-소비자 관계에도 여전히 얼추 적용될 수 있었다. 나는 심지어 경영자들이 서구에서 전후 기간에 존재했던 조직화된 자본주의와 동구의 국가사회주의 사이의 차이는 그 시절에 믿어졌던 것만큼 극적이지 않았다고 넌지시 이야기하는 것을 들었다. 동구의 인도 기간이 훨씬 길었다는 차이가 있었을 뿐이라는 것이었다. 사적 부문과 공적 부문 사이에도 그렇게 큰 차이가 없었다. 우체국에 전화를 신청하는 것은 폭스바겐에 새로운 차를 신청하는 것과 매우 유사했다. 둘 다 반년 정도의 대기 기간이 있었다. 서유럽에서 자동차가 대중적으로 보급된 첫 번째 물결은 실제로 국가가 소유하거나 국가가 강력하게 후원했던 회사들에 의해 제공되었다. 독일의 폭스바겐, 프랑스의 르노, 영국의 레일랜드, 이탈리아의 피아트가 그런 회사들이었다.

1971년 들어 비로소 (돌이켜 생각해보면 목가적인) 전후 포드주의 세계가 끝나가고 있다는 분명한 징후가 나타났다. 노동자들이 20년간 계속된 성장과 완전고용 이후 이윤의 더 많은 몫을 요구하면서 반란을 일으키기 시작한 것처럼, 고객들 또한 더 까다로워지고 있었다. 서구 전체에 걸쳐 대량생산되고 표준화된 내구소비재 시장은 포화 조짐을 보이고 있었다. 기본적 필요는 대략 해결되었다. 세탁기가 여전히 잘 돌아가고 있다면 왜 새로운 것을 사야 하나? 그러나 교체 구매로는 비슷한 성장률을 유지할 수 없었다. 시작되던 위기는 포드주의 시대의 원형적인 대량생산인 자동차 산업에서 가장 뚜렷하게 드러났다. 자동차 산업은 그 제조 능력이 지나치게 성장했지만, 테일러주의적 공장 체제에 대한 노동자들의 커져가는 저항과 대량 시상생산 체제에 대한 소비자들의 커져가는 무관심 사이에서 옴짝달싹 못하게 되었다는 사실을 깨달았다. 1970년대 초반 폭스바겐의 비틀(Beetle)의 판매량은 갑작스럽게 바닥으로 떨어졌으며, 하나의 회사로서 폭스바겐은 깊은 위기에 빠져들어 많은 사람들이 종말의 시작이라고 생각하게 되었다.[2] '성장의 한계'는 대중적 담론의 중심 주제가 되었으며, 자본주의적 기업과 민주적 정부들은 자본주의적 정치경제의 근본적 위기라는 위협을 극복할 새로운 공식을 찾는 작업에 착수했다.

오늘날 우리는 그 위기가 어떻게 생산과정과 생산 라인 모두에서 심오한 구조조정 물결을 초래했는지 알고 있다. 노동자의 전투성은 처음에는 여성이 유급 고용으로 대규모로 유입됨으로써, 나중에는 생산 시스템의 국제화에 의해 가용 노동자 공급이 영속적으로 확장됨으로써 분쇄되었다. 우리의 맥락에서 더 중요한 것은 제품 시장의 위기를 극복하려는 시도에서 기업들이 활용한 전략이다. 좌파 성향의 사람들은 여전히 '소외된 노동'과 '소비의 독재'를 종식시키기를 희망했지만, 자본주의적 기업은 생산 주기를 극적으로 단축할 수 있는 극소전자 기술의 도움으로 제품과 처리 과정을 개량하느라 바빴다. 제조 기계를 범용화했고, 그럼으로써 제품의 손익분기점을 낮추었다. 그리고 많은 육체노동자들이 불필요해졌거나, 적어도 임금이 더 싸고 노동자들이 더 순응적인 세계의 다른 곳으로 기업을 이전하는 것이 가능해졌다.

요약하자면 포드주의 시대가 종식되는 시점에서 직면하게 된 표준화된 재화를 위한 시장의 장기적인 정체에 대해, 자본의 답은 재화를 덜 표준화하는 것을 포함했다. 제품의 재설계는, 미국의 자동차 제조사들이 (1960년대 몬젠과 다운스에게 '소비자 차별의 법칙'의 증거를 제시했던) 제품 진부화를 가속화하기 위해 고안했던 방법인 매년 자동차 휠 캡(wheel cap)과 비행기 수직 안전판을 교체하던 것을 훨씬 뛰어넘었다. 1980년대까지 가속화된 제품 디자인 및 더 유연해진 생산 설비와 노동 덕분에 포드주의적 세계의 상품을 맞춤형으로 변화시키는 것은 유례없을 정도로 가능해졌다. 맞

---

2) Streeck, *Industrial Relations in West Germany: The Case of the Car Industry*, New York, 1984 참조.

춤형 제품 생산은 점점 소규모화되어 가는 특유의 선호를 지닌 잠재적 고
객 집단에 더 가까이 접근하기 위한 노력의 일환으로서 크고 획일적인 산
업적 대량생산의 제품 종류를 일련의 차별화된 소량생산의 하위 제품들로
세분화했다.[3] 대량생산이 일종의 대규모 부티크 생산 같은 것에 자리를 내
어주자, 고객은 표준화된 옛 재화를 구입할 때 해야만 했던 타협(서로 다른
구매자들이 더할 나위 없이 좋아할 제품과 생산자가 공급할 수 있었던 널리
두루 적용되도록 만들어진 제품 사이에는 언제나 간극이 존재했다)으로부터
점점 더 벗어날 수 있었다. 제품의 차별화로 인해 서비스는 점점 더 개별
소비자들의 특수한 효용함수로 가까이 다가섰다. 동시에 그것은 표준화된
제품에 의해 제공된 공통의 필요 위에 존재하는 소비자들의 욕구를 발전시
키거나 그 욕구에 더 많은 관심을 기울임으로써, 소비자는 그러한 함수를
정교화할 수 있게 되고 그렇게 하도록 고무되었다.

제품의 주문생산을 경제적으로 매력적이게 만들고 궁극적으로 자본주
의경제가 1970년대의 정체로부터 벗어나는 것을 도왔던 것은 그것이 산
업 생산의 부가가치를 증대하는 정도였다. 제품이 종별적인 소비자들의 선
호에 근접하면 근접할수록 소비자들은 점점 더 기꺼이 지불할 의사가 있는
것으로 밝혀졌다. 그리고 더 열심히 일할 준비가 되어 있을수록, 포화된 시
장으로부터 풍요로운 시장으로의 이행을 포함하는 경제성장의 새로운 패
러다임에 참여하는 데 필요한 구매력을 위해 소비자들은 정말로 더 많이
빌릴 준비가 되어 있었다. 극소전자 혁명의 발전과 더불어 가용한 자동차
모델의 범위는 증폭되어, 고객은 자신의 개인적 선호를 특정함으로써 스스

---

3) 이것은 당시 대량생산으로부터 '유연한 전문화'로의 이행(Michael Piore and Charles Sabel,
The Second Industral Divide: Possibilities for Prosperity, New York 1984 참조) 또는
'다품종 생산'이라고 묘사되었다. Streeck, "On the Institutional Conditions of Diversified
Quality Production", in Egon Matzner & Wolfgang Streek, eds., *Beyond Keynesianism:
The Socio-Economics of Production and Employment*, London 1991, pp. 21~61 참조.

로의 차를 디자인하도록 초대받을 수 있을 정도가 되었다. 1980년대까지 볼프스부르크의 폭스바겐 공장에 같은 날 만들어진 차 가운데 같은 것은 없게 되었다. 이러한 과정에서 필연적으로 자동차는 새로운 생산 전략이 성공적으로 실현되는 곳에서 산업의 이윤을 회복시키는 것과 동시에 더 복잡해지고 비싸졌다.

포드주의의 시기가 종식되면서 찾아온 자본축적의 정체를 극복하는 것을 목표로 한 상품의 주문생산은 그 시대 자본주의사회가 상업화되는 강력한 물결의 핵심이었다. 제품 다변화는 대량생산 아래에서 상업적으로 건드려지지 않은 채 남아 있던 소비자들의 욕구에 주목했다. 이제 그러한 욕구는 작동하게 되었으며 이윤을 가져다주었다. 나는 이러한 과정이 소비자에 의해 추동되었는가 생산자에 의해 추동되었는가에 대한 중요한 질문까지 나아가지는 않을 것이다. (이 쟁점에 대해 몬젠과 다운스는 공급보다 수요의 우선성을 선택함으로써 그들 자신이 케니스 갤브레이스 같은 사적인 비즈니스의 비판자들과 다른 생각을 가지고 있음을 알게 되었다.) 이 시기의 중대한 발전이었던 현대적 마케팅에 대한 연구에 따르면, 두 입장 모두 부분적으로 진실임이 암시되고 있다. 마케팅은 소비자 선호를 발견하기도 하지만, 전형적으로 그것을 **개발**한다. 마케팅은 소비자에게 그들이 좋아하는 것이 무엇인지 질문한다. 하지만 그것은 또한 소비자들이 존재할 것이라고 상상조차 하지 않았던 것들을 포함해 그들이 좋아할 준비가 되어 있는 것들을 제안한다. 이런 의미에서 성공적인 마케팅은 그때까지 상업적으로 쓸모없는 욕구 또는 잠재적 욕구 가운데 더 많은 것을 시장 관계 안으로 끌어들임으로써 소비자를 공동 설계자로 포섭한다. 이것이 불과 수년 전에는 인지될 수 없었던 방식으로 소비자에게 힘을 부여하고 생산자들의 삶을 훨씬 더 힘들게 만듦으로써 포드주의의 판매자 시장을 구매자 시장으로 변화시켰다는 것은 진실이다. 그러나 이것은 또한 자본주의 아래에서 '시장의 힘'이 사회적 삶을 영속적으로 침략하는 데서 디뎌진 거대한 발걸음이었다. 로자 룩셈부르크(Rosa Luxemburg)는 『자본축적론』 (*The Accumulation of Capital*)에서 이러한 과정을 비유적으로 '토지 수탈'(Landnahme)로 성격지었다. 어쨌든 시장이 포화 상황에 처한 시절에는 그리고 혹자가 보기에 노동계급으로 하여금 경제성장에 전력하게 만드는 물질적 유인이 심대하게 약해지고 있던 시절에는, 고객에게 더 많은 주의를 기울이는 것이 이윤 의존적인 기업이 정체 상태를 벗어날 수 있는 확실한 길을 의미했다.[4]

II. 소비에 의한 사회 형성

분수령이 되는 시기 이후의 포화된 시장의 유령으로부터 자본주의를 구원하는 것을 목표로 삼았던 사회적 삶의 상업화가 얼마나 가팔랐는지를 기억하는 것이 중요하다. 결과적으로 기업들이 1970년대에 배웠던 것은 상업적 팽창의 도움으로 고객과 제품 모두를 개인화하는 것이었다. 다변화된 소비는 그때까지 알려지지 않던 사회적 정체성의 개인화된 표현 기회를 가져다주었다. 1970년대와 1980년대는 또한 전통적인 가족과 공동체들이 급격하게 권위를 상실해가던 시기였다. 이러한 상실은 동시대 해방 이론가들

---

4) 따라서 그것은 적어도 1970년대의 많은 '비판 이론가들'에게 그렇게 보였다. 이를 초기에 정식화한 것이 『수행 원리와 산업 노동』(*Leistungsprinzip und industrielle Arbeit*, Frankfurt an Main 1970)이라는 제목으로 출간된 클라우스 오페(Claus Offe)의 1967년 논문이었다. 이 책에서 오페는 임금노동을 위한 동기부여가 장기적으로 사라져갈 것으로 전망했다. 그러나 이러한 사라짐은 충족된 수요가 아니라 생산조직의 변화에 의해 초래되는 것으로 설명되었다. 오페는 '경쟁적으로 드러나는 개인적 수행'이라는 근거보다는 사회적 권리의 기초 위에 삶의 기회를 할당해야 하는 압력이 점점 가중되리라고 예측했다(p. 166). 재설계된, 고도로 다변화된 상품들의 저항할 수 없는 유혹은 아마도 경쟁적·소유적 개인주의와 차별적인 수행에 따른 차별적인 보상의 정당성을 유지하는 데, 사실상 확대하는 데 기여했을 것이다.

이 자율과 해방의 새로운 시대가 시작된 것으로 잘못 인식했던, 급격하게 확대되던 사회적 공백을 시장이 메울 수 있는 기회를 제공했다. 다변화된 소비의 가능성과 틈새시장(niche markets)의 성장 및 그로 인해 1세대 내구소비재에 가해진 가속화된 진부화는 전통적 노동자들과 유급 고용에 새롭게 진입한 사람들, 특히 여성들 양쪽 모두에게 갱신된 노동규율에 대한 동기부여에 도움이 되었다.

상업화된 다변화(필요의 충족에서 욕구의 서비스로 시장과 상업적 관계가 이동하는 것)는 자동차 분야를 훨씬 넘어섰다. 포드주의 이후 또 다른 성장 산업에는 향수에서부터 시계와 패션에 이르는 사치재가 포함되었는데, 이 모든 분야는 고도로 표적화된 마케팅에 의해 촉진된, 증가된 제품 차별화와 가속화된 제품 전환이라는 유사한 패턴을 계속해서 따르고 있었다. 원형적인 사례는 일련의 스와치(Swatch) 시계인데, 그것은 마케팅에 의한 탁월한 창조물로서 1983년에 처음 출현했다. 그때는 아시아의 제조업자들이 기계로 작동하는 시계태엽 장치를 석영으로 만들어진 마이크로프로세서로 교체하기 시작하던 시기였다. 대량생산은 사라지지 않고 특징적으로 자기만의 틈새시장을 개발함으로써 그리고 틈새생산의 또 다른 심급이 됨으로써 훨씬 더 정교해졌다. 맥도날드가 자기 스스로 마침내 제품 다변화와 유사한 것을 향해 움직이기 시작했던 것과 동시에, 지방적이고 지역적인 요리법이 재발견되고 고급 요리는 그 어느 때보다 더 확장되었다. 포도주 생산에서는 포도주 상인들이 다양한 장소로부터 얻어진 서로 다른 포도를 특정한 상표를 내세워 혼합하는 방식을 포기하고, 각각이 서로 확인할 수 있는 개별적 특성과 기원을 가지는 다양한 제품을 생산하는 것으로 되돌아감으로써, 1980년대에는 한발 한발 자동차 생산을 거의 대부분 따라갔다.

상업화를 향한 전반적인 전환의 규모는 아마도 스포츠계에서 가장 잘 드러날 수 있다. 1970년대까지 올림픽은 이른바 '아마추어들'의 보호된 영역이었다. 아마추어들은 단지 그들의 개인적인 집착이라고, 또는 이렇게 표현할 수 있다면 단지 그들의 애국적 의무라고 공식적으로 간주되는 데서 돈을 벌어서는 안 될 일이었다. 그러나 아주 짧은 기간에 '올림픽 운동(movement)'이었던 것이 선수들과 수많은 기업 스폰서들, 광고 산업, 매체, 체육 활동 또는 일반적으로 육체와 관련된 일련의 소비재를 생산하는 기업들의 어마어마한 집합체 모두에게 돈을 벌어주는 거대한 기구가 되었다. 더욱이 풍요로의 이행에서 스포츠가 어떻게 변형되었는가를 생각해 볼 때, 우리는 참여할 수 있는 영광 그 자체에 의해 보상받는 엄격한 규율 및 자기통제의 소박한 에토스와 오늘날 스포츠 행사들을 둘러싸고 돈 냄새를 강하게 풍기는 쾌락주의적 오락의 분위기 사이에 존재하는 극명한 차이를 보고 충격을 받지 않을 수 없다. 자축하는 자기표현과 즐거움을 향유할 수 있는 무한한 능력을 팬과 운동선수에게 보여줄 충분한 기회를 제공함으로써 예전에는 전장과 유사했던 곳이 전문적으로 야외 파티를 여는 자리가 되어버렸다. 여기서 패션은 관람객뿐만 아니라 선수들에게도 필수적인 부분이 되었다. 하나의 사회제도로서의 스포츠가 (30년도 안 되는 기간에 금욕의 에토스에서 소비주의적 나르시시즘으로) 변형된 것은 독일 기업 아디다스와 푸마 두 곳에 의해 상징화될 수 있다. 두 기업은 단지 두세 가지 스타일의 축구화와 런닝화를 생산하는 지방 생산자에서 계속해서 변화하기 마련인 수백 가지 런닝화 모델로부터 그리고 무엇보다 남성과 여성 모두를 위한 향수에 이르는 패션 제품으로부터 돈을 벌어들이는 수십억 달러 규모의 세계적 기업으로 동시에 성장할 수 있었다.[5]

---

5) 스포츠에 대한 중요한 글에서는 오랫동안 경쟁과 차별화된 보상과 측정된 시간에 의해 특징지어지는, 노동의 세계를 위한 모델로서 그것이 가지는 기능이 강조되어왔다. 지난 수십 년간 변화된 것에는 여성들이 훨씬 더 넓은 범위에 참여하게 된 것, 행사 설계자들이 격렬한 운동은 섹시하게 보일 수 있고 즐거움을 향유하는 것을 필연적으로 가로막는 것은 아니라고 관객들을 끊임없이 설득하려는 노력도 포함된다.

나는 게오르그 짐멜(Georg Simmel)이 '사회화'(Vergesellschaftung)라고 부른 새로운 유형을 위한 기회 그리고 명백하게 매우 매력적인 기회가 상업화에 의해 창출되었다고 제안하려 한다. 여기서 사회화는 개인들이 타자들과 관계를 맺고, 따라서 세상에서의 자신의 위치를 정의하는 방법을 나타낸다. 풍요한 포스트-포드주의적 시장에서 소비의 대안적 가능성이 광범위하게 다양해진 덕분에 사람들은 구매 행위(종종 그러한 것처럼 자신의 개인적인 선호를 자기 성찰적으로 탐구하는 긴 시기를 포함해서)를 자기 정체성과 자기표현 행위로 인식하도록 그리고 사람들이 그/그녀를 타자들과 통합하는 동안 자신을 어떤 집단으로부터 분리된 개인으로 인식하도록 허락하는 기제를 제공했다. 사회 통합의 좀 더 전통적인 양식들과 비교해서 소비자 선택에 의한 사회화는 덜 구속적인—의무로부터 정말 완전히 자유로운, 마르크스와 엥겔스가 노골적인 현금(bare Zahlung)이라고 불렀던 것으로부터 벗어난—사회적 유대와 정체성을 이끌어내기 때문에 좀 더 자발적인 것처럼 보인다. 이는 성숙한 '풍족한 시장'(affluent market)에서 무엇인가를 구매하는 것은 단지 원리상 당신의 결정을 기다리고 있는 대안들의 무한한 메뉴에서 당신이 가장 좋아하는 것(그리고 당신이 구매할 능력을 가지고 있는 것)을 골라내는 일일 뿐이기 때문이다. 이때는 전통적인 사회관계에서 그래야 했던 것처럼 협상 또는 타협이 필요하지 않다. 사실상 발전된 소비가 이루어지는 사회구조 안에서 움직일 때 사람들이 마주치게 되는 유일한 상대 행위자는 기업이며, 기업의 마케팅 담당 부서는 당신의 모든 욕구가 얼마나 독특한가에 상관없이 그것을 예측하고 충족시키기 위한 방법을 찾는 것을 전문으로 한다. 그런 기업은 결코 고객과 논쟁하지 않는다. 기업들은 듣고 따르며, 고객들 스스로가 알기도 전에 그들이 무엇을 욕망하는지를 알아내기 위해 노력한다.

그럴 때 소비에 의한 사회화는 그 본성상 대화라기보다 독백이고, 의무적이라기보다 자발적이며, 집합적이라기보다 개인적이다. 오늘날 풍요로운 사회와 관계된 특수한 소비의 **정치**에 대해 말하는 것이 생산적인 것처럼 보이는 것은 바로 이러한 전망으로부터 비롯된다. 대안들이 거의 무한히 공급되는 성숙한 포스트-포드주의적 시장에서 '의미 있는 타자들'에 의한 인증 없이 구매에 의해 구성되어온 집합적 정체성으로부터 빠져나가는 것은 쉬운 일이다. 명백하게 이러한 조건은 표준화된 대량생산 제품을 구매해야만 하는 것과 비교될 뿐만 아니라 가족, 이웃 또는 민족 그리고 그런 관계들이 만들어낸 집합적 정체성 같은 전통적 공동체들의 구속 본성과 비교되면서 하나의 해방으로 광범위하게 경험되고 있다. 사실상 오늘날 패션마저 획일적 생산 체제 아래에서 그랬던 것에 비하면 훨씬 덜 구속적—어떤 이들은 또한 덜 억압적이라고 말할 수도 있다—이다. 지금 말하자면 의류에서 그런 것처럼 음악에서도 공존하는 수많은 하위 패션들이 있으며, 그들 가운데 대부분은 나타났다 사라지기까지 불과 수개월 동안만 지속되는 급속한 교체 속에 있다.

과거의 전통적인 '실제' 공동체보다 소비 공동체를 버리는 것은 훨씬 쉽기 때문에, 사회적 정체성은 더 약하고 더 느슨한 유대에 의해 구조화되게 되었다. 이런 변화는 개인들이 스스로를 설명해야 하는 압박으로부터 자유로워진 채, 하나의 정체성에서 다른 정체성으로 옮아다니는 것을 가능케 했다. 국제화가 가용한 상품의 다양성을 증대시킴에 따라, 과거의 지방 공동체와 구매에 의해(또는 단지 '좋아요' 버튼을 클릭함으로써) 선택되고 수시로 버려지는 일시적인 공동 소비자들이 만들어내는 경계 없는 사회 사이의 대조를 날카롭게 드러내면서, 다변화된 시장은 모든 사람에게 무엇인가를 제공한다. 사회적 매체—트위터, 페이스북 등—에 의한 사회화는 이것이 그 회사들에 고도로 개인화된 마케팅을 위한 심화된 도구들을 제공해준다는 바로 그 의미에서 이러한 추세의 확대를 나타낸다. 모든 종류의 기업들, 정치인들, 유명 인사들은 하루 중 언제든 개인적인 메세지인 것처럼 위장한 메시지를 받아들일 준비가 되어 있으면서, '팔로워들'의 상상된 공동체를 만들어내기 위해 사회적 매체를 활용하는 방법을 민첩하게 배웠다. 정치에서 희망은 전통적인 당 조직이 점점 더 위축되어가는 것을 만회할 새로운 기술을 동원하는 것이다. 동시에 이것은 좀 더 심화된 정치의 개인화를 나타낸다. 앙겔라 메르켈이 자신의 '팔로워들'에게 자신이 방금 본 오페라 공연을 얼마나 즐겼는지 즉시 알려주게 되는 그런 때가 오고 있다.

III. 시장화된 공적 공간

포스트-포드주의적 정체로부터 자본주의를 구출하는 것을 목표로 했던 전례 없는 사회적 삶의 상업화는, 전후 시기 '혼합경제' 체제 아래에서 형성된 집합적인 국가에 의해 제공된 서비스와 개인적 시장의 제공 사이의 관계에 심대한 영향을 끼쳤다. 더욱 결정적으로 이러한 변화는 공적 공간으로 남은 곳에서도 시민과 국가 사이의 관계를 변화시켰다. 따라서 내가 곧 주장하는 것처럼 정치 자체의 성격을 변화시켰다. 발전된 소비재를 위한 역동적 시장이 새롭게 형성된 것에 병행된 한 가지 결과는, 지금까지 공적으로 제공되던 상당수의 서비스를 사유화하라는 투자 자본이 제기한 압박을 국가가 보조하는 것이다. 그런 부문에는 전통적인 양식이 구식이고 공리주의적이며 지루하다는 그리고 소비자가 된 사용자에게 반응하지 못한다는 인식이 확산되기 시작한 전기통신, 라디오 방송, 텔레비전이 포함된다. 기술 진보가 제조업 분야에서처럼 제품의 증식과 다변화를 가능하게 하자, 전 세계의 정부들은 오직 사기업만이 새롭게 생겨나는 욕구, 특히 더 많이 주문생산된 제품에 대한 훨씬 까다로워진 소비자들의 상승하는 기대를 만족시킬 수 있으리라는 주장을 받아들이고 조장했다.

뒤이은 시기에 상업화가 다른 무엇보다 많이 진행된 분야가 바로 새로이 사유화된 전기통신과 텔레비전 부문이었다. 우연이 아니게도 20세기 후반 가장 큰 부(富) 가운데 상당수가 만들어진 것이 바로 이 분야다. 이러한 부는 특히 머독과 베를루스코니 같은 대중연예 사업가들에 의해 만들어졌다. 독일에서는 1970년대까지 두 개의 국영 텔레비전 채널만 있었는데, 둘 모두 폭넓은 대중의 관심을 보도하고 법률적으로 교육적 사명을 간직하고 있다는 점에서 공공적이었다. 이러한 공공적 성격 덕분에 의회의 논쟁이 생방송으로 보도되는 것뿐만 아니라 종종 괴테, 셰익스피어 그리고 브레히트의 연극이 방송되기도 했다. 이것과 비교한다면 오늘날 독일의 도시들에서 사람들은 1백 개 이상의 채널을 볼 수 있으며, 그 채널들 가운데 다수는 외국으로부터 들여온 것이다. 훨씬 오락적이고 훨씬 성공적인 사유 채널들과 경쟁하기 위해 프로그램 구조를 근본적으로 바꾸었음에도 두 개의 공공 채널은 현재 나이 든 소수의 시청자들에 국한되어 있다. 영국에서 그런 것처럼, 고급 프로그램이 유료 TV로 옮아가는 상업화와 함께 같은 현상이 다양한 형태를 띠고 모든 유럽 국가들에서 전개되고 있다. 현재 전국적 방송망들이 고도로 분절화된 매체 시장에서 거의 완전히 오락에 맞추어진 소규모 틈새(niche)들로 넘겨지고 있는 미국에서도 유사한 현상이 관찰되고 있다고 할 수 있다.

전기통신도 같은 방식으로 변화하고 있다. 독일에서 전국 전화 시스템은 1980년대 후반까지 우체국에 의해 운영되었으며, 그 이윤은 실제로 우체국 서비스를 보조하는 데 사용되었다. 시스템을 작동하게 했던 정신은 공중전화 부스에 '통화는 짧게'(Fasse Dich Kurz)라는 문구가 있었다는 사실에서 드러날 수 있다. 그것은 시민들에게 국가의 귀중한 전화선에 접근할 특권을 한가한 수다 떨기에 잘못 사용하지 말라고 권고하는 것이었다. 이와 비교해서, 몇 년 전 호황을 누리던 많은 민간 전화회사 가운데 하나는 모든 가능한 소비자 집단에 맞게 맞춤형으로 계획된 셀 수 없이 많은 서비스를 제시하면서 '마음껏 지껄여라'(Quatsch Dich leer) 정도로 번역될 수 있는 구호 아래 자신들의 휴대폰에 대고 이야기하는 젊은이들을 보여주는 광고를 제작했다. 이 구호는 아마도 상업적인 석기시대에 살았던 그들의 선구자들에게 보내는 의식적인 암시였을 것이다.

사적 부문에서의 소비의 새로운 패턴이 현존하는 공공 서비스를 사유화하도록 조장하는 방법을 보여주는 세 번째 사례는 수영장의 사유화다. 전후 시기에 거의 모든 지방 공동체에서는 공공 수영장을 보유하고 있었다. 그 수영장들은 단순하다 못해 소박하기까지 했지만, 그럼에도 불구하고 건강에 도움이 된다는 일반적인 믿음 때문에, 인격을 형성하고 물에 빠진 사람들을 구조할 능력을 가져야 한다는 두 가지 이유에서 어린이들은 수영을 배워야 할 의무가 있다는 일반적인 믿음 때문에 많은 사람들에 의해 이용되었다. 그러나 1970년대 이용자가 줄어들기 시작했고 공립 수영장(Stadtbäder)은 재정적 어려움을 겪게 되었다. 동시에 종종 '놀이 수영장'(Spaßbäder)이라 불리는 사립 수영장이 번성하기 시작했다. 이 수영장들은 따뜻한 월풀, 사우나, 식당, 인공 해변, 심지어 쇼핑몰까지 갖추고 있었다. 입장료는 망해가던 공립 수영장보다 훨씬 비쌌지만, 거기에는 즐길 수 있는 것들이 훨씬 많았다. 시간이 지나면서 점점 더 많은 공동체들이 공립 수영장을 폐쇄하거나, 그것을 재건축하여 '놀이 수영장'처럼 운영하겠다고 약속하는 사적 기업에 매각했다. 수영장이 공적으로 남아 있고 공동체가 충분한 투자금을 가진 곳에서는 사적인 경쟁 정신에 입각해 재설계되었고, 곧이어 다시 살아났다. 하지만 일반적으로 다른 분야와 마찬가지로 이 분야에서도, 무엇보다 정치 지도자들 사이에서 사적 부분만이 부유하고 수요력을 갖춘 고객들의 변화하는 필요에 적절한 관심을 기울일 수 있다는 관점이 팽배해졌다. 이런 상황에서 국가가 할 수 있는 최선은 사업으로부터 철수하여 원시-공리주의적 시설을 폐쇄하고 사적 기업들이 색상, 즐거움 그리고 무엇보다 선택의 자유를 제공하도록 유도하는 것이었다.

그리고는 1980년대와 1990년대에 많은 경로를 통해 공적인 제공과 사적인 제공 사이에 사적 시장이 사람들이 개인으로서 진정으로 원하는 것을 가져다주는 반면, 국가는 사람들이 필요로 한다고 가정된 것을 그들에게 강제하는(이것은 결과적으로 언제나 모든 사람들에게 똑같은 것이다) 차이가 있다는 정치적 지혜가 수용되었다. 이것은 사유화를 향한 강한 동기인 동시에, 어떤 이유에서든 시장에 아웃소싱될 수 없었던 정부 사업의 핵심 영역에까지 침투해 들어갔다. 어떤 점에서 정부는 시민들로 하여금 그들이 국가 관료들과 맺는 관계에서 그들 스스로를 고객으로 인식하도록 조장함으로써 공적 부문보다 사적 부문이 가지고 있다고 가정된 내재적인 우월성을 인정하기 시작했다. 이에 조응하여 일반 국민들과 접촉하는 국가 공무원들에게는 더 이상 법, 정당한 공적 권위 또는 일반의지의 대표자로서가 아니라 고객들의 욕망과 경쟁 압력의 동시적인 추동에 의해 움직이는 경쟁 시장에서의 서비스 공급자라는 가정을 토대로 행동하라고 교육되었다. 독일에서 슈뢰더의 개혁 와중에 예전의 고용지원청(Arbeitsamt)이 실업자를 고객으로 이야기하는 것을 배워야만 하는 고용지원국(Arbeitsagentur)으로 개명한 것은 바로 이런 정신에 따른 것이었다. 물론 이러한 변화를 위한 모델은 신노동당의 '제3의 길'이었다. '제3의 길'은 비효율적이라는 혐의를 받거나 실제로 비효율적이던 국가 제공 서비스에 대해 할 말이 많았는데, 이 입장은 국가 제공 서비스의 비효율성이 고객의 '실제 필요'에 주의를 기울이지 않는다는 혐의에서 잘 드러났다. 이러한 발전의 핵심은 '새로운 공공 관리'(new public management) 패러다임의 도입이었다. 이 패러다임 아래에서는 미세하게 특정화된 수많은 양적 수행 지표들이 불행히도 아직 존재하지 않는 상업적 시장으로부터의 수정을 위한 피드백을 대체할 수 있다고 가정된다.

IV. 집합적인 최소

이른바 새로운 '소비 정치'가 낡은 '정치적인 것의 정치'(politics of the political)라고 불릴 수 있는 것에 대해 가지는 측면적 효과는 국가 기능의 사유화보다 훨씬 더 결정적이었다. 개혁주의적 정부들의 지지에 의해 전에는 공적 기능이었던 것이 사적 부문으로 옮겨지고 공적 공간이 축소되면서 신뢰를 잃게 됨에 따라 서비스 제공에서 사적 채널과 공적 채널 사이의 균형은 전자를 선호하는 방식으로 변화되었다. 필연적으로 국가가 국가로서 지녔던 정치적 정당성의 물질적 토대는 축소되기 시작했다. 그러나 정치적 정당성의 쇠퇴는 서비스 제공 영역에 그치지 않았다. 점차 이것은 시민권의 핵심에까지 확장되었는데, 여기에서 시민과 국가 사이의 전통적인 관계는 비우호적인 방식으로 점점 더 일신된 포스트-포드주의적 소비재 시장에서의 고객과 생산자 관계와 비교되었다.

조금 더 솔직하게 말해보자. 나는 1970년대의 위기 이후 자본축적의 동학을 회복하는 것을 목적으로 했던 소비의 재구조화가, 남아 있던 공적 공간을 냉혹하게 파고들기 시작한 고객 겸 시민의 태도와 기대를 가능케(실제로는 도입하고 퍼지게) 했다고 주장한다. 새로운 소비 체제와 비교했을 때 국가와 국가가 여전히 책임을 지고 있던 재화는 포화 상태였던 포드주의적으로 획일화된 제품 시장처럼 점점 더 낡고 칙칙해 보였다. 몬젠과 다운스가 1971년 출간한 공적 빈곤과 사적 부유함 사이의 불평등한 차이를 설명하는 통찰력 있는 논문에서 언급했던 것이 바로 이러한 대조였다. 요약하자면, 몬젠과 다운스는 이러한 조건에 전혀 만족하지 않았으며, 국가에 대한 시장의 우월함을 찬양하는 데 그친 것이 아니라 자본주의 정치경제학에서 공적 부와 사적 부 사이의 균형을 어떻게 향상시킬 수 있는가에 대한 일련의 제안을 제시했다고 할 수 있다. 그들이 정부에 제안한 전략은 '차별화된 사회적 지위를 향한 소비자들 간의 내재적 추구'를 상대로 싸우지 말고 그것을 받아들여야 하며, 심지어 "다른 공적 목표들을 더욱 발전시키기 위해 소비자들의 차별화에 대한 욕망을 이용"해야 한다는 것이다. 실제로 그들이 제안한 몇몇 해법은 1990년대의 공공 부문 개혁으로 드러나게 되었던 것과 눈에 띄는 유사함을 보인다. '정부재'의 획일성은 줄이고 차별화는 증대할 것, "정부에 의해 분배될 필요가 없는 재화"의 제공을 사유화할 것, "재화와 서비스의 사적 생산자들"을 "정부재 조달자"로 이용할 것, "국방비는 덜 쓰고 교육과 주택 보조는 늘리는 것과 같은 정책을 펴고 더 많은 정부 사업을 지방 공동체로 탈집중화할 것 등에서 그랬다.[6]

만약 사적 시장으로의 유혹과 경쟁하는 데서 정치의 정당성을 회복해야 한다는 이러한 제안들이 그 영역을 넘어서까지 적용되면 반생산적일 수 있음에도 상당히 주목할 만하게 보인다면(그것들이 1990년대와 2000년대 초를 지배했던 신자유주의적 반국가주의와 상당히 다르다는 바로 그 이유 때문에), 그것들은 그럼에도 불구하고 오직 정부 사업의 제한된 영역에서만 그 목적이 달성될 수 있다. 다양성, 개인성 그리고 선택의 기대를 충족시키는 것은 특정한 재화와 서비스를 상업적 기업이 아니라 국가에서 공급하는 것의 정당성을 높일 수 있지만, 그것은 재화의 생산이 특히 자격과 의무가 어떻게 평가되어야 하는가에 대한 집합적 숙의(熟議)를 포함하는, 시민권의 의무를 포괄하는 영역과 관계될 때 매우 파괴적일 수 있다. 몬젠과 다운스는 '공공재'를 '정부재'와 동일시하고 있다. 그들의 용어 사용을 보면, 정부재는 분할될 수 없을 뿐만 아니라 원칙적으로 그것을 소비하는 개인들로부터 분리된 전문화된 기관에 의해 생산될 수 있다는 것이 암시되어 있다. 그러나 분할 불가능하고 그것으로부터 이득을 얻는 사람들에 의해 그리고 실제로는 그들의 집단성에 의해 생산되거나 적어도 결정되는 집합재가 있다. 사회적 연대, 분배적 정의, 시민권을 구성하는 일반적 권리와 의무가 그것

---

6) Monsen and Downs, "Public Goods and Private Status", pp. 73~75.

이다. 나는 이러한 재화를 **정치**재(*political* goods)라고 부를 것이며, 제품 다변화와는 다른 수단들에 의해 매력적으로 만들어져야 한다고 주장할 뿐만 아니라 그것들이 근대적 상품과 똑같은 표준에 따라 판단되면 궁극적으로 그것들이 결정적으로 과소공급되는 상황이 초래될 것이라고 주장할 것이다.

좀 더 구체적으로 말하면, 나는 시민권이 그 본질상 고객의 권리보다 덜 안정적이며, 그래서 같은 기준으로 측정된다면 불가피하게 손해를 볼 수밖에 없다고 주장한다. 고객의 권리와 관련해서 본다면, 시민의 권리는 과거 대량 시장에서의 고객의 권리와 구조적으로 유사하게 보일 수밖에 없다. 거기서 개인들은 그들 자신의 독특한 선호 가운데 관심이 가는 몇몇을 제외한 나머지에서는 타협하며 살아야 했다. 더욱이 작동하고 있는 민주주의 속에서 시민은 단지 정치적 결정을 소비하기보다 그 결정 과정에 참여하도록 유인되어야 하고, 그럴 의무를 가지고 있어야 한다. 이 과정에서 그들은 자신의 특수한, 집합적으로는 검증되지 않은 '날것의' 욕구를 일종의 공적 대화를 통한 비판적 조사에 회부해야 한다. 각자의 길을 가는 데는 그 자체로 상당한 정도의 투자가 요구되고, 그 결과가 개인적 취향일 것이라는 보장 없이 높은 기회비용이 산출되기 때문에 개인적 행위보다 집합적 행위가 요구될 수 있다. 실제로 시민의 역할에서는 원래는 반대했거나 자신의 이익과 상반되는 결정을 받아들일 수 있는 훈련된 준비 상태가 요청된다. 따라서 개인의 관점에서 결과가 최적인 경우는 매우 드물며, 사람들이 선호했을 수 있는 것과 부합되지 못한 것은 정당한 민주적 절차를 통해 성취됨으로써 얻어지는 시민적 만족에 의해 보상되어야만 한다. 민주주의에 정치적으로 참여하는 일에서는 특히 다변화의 관점이 아니라 모으고 통합한다는 의미에서 선호를 발전시키는 일반적 원리에 입각해 개인의 선택을 정당화하고 재측정할 준비가 되어 있을 것이 요구된다. 더욱이 고객의 권리와 달리 시민권에는 세금을 납부함으로써 공동체 전체에 일반화된 지원을 제공할 것이 요구된다. 납부된 세금은 합법적으로 구성된 정부에 의해 아직 결정되지 않은 사용처에 지출될 수도 있는 것으로, 시장가격으로 한 번에 하나씩 지불되는 특정한 재화 또는 서비스의 구매와는 구별된다.

정치적 공동체는 그 본성상 시장이 될 수 없거나 그것으로부터 핵심적인 특징을 박탈할 수 없는 공화국이다. 발전된 소비 패턴에 의해 규제되는 사회에서 출현한, 선택에 기초한 매우 유연한 공동체와는 달리 정치적 공동체는 기본적으로 운명 공동체다. 정치적 공동체의 근저에는 구성원들에게 각각의 개인성을 고집하지 말고 집합적으로 공유된 정체성을 받아들이라는 요청이 존재한다. 이것은 개인성을 공유된 정체성 안으로 통합하는 것이다. 따라서 시장 관계와 비교해서 정치적 관계는 부득이하게 엄격하고 지속적이다. 정치적 관계에서는 선택이라는 약한 유대가 아니라 의무라는 강한 유대가 강조되며, 강조되어야만 한다. 정치적 관계는 유용성과 노력의 측면에서 희생이 요구되기 때문에 자발적이기보다 의무적이며, 독백이기보다 대화다. 그리고 앨버트 히르시만(Albert Hirschmann)의 용어를 사용한다면, '회피'(exit)에 대해 눈살을 찌푸리고 '목소리'(voice)에 기회를 제공하면서 충성(loyalty)을 주장한다.[7]

따라서 정치는 포드주의 시대가 끝난 후 자본주의적 기업이나 제품 품목이 겪었던 것과 똑같은 재설계를 경험할 수 없다. 정치는 개인들의 독특한 욕구에 단순히 봉사하기보다 그것들을 많은 개인들의 의지를 묶어내고 극복하게 하는 일반의지로 모아내겠다는 목표 아래 공적 검토에 회부해야만 한다. 정치는 그 핵심적 측면에서 언제나 대량생산과 구조적으로 유사하며, 그 결과 근대 소비자 시장의 선택 편이성 및 자유와 비교되는 것은 바람직하지 않다는 강력한 주장이 제기된다. 정치적 생산의 다변화와 혁신은

---

7) Albert Hirshman, *Exit, Voice and Loyalty: Response to Decline in Firms, Organizations and States*, Cambridge 1970.

결코 소비자 시장의 다변화와 혁신을 따라갈 수 없을 것이다. 정치의 핵심은 사회적 질서의 창출과 규제에 관한 것이기 때문에, 그 결과는 개인의 취향을 만족시키는 서로 다른 개인적인 제품으로 분해될 수 없다. 이것은 개인의 소비와 소비자의 생산에의 참여가 궁극적으로는 자발적일 수 없는 것과 마찬가지다. 근대적인 소비재 시장이 사회적 필요를 최적으로 충족하는 일반 모델이 되고 시민이 사적 기업으로부터 얻는 데 익숙해져 있던 개인화된 종류의 반응을 공적 권위로부터 예상하기 시작하는 정도에 따라 시민들은 불가피하게 실망하게 될 것이다. 이러한 현상은 정치 지도자들이 사적 재화와 공적 재화 사이의 차이에 대해 침묵함으로써 인기를 얻으려고 노력하는 경우에조차 그리고 정확히 그렇게 노력하는 경우에 나타난다. 그 결과 시민적 재화의 공동생산에 기여하려는 동기는 사라지게 될 것이며, 그것은 곧 정치로서의 정치가 가지는 정당성이 의존하고 있는, 시민적 재화를 생산하는 국가의 능력을 허물어뜨리게 될 것이다. 새로운 시장 모델이 포스트-포드주의적 풍요 속에서 길러진 기대의 일반화를 통해 측면에서부터 공적 공간에 침투하게 됨에 따라 점점 더 탈정치화되어가는 시장사회에 공적 명령을 부과할 수 있는 국가의 역량은 약해질 수밖에 없다.[8]

---

8) 정치와 시장에 관한 나의 주장의 많은 부분은 콜린 크라우치(Colin Crouch)의 『후기민주주의』 (*Post-Democracy*, Cambridge 2004)에 나온 영향력 있는 분석과 유사하다. 그러나 크라우치가 대중이 상업적 영역으로 '밀려들어'가는(push) 것을 강조하는 반면, 나는 쇠약해진 민주적 정치체 위에서 재활성화된 포스트-포드주의적 소비 모델에 의해 행사된 '당겨짐'(pull)에 대한 주의를 환기시킨다. 두 경우 모두 정치적 참여가 소비로서 재조직화되고 시민이 소비자로 다시 만들어지는 것은 국가적으로 구성된 운명 공동체가 시장화된 세계에서 쇠퇴하고 있다는 것을 반영한다.

V. 소비로서의 정치?

풍요 사회의 정치적 공급에서 시장이 지닌 더 강한 유혹의 결과는 무엇일까? 우선 첫 번째로, 자신들이 원하는 것을 얻기 위해 정치적 수단보다 상업적 수단에 의존하는 충분한 구매력을 가진 중간계급들이 집합적인 선호 설정과 의사 결정의 복잡함에 대한 흥미를 잃게 되고, 전통적인 정치에의 참여에서 요구되는 개인적 효용의 희생을 더 이상 가치 없는 것으로 생각하게 될 것이다. 이것은 정치적 무관심이라고 불릴 수 있겠지만, 그렇다고 개인들이 무엇이 어떻게 진행되고 있는지에 대해 알기를 그만두는 것, 예를 들어 뉴스를 계속 확인하는 것을 포기하는 것을 의미하지는 않는다. 물론 최근에 많은 사람들이 그렇게 하고 있으며, 실제로 1980년대와 1990년대 상업화된 세상에서 성년이 된 세대 가운데 다수는 그런 습관을 가진 적이 없다. 독일에서 50대 이하 가운데 여전히 상대적으로 공공 이익에 근거한 보도로 알려진 두 개의 공공 텔레비전 채널 가운데 하나라도 시청한 사람들은 거의 없다. 한편에서 공공 채널의 나이 든 시청자들은 여전히 비례에 어긋날 정도로 많은 숫자가 투표에 참여하고 있지만, 그들에게도 정치는 서서히 그 속의 연기자가 거의 습관적으로 경멸적인 평가를 받는 오락거리, 관중을 동원하는 스포츠가 되어가는 것 같다. 제2차 세계대전 이후 정당과 정치인들이 오늘날만큼 시민들에게 경멸을 받은 적은 없는 것처럼 보인다.

정치로부터 시장으로의 대규모 이동이 사람들이 비전통적 또는 비관습적 정치 참여 양식이라고 불리던 것들을 통해 스스로의 목소리를 내는 데 실패했음을 의미하지는 않는다. 실제로 젊은이들과 부유한 중간계급들은 그들이 영향을 받거나 관심을 가지게 될 때는 언제나 이러한 참여에 매우 능숙해졌다. 그러나 그러한 주도권의 대부분은 무언가—전형적으로 공동체 전체의 집합적 이익이라고 주장하는 가운데 정부에 의해 시작되는, 그러나 그 공동체의 일부 사람들에 의해 열정적으로 거부되는 무언가인데, 그 일부 사람들은 자신들의 거부의 잠재적 성공이 초래한 광범위한 결과에 책임지지 않고 책임질 수도 없는 그런 사람들이다—를 찬성하는 것이 아니라 반대하는 것이었다. 물론 정부 프로젝트의 구상이 잘못되거나 그 프로젝트가 심지어는 부패했다는 시민들 측의 의심은 종종 상당 부분 정당화된다. 하지만 그렇다고 해서 이런 종류의 정치적 참여가 소비 또는 비(非)소비에 관한 개인의 결정처럼 전형적으로 탈맥락화되어 있다는 사실이 바뀌지는 않는다. 참여자들에게 중요한 것은 특정 정책이 모든 것을 아우르는 집합적 프로젝트에 잘 부합하느냐 그렇지 않으냐가 아니라, 그들이 정치 지도자들에 의해 생산되고 공적 권위에 의해 시민 전체에게 부과된 공공재를 '사'야만 하느냐 그렇지 않으냐다. 이런 종류의 참여는, 시민들은 일반적으로 집합적·정치적 제공으로부터 거의 아무것도 기대하지 않으며 정부는 그것을 위해 사람들이 자신의 선호와 완전히 일치하지 않는 다수의 결정에 기꺼이 따를 수 있도록 할 수 있는 프로젝트를 거의 가지고 있지 않음을 암시하기 때문에 압도적으로 부정적인 의미의 참여다.

개인적인 시장 선택이 집합적인 정치적 선택을 능가하게 되면, 정치는 탈맥락화되어야 한다. 개인적인 정치적 결정은 사회 전체가 어떻게 조직되어야 하는지 또는 조직되기를 원하는지에 대한 잠재적으로 일관된 비전과 관계되기보다 시민에 의해 한 번에 하나씩 구매되거나 거부된다. 어떤 점에서 이것은 수십 년 전 '이데올로기의 종언'이라고 불리던 것과 유사해 보인다. 그러나 1960년대의 훨씬 더 조직되고 공손한 사회에서 '실용주의적' 엘리트들은 '그들 스스로의 실력으로' '쟁점'들을 다룰 수 있었다. 이것과 비교해 오늘날의 분절화된 사회에서는 정책 결정을 위한 일관되고 강제될 수 있는 '이데올로기적' 맥락의 부재로 말미암아 어떤 결정이 고려 중에 있든지 간에 그것에 반대하는 분파적 저항이 항상 존재하게 된다. 여기에서 이러한 현상은 사회의 서로 다른 부분들의 다양한 요구를 다소간 일관된 정견으로 모아낼 책임을 지는 특권적인 중재 조직이었던 정당들이 그 지위를 상당 부분 상실하게 된 것과 분명한 관련성이 있다. 많은 나라들에서 그러한 프로그램들은 정당과 유권자 모두에게 비슷한 정도로 중요성을 상실했다. 또는 미국에서처럼 주제와 약속의 목록은 기회주의적으로 편집되고, 정당원보다는 여론조사원에 의해 통제되며, 선거 직전에 한데 모아지지만 선거가 끝나는 즉시 잊혀진다.

우리 시대 정치의 해체는 사적 소비의 임의성 및 집단적 무책임함과 놀라울 정도의 유사성을 보이기 때문에, 특히 젊은 사람들은 정당에 참여하여 개인적으로 좋아하지 않지만 당 계획의 일관성과 당의 통합을 위해 받아들여야만 하는 것을 포함하는 전체 정치 계획을 따르는 것을 내켜하지 않는다는 사실과 잘 부합한다. 다시 한 번 이것〔우리 시대 정치의 해체〕은 당이 젊은이들의 지지를 전혀 획득하고 있지 못함을 말하는 것이 아니다. 그러나 독일처럼 상당히 강한 당원 기반을 가지고 있던 나라에서의 경험에 따르면, 참여가 쟁점에 따라 이루어지고 특히 당 규율은 말할 것도 없고 일반적인 의무의 형식적 수용이 요구되지 않을 때 이것은 가장 성공적이라는 것을 알 수 있다. (물론 이것은 정치적 경력을 좇아 당에 참여하는 사람들을 고려하지 않고 있다.) 출구(EXIT)라는 표시가 있는 문은 언제나 가시적이어야 하고, 열려 있어야만 한다.

단일 쟁점 정치의 특징인 제한되고 쉽게 끝나버리는 개인적인 헌신은 특정한 자동차나 휴대폰을 구입하는 것과 크게 다르지 않다. 만약 당신을 더 이상 흥분시키지 못한다면 당신은 아무런 악감정도 느끼지 않은 채 그것을 버리고 다른 모델로 바꾸거나 완전히 다른 어떤 것으로 옮아갈 수 있다. 따라서 정치적 참여 행위는 소비 행위 또는 쾌락주의적인 개인적 효용 극대화와 다를 바 없는 것이 된다. 일반화된 충성은 요구되지 않는다. 그런 것이 있다면 아무도 나타나지 않을 것이다. 풍요로운 소비자 문화에서 시민의 의무로서의 정치 참여는 재미로서의 정치 참여에 자리를 내준다. 재미는 집합적 의무보다 다른 모든 선호처럼 개인적인 취향의 하나일 뿐이다. 정치적 체계가 시장과 대결하려고 노력하지 않았다는 것이 아니다. 고객의 변덕만큼 변덕스러운 유권자들이 늘어남에 따라 시장 조사와 광고에 쓰이는 지출은 폭발적으로 증가한 것처럼 보인다. 그러나 아직 정치에서 제품 혁신은 드물고 제품 차별화는 어렵다. 많은 나라들에서 '해적당'(Piraten)과 같은 틈새정당(niche party)들이 증가하는 현상 그리고 이와 연관되어 나타나는 Volksparteinen, 즉 정치적 동의를 만들어내는 '포드주의적인' 포괄적 대중 생산자의 쇠퇴에 주목하라. 이것은 상업적 시장의 영속적 분절화와 매우 유사한 것처럼 보인다.

소비라는 근대적 습관이 공적 영역에 침투해 들어감에 따라 나타난 또 다른 결과는 공공연히 정치로 받아들여졌던 것들이 점점 자기중심적 권력 게임, 추문 그리고 여전히 정치권에 남아 있는 사람들의 이기적 광대극으로 축소되고 있다는 것이다. 물론 사람들의 관심에 주의를 기울이는 데서 상업적 시장에 비해 형편없이 열등한 것으로 경험되고 있기 때문에 시민들의 눈에 정치는 점점 더 자기들끼리의 놀음처럼 보이게 된다고 할 수밖에 없을지도 모른다. 진지한 문제들이 시장의 힘에 맡겨져버리고 그 외에 남아 있는 것, 즉 정치적 개성, 정치인들의 스타일과 외모 등에 청중의 관심이 고정되어버린다면 정치는 이런 방향으로 변화되도록 강제될지도 모른다. 상당한 시간이 지난 후, 이제 더 이상 부패를 멈출 가능성이 없게 될지도 모른다. 정치가 할 수 있는 것에 대한 기대가 지나치게 침식되고, 효과적인 대중적 요구를 발전시키는 데 필요한 시민적 기술과 조직적 구조는 회복 불가능할 정도로 축소될 수도 있다. 정계 인사들은, 그것이 비록 편향된 것일지라도, 다양한 대중적 관심을 대표하기보다 자신들의 겉모습을 관리하는 데 완전히 전문화되어 익숙해졌을 수도 있다.

중간계급과 포스트포드주의 세대가 좋은 삶에 대한 기대를 공적 소비에서 사적 소비로 옮아감에 따라, 구매력을 결여하기 때문에 공공의 공급에 의존하고 있는 사람들도 영향받게 된다. 공적 공간의 마모는 이들에게 상업적 화폐의 결여를 보상할 수 있었던 공적 화폐를 가치절하함으로써 그들에게서 자신의 목소리를 낼 유일하고도 효과적인 수단을 박탈한다. 상업적 시장과 그것의 자원 배분 체제에서 어떤 위치도 차지하지 못하면서 사회의 밑단에 위치한 사람들은 그들보다 강력한 잠재적 연합군으로부터 편익을 얻어낼 수도 있다. 이 연합군에게는 정치적 동맹에서 그들의 지지가 필요하다. 더욱이 그들의 삶을 향상시키기 위해서는 좋은 사회에 대한 집합적이고 정치적인 판본이 중요하게 등장하지만, 시장은 언제나 그런 것 없이도 잘해 나갈 수 있다. 실제로 빈곤층은 풍요 사회에서 욕구 충족이 탈정치화됨에 따라 여러 가지로 고통을 겪는다. 잠재적으로 개혁 지향적인 중간계급은 집합적 기획에 많은 관심을 갖거나 믿음을 보이는 것을 그만두는 데서 그치지 않는다. 개인적으로 시장을 통해 삶을 영위해 나감에 따라 그들은 세금 납부에 더 저항적이게 된다. 정말로 정치의 사회적 적합성이 쇠퇴하고 정치에 대한 존중이 줄어듦에 따라 조세 저항은 거의 모든 곳에서, 심지어 스칸디나비아에서조차 심해졌다. 그리고 세금 납부 수준은 부유한 민주주의국가 대부분에서 떨어졌다.

정당성과 물질적 자원 모두가 부족해서 결과적으로 폴리테인먼트(politainment)라 불리게 된 것으로 축소된 정치 체계에 직면해 그들 스스로의 힘으로 살아남도록 남겨진 하위 계급들은 젊은 세대를 따라 점점 더 많은 숫자가 투표에 참여하지 않는다. 이것은 그들이 원리상 더 나은 삶을 위한 마지막 보루였던 것에 상징적으로도 참여하기를 거부하는 것을 의미했다. 점점 더 서유럽의 풍경은 미국의 그것을 닮아가고 있다. 신자유주의 아래에서 신행된 민주주의의 변형은 또한 앨버트 히르시만이 나이지리아 국영철도에서 관찰했던 바를 일깨워줄 수도 있다. 부유한 자들이 집합적인 제공에 관심을 잃고 그 대신 보다 비싼, 하지만 구매 가능한 사적인 대안으로 고개를 돌리게 됨에 따라, 사적인 서비스를 선호하는 공적인 영역으로부터의 탈출(exit)은 후자의 악화를 가속화한다. 이것은 사적인 대안을 구매할 능력이 없기 때문에 공적 서비스에 의존한 사람들 사이에서조차 그것의 이용을 단념케 한다.

〔서영표 옮김〕

서비스 노동

앤드류 스미스(Andrew Smith)

서비스 노동자는 현재 영국 전체 노동인구의 약 80퍼센트를 차지한다. 미국에서는 그 비율이 더 높다. 노동사회학에서 가장 빠르게 발달 중인 테마가 이 분야인 이유다. 최근까지의 연구 활동에서는 대면 접촉 서비스 노동자와 고객의 관계가 그간 간과되었음에 주목하고, 여기에 초점을 맞추었다. 면 대 면 접촉 관계가 그들의 노동 '경험'에 어떤 영향을 끼치는가가 관심사였던 셈이다.[1] 이 글에서는 직원과 고객의 상호작용을 개념화하는 작업과 관련해 몇 가지를 제안한다. 나는 서비스 업종과 소매점에서 꽤 오랫

---

1) 가령 Marek Korczynski, "The Mystery Customer: Continuing Absences in the Socio-logy of Service Work", *Sociology*, vol. 43, no. 5, 2009, pp. 955~56 참조. 이 논문의 초고를 읽고 유익한 논평을 해준 맷 도슨(Matt Dawson)과 브리짓 파울러(Bridget Fowler)에게 감사드린다.

동안 일했고, 나름의 비판적 생각을 가다듬을 수 있었다. 그런 이유로 여기서 인식론적 얘기를 약간 할 것이다. 연구자들이 자신의 연구 대상에 간여하고, 다시금 이를 '재귀적으로' 사유하는 일은 사회과학 조사 방법의 낯익은 특징이다. 그들이 자기 연구가 객관적이라고 주장하는 데 조심스러움은 물론이다. 더 실험적인 참여관찰법도 많다. 참여관찰법은 아예 방법론적 미덕이라며 주관적 표현이 칭송된다. 연구자 자신이 소속된 민족지학이 대표적이다. 뭔가를 '바라보는' 조사 연구는, 관찰자가 명백히 자신을 포함시켜 인식한다는 이유로 비난을 받는다. 대상을 '말하는', 사회적 경험을 지속적으로 판단 평가하려는 사회학과는 대치되는 것이다.[2]

나도 얼마간은 이런 비판에 동의한다. 이 글은 나 자신의 생각뿐만 아니라, 슈퍼마켓, 가게, 술집, 식당, 패스트푸드점에서 나와 함께 일한 사람들의 생각을 정리한 것이고, 따라서 그만큼 조심스러워야 한다고 생각한다. (물론 그들은 자신의 일과 그 일에 따르는 관계를 심사숙고했다.) 하지만 그렇다고 해서 바깥에서 뭔가를 '바라보는 행위'가 사태를 더 잘 파악하는 방법이라는 시각적 은유를 송두리째 거부하고 싶지는 않다. 정작 문제가 되는 것은 **누가**, 왜 상황과 사태를 이런 식으로 파악하려고 하는가다. 함께 일한 직장 동료 다수는 일자리에 관해 논의할 때 정확히 그 대상을 '바라봐야 할' 뭔가로 바꾸고자 했다. 일과 그 일에 따르는 모순을 개념적으로 명확하게 부여잡으려면 당연하지 않은가?

가령 나는 슈퍼마켓에서 일을 시작하고 얼마 안 돼 선임에게 점심 휴식 시간에 하는 일을 어떻게 생각하느냐고 물었다. 그의 대답은 이렇게 시작되었다. "이곳은 말이지, 그러니까……." 잠시 뜸을 들이는 사이에 나는 그가 뭔가 적절한 비유를 동원하겠거니 하고 예상했다. 헌데 그가 이렇게 말

2) Charles Lemert, "Poetry and Public Life", *Cultural Studies—Critical Methodologies*, vol. 2, no. 3, 2002, pp. 378~79 참조.

하는 것이었다. "요구를 받고 뭘 할라치면, 또 오만 잡것을 부탁하지. 처음 요구받은 일을 마무리할 수 없는 구조야. 일을 마무리할 수 없으니 짜증이 안 나겠어? 그런 게 고민이야." 슈퍼마켓에서 하는 일이 정확히 그랬다. 하지만 나의 동료는 자신의 경험을 '비슷한' 무언가로 요약함으로써, 다시 말해 직유함으로써 바라봐야 할 무언가로 전환 중이기도 했다. 요컨대 그와 내가 일의 성격을 파악하려면 그런 절차가 필요하다고 생각하는 것이다. 마찬가지다. 가게 종업원들이 일과를 마치고 다른 사람들과 어울린다고 해보자. 농담도 하고 가십도 주고받을 텐데, 이때 자신의 노동을 '바라봐야' 할 뭔가로 바꿔 말할 수 있는 것이다. 그것은 흠 잡히고 비하당한 경험에서 일종의 희극적 요소를 뽑아내는 행위이기도 하다.

이런 식의 집합적 관조(觀照)가 노동 경험을 밝히고 규정할 필요성을 부인하지는 못한다. 다음번 근무가 시작돼도 그런 대화에 드리운 기다란 그림자는 여전하다. 하지만 그럼에도 불구하고 그런 경험에서 의미를 추출하는 행위가 노동자들이 자기 것으로 삼을 수 있는 힘이라는 사실은 분명하고도 확고하다. '메타적 방법'은, 안 그랬다면 그저 부과된 경험에 불과했을 경험을 의미 있는 무언가로 구성해주기 때문에 중요할 수 있다. 사태에 가장 깊숙이 연루된 사람들의 사유와 비판이 여기에 개입하는 것은 앞서 말한 바와 같다. 그렇다고 이제 그런 종류의 일상 구어의 사회학이 등장해야 한다고 주장한다면 주제넘고 건방진 일일 것이다. 사회과학에서 재귀적 전환에 따르는 한 가지 문제점은, 잘못했다가는 고만고만한 자기 본위의 오류로 처박힐 수도 있다는 점이다. 그러면 도약할 가능성의 조건이기도 했던 상대적 특권이 사라져버린다. 나는 다음을 숨기고 싶은 생각이 없다. 첫째, 내가 여기 적은 내용은 경험한 일을 반성적으로 사유한 결과물이다. 둘째, 내가 나의 논의를 정리할 수 있었던 것은 대학에 적을 두었기 때문이다. 말을 이렇게 하기는 했지만, 이 글의 논의가 우리의 일자리를 '바라보는' 동료 노동자들의 생각과 조금이나마 비슷하기를 바란다.

경계 근무

사장이나 주인과의 관계가 서비스 분야 노동에서 결정적 관계가 아닐 수
도 있는 이유가 몇 가지 존재한다. 소유권이 복잡한 사슬을 이룬 하청 계약
인 경우가 많다. 그러면 매장 노동자가 궁극적인 고용주와 맺는 관계를 파
악하기 어려워진다. 이는 리처드 세닛(Richard Sennett)이 지적한 바다.[3)]
패스트푸드점 노동자의 머리 위에서 휘황하게 반짝이는 로고는 그저 프랜
차이즈로 팔리는 이미지일 뿐인 경우가 많다. '회사'는 직원 교육과 이·
취임식 때나 들먹여지고, 따라서 일터에 선명하게 새겨진 존재와는 완전히
다르다. 대개 '회사'는 편리한 공백에 지나지 않는 것 같다. 물론 그 공백
주위로 다양한 이데올로기와 메시지—충성, 성과, 책무, 협력—가 가동되
고는 있지만 말이다. 이 모든 것을 감안하면 그런 상황에서 노동자와 자본
가의 관계를 정확하게 밝히는 게 매우 어려워진다.

물론 관리자는 언제나 있다. 관리자는 작업장의 직접적인 권위자다. 나
는 그간 일한 모든 곳에서 관리자 상대하는 법을 배워야 했다. 이것은 노동
자들이 작업장의 위계를 가장 유리하게 끌어내기 위해 개발한 '메타' 기술
의 일부다. 가령 작업 단위가 긴 부서의 노동자들은 신참들에게 유리창 청
소액 병과 수건을 휴대하거나 가격 태그를 붙이는 총을 근무복 허리띠에
쑤셔 넣고 다니도록 가르쳤다. 관리자가 불시에 나타났을지라도 바빠 보이
려면 꼭 필요한 조치인 것이다. 고양이와 쥐가 벌이는 쫓고 쫓기는 게임이
끊이지 않는 것이다. 그 특별한 관계에는 상당한 주의가 요망되었고, 관련
개인의 기분을 읽어낼 수 있는 섬세한 능력도 필요했다. 그들이 사무실에
서 언제 음주를 하는지, 또 언제 잔뜩 화가 나 성질을 부리는지 그리고 언
제 자유롭게 기동의 여지를 확보할 수 있을지를 알려면 당연했다.

---

3) Richard Sennett, *The Corrosion of Character*, New York 1998, chapter 4.

하지만 이 눈앞의 상관과 맺는 관계를 나의 동료들이 가장 중요하게 여기는 경우는 거의 없었다. 하는 일의 구체적 특성을 가장 크게 규정하는 것은 고객과의 관계였기 때문이다. 사회적 독특성이 천차만별일 쇼핑하는 사람 개인들과 형성될 수도 있는 면식을 말하는 게 아니다. 가게 점원과 고객 개인은 잠깐 부딪치는 경우가 대부분이다. 하지만 정기 방문 고객의 경우는 그 관계가 더 지속적일 수도 있다. 직원들이 장기간에 걸쳐 잘 알게 된 고객과 우정에 준하는 친밀감을 형성할 수도, 증오에 가까운 적대감을 느끼기도 하는 것이다. 내 경우 고객들과의 이런 만남이 매장 일의 즐거움 가운데 하나였다. (그들은 독특하고 개성 넘치는 인간 군상으로 내게 다가왔다.) 매장을 자주 찾는 고객은 별명―'엘비스', '미저리', '카이저 소제',[4] '그 자식'―으로 불릴 뿐만 아니라 뒷담화가 풍성해졌다. 방문이 거듭될수록 뒷이야기가 정교해지는 것이다. 요컨대 매장은 '무대 같은' 공간임에 틀림없다. 지정된 입구와 출구가 있다. 고객이 흔한 반응을 보여도 계산대의 점원은 상상력이 폭발해 뒤집어진다. 계산대는 일종의 프로시니엄 아치(proscenium arch)[5]이고, 그 너머에 무대가 있다. 계단에서는 등장인물들이 끝도 없이 줄을 서 자기 차례를 기다린다. 매장 노동이 이로 인해 마치 1등석 관객의 관점에서 바라봐야 할 무엇이 된다. 정말이지 이 놀이의 적지 않은 위안인 셈이다. 매장 자체가 매장 노동자들의 오락과 여흥만을 위한 곳인 것 같다.

그러나 매장 노동에서 결정적인 것은 노동자와 손님인 고객의 관계다. 관계의 맥락에서 고객이 특정한 권위를 지닌다는 얘기다.[6] 전후 사정을 보

---

4) 〔옮긴이〕 영화 「유주얼 서스펙트」의 악명 높은 범죄자 캐릭터.

5) 〔옮긴이〕 무대와 객석의 경계에 있는 개구부.

6) 예컨대 Marek Korczynski and Ursula Ott, "When Production and Consumption Meet: Cultural Contradictions and the Enchanting Myth of Customer Sovereignty", *Journal of Management Studies*, vol. 41, no. 4, 2004; Sharon Bolton and Maeve Houlihan, "The

면 돈-상품-돈으로의 흐름이다. 고객의 관점에서 보면 돈을 내고 상품을 취득하는 교환 흐름이고, 사업체 소유자의 관점에서는 상품을 내주고 돈을 획득한다. 이 절차는 물릴 줄 모르고 전개되며, 어쩌면 끝없는 운동이다. (마르크스가 M–C–M으로 정식화했다.) 가게 점원들은 그 연결 부분인 하이픈에서 노동을 한다. 하이픈 연결 부위가 매장 노동자들뿐만 아니라 그들이 노동하는 곳이기도 하다는 것은 당연하다. 서비스 노동의 성격을 규정하는 것은 이런 영역-포괄적(boundary-spanning) 지위다. 그런 점에서 '하이픈' 노동에는 두 가지 특징이 있다. 긍정적인 것 하나와 부정적인 것 하나를 차례로 살펴보자.[7] 우선 첫째로, '하이픈' 노동은 연결 노동이다. 상품을 화폐로 전환해 가게 주인을 이롭게 한다. 또한 고객은 자신이 소지한 돈으로 표상되는 교환가치를 상품이라는 장래의 사용가치로 전환한다. 요컨대 가치의 형태 전환을 가능케 하는 데 반드시 필요한 노동인 셈이다.

'하이픈'은 그와 동시에 단절을 일으킬 수도 있다. 자원이 부족한 사람들은 그 심연을 횡단할 수 없는 것이다. 나는 두 차례의 여름 동안 해변의 이동주택 캠프장에 있는 어느 테이크아웃 요리점에서 일한 경험이 있다. 문제는 거기서 가장 가까운 도시라고 해도 거리가 무려 8마일이라는 사실이었다. 요리점을 소유한 회사는 경쟁을 피할 수 있게 되자, 런던 공항 프랜차이즈점에서나 받을 가격을 매겨버렸다. 여름철도 2주 정도를 남겨놓고 끝나갈 무렵이었다. 전부터 거기서 일하던 사람들은 그 2주를 두려워했다. 이동주택 부지 사업소가 산업이 공동화된 주변 도시의 가난한 사람들을 유치하기 위해 임대료를 낮췄기 때문이다. 그 2주 동안 계산대의 노동자들은 파는 음식을 살 수 없는 사람들이 보이는 각종 반응을 받아넘기느

(Mis)representation of Customer Service", *Work, Employment and Society*, vol. 19, no. 4, 2005 참조.

7) 〔옮긴이〕'긍정적인 것'의 원어는 positive이고, '부정적인 것'의 원어는 negative다. 교환을 성사시키기 때문에, 또 교환을 단절시키기 때문에 각각 '긍정적', '부정적'이라고 번역했다.

라 많은 시간을 보내야 했다. 가격은 정해져 있었고, 자녀들에게 음식을 사먹일 수 없는 부모들이 대표적이었다. 체념한 채 상황을 받아들이고 빈손으로 돌아서는 반응에서부터 화를 내다가 몸싸움 직전에 이르기까지 꽤나 다양했다. 판매대 직원들은 클립식 보타이(bow tie)를 착용해야만 했다. 왜? 그들한테 멱살을 잡혔을 때 자동으로 떨어져 나가 위험한 상황을 모면해야 했으니까.

가게 점원들에게 가격 책정 권한이 없다는 것쯤이야 그 **비고객**들도 당연히 알았다. 하지만 자기 앞에 있는 놈들이 음식을 못 주겠다고 버티는 직접당사자처럼 느껴지는 것 역시 분명했다. 어떻게 보면 그들 얘기가 옳았다. 이것이 서비스 노동의 부정적인 측면이다. 가게에서 일하는 노동자는 누가 뭘 할 수 있는지와 관련해 **심판관**이 될 수 없다. 벤야민이 말했듯이, 가게 점원이 역사적 실체로 출현하면서 정찰제가 부상했고 경제적 교환 행위를 통어(統御)하는 양식으로서 물물교환이 쇠퇴했다.[8] 현대의 가게 노동자는 누군가에게 그가 이미 아는 바를 알려줘야만 할는지도 모른다. 고작 그거라도 엄청 무시무시할 것이다. 당신이 원하는 것을 사기에는 돈이 모자란다고 말해야 하므로. 하지만 매장에 노동자가 있다는 사실 자체만으로도 체제의 논리가 효과적으로 집행된다. 사람이 원하는 것을 획득하는 유일한 방법은 돈을 소지하는 것이라는 논리 말이다. 비고객이 이 상황을 어떻게 생각하든, 또 금전 등록기가 꼭 열리지는 않는 그런 상황일지라도, 매장의 노동자들은 M과 C 사이의 하이픈 연결부에서 보초를 선다.

---

8) Walter Benjamin, *The Arcades Project*, Cambridge, MA 1999, p. 60.

이해 당사자가 안 보인다

이런 상황이 표출되는 한 가지 양상을 아도르노와 호르크하이머가 깨달았다. "임금과 가격의 관계를 보면, 노동자가 뭘 못 받았는지 알 수 있다." 생산관계에서 진짜로 착취가 발생하는 곳은 다른 영역임에도 불구하고, 유통 분야가 착취의 책임을 져야 한다는 착각은 "사회적으로 반드시 필요한 오해"다. 두 사람은 이렇게 주장한다. "상인은 전체 시스템을 굴리는 집달리(執達吏)다. 그런데 남이 받아야 할 증오와 비난을 자신이 뒤집어쓰면서 그렇게 한다."[9] 그들은 지역 수준에서 상품의 분배를 장악한 소(小)사업체 소유자들의 세계를 설명했고, 이것은 유대인과 결부된 특정한 소(小)상업 전통 얘기였다. 이후 소매업 조직들은 광대한 유통망 및 대규모 자본집중을 통해 성장을 거듭했고, 소상인은 향수 어린 그 무엇이 되었다. 그렇다고 해서 두 사람이 설명한 오해와 환상이 사회적 필요성을 죄다 상실하지는 않았다. 외려 그런 혐오스러운 역할을 떠맡게 된 것은 매장에서 일하며 임금을 받는 노동자들인 것이다. 내가 제시한 소략한 사례들에서도 이를 확인할 수 있다.

노동자들의 그런 역할로 인해 관계를 맺는 양측 모두 애매한 상태를 뼈저리게 느낀다. 물론 그들을 자신의 존재가 표상하는 불평등의 수혜자로 볼 수는 없다. 가게나 술집 노동자가 주인이 아니라는 것은 명백하기 때문이다. 정말이지 가장 보잘것없는 의미 이상의 어떤 것에서도 그렇지 않다. 가격을 치를 수 없을 때 고객은 분노하고, 가끔 업장 저편의 다른 고객들을 욕하기도 했다. 그들이 자신들을 고소해하거나 우위를 만끽한다고 본 것이다. 이런 비난을 보더라도 매장 노동자에게는 그 거절과 외면의 순간에 다

---

9) Theodor Adorno and Max Horkheimer, *Dialectic of Enlightenment: Philosophical Fragments*, Stanford 2002, p. 143.

른 종류의 증오가 겨누어짐이 명백했다. 부역자나 기관원을 떠올려보면 금방 알 수 있을 것이다. 물론 그들이 냉큼 떠오르지 않는 권력과 협력하고는 있지만 말이다. 매장 노동자는 M이 C로 전환되는 경로상에서 보초를 선다. 그런데 그들도, 구매 불능의 비고객도 이익 수혜자가 누군지, 또 어디 있는지 모르는 경우가 많은 것이다.

경험을 돌이켜보면, 매장 노동자들은 그 지위에서 비롯하는 이 모순을 절절하게 느꼈다. 나와 함께 일한 동료 다수는 노동의 이런 측면 때문에 무척 당혹스러워했다. 수반되는 감정 노동에 애를 먹기 때문에도 그렇다. 그들은 고객이 아니라 고객이 될 수 없는 비고객의 불만에 대응해야만 한다. 더 일반적인 얘기도 해보자. 하지만 노동자들을 정말로 괴롭힌 것은 잘 알지도 못하는 권력을 대리 집행해야 하는 데 따르는 불편함인 것 같았다. 이런 오리무중(五里霧中)의 상태로 인해 사람들이 상황을 오해했고, 아도르노와 호르크하이머가 그 환상을 밝히 드러내고자 했던 것이다. 좌절한 비고객의 처지에서는 이런 사정에서 노동자에게 욕을 퍼부어도 말이 됐다. 요컨대 업장의 노동자는 가까이서 상대할 수 있는 유일한 대리인이었다. 매장의 노동자들이 '노'(No)라는 거부의 메시지를 전할 때 그게 그들의 진정한 의사가 아니라 할지라도, 아무튼 그들은 그렇게 말하는 것이다.

좀도둑과 맞닥뜨릴 때 이런 애매모호함이 선명해졌다. 입은 옷과 몸 상태, 태도와 자세를 보면 좀도둑인지 여부를 사전에 인지할 수 있는 때가 대부분이다. 그리하여 예컨대 취급하는 상품이 상대적으로 고가에다 고객의 다수가 중간계급인 소매점―고급 식료품점이나 서점―에서 관리자들은 노동자들에게 이렇게 가르쳤다. 이러이러한 외모는 우리 가게와 안 맞으므로 좀도둑일 가능성이 100퍼센트다. 상황이 이렇게 애매하니 질문에 대한 어떤 답변도 애매하지 않을 수 없다. "좀도둑의 경우 어떻게 대응해야 합니까?" 그냥 둘러보는 것은 범죄가 아니다. 매장 안에서 물건을 들고 이리저리 다니는 것도 범죄가 아니다. 따라서 도둑질이 의심되면 눈치챘다는 반응을 보여줘라. 대개 사전 예방책으로서 쓸모가 있고, 문자 그대로도 이것은 경비를 서는 것이다. 은근슬쩍 해야 하지만 공공연해야 할 때도 많다. 따라서 연습이 필요하다. 업장을 휘 하고 한 바퀴 돌아 용의자에게 접근한다. 이 무언의 질타로 다툼이 발생할 수도 있고, 아니면 그들이 떠나기도 한다. 여기에는 또 다른 형태의 부정적 감정 노동이 수반된다. 이유를 보자. 첫째, 감정이 상하는 다툼은 물론 가끔이겠으나 그런 행동을 취하면 뻔한 것 아닌가? 둘째, 가게 노동자는 자신이 아니라 다른 무엇을 가장해 사회적 관계를 맺어야만 한다.

가게 노동자는 무엇, 아니 누구를 대리·대변하는가? 화가 나고 기분까지 나쁜 이런 모호한 상황을 뚫고 들어가면, 더 괴로운 문제가 도사리고 있다. 좀도둑과 씨름하는 '방법'이 문제가 아니라 '왜' 씨름해야 하는지가 불쑥 제기된다. 규모가 작고 지역적이어서 '회사'를 머릿속에 떠올리기가 더 쉽고, 노동자들이 사업체의 소유주를 알기라도 하는 업장이라면 임시변통이라도 이 질문에 모종의 답변이 제시될 것이다. 그 답변은, 실체를 아는 사장과의 관계가 어떠하느냐에 따라 분노를 첨예화할 수도, 진정시킬 수도 있을 것이다. 내가 일한 가게를 보자. 주인들 자신이 직원과 함께 근무했다. 따라서 이런 종류의 부정적 노동을 수행하기가 더 쉬웠다. 좌우지간 윤리적 판단을 할 수 있었기 때문이다. 좀도둑을 못 막으면 (내부자가) 친분이 있는 누군가와 공모해 절도를 한 게 됐다. 가끔씩만 방문하는 사업체의 소유주가 횡포를 일삼으며 교묘하게 속임수나 쓰는 경우도 있었다. 그때는 하던 일의 이 측면을 윤리적으로 정당화하기가 더 어려웠다. 아무튼 두 경우 모두에서 알려진 책임자가 있고 그를 지명할 수 있어야 그나마 모호한 감정을 정리할 수 있었다. 노동자 자신의 기분이 그로 인해 좋아졌든 나빠졌든, 비록 남의 명령일지라도 뭔가를 한 것 같기는 했다. 더 크고 더 비인격적인 소매업에서는 이런 식으로 납득할 수 있게 개념화하기가 훨씬 어렵다. 어쩌면 그런 이유 때문에 슈퍼마켓이나 대형 가게들에서 보안 요원이 감시 기술의 지원을 받으며 별도의 청부 노동력으로 투입될 것이다.

하지만 대인 관계 윤리를 아무리 구조적으로 설명한다고 해도 불편한 감정은 여전했다. 생각해보면 그런 설명이 궁극적인 원인이 아니라 근인(近因)만 가리켰기 때문에 그랬던 것 같다. 하이픈 연결 부위에서 수행되는 부정적 노동은 가게 노동을 하거나 가게 노동자가 되는 것이 무엇인지를 본질적으로 함축한다. 상품을 구매할 수 있는 사람들에게는 점원이 M과 C의 흐름을 촉진하는 존재다. 그러나 비고객한테는 그들의 존재가 이 흐름을 막는다. 하이픈의 이 두 측면은 나눌 수 없다. 하나를 하면 반드시 나머지도 해야 한다. 그런고로 이런 거부 행위는 체제에 필수적이다. 가게 점원이 계산대에 서서 구매 불능자를 바라본다. 아니 더 노골적으로 매장을 가로질러 좀도둑 용의자 옆으로 다가간다. 그러고는 '노'라고 내뱉는다. 그 '노'라는 거부의 대답은 특정 사업체 소유주를 대신해 M–C의 경로를 수호할 뿐만 아니라, 그 교환 회로를 완전한 상태로 보전하는 데 꼭 필요한 작업이다. 이런 면에서 아무리 점원이 존재한다고 해도 '노'라고 말하는 것은 체제다.

물론 휴가철 캠핑장의 상황은 위치가 독점적이었고, 그래서 극히 예외적이었으며, 더 일반적으로 얘기하면 우리는 혼자 알아서 거부하는 법을 배운다. 경제적 지상명령이 본능적 취향처럼 보이는 것과 얽히기 때문이다. 부르디외가 그 갖은 방식을 설명했다.[10] 나 역시 한 고급 식료품점에서 일하며 그 현장을 생생히 목격했다. 젠트리피케이션(gentrification)[11]이 빠르게 진행 중이었지만 그래도 아직은 노동계급 주거지인 곳의 변두리에 새로 문을 열었던 그 가게를 함께 살펴보자. 구별짓기(distinction)

---

10) Pierre Bourdieu, *Distinction: A Social Critique of the Judgement of Taste*, London 1984.

11) 〔옮긴이〕 낙후된 지역에 새 집단이 이주해 지역이 다시 활성화되는 현상.

가 얼마나 신속하게 효력을 발휘하던지! 사람들은 가게로 들어와 프로슈토 (prosciutto)[12]를 찾았고, 사갔으며, 다시 와서 또 사갔다. 고객들은 그렇게 하면서 어떤 종류의 제품, 어떤 종류의 요구가 그런 상황과 맥락에 어울리 는지를 아는 사람들로 인정받았다. 경제적 필수 자본을 보유한 사람들에게 는 모든 게 취향의 문제다. 그런 사람들에게 고급 식료품점은 개성을 분출 할 수 있는 세계인 것이다.

그에 반해 소금에 절인 쇠고기 통조림이나 런치 텅(lunch tongue)[13]을 원하는 사람들은 실망이 이만저만 아니었다. 고급 식료품점은 '그런 가게' 가 아니었던 것이다. 그들은 같은 실수를 두 번 다시 하지 않았다. 고상한 요청과 공손한 거절로 가게는 '정숙'하기 이를 데 없었고, 언어 취향을 봐 도 이는 분명했다. 하지만 물끄러미 살펴보면 언제라도 깨질 만큼 취약하 기 이를 데 없었다. 가난한 사람들의 취향은 얼마간 투명할 수밖에 없었다. 경제적 필요라는 중추 요소를 숨길 처지가 아니고, 즉석에서 무심코 내뱉 는 말을 통해 백일하에 드러나는 경우가 종종 있었던 것이다. "맙소사, 저 가격 좀 봐!" 이걸 보면 유통 분야가 생산 영역에서 자행되는 범죄를 변명 만 하지 않음을 알 수 있다. 취향의 위계에서는 항상 상징이 폭력을 행사하 고, 그것이 내재적 본성인 것이다. 부르디외가 '제2의 천성'이란 말을 사용 한 것은 적절했다. 가게는 세상 속에서 우리가 우리의 '장소'를 배우는 핵 심적인 공간이다. 이 가르침은 경제적 합리성으로 표출되어서만이 아니라 우리의 자아의식에 흔적을 남기기 때문에도 실제적이다. "여긴 우리 같은 사람들이 올 데가 아니야." 여성 한 명이 친구에게 이렇게 투덜거렸고, 둘 은 빈손으로 가게 문을 나섰다.

---

12) 〔옮긴이〕 향신료가 많이 든 이탈리아 햄.

13) 〔옮긴이〕 역시 통조림이다. 고기의 여러 부위를 사용하고, 혀도 많이 들어가며, 샌드위치 충전 재로 사용된다.

항시 대기, 명령 복종

이런 이유들로 가게 노동은 일반적으로 그 긍정적 측면에 의해 설명된다. 구매 능력이 있는 고객과 노동자의 관계, 그 관계에서 고객들이 행사하는 특정한 형태의 권위가 그것들이다. 나의 선임 동료가 근무 관리자의 지시 사항이 아니라 고객들의 단편적인 요구를 언급한 것도 그 때문이다. (관리자는 순차적인 임무로 생각할 수 있는, 비교적 장시간에 걸친 과업을 부여했다. 예컨대 상품들의 유통기한 확인하기, 상품을 새로 진열하기, 선반 청소 등등.) 가게 노동자의 처지에서 볼 때 고객의 요구는 사장의 명령만큼이나 절충이나 협상이 가능하지 않다. 정말이지 여러 측면에서 두 요구 사항들은 서로 충돌한다. 고객들이 잇달아 서비스를 요구하면 가게 노동이 파편화된다. 달성해야 할 특정한 과제를 도모하고 있기라도 한다면 말이다. 나의 동료가 설명한 것이 바로 이렇게 파편화된 가게 노동 경험이었다. 고객의 개별적 요구—음료를 가져와라, 샌드위치를 만들어라—를 충족시켜줄지라도 그런 요구가 전체로서 만족을 모르고 제기된다는 것이 더 중요하다. 하이픈 연결부의 노동은 한 번으로 끝이 아니다. M-C의 경로는 끝없이 갱신되어야만 한다. (긍정적이고 부정적인) 두 측면 모두에서 가게 노동 경험을 가장 면밀하게 규정하는 것은 고객이라는 권위와의 그 특별한 부딪침이다.

그러나 여기서도 정반대의 부정적 상황에서처럼 가게 노동자의 존재가 문제가 된다는 생각을 자주 하게 된다. 돈이 충분한 사람들은 구매 순간에 새로이 무언가를 사용할 수 있다는 약속을 받는다. 이게 다가 아니다. 교환 가치가 지배하는 세상에서 갖은 물질적 독특함을 지닌 대상물은 실새하는 '물성'을 바탕으로 일종의 매력을 행사한다.[14] 고객은 구매 행위를 통해 모

---

14) Peter Stallybrass, "Marx's Coat", in Patricia Spyer, ed., *Border Fetishisms*, London 1998.

든 걸 가졌다는 약속을 받는다. 교환가치는 이론상 무한하고 직접적이다. 교환가치는 소비자에게 세상의 온갖 왕국을 단박에 약속한다. 마르크스가 화폐의 위력을 논한 자신의 유명한 구절에서 한 얘기가 바로 이것이다. 돈이 M과 C의 간극을 즉각 지워버리는 것을 마르크스는 '신성의 현현(顯現)'이라고 했다. 주관적 욕망이 즉석에서 객관적 실재가 되는 것과 꼭 마찬가지로, 객관적으로 별개이던 것이 당장에 주관적 특성이 된다. "내가 값을 치를 수 있는 것, 다시 말해 돈이 살 수 있는 것, 그것이 **바로 나다**. 돈을 가진 게 바로 나이므로."[15]

하지만 광고업자들이 끊임없이 되풀이함에도 불구하고 이 약속은 거짓이다. 실제로는 M에서 C로의 이동이 저절로 일어나는 게 아니라 유통 노동에 의해 일어나기 때문이다. 그게 가게 노동자의 노동임은 두말하면 잔소리다. 가게 노동자의 존재가 약속된 직접성이 거짓임을 보여주고, 그래서 문제가 된다. 가게 노동자가 아무리 유능하고 아는 게 많아도 노동하는 자신의 필수적 존재 사실을 지워 없앨 수는 없다. M과 C 사이에 가게 노동자가 끼어들지 않을 수 없다. 중개되지 않는 순수한 소비 같은 것은 존재하지 않는다. 가게나 술집에서 일한 경력이 있는 사람이면 누구라도 그에 따르는 경험을 잘 알 것이다. 서비스가 약간만 지체되어도 고객들은 무조건 화를 낸다. 줄을 서서 기다리는 것을 못 참는 건 물론이다. 제품이 품절되거나 뭔가 다른 면에서 고객 마음에 들지 않았다고 해보자. 고의적으로 훼방을 놓는 자가 있다는 생각이 무조건 피어오른다. 그런 상황에서 가게 노동자는 일종의 모자란 놈 취급을 받는다. 그 또는 그녀가 주관적 의사와 그 실현 사이에 존재하는 곤란한 간극을 밝히 드러내기 때문이다.

이 경험은 앞에서 서술한 것과는 정반대다. 거기서는 뭔가를 살 수 없다

---

15) Karl Marx, "Economic and Philosophical Manuscripts" (1844), in *Early Writings of Karl Marx*, Harmondsworth 1975, p. 377.

는 것이 드러났을 때 가게 노동자의 존재가 생산의 결과로 일어난 불평등을 은폐하기를 당장에 그만두었다. 그렇다고 구매 능력이 있는 사람들한테 가게 노동자의 존재가 덜 괘씸한 것도 아니다. 그들의 존재 속에서 생산의 실상을 떠올리는 일이 반가울 수 있겠는가? 체제 전체가 의존하는 노동을 상기하는 일은 달갑지 않다. 가게 노동자들이 아무리 잽싸고 능숙하다고 할지라도 고객이 원하는 것을 제공하기 위해서는 그 존재—봉지를 포장하고, 프라이를 담고, 술잔을 채우는—가 **말소 종결**되어야 한다. 이런 면에서 가게 노동자는 유통의 심장부에 머무른 채 인간의 노동을 기념 경고한다고 할 수 있다. 하지만 우리는 직접적이고 무한한 교환을 약속받았고, 가게 노동자의 존재와 그들의 노동을 잊으라고 권면(勸勉)받는다. 가게 노동자의 존재는 '신성의 현현'인 화폐에 끊임없이 의문을 제기한다. 화폐가 부자들의 주관적인 특징으로 전유(專有)되는 것을 막는 것도 그들의 존재다. 이는 마르크스(와 부르디외)가 설명한 대로다.

복종과 저항

이것이 가게 노동자와 고객이 관계를 맺고 그것과 관련해서 투쟁을 벌이는 영역이자 토대다. 앞서 언급했듯이, 고객 개인은 다른 모두와의 상호작용만큼이나 다양한 방식으로 가게 노동자들과 상호작용을 할 수 있다. 하지만 그럼에도 불구하고 소비자 **신분**의 고객은 특별하고 독특하다. 가게 노동자의 존재 이유가 M과 C의 간극을 지우고, 마르크스의 말마따나 "나를 위해 나의 삶을 중개하는"것이라고 하더라도 말이다. 고객은 사장처럼 말하지 않는다. 고객이 가게 노동자를 부릴 때 발동되는 권위는 고용주가 직원들한테 행사하는 권위와 다르다. 고객이 가게 노동자를 상대로 짧게 행사하는 권위가 사업체 소유주의 권위에 의해 일시적으로 배치가 변경된 것이라고 말하는 사람이 있을지도 모르겠다. 하지만 전자와 후자는 다르다. 고객이 행사하는 권위는 합법적이라고 여겨지지도 않는다. 가게 노동자는 그 권위를 당사자인 고객 본인한테서 비롯하는 권위로 경험한다.

고객의 '주권'(主權, sovereignty)은 신화일 뿐임이 밝혀졌다. 고객의 주권이란 말은 고객의 선택에 이미 한계가 있음을 은폐하고, 경영의 측면에서 합리화된 생산공정과 자유롭게 선택할 수 있다는 약속으로 통어되는 소비 영역이 만나 티격태격할 수도 있는 상황에 마법을 걸어버린다. 고객 주권이라는 말놀음에 속는 고객도 없고, 서비스 노동자도 없다. 둘 모두 기업들의 그런 공작에 냉소적으로 반응함은 물론이다.[16] 그럼에도 불구하고 이 '신화'가 아무런 이유나 근거도 없이 형성되지는 않았음을 깨닫는 것이 필요하다. 그 신화를 유지해주는 전근대적 과시 요소들과 공손한 복종의 몸짓은 효과적이고도 강력하다. 우리는 그런 것들을 통해 이 관계의 본질은 물론이고, 마법적 황홀함이 주조되는 사회적 핵심의 실질적 권위와 관련해 중요한 사실을 깨닫는다. 고객은 왕이 아니다. 매장 밖에서 가게 노동자에게 권위를 행사하려고 했다가는 저항에 부딪힐 것이다. (이 관계의 경계 지점은 매우 논쟁적이다. 내가 일한 어느 곳에서는 장바구니를 고객의 자동차까지 운반해주는 문제로 큰 논쟁이 벌어지기도 했다.) 하지만 가게 노동자가 지휘를 받는 상황에서 "고객이 면 대 면 접촉 노동자에게 행사하는 관계적 우위"[17]는 실제적이고 막강하다. 말하는 사람이 단지 고객이라는 이유만으로 복종해야 하기 때문에 마치 주인이 하인을 대하는 것—전근대적 권위의 한 형태—처럼 느껴지는 것이다. 그들의 권위는 그들의 정체와 함께 관계를 맺는 특정한 시간 동안 존재한다. 가게 노동자의 처지에서 그것은 거부할 수 없는 권위이기도 하다. 요컨대 그 또는 그녀의 입장을 희생해야만 하

---

16) Bolton and Houlihan, "The (Mis)representation of Customer Service" 참조.

17) Korczynski and Ott, "When Production and Consumption Meet", p. 583.

는 것이다.

자본주의적 사회관계가 부상하면서 전통적 위계질서와 유기적으로 연관되었다는 얘기가 자주 나왔다. 엘런 메이크신스 우드의 말을 들어보자. "자본주의의 초창기 발전과 함께 주인-하인 관계라는 가부장적 관념이 새로운 생명을 부여받았다. 불평등한 임금-노동 계약을 이데올로기적으로 가장 손쉽게, 새로운 상황에 맞춰 지지해주는 수단으로서 말이다."[18] 우드는 자본주의 생산관계가 근대에 어떻게 확립되었는지와 그 관계가 요구한 각종 법률 계약을 다루었다. 나의 입론은 의도와 기획이 좀 다르다. 가게 노동자와 고객의 관계는 자본주의가 작동하는 데서 여전히 필수불가결하다. 가게 노동자와 고객의 관계는 임금 관계의 지배를 받고, 봉건적 형태들과는 달리 노동자의 주거에까지 침투하지는 못한다. 그러나 가게 노동자와 고객의 관계는 그 자체로 자본주의적 관계처럼 느껴지지 않는다. 자본주의는 다양한 역사적 단계에서 기존의 여러 사회적 위계 및 명령 체계와 유기적 연관을 맺었을 것이다. 아니, 다양한 시점에 낡은 형태의 관계적 권위가 임의로 시연(試演)되거나 제정(制定)됨으로써 자본주의가 구체화되는 것이라고 주장하는 사람이 있을지도 모르겠다. M과 C의 간극에서는 자본주의가 비자본주의적 요소에 의해 형성되는 것 같다.

그 결과 고객과 가게 노동자의 관계가 자본주의 경제와 결부된 비인격적 합리성 및 계산과는 다른 토대에서 발생·작동하는 것처럼 느껴진다는 사실은 놀랍다. 토크빌은 하인이 주인한테 경의를 표하며 복종하는 현상이 사라진 것이야말로 객관적이고 일반적인 형식상의 평등이 전제되면서 현대인의 경험이 얼마나 크게 바뀌었는지를 알려주는 증거라고 보았다.[19] 하시만 다른 사람들은 전근대적 관계가 자본주의 체제에서 완전히 퇴출되었

---

18) Ellen Meiksins Wood, *The Pristine Culture of Capitalism: A Historical Essay on Old Regimes and Modern States*, London 1991, pp. 138~39.

다고 보지 않았다. 베블런의 지적을 보자. 소비 영역은 "지배와 복종을 상징하는" 다양한 형태의 "팬터마임"이 지속적으로 시연되는 무대다.[20] 두 보이스는 여름 한철 호텔 급사로 일한 자신의 경험을 예리하게 통찰했고, 식사하는 손님이 시중드는 사람들에게 명령할 때 둘 사이의 심오한 불평등을 전제한다고 언급했다. 그는 "개들도 그 사실을 알았다"고 썼다.[21] 두 보이스는 인종주의적 지배 및 종속과도 밀접한 이 사태가 벌이가 형편없는 서비스 업종에 미국 흑인이 얼마나 많은지를 알려준다고 보았다. 그도 베블런처럼 자본주의는 그 틈들에서 비록 자기 것은 아니어도 체제 전체에 실질적이고 필수적인 영향력을 행사하는 불평등을 지속적으로 전제하고 표출할 것이라고 말했다.

　민족지학자로서 예리한 감식안을 지녔던 두 보이스는 서비스 분야 노동자들이 이런 상황에 대응하는 미묘한 방식들도 서술했다. 예컨대 무뚝뚝하고 굼뜬 태도나 신뢰감을 주지 않는 방식으로 무언의 저항을 했다는 설명이 보인다.[22] 나는 훨씬 더 골치 아픈 상황에서 가게 노동자들이 다양하고 은밀한 방식으로 고객의 권위에 대응하는 것을 지켜보았다. 물론 시종일관 예의 바르게 굴며, 고객의 요구를 충족시켜주는 동료들도 있었다. 그들은 고객들이 얕잡아 보면서 부당하고 지나치게 나올 때조차 '훌륭한 서비스'를 제공했다. 이런 사실을 들먹이며 서비스 분야 노동자들이 어느 정도는 자율적이고 소외도 덜 경험한다고 주장하는 조사 연구가 있다.[23] 하지만

19)　Alexis de Tocqueville, *Democracy in America*, New York 1966, pp. 572~79.

20)　Thorstein Veblen, *The Theory of the Leisure Class*, Oxford 2009, p. 35.

21)　W. E. B. Du Bois, *Darkwater*, New York 1921, p. 112.

22)　Du Bois, *Darkwater*, p. 116.

23)　예컨대 Martin Tolich, "Alienating and Liberating Emotions at Work: Supermarket Clerks' Performance of Customer Service", *Journal of Contemporary Ethnography*, vol. 22, no. 3, 1993.

나한테는 그렇게 행동하는 동료들이 떨떠름해하거나 냉소적으로 맡은 임무를 수행하는 사람들 못지않게 일종의 저항을 한다는 게 또렷이 보였다. 그들은 제공하는 '서비스'를 일종의 장인적 기술로 바꾸는 방식을 썼다. 무슨 말인가? 서비스 자체가 목표인 양 연습하고 실행했다는 의미다. 일을 성공적으로 완수하는 것에 본원적으로 따르는 만족과 자존감이 목표였던 것이다. 확실히 일부 동료는 그런 행동을 "뭔가를 얻으려면 변화를 줘야 하는 것"으로 진술했고, 그 변화를 제외하면 그들이 하는 일에 덜 비판적인 것도 아니었다. 그들은 훌륭한 서비스를 고객이 부과한 과제가 아니라 자신이 좋아서 하는 선택으로 전환했고, 나름의 방식으로 고객 권위의 기초에 도전하고 있었던 것이다.

물론 여러 온건한 방식으로 방해하는 이들도 있었다. 아무 의욕 없다는 듯 게으름 피우기, 주문 사항을 분명히 말하라며 거듭 요청하기, 작심하고 무뚝뚝하게 나오기, 고의로 실수하기가 그런 것들이다. 특히 전자 결제 시스템처럼 기술적 요소가 개입할 때 일부러 실수하는 일이 잦았다. 실수해놓고도 기계를 탓할 수 있기 때문이다. 가게 노동자들은 필경사 바틀비처럼 굴 수 없다.[24] 그들은 요구받은 사항을 결코 거부할 수 없다. 하지만 고객의 요구에도 불구하고 느릿느릿 응대하는 것을 보면, 그들이 이 관계적 권위에 내포된 복종 관계를 얼마나 못마땅해하는지 명백하게 알 수 있다.

알랑거리면서 아부하는 방식도 사용됐다. 그들은 과장적 행태로 고객의 권위를 조롱했다. "그럼요, 고객님." "당연히 해드려야죠." "아니, 아니, 아니요. 제가 해드리겠습니다." **격식을 갖춘 예의**가 얼마간 효과를 발휘했던 것은 하인의 말투를 과장적으로 채택하자 이 관계의 시대착오성이 밝히 드러났기 때문이다. 하지만 그로 인해 상황이 동요하기도 했다. 교환가치가

---

24) 〔옮긴이〕 허먼 멜빌의 소설 「필경사 바틀비」의 등장인물 바틀비는 입을 거의 열지 않는 괴짜로 그려진다.

사용가치로 전환되는 과정이 고민스럽고 난처한 까닭은, 교환가치가 그 정체를 드러내야만 쓸모를 지니기 때문이다. 교환가치의 무한한 약속은 구체적 물건의 세계로 도약해야만 한다. 미래태(未來態)로 존재하는 모든 잠재구매는 선택을 잘못할 수도 있다는 두려움으로 위협을 받는다. (그 과정에서 가능한 모든 것이 특정한 무언가로 귀결 고착된다.) 판매원에 대한 불신이 만연한 것은 이 때문이다. "악취를 풍기며 비위를 맞추는 존재"는 e. e. 커밍스(e. e. cummings)[25]의 통렬한 지적이다. 사람들은 세일즈맨 하면 교환가치 소지자가 오판해 구매에 나서도록 사주하는 존재를 으레 떠올린다. 가게 노동자가 일부러 "악취를 풍기며 비위를 맞추"면 고객들은 뒤숭숭하고 불안해진다. 자신의 동기가 과연 진짜인지를 의심하게 되는 것이다.

훼방과 아첨에는 가게 노동자의 존재가 노골적으로 도드라진다는 공통점이 있다. 이것은 귀찮은 골칫거리다. 요컨대 하이픈 연결부의 불편한 노동을 외면하거나 무시할 수 없게 되는 것이다. 훼방 행태는 그 노동을 매끄럽게 수행하지 않는다. 아첨은 너무 매끄러워, 오히려 미심쩍고 악의가 있는 것처럼 느껴진다. 결국 둘 다 연결부의 노동에 주목하라고 강요한다. 이 역설(力說)은 이데올로기 융합의 방식으로 제시되기 때문에도 중요하다. "내가 값을 치를 수 있는 것", "그게 **바로 나**"란 구절을 떠올려보라. 기본적으로는 사회적 업적이자 성취인데도 이것들이 부자들만의 성취인 것처럼 전유되는 것이다. 가게 노동자들은 자기들이 노동한다는 사실에 주목하라고 요구하고, 그러면서 노동 그 자체를 인정하라고 주장한다. 고객의 권위가 딛고 선 토대가 이 과정에서 의혹에 휩싸인다.

〔정병선 옮김〕

---

25) 〔옮긴이〕 커밍스 본인의 방침을 존중해, 소문자로 표기해주는 것이 관례다.

비판적 인터넷 평론가

로브 루카스(Rob Lucas)

인터넷이 개발된 지 어언 40년 그리고 웹이 탄생한 지 20년이 넘게 흘렀지만, 이런 기술에 관한 논의들은 여전히 짙은 신비주의적 냄새를 풍기고 있다. '정보사회'의 도래를 예견한 사람들이나 산업혁명에 버금가는 새로운 기술적 분출을 예언한 사람들이 오히려 인터넷이나 웹 같은 기술들의 현실적인 의미를 즉자적으로 이해하지 못하게 오랫동안 방해해왔다. 컴퓨터는 여전히 아주 다른 존재의 지평으로 통하는 마술 도구처럼 묘사되고 있다. 인터넷은 더더욱 심하다. 주류 테크놀로지 전문가들은 미국 첨단 기술 산업의 이익을 위해 노력하는 전형적인 선전가 역할을 하고 있다. 〔인터넷 관련 잡지〕『와이어드』(*Wired*)의 'IT 광팬'(Chief Maverick) 〔편집장인〕 케빈 켈리(Kevin Kelly)는 한때 "우리 기술이 세계적으로 쭉쭉 뻗어 나가는 데 복무해야 할 도덕적 의무가 있다"고 선언했다. 다른 한편 스튜어트 브랜드(Stewart Brand)—『홀 어스 캐털로그』(*Whole Earth Catalogue*)를 창간한 사람이자 인터넷이 시작된 때부터 캘리포니아의 자유지상주의(libertarian) 기술 문화를 선도한 사람 가운데 한 사람이다—는 최근 바이오 기술과 핵에너지를 옹호한다고 밝히기도 했다.[1] 동시에 이러한 화신(化身)들은 웹의 신비화라는 문학 장르를 확립하는 데 핵심적 역할을 했다.

이들은 거의 종교화 수준의 허황된 생각에 빠져, 웹을 잉태되어 자라나고 있는 위대한 세계정신인 양 해석해왔다.[2] 마이크로 전자산업 분야에서 일어난 기술 진보를 독립변수로 설정하고, 마치 그것을 기준으로 인류의 본성 일반을 측정할 수 있는 것처럼 여긴다. 그래서 이들은 무어의 법칙(Moore's law)—집적회로 위의 트랜지스터 숫자가 18개월마다 2배씩 늘어난다는 주장—으로부터 미래 어느 시점에 양질 전환이 발생하는 '특이점'을 이끌어내고, 그로부터 형언할 수 없이 뛰어난 슈퍼 인공지능의 출현을 예언한다. 그리고 이것이 인간의 정신을 대신할 것이라고 주장한다.[3] 포스트모더니즘 언어로 전능한 시계 제작자의 비유를 부활시키면서, 이들은 우주가 단지 컴퓨터와 닮은 수준이 아니라 실제로 거대한 컴퓨터라고 주장한다. 이러한 인식은 네오-아리스토텔레스주의적 관점의 질문들을 유발할 수밖에 없다. 만약 우주가 거대한 컴퓨터라면, 이 컴퓨터는 어떤 [소프트웨어] 플랫폼을 기반으로 운영될까?[4] 그리고 어떤 전능한 프로그래머가 그것의 부동(不動)의 동자(動者)가 될 수 있을까? 이보다는 좀 더 현실적인 태도를 보이는 문헌들에서도 모두 기술 발전에 의해 전통적인 경제 규범들이

---

1) Kelly, "How Computer Nerds Describe God", *Christianity Today*, 11 January 2002; Brand, *Whole Earth Discipline: An Ecopragmatist Manifesto*, New York 2009.

2) 예를 들어 Jennifer Cobb Kreisberg, "A Globe, Clothing Itself with a Brain", *Wired*, June 1995 참조.

3) 예를 들어 Ray Kurzweil, *The Singularity is Near*, New York 2005 참조.

4) Kevin Kelly, "God Is the Machine", *Wired*, December 2002.

초월될 것이라고 전망한다.[5]

궁극적으로 이러한 방식으로 테크놀로지를 신비화함으로써 야기되는 혼란의 핵심은 기술적인 문제가 아니다. 그것은 소유권과 권력의 관계로서, 이러한 기술 복합체를 몸체로 사용하고 있는 것이다. 테크놀로지가 지구 전체를 사적 이익과는 무관한 보편적 기술 논리로 똑같이 엮어내고 있는 양 이야기되고 있다. 이들은 그 의미를 순전히 기술적인 문제처럼 포장하고 있지만, 그 의미는 사실 이들 테크놀로지를 낳은 20세기 말 미국 자본주의의 [생산]관계와 떼놓고 볼 수 없다. 이러한 불명료한 설명에 대항한 바람직한 대안적 분석을 제시한다면, 그것은 한마디로 아도르노가 말한 "사람으로 돌아가라"(reductio ad hominem)일 것이다. 다시 말해, 이러한 기술 복합체의 사회적 근원을 밝혀 그것이 최근 자본주의사회의 재생산이 이루어지는 데 핵심 매개체임을 파악해야 한다.

유토피아적 테크놀로지를 유포하는 문헌들의 헛소리는 그 반대편에 회의론자들과 비관론자들을 불러낼 수밖에 없다. 웹이 출현한 초기에는 열광하는 분위기가 지배적이었는데, 이때조차 『와이어드』는 클리퍼드 스톨(Clifford Stoll)과 커크패트릭 세일(Kirkpatrick Sale) 같은 환상 깨기 전문가들과 부딪쳤다.[6] 오늘날에는 페이스북 중독이니 트위터 낚시니 하면서 미디어 잡음들이 높아지는 가운데, 비관론적 문헌들이 새로운 전기를 맞고 있다. 신문 업계와 일련의 논문들에서 테크놀로지의 유해한 영향에 대해 우려의 목소리를 쏟아내고 있다. 현재 유행하는 기술에 대해 냉철한 유

---

5) 특히 Kevin Kelly, *New Rules for the New Economy*, New York 1998; Chris Anderson, *The Long Tail: How Endless Choice is Creating Unlimited Demand*, London 2006; 크리스 앤더슨(Chris Anderson)이 『와이어드』 2011년 회의에서 한 발언과 그 확장된 프로젝트인 *Makers: The New Industrial Revolution*, New York 2012 참조.

6) Clifford Stoll, *Silicon Snake Oil*, New York 1995; Kirkpatrick Sale, *Rebels Against the Future*, Reading, MA 1995.

물론적 비판을 시도하려는 우리에게 이러한 문헌들의 부정적 시각이 도움이 된다. 최소한 실리콘 밸리의 주요 후원자들이 유포하는 부풀려진 장밋빛 주장들의 바람을 뺄 수 있게 해준다. 엄청난 문헌들 가운데 니컬러스 카(Nicholas Carr)의 연구가 명료함과 더불어 그가 내세우는 폭넓은 역사적 전망에서 두드러진다. 그는 경제사와 기술사, 신경과학, 맥루언(McLuhan)의 매체 이론을 엮어 매우 광범위한 학제 간 통합 연구 영역을 만들어냈다. 이를 통해 그의 프로젝트는 기술에 관한 성찰에 필요한 매우 풍부한 기초를 제공한다. 카의 생각이 가장 잘 드러나는 글은 2008년 『어틀랜틱 먼슬리』(*Atlantic Monthly*)에 게재된 「구글이 우리를 멍청하게 만드는가」(Is Google Making us Stupid)란 논문과 2010년에 그것을 단행본 수준으로 확장해 출판한 『얕은 곳: 인터넷이 어떻게 우리가 생각하고 읽고 기억하는 방식을 변화시키고 있는가』란 책이다.[7] 이러한 연구서들에서 카는 전자적으로 매개되는 세상에서 책의 운명에 관해 걱정해왔던 테크놀로지 평론가들의 전통적 논지를 요약했다. 즉 루이스 멈포드(Louis Mumford), 마셜 맥루언(Marshall McLuhan), 닐 포스트먼(Neil Postman) 같은 인물들의 우려를 최근 신경과학계나 기술 사용에 관한 연구 분야에서 이루어진 학문적 진전들을 설명함으로써 지지하고 있다. 그리고 인터넷이 우리의 두뇌 구조 자체를 나쁜 방향으로 바꾸어놓을 것이라는 주장을 옹호한다. 카는 테크놀로지 평론가들의 논지를 정리하는 역할만 한 것이 아니라, 그들에 앞서 오랫동안 적극적으로 개입해왔다. 『얕은 곳』은 테크놀로지에 관해 그가 쓴 일련의 저서 가운데 세 번째 책으로서, 10년 이상 지속된 그의 연구 결과물이다. 그는 모든 저서들에서 기술 산업계의 거창한 주장과 그 옹호자들에 대항해 명백히 부정적 시각을 보여왔다. 그의 광범위한 연구 결과물들은

---

7) Nicholas Carr, *The Shallows: How the Internet is Changing the Way We Think, Read and Remember*, New York 2010.

일관성과 통일성을 가지고 있기 때문에, 그의 연구 전체를 한번 검토해볼
가치가 있다고 생각한다.

경영 전문가로서의 기술 평론가

　대부분의 테크놀로지 전문가들이 기술 산업계에 적어도 한 발은 담그고
있는 것과 달리, 카는 종이 매체 쪽에 관련되어 있다. 좀 더 구체적으로 말
하면, 고급 저널리즘 쪽이다. 하버드 대학에서 영미문학과 언어학 석사를
마치고 경영 컨설팅 분야에 잠깐 근무했다. 그다음에 『하버드 비즈니스 리
뷰』(Havard Business Review)에 수석 편집위원으로 채용되어 전문적인
테크놀로지 비평가의 삶을 시작했다. 카가 이 저널에 결합한 것이 1997년
인데, 이때가 바로 이른바 닷컴(dotcom) 거품이 부풀기 시작한 시점이었
다. 일찍이 1998년에 이미 카는 신(新)경제가 개인들의 내적인 삶과 기업
들에 잠재적으로 악영향을 끼칠 수 있다는 글을 쓴다. 카는 일반적인 비즈
니스 저널에 게재되는 종류의 글들과 함께 조직체를 불안정하게 만들 수
있는 이메일의 잠재성, 현재의 노동과정이 개인들의 성격에 끼치는 해로
운 영향, 정보 해적질의 영향, 인터넷에서 펼쳐지고 있는 경제적 거래 행위
의 '하이퍼-중개'(hyper-mediation) 현상 등 여러 이슈를 망라했다.[8] 그는
1999년에 이미 "가상의 회사에서 이루어지는 우리의 일상 노동이 우리를
어느 환경에서나 효율적이지만 실체는 없는 가상의 인간으로 만들고 있지
는 않은가"라는 질문을 던지고 있었다.

---

8)　Nicholas Carr, "The Politics of E-mail", *Harvard Business Review*, Mar ·Apr 1998;
　　"Being Virtual: Character and the New Economy", *HBR*, May ·Jun 1999; "Briefings
　　from the Editors", *HBR*, Jul ·Aug 1999; "Hypermediation: Commerce as Clickstream",
　　HBR, Jan ·Feb 2000.

2003년에 카는 『하버드 비즈니스 리뷰』에 자신의 출세작이라고 할 수 있는 「IT는 별로 중요하지 않다」(IT Doesn't Matter)라는 논문을 발표한다. 이 글은 경영계의 독자들을 겨냥해 쓴 것으로, 정보 기술이 비교우위를 제공해줄 수 있는 믿을 만한 원천이라고 간주해서는 안 된다는 주장을 담고 있다. 왜냐하면 정보 기술은 단지 상품 투입 요소가 될 가능성이 크고, 그렇게 되면 사업자들에게는 영업 비용일 뿐이기 때문이다. 당시 경영계에서 유행하던 IT 투자의 미덕에 관한 과장된 주장들은 편집위원으로서 카의 헛소리 검증 본능을 자극했고, 이 글을 계기로 그의 장기 프로젝트가 시작되었다. 글의 제목은 해당 업계에 대한 일종의 도발이었다. 여기저기서 이에 대해 으르렁거리는 반응이 나왔다. 마이크로소프트의 CEO와 회장인 빌 게이츠(Bill Gates)와 스티브 발머(Steve Ballmer), 인텔의 CEO 크레이그 바렛(Craig Barret), 시스코의 CIO 브래드 보스턴(Brad Boston) 등 많은 사람들이 카의 글에 무척 화가 나서 대응했다. 그 어조는 때때로 노골적인 비난 수준으로 고조되었다. 1년 뒤 그는 『하버드 비즈니스 리뷰』 편집위원 자리를 그만두고, 앞의 논문에서 펼친 주장을 확장해 '하버드 비즈니스 스쿨 프레스'(Havard Business School Press)에서 책을 하나 펴냈는데, 그 제목이 『IT가 중요할까』(*Does IT Matter?*)였다.[9] 이 책에서 카는 IT를 '사적 자산' 성격의 기술이기보다 '사회기반시설' 성격의 기술이라고 특징 짓는다. 그리고 장기적인 사회적·기술적 경향에 착목함으로써 보다 냉철한 관점을 제공하려고 시도했다. 말하자면 그는 회의적인 기반 위에서 이 책을 구성했다. 만약 IT가 생산성에 그렇게 중요하다면, 왜 지난 40년간 별 영향을 발휘하지 못하고 클린턴 시대에 갑자기 붐을 일으켰는가? 왜 어떤 산업 분야와 지역에서는 IT의 혜택을 보는데 다른 지역에서는 그렇지 못한

---

9) Nicholas Carr, *Does IT Matter?: Information Technology and the Corrosion of Competitive Advantage*, Boston, MA 2004.

가? 왜 기술 발전의 진정한 승자들이 소수의 기업 집단에만 국한되고 나머지는 매우 제한된 효과만 보고 있는가? 생산성에 관한 수치와 결부해 살펴보면—경제학자들이 수십 년간 지적했듯이—'컴퓨터에 문제'가 좀 있어 보인다.[10]

작은 견과가 보편적 용매가 되다

추상적인 정치경제학 차원에서 보면,『IT가 중요할까』에서 펼쳐진 광범위한 논증은 작은 견과를 깨기 위해 대형 망치를 휘두른 것에 비유될 수 있다. 왜냐하면 그 요점은 당연한 소리라고 치부될 만한 것이기 때문이다. 그 책의 요지는 모든 경쟁 상대들이 다 구할 수 있는 상품의 매매를 통해 그 가운데 한 회사만이 장기간 다른 경쟁자들보다 중요한 비교우위를 유지할 수 있는 경우는 없다는 주장으로 정리될 수 있다. 그러나 이 책에 카가 부여한 임무는 IT가 점점 더 상품화[11]되어온(commoditized) 과정을 지배한 동학을 경제적·역사적으로 종합해냄으로써 구체적으로 설명하는 일이다. 이 과정에서 대부분의 회사들이 너무 비싸 엄두도 내지 못했던 기술이—초

---

10) 이 문제와 관련해 1980년대와 1990년대에 전개된 논쟁에 대한 괜찮은 설명과 설득력 없는 해결책을 보고 싶으면 Thomas K. Landauer, *The Trouble With Computers: Usefulness, Usability and Productivity*, Cambridge, MA 1996 참조.

11) 나는 이 글에서 매우 유사하게 사용돼 혼동을 줄 수 있는 상품화의 두 영어 표현들을 어쩔 수 없이 함께 사용한다. 바로 commoditization과 commodification이다. 두 단어의 차이는 수뷰 경세학에서 말하는 '상품' 개념과 마르크스주의 정치경제학에서 사용하는 상품 개념의 차이와 결부되어 있다. 『이코노미스트』에서는 상품이 "비교적 동질적인 생산품으로서 대량으로 구매될 수 있는 특성을 가진 것"이라고 정의한다. commoditization은 이러한 생산물의 표준화를 가리킨다. 표준화는 물품이 대량으로 생산되고 매매될 수 있게 해준다. 반면 마르크스주의의 용어에서 상품은 시장에서 팔리기 위해 만들어진 모든 물품을 말한다. 그래서 commodification은 어떤 것을 상품으로 전환한다는 의미를 지닌다.

기에는 너무 위험부담이 커서 1940년대 말에 라이언스(J. Lyons & Co)사가 펼친 LEO(Lyons Electronic Office) 같은 개척자적 시도 말고는 덤벼든 자본이 별로 없었다—대중적인 기술로 전환되었다. 그런 기술들은 점점 더 표준화되어왔고, 대량생산과 함께 급격하게 가격이 내려가면서 광범위하게 이용되기 시작했으며, 실행 속도도 기하급수적으로 향상되었다. 이러한 〔주류 경제학적〕 상품화가 진전되면서, IT는 개별 기업의 특정 자산에서 기업들이 '공유하는', 다시 말해 모든 기업들이 일반적으로 쓸 수 있는 상품으로 전환되었다. 이 과정에서 IT는 사회기반시설의 표준적인 특색들, 즉 대부분의 사업체가 기본적으로 갖춰야 할 구성 요소가 되었다. 그래서 IT 지출이 기업의 '비교우위'에 필요하다고 주장하는 것은 더 이상 별 의미가 없다는 사실이 명백해졌다.

이러한 종류의 〔표준화되고 대중화된〕 상품화 이야기는 주로 컴퓨터 하드웨어 분야에 해당되는데, 보통 다른 요소들과 분리되어 독립적인 영역처럼 분석되는 경향을 보였다. 무어의 법칙으로 대변되는 기술적 진보와 델(Dell) 같은 기업들로 대표되는 부품 제조업 분야에서의 표준화에 기초해 여기저기서 관련 물품들의 가격이 급속히 인하되어왔다. 2000년에 이르면 이미 데이터 처리 비용이 1960년대에 비해 99.9퍼센트 이상 하락했다. 데이터 저장 비용도 1950년대에 비하면 이른바 껌값 수준으로 떨어졌다.[12] 한편 카는 소프트웨어도 역시 IT 전반의 상품화를 가속하는 데 일조할 수 있는 본성을 지녔다고 보았다. 소프트웨어는 일반적으로 생산 비용이 매우 높은 데 반해 유통 비용은 매우 낮았기 때문에 보기 드물 만큼 규모의 경제의 성격을 지녔다. 이는 종종 배타적으로 독립적 테크놀로지 발전을 선호하는 기업들 간에 자원을 공동 출자하게 하는 역할도 했다. 이러한 점들은 제3자가 제공하는 IT 시설의 집중화를 위한 경제적 근거가 되었다. 이 제

---

12) Carr, *Does IT Matter?*, p. 79.

3자가 다수의 고객들에게 서비스를 제공함으로써 규모의 경제를 가장 잘 살릴 수 있었다. 또한 이러한 특성이 프로그래머의 집단적 윤리를 위한 경제적 기초도 제공했다. 그것은 예를 들어 장기적으로 운용되고 있는 IBM의 SHARE 같은 전문적 사용자 그룹의 형태로 실체화되었다. 그런데 이러한 과정에서 만들어진 하드웨어와 소프트웨어의 표준화로 인해 IT는 그 사용자들의 필요 이상으로 너무 멀리 나가고 말았다. 가장 필요로 하는 [특정] 사용자들을 위해 개발된 기술이 너무 보편화되었다는 의미다. 그 결과 가격에 하락 압력이 가해졌다. 사용자들은 그들의 필요에 맞게 책정된 값싼 혹은 무료 기술을 원하지, 필요에 비해 과도한 가격을 지불하는 것은 원치 않기 때문이다. 또한 소프트웨어의 경우 마모가 없기 때문에, 한번 시장이 포화되면 사용자들에게 [유료 소프트웨어] '업그레이드'를 강제할 수 있을 때만 새로운 이윤을 거둘 수 있다. 그런데 여기에는 소비자들의 저항이 있어왔다.

카는 IT를 철도, 전신, 전화, 전력망, 고속도로와 같은 의미를 가진 사회 기반시설로 본다. 그리고 이러한 기반시설이 확립되는 과정이 바로 IT의 여러 속성들이 실현되는 과정이라고 말한다. 즉 값싸질 수 있고 표준화될 수 있고 보편적으로 이용될 수 있는 경향성 말이다. 궁극적으로 이러한 특성은 IT를 공공서비스망(grid-based utility)의 성격을 지니도록 전환시키는데, 이것이 바로 상품화된 IT의 이상적 형태다. 점점 더—소프트웨어 서비스, 데이터 저장, 연산 능력 등의—IT 재화들은 개별 기업의 고정자본으로서 구매되지 않을 것이다. 그 대신 대규모로 집중화된 데이터 센터에 기반을 두고, 소수의 대형 서비스 공급자에 의해 인터넷을 통해 배달되는 서비스 형태로 자리매김할 것이다. 이러한 궤적은 IT가 그에 앞서 진행된 전기 공급이 취했던 길을 따라가고 있다는 것을 의미한다. 카는 두 번째 저서인 『위대한 전환』(The Big Switch)에서 이러한 역사적 유사성을 보여주었다.[13] 이러한 서비스들이 언제 어디서나 누구에게나 모두 제공됨으로써,

개별 자본에 주어지는 비교우위는 거의 없다. 사실 카는 그 정반대〔비교우위를 만들기보다 없애는 성격〕가 참이라고 말하고 있는 것이다. 왜냐하면 IT 업계에서 강력하게 추진되어온 표준화는 사업 관행에서도 획일성을 촉발했기 때문이다. 다시 말해, 모든 사업들이 점점 더 표준화된 소프트웨어에 의해 매개되면서 IT 업계를 제외한 사업 분야들의 비교우위가 침식되었다. IT가 '사업 전략을 녹여버리는 보편적 용매' 역할을 했다고나 할까.

무거운 경제

이러한 차원에서 카는 IT가 일반적인 체감의 경제학을 드러내고 있으며, 그러한 경향에 기여하고 있다고 본다. 이러한 측면에서 그의 관점은 닷컴 버블에 동반되었던 '신경제'에 관한 낙관론을 비관적으로 확 뒤집은 것이었다. 닷컴 버블은 『IT가 중요할까』가 출판되기 불과 몇 년 전인 2000년에 거품이 터지고 말았다. 1990년대 말 〔신경제의〕 열렬한 지지자들은 IT가 경제를 '무중량 경제'(weightless economy)로 부양할 것이라고 예견한 데 반해, 카는 IT가 경제를 급속한 하락 국면으로 이끌고 들어갈 것이라고 내다보았다. IT가 '성장'의 마지막 국면에 도달했다는 지표들은 많이 있었다. 광섬유와 프로세서의 용량이 사용자들의 필요에 비해 과도한 수준으로 나아갔고, IT 제품들이 매우 대중적인 가격수준으로 떨어졌으며, 점점 더 많은 IT 판매자들이 클라우드 컴퓨팅(Cloud Computing) 공급자로 전환되었다. 이러한 현상들에서 카는 이전에 있었던 기술 투자 순환주기들과의 역사적 유사점을 파악했다. 경제지표들은 전망이 그리 좋아 보이지 않았다.

---

13) Nicholas Carr, *The Big Switch: Rewiring the World, from Edison to Google*, New York 2008.

IT가 다른 분야의 생산성에 긍정적인 기여를 했다는 징표도 거의 없었다. 오히려 기술 변화로 인한 실업에 크게 기여했다. 그리고 IT 산업 분야에서 조차 디플레이션 경향과 급속한 수확체감 현상이 동반되었다. 이런 점들은—실리콘 밸리 유형의 사람들이 아직도 많이 신봉하는 환상과 달리—IT가 영원히 잘나가는 산업이라는 증거와는 거리가 멀어 보였다.

『IT가 중요할까』가 출판된 지 8년이란 시간이 지난 현재, 카가 예견했듯이 IT는 점점 더 '클라우드' 쪽으로 이동하고 있다. 세계적인 차원에서 정보와 컴퓨터 관련 사업이 한 줌의 거대 기업들에 의해 독점되면서 이런 경향이 가속화되었다. 특정 분야에서는 디플레이션이 카가 예상한 것보다 훨씬 빠르게 진행되면서, 현재 쓰이고 있는 많은 IT 물품의 상품으로서의 지위를 없애버리거나 제한하고 있다. 주요 인터넷 서비스에 대한 접근은 종종 무료로 제공되곤 한다. 일단 서비스의 급속한 확산을 추구하고, 나중에 독점이 확립되면 그때 현금화하겠다는 의도나 사용자들의 신상 정보를 확보하여 마케팅이나 광고 수익을 위한 기반을 형성하려는 의도가 깔려 있다. 이러한 점에서 카가 『위대한 전환』에서 묘사한 IT와 전력 공급망 사이의 유사성은 한계 지점에 도달한 것으로 판단된다. 전력 공급자들의 수익 흐름은 여전히 전기를 파는 데서 도출되지만, 거대 기술 기업들이 자신들이 제공하는 공공서비스—예를 들면 아마존의 Elastic Cloud Compute(EC2)와 Simple Storage Service(S3)—에서 직접 수익을 창출하는 경우는 아주 예외적이다. 엄청난 수준의 규모의 경제와 거대한 시장이 네트워크 효과와 결합되면서 IT 기업들에 극도의 독점적 지위를 부여하는 경향이 생겨났다. 또한 이런 경향은 경쟁을 촉발하면서, 기업들이 전략적으로 서비스를 무료로 제공하는 것을 경제적으로 합리적인 관행이 되도록 만들었다. 특허 소송, 기업 인수, 사용자들을 테크놀로지 '생태계'나 '울타리 친 정원'(walled gardens, 회원 전용 콘텐츠)으로 묶어내기 등과 함께 무료 서비스는 거대 기업들의 무기고에 들어 있는 표준적인 무기로 자리잡왔다. 이런 환경 속에서 오로지 소수의 인터넷 기반 회사들만이 의미 있는 수준의 이윤을 창출한다. 올해 있었던 신규 상장을 보더라도 페이스북조차 장기적인 이윤 전망을 설득력 있게 제시하느라 애를 먹었다. 이윤은 주로 마케팅 서비스를 파는 데서 창출된다. 즉 다른 자본가들에게 비용을 물리는 것으로서, 사회 전체적인 차원에서 보면 이미 만들어진 이윤을 빼내오는 것이라고 할 수 있다.

카에게 '사회기반시설 테크놀로지'의 성숙은 극도로 파괴적인 과정처럼 비친다. 구식 사업체들, 아니 산업 전체가 붕괴될지도 모르며, 일자리가 없어지면서 경제가 악화된다고 보는 것이다. 닷컴 붕괴 훨씬 이전 시대에도 당시 기준으로 신경제라고 불릴 만한 현상에 대해 부정적인 예견을 하는 예언자가 있었다. 바로 로자 룩셈부르크(Rosa Luxemburg)다. 그녀는 19세기에 연이어 나타났던 경제 위기의 대부분이 대규모 사회기반시설 투자 국면의 뒤를 이어 발생했고 주장했다.[14] 카는 아마도 룩셈부르크의 주장에 동의하고 있는 것 같다. 즉 19세기 중반에 절정에 이른 사회기반시설의 발전이 1873~96년 장기불황이 발생하는 데 주요한 역할을 했다는 주장에서 『IT가 중요할까』의 결론을 도출한다.

> 1870년대에 세계는 테크놀로지의 영향을 받은 과도한 지출에서 벗어났다. 철도, 조선, 전신망의 급속한 팽창은 세계 자유무역 시대를 개막했고, 대규모 자본 투자를 불러일으켰다. 그 결과 세계경제가 지속적으로 팽창했지만……, 생산의 급속한 증가, 생산성의 급상승, 경쟁의 심화, 전반적 과잉 생산 설비 등의 문제가 야기되면서, 결국 거의 30년 내내 디플레이션 국면

14) Rosa Luxemburg, "Reform or Revolution?" (1899), in *The Essential Rosa Luxemburg*, Chicago 2008, pp. 52~53. 룩셈부르크는 사회기반시설 투자, 신용, 자본가들의 카르텔 등에 의해 자본이 내재적인 위기의 경향성을 극복할 수 있었다는 에두아르트 베른슈타인(Eduard Bernstein)의 주장을 반박했다.

을 겪어야 했다. 가격과 함께 이윤이 하락했고, 기업들은 어려움을 겪었다. …… 노동자들은 일자리를 잃었고, 농민들과 노동자들은 반란을 일으켰다. 그리고 각 나라에서는 무역 장벽의 복원이 시작되었다.[15]

사회기반시설일까 사적 자산일까

카의 설명은 매우 설득력 있고 매우 현실적이어서, 『와이어드』 같은 종류의 잡지들이 쏟아내는 설명보다 훨씬 호감이 간다. 하지만 경영 컨설팅 전문가가 IT 투자의 변덕에 관해 조언해주는 차원에서 보다 일반적인 역사·경제적 주장을 펼치는 차원으로 문제의 영역이 확대되면서, IT 투자 자체가 '비교우위'에 긍정적 영향을 준다는 생각을 반박하는 카의 논점은 모순에 봉착한다. IT가 '성장'의 막바지에 와 있다는 카의 주장은 일단 맞는 말처럼 들리지만, 현실과 어긋난다. 가령 애플이 지속되는 글로벌 경제 위기에서도 현재 세계에서 가장 [자산]가치가 높은―그리고 두 번째로 이윤이 많은―회사에 올라 있다. 또한 구글과 아마존 같은 회사들도 왕성한 성장 국면을 유지하고 있다.[16] 보다 중요한 것은 카가 IT의 상품화, 디플레

---

15) Carr, *Does IT Matter?*, pp. 146~47.

16) 애플이 2012년 기록한 사상 최고 시장가치는 애플이 아이폰을 출시한 후 보여준 지속적인 고이윤에 기초해 적절한 주가수익비율(PER)이 유지되는 기간에 나타났다. 애플이 달성한 연간 330억 달러라는 이윤은 411억 달러의 이윤을 기록한 엑손모빌에만 뒤졌으며, 구글의 97억 달러, 아마존의 6억 달러 이윤과는 비교가 안 될 정도였다. 지난 10여 녀간 기전을 면치 못하고 있지만, 마이크로소프트는 OS 분야에서 지속적으로 지배적 위치를 차지하고 있으며, 기존 기업들을 인수하면서 아직까지도 235억 달러라는 높은 이윤 규모를 유지하고 있다. 이에 대해서는 "The World's Biggest Companies", Forbes.com, April 2012; Steven Russolillo, "Apple's Market Value: To Infinity and Beyond!", *Wall Street Journal*, 20 August 2012; Philip Elmer-DeWitt, "Andy Zaky makes the case for buying Apple now", *Fortune*, 10 October 2012; Jay Yarrow, "Chart of the Day: The Astounding Growth of iPhone

이션 그리고 망 기반 공공서비스의 위치로 자리매김하고 있는 IT의 진화를 이야기할 때 많은 개념적 오류에 빠진다는 사실이다. 이러한 경향이 다른 분야에 비해 얼마나 더 특별하게 IT에 해당하는 것일까? '사회기반시설 테크놀로지'로서의 IT의 지위가 특별한 것일까? 실제로 IT가 얼마나 필연적으로 사회기반시설의 성격을 지닌 것일까?

'사적 자산'과 '사회기반시설'을 대립시키는 것이 카의 핵심 주장이지만, 이것이 일부 혼동의 원천이 되기도 한다. 카에게 '사적 자산'은 다른 경쟁사들이 갖지 못한—그래서 비교우위를 부여해주는 잠재적인 중요성을 지닌—배타적 테크놀로지를 의미한다. 반면 '사회기반시설'은 정반대의 의미를 지닌다. 즉 일반적으로 사용할 수 있는 테크놀로지다. IT 제품들은 값싸지는 경향이 있고 광범위하게 사용되는 측면이 있기 때문에, 카의 정의에 따르면 안정적인 사적 소유의 지위를 얻지 못한다. 그런데 이러한 개념적 용어는 현실적으로 여러 혼동을 초래한다. 카가 쓰는 의미에서 '공유되는' 혹은 '사회기반시설'의 성격을 지닌 많은 IT 제품들이 일반적인 의미에서는 '사적 자산'으로서의 지위에 있다. 즉 사적인 자산으로 소유되고 있다. 가령 표준적인 데스크톱 컴퓨터와 운영체제를 예로 들 수 있다. 다른 한편 일반적 의미에서 '사회기반시설'의 의미를 지닌—가령 통신망에 필수적인 요소로 쓰이는—많은 IT 물품들이 카가 쓰는 의미에서는 명확히 '사적 자산'으로 분류된다. 구글의 데이터 센터는 비밀에 가려진 기술을 채택한 고정자본 투자이며, 그를 따라잡으려는 경쟁자들이 잘 복제해내지 못하고 있다. 카가 사용하고 있는 의미에 따른다 해도, 특정 회사를 위한 '사적 자산'으로 존재하는—오로지 한 회사가 소유하고 있는—기술이 공공서비스의 경우처럼 모든 이들을 위한 '사회기반시설'의 성격을 지닌 재화의 기초가 될 수 있다. 또한 IT 투자가 보편화된 상품의 구매를 포함하고 있다고

Profits", *Business Insider*, 2 August 2012.

해도 카가 말하는 의미에서 '사적 자산'의 성격을 지닌 물품으로 귀결될 수도 있다. 예를 들어 페이스북이 표준화된 하드웨어를 대량으로 구매한다면, 그 구매는 페이스북이 서버 팜(server farm, 대형 서버를 운영하는 회사)을 운영할 수 있게 함으로써 소셜 미디어의 독점을 돕는 일에 복무한다. 그래서 카가 대비하는 '사회기반시설'과 '사적 자산'은 잘못된 이분법이라고 결론 내릴 수 있다.

사회기반시설 혹은 '공유' 테크놀로지라는 카의 개념화에는 이 밖에도 또 다른 혼동이 존재한다. 한편으로 이러한 기술은―델(Dell) 같은 회사들에 의해 하드웨어가 값싸고 표준화된 부품으로 전락하거나 엄청난 수준의 규모의 경제로 인해 소프트웨어 생산이 집중화된다는 의미를 지닌―상품화의 전반적 과정과 결부되어 있다. 다른 한편으로 IT는 철도망이나 전화망과 같은 의미에서 공유되는 사회기반시설로 정의된다. 이 두 가지는 서로 연관될 수는 있지만, 완전히 다른 성격의 것들이다. 이 차이점을 엄밀하게 살펴볼 필요가 있다. 카의 설명에서는 이 두 가지가 그냥 뭉뚱그려져 있다. 게다가 두 가지 개념 모두 문제가 있다. 첫째, 하드웨어와 소프트웨어의 상품화는 단지 자본주의적 기술 발전의 일반적 동학의 극단적 예에 불과하다고 볼 수 있다. 시간이 지나면서 많은 재화들이 생산 비용이 낮아지는 경향을 보였으며, 빈번히 표준화되었다. 기술 발전의 보편화는 이러한 과정의 기본적인 부분을 구성한다. 즉 약한 의미에서 경쟁과 상품화가 기술 확산을 촉진했고, 그로 인해 유용한 기술적 혁신은 자본들 간의 '공유'로 귀결되는 경향을 보였다. 이런 측면에서 보면 계속해서 '비교우위'의 원천으로 유지된 기술적 혁신은 거의 없었다. 그래서 IT만 특별니게 그린 것처럼 주장하는 것은 별 의미가 없다. 둘째, 카는 IT를 '사회기반시설 성격의 테크놀로지'라고 분류하는데, 통신망이나 수송망도 모두 이에 해당한다. 왜냐하면 이 둘도 본질적으로 특별한 비교우위를 발생시키는 방식으로 어떤 개별 사용자에게 소유되지 않기 때문이다. 소유권 문제가 아니라, 사용하기 위한 접근성과 관련해 개별 자본들에 의해 '공유'된다는 사실은 이미 사회기반시설이란 개념 정의 안에 포함되어 있다. 즉 만약 이러한 기술에 대한 소유권과 사용권 모두가 한 자본에 의해 완전히 독점된다면, 그 기술은 사회기반시설 성격의 역할을 전혀 할 수 없다. IT의 '사회기반시설' 성격이 '비교우위'의 가능성을 방해한다는 주장은 또다시 당연한 소리가 되고 만다.

이러한 개념적인 문제에도 불구하고, 카의 전반적인 설명 체계는 적절한 역사적 예시가 곁들여지면서 나름 설득력을 갖추고 있다. 그래서 카의 해석적인 접근 방식에서 한발 물러나, 대안적인 구분법을 이용해 같은 현상을 설명하려는 시도를 간략히 펼쳐보는 것도 의미가 있다고 본다. 우리가 파악하고자 하는 그림은 주로 경제적인 본성을 가지고 있기 때문에, 우리의 시도가 전반적으로 정치·경제학적 논의의 특색을 띨 것이다. 그렇지만 IT에 관한 구체적인 기술적 이해 역시 결부될 수밖에 없다. 테크놀로지가 사회적으로 만들어진 것이며 형이상학적 실체가 아니라는 사실만 명심하면 된다.

IT는 어떤 종류의 기술인가

컴퓨터나 소프트웨어 등 IT 관련 물품들이 처음부터 소통의 테크놀로지였던 것은 아니며, 그 본성상 그런 특성을 지닌 것도 아니다. 그것들의 역사를 보면, 전기통신 인프라와는 차이가 있다는 사실이 발견된다. IT 재화들은 통신기술 체계 속에서 특정한 역할을 할 때만 사회기반시설의 성격을 띤다. 역사적으로 IT는 기왕에 존재했던 전기통신 인프라와 결합됨으로써 비로소 사회기반시설의 성격을 얻게 되었다. 그래서 우리는 여기서 소통 수단과 이른바 '연산 수단'을 구분할 필요가 있다. 오로지 전자만이 내재적으로 사회기반시설의 성격을 지닌다고 볼 수 있다. 전화기 같은 기술에서 잘 드러나듯이, 전자만이 강한 의미에서 '공유'되고 그 자체로 '네트워크 효과'를 잘 발휘할 수 있는 유형의 기술이다.[17] 이러한 기술의 사회적으로 보편적인 성격 때문에, 새로운 통신수단의 개발은 보통 개별 자본이 감당하기에는 버거운 문제로 여겨진다. 개발하는 데 엄청난 비용이 요구되고, 조직화 과정도 너무 복잡한 일이 많이 결부된다. 이러한 이유로 보통은 국가 개입으로 이런 종류의 기술들이 실체화되곤 한다. 인터넷도 마찬가지였다. 정보처리를 목적으로 생산된 물품들의 경우 이와 같은 문제를 내재적으로 가지고 있지는 않다. 이들 물품은 처음부터 사회기반시설의 일반적인 문제들에 관한 우려 없이 개별 자본들에 의해 만들어졌다. 하지만 많은 주요 기술적 혁신들이 그랬던 것처럼, 이들 물품의 생산 역시 복잡하고 비싼, 어려운 초기 환경 속에서 시작될 수밖에 없었다. 오랜 시간을 거쳐야 생산이 용이해지고 가격도 싸진다. 이러한 과정 속에서 이들 제품에 대한 시장이 형성될 때만, 이른바 시제품이나 단기 유행 상품의 지위에서 대량생산 제품으로 전환될 수 있다. 따지고 보면 이러한 동학이 바로 카가 상품화 과정이라고 개념화한 것이었다. 이러한 차원에서 이야기한다면, IT 제품의 성격은 전자레인지나 냉장고와 조금도 다를 바 없다.

하지만 이 수준을 넘어 논의를 확장하면, 컴퓨터만의 특별한 성격으로서 강력한 표준화 친화성을 이야기할 수 있다. 모든 컴퓨터는—앨런 튜링(Alan Turing)이 정의한 바에 따르면—논리적으로 동일하다. 즉 원칙적으로 하나의 컴퓨터에서 실행될 수 있게 만든 프로그램이 다른 모든 컴퓨터에서도 실행될 수 있는 '보편적인 튜링 기계(Turing machine)'라고 힐 수

---

17) 전화기가 한 대만 있다면, 아무짝에도 소용이 없다. 다른 전화기에 연결될 수 있을 때만 유용해지는데, 만약 여러 대의 전화망이 확립되면 그 유용성은 급속히 커진다. 기술의 유용성이 네트워크의 규모에 비례하여 증가하는 것이다.

있다. 이는 처음에 만들어진 메인프레임 컴퓨터에서 최근에 가장 현대화된 데이터 센터까지 모두 해당된다. 그래서 하나의 컴퓨터에서 소프트웨어와 기능을 복사해 다른 컴퓨터로 옮길 수 있다는 점은 컴퓨터 관련 기술의 가장 기본적인 요소다.[18] 또한 모든 코드화된 데이터는—컴퓨터 언어도 마찬가지로—반복될 수 있는 본성을 지녔으며, 원칙적으로 복제가 가능하다. 물론 소프트웨어와 데이터를 한 컴퓨터에서 다른 컴퓨터로 복제할 수 있는 가능성의 존재뿐만 아니라, 그렇게 했을 때 탁월한 유용성이 생긴다는 말을 하드웨어 부품에도 똑같이 적용할 수 있는 경우가 많이 있다. 개념상으로는 이전이 가능하게 '만들어졌어야 하지만' 개별 기계 부품들의 세부적인 비호환성이 그 가능성을 가로막고 있다. 사용자들이 비표준화된 IT 제품을 구매해 이러한 호환 가능성을 제한한다면 불이익을 부과하고, 동시에 생산자들에게는 호환이 가능하게 만들도록—특히 이미 표준화가 진행되고 있을 때—강력한 인센티브를 부여하여 이 문제를 해결할 수 있다. 이러한 기계들을 서로 연계하고 데이터와 기능들의 호환을 용이하게 만들기 위해 표준화를 실행하는 일 자체가 해결되어야 할 과제로 설정된다. 여러 과제들 가운데 바로 이 문제의 해결이 궁극적으로 인터넷과 웹의 확립을 낳았다. 부연하면, 이 두 테크놀로지의 가장 근본적인 핵심은 다음 두 가지 기술적 표준화의 실현에 있었다. 인터넷은 TCP/IP(네트워크 전송 규약)의 표준화에 기반한 것이고, 웹은 HTTP(하이퍼텍스트 전송 규약)의 표준화에 기초하고 있다. 인터넷과 웹에 의해 만들어진 현상은 그 어떤 기술보다 통신 규약—즉 데이터를 한 컴퓨터에서 다른 컴퓨터로 전송하는 것과 관련한 엄밀한 규약집—의 산물이라고 볼 수 있다.

컴퓨터의 태생적 성격이 통신수단은 아니지만, 컴퓨터의 기본 논리적 구

---

18) Alan Turing, "Computing Machinery and Intelligence", *Mind*, vol. LIX, no. 236, October 1950, pp. 441~42.

성이 지닌 보편성으로 인해 사람들은 개별 컴퓨터 간 데이터/소프트웨어/ 하드웨어 부품을 이전하는 표준적 방법을 찾기를 원했던 것으로 볼 수 있 다. 그리고 컴퓨터 간 호환의 방법이 잘 확립되자, 컴퓨터 간 데이터 호환 을 사람들 간 소통의 방법으로 활용하는 일은 그리 어렵지 않았다. 특히 하 드웨어의 대량생산은—기술적 표준화에 의해 추동됨과 동시에 그것을 촉 진하면서—사회 구석구석에 컴퓨터가 보급되는 결과를 낳았다. 이제 컴퓨 터는 사회적 창조물로서 통신수단의 주요 면모를 갖추게 되었다. 인터넷이 바로 통신수단과 연산장치의 결합이 실체화된 것이라고 볼 수 있다.

표준적인 정체

일단 인터넷 같은 대규모 네트워크가 만들어지면, 그 표준을 어겼을 때 부과되는 불이익이 매우 크기 때문에 대부분의 경우 규칙을 무시할 수 없 게 된다. 그러면 그것이 내재적으로 지닌 표준화 속성이 더 강화된다. 하지 만 표준화는 개별 IT 제조업자들이 경쟁자들과 질적으로 구별되는 자신들 만의 생산물을 만드는 방식을 약화시킨다. 만약 어떤 IT 상품이 근본적으 로 전매 권한 없이 보편화된다면, 그 상품은 다른 경쟁 자본이 생산한 제품 으로 쉽게 대체될 수 있다는 것을 의미한다. 그래서 이들 간의 경쟁이—아 직까지도 계속되고 있는—속도와 용량 같은 기술적 요소들이나 가격에 집 중되어 펼쳐지는 경향을 보인다.[19] 이러한 경쟁의 동학이 자본주의 일반에 적용된다는 사실은 틀림없지만, 컴퓨터 관련 사업들에서 디욱더 첨예하게 나타난다는 점이 IT와 관련해 표준화의 중요성이라고 할 수 있다. 더 나아

---

19) 이미 1950년에 앨런 튜링은 속도가 컴퓨터 간 질적 차이를 보여주는 주요 성질이 되리라 예견
   했다. Alan Turing, "Computing Machinery", p. 441 참조.

가 컴퓨터가 소통 수단으로 쓰이기 시작하면서 이런 특성이 더욱더 부각되었다.

컴퓨터에는 소프트웨어 차원에서도 경쟁의 동학을 약화시키는 경향이 내재되어 있다. 하나의 컴퓨터를 위해 생산된 소프트웨어가 원리상으로는 모든 컴퓨터에서 작동할 수 있기 때문이다. 이러한 가능성은 표준화가 증대되면서 더욱더 확장되었다. 또한 소프트웨어 코드가 처음에 만들어질 때는 매우 노동 집약적 성격을 지니지만, 한번 만들어지면 계속해서 반복 사용될 수 있는 속성을 가지고 있기 때문이기도 하다. 그래서 하나의 자본이 특정한 소프트웨어 상품의 전체 시장을 독점할 가능성도 그만큼 크다. 컴퓨터의 기술적 보편성이 어느 수준까지는 경쟁의 동학을 촉진하지만, 그 수준을 넘으면 소프트웨어의 독점을 부추긴다. 이런 측면에서 통신수단이 '자연적 독점'의 성격을 지녔다고 특성화하고 싶은 충동이 생기지만, 소프트웨어의 이러한 독점적 가능성이 연산장치와 통신수단의 기술적 결합과는 무관하게 존재한다는 점을 주목해야 한다. 소프트웨어 수준에서의 독점 형성은 이야기의 끝이 아니다. 앞에서 언급했듯이, 소프트웨어 분야에서 잠재적으로 형성되는 독점의 용이함은 경쟁자들 사이에서 행사되는 매우 특수한 대응책에 근거를 제공해준다. 예를 들어 소프트웨어를 완전히 무료로 나누어주는 것도 합리적인 행위로 간주될 수 있고, 무료 또는 오픈소스 소프트웨어 같은 형태를 발전시키는 데 돈을 쓰는 것도 이성적인 행동이 될 수 있다. 이러한 행위가 다른 경쟁자들이 독점적 지위를 차지하지 못하게 막는 데 도움이 되기만 하면 괜찮다. 다시 말해 경쟁사의 독점으로 인해 아직 이윤 창출이 가능한 생산 라인이 침해될 위험이 있다든지, 나중에 다른 방식으로 '현금화'할 수 있는 시장을 빼앗길 수도 있다는 위협이 가해질 때면 이런 방법들이 기꺼이 사용된다. 그래서 소프트웨어 분야에 존재하는 독점과 경쟁의 동학 간 긴장은 가격 하락으로 이어지는 경향을 초래할 뿐만 아니라, 하드웨어 분야에서와 마찬가지로 소프트웨어의 상품적 지위를 아예 파괴하는 경향을 야기한다. 지배적인 생산품을 대신할 수 있는 무료 제품으로 시장이 점진적으로 채워지기 때문이다.

지금까지 전반적으로 살펴본 사항들은 어느 정도 IT 역사에서 실제로 일어났던 과정과 잘 맞아떨어진다. 하드웨어 분야에서의 표준화, 급속한 기술 진보, 디플레이션 경향 그리고 소프트웨어 분야에서 있었던 소프트웨어의 탈상품화, 그와 함께 나타난 독점화 경향 등 모두가 해당된다. 이런 현상들은 심지어 IT가 통신수단과 완전히 결합되기 전에도 나타났다. 이러한 IT의 동학은 현재의 집중화된 데이터 센터로 이어졌다. 이러한 데이터 센터는 광대한 양의 값싸고 표준화된 하드웨어와 무료 오픈소스 소프트웨어를 바탕으로 운영되며, 사적 자산이지만 종종 (가격 측면에서) 무료로 제공되는 소프트웨어를 잠재적으로 보편적 시장에 공급하고 있다. 물론 이러한 피상적인 스케치는 IT의 특이성을 광범위한 거시경제적 맥락에서 고립시켜 이야기한다는 한계를 지녔다. 이러한 발전을 진정한 의미의 경제사적 관점에서 고찰한다면, 아시아의 값싼 노동력이 이 과정에서 한 역할 같은 다른 요소들도 함께 고려되어야 할 것이다.

마지막으로, 만약 하드웨어의 가격 디플레이션과 소프트웨어의 상품 지위 침식 경향이 독점적 지위의 발전을 촉진함과 동시에 IT 기업들의 이윤 전망을 제한한다면, 지배적 시장 주체들이 자신들의 지위를 활용하여 비IT 쪽에서 수익을 끌어내려 할 것이라고 예상할 수 있다. 아니면 새로운 생산 분야를 개척해 거기로 이동하려고 할 것이다. 우리가 현재 목도하고 있는 상황이 바로 이런 움직임들이다. 구글은 대부분의 소프트웨어 서비스는 무료로 제공하면서, 수익은 마케팅 분야에서 올리고 있다. 아마손은 도서 같은 비IT 재화 쪽의 소매 판매에 중심적 역할을 유지한 채로 새로운 종류의 (킨들 같은) 도구를 생산하는 쪽으로 가지를 뻗었다. 애플이 올린 수익 가운데 상당 부분은 아이튠(iTune) 상점을 통한 콘텐츠 판매에서 얻은 것이었다. 애플은 또한 지속적으로 새로운 생산 분야로의 이동을 시도하고 있다. 기술 독점적 지위에서 비기술 수익을 개척해내야 할 필연성은 왜 이러한 거대 IT 대기업들과 상업적인 콘텐츠 제공자들 사이에 점점 더 많은 협력 관계가 나타나고 있는가를 이해하는 데 도움을 준다. 카가 설명했던 암울한 경제적 전망과는 달리 주도적인 IT 기업들이 승승장구하고 있다는 사실은 어떻게 설명할 수 있을까? 이들의 성공이 현재 IT 산업의 전반적 한계로 인해 어려움을 겪고 있는 분야에서 도출되는 수익에 의존하고 있지 않다는 사실을 봐야 한다. 글로벌 차원의 위기 국면에서도, 지금 잘나가고 있는 기업들은 규칙을 증명해주는 예외일지도 모른다.

노동의 종말

카의 그다음 책은 4년이 지난 후 출판되었는데, 때마침 2008년 위기의 경종이 울리기 시작했다. 『위대한 전환』에서는 『IT가 중요할까』의 논지가 더 확장되었다. 새 책에서는 전기가 공공서비스로 발전해 나간 과정과 IT의 진화 과정 사이에 존재하는 역사적 유사성을 조명하고 있다. 또한 카는 여기서 절정을 넘어선 IT의 '성장'으로 인해 예상되는 암울한 전망을 여러 가지로 묘사하고 있다. 특히 눈에 띄는 것은 일종의 '노동의 종말' 버전을 기술 발전 이론에 접목한 점이었다. 다시 말해, IT 쪽 발전에 기인한 이른바 기술적 실업(technological unemployment)의 증가를 예견한다. 전산화로 야기되는 실업이 이전의 기술 발전으로 전개된 양상과는 다르다는 것이다. 예를 들어 전기가 공장 생산과정에 도입되면서 제조업 일자리를 파괴했지만, 전기화는 화이트칼라 노동자들의 확장에 기여했다. 반면 컴퓨터는 눈에 띄는 수준의 새로운 일자리를 창출하지 않았다. 사무직 쪽 정보처리에 관한 수요를 증대한 것은 맞는 것 같지만, 이런 임무들 자체는 대부분 (사람이 아닌) 컴퓨터가 처리할 수 있는 성격의 일들이었다. 그래서 컴퓨터화는 "사람을 기계로 대체하는 과정을 블루칼라 영역에서 화이트칼라 영역으로 확장하는 역할을 하고 있다"고 할 수 있다. 카는 자그디시 바그와티(Jagdish Bhagwati)의 영향을 받아, 이 현상이 신자유주의 아래에서 심화된 소득 불평등과 하위 소득분위의 소득 정체 현상을 설명하는 데 도움이 된다고 주장한다. 즉 지속적으로 노동자들이 대체되면서, 임금에 가해지는 압력이 '전혀 수그러들지 않고 있다'는 것이다. 동시에 네트워크망이 작동되는 중심에 자리를 잡고 데이터 센터를 통제하고 있는 소수의 엘리트들은 점점 더 상상을 초월하는 수준의 부자가 되고 있다.[20]

카는 특히 지식 노동자들의 운명에 관심을 기울였다. 정보와 관련된 산업—가령 신문, 출판, 방송 영역—의 전문 노동력들이 인터넷의 '보편적 미디어'로 흡수되면서 점점 그 수가 줄고 있기 때문이다. 미국 노동부에 따르면, 2001년에서 2007년까지 미국 내 출판업계와 방송계 일자리는 13퍼센트가량 축소되었다. 그렇다고 웹 관련 고용이 그에 상응하여 늘어난 것도 아니었다. 이 분야에서는 오히려 더 가파르게 일자리가 감소했다. 같은 기간 무려 29퍼센트가 줄었다.[21] (카의 통계를 업데이트하자면, 인터넷 쪽을 제외한 미국의 출판계 일자리는 2001년 이래 거의 30퍼센트가 감소되었고, 인터넷 쪽을 제외한 방송계 일자리는 20퍼센트가 줄었다. 데이터 처리, 호스팅 그리고 그 밖의 관련 분야에서도 25퍼센트 정도 일자리 감소가 발생했다.[22]) 한편 카는 검색 지향 문화가 저널리즘의 질적 퇴보를 야기하는 데 한몫했다고 지적한다. 즉 콘텐츠를 '개별화'하거나 잡지와 신문에서 특정 기

---

20) Carr, *The Big Switch*, pp. 136, 145~47.

21) Carr, *The Big Switch*, p. 134.

22) US Department of Labor, Bureau of Labor Statistics. '그 밖의 정보 서비스' 분야 일자리는 2000년대 중반부터 반등해서, 현재는 2001년에 비해 13퍼센트 정도 증가했다. 그러나 웹 관련 출판과 도서관 서비스의 일환으로 만들어진 검색 관련 고용을 합쳐서 낸 통계이기 때문에 과거와의 단순 비교에는 문제가 있다.

사를 분리해 부분적으로 정보를 검색해 가져오는 기술과 함께 개별 글들은 검색엔진 순위를 중심으로 서로 경쟁할 수밖에 없으며, 〔관련 업체들은〕 경제적인 계산기를 두드리며 〔돈이 될 만한〕 콘텐츠를 골라 전체를 구성할 수밖에 없는 실정이다.

카의 경제적 주장과 그가 2010년 베스트셀러 『얕은 곳』에서 보인 내향적 전환을 이어주는 끈이 있다면, 그것은 바로 이러한 분야에 속한 사람들의 운명이다. 바로 경제적인 경향성뿐만 아니라 인쇄의 축소가 야기하는 인지론적 악영향에 위협받는 사람들 말이다. 위협을 받고 있는 인쇄 관련 산업에 관한 주제는 『얕은 곳』에서 다시 등장한다. 다만 신경과학적 주장을 더 많이 다루고 있다.[23] 『얕은 곳』의 마지막 부분에서 카는 신경학적 측면과 경제적 측면을 다시 연결하고 있다. 그는 『얕은 곳』의 기본 주제들을 간략히 정리하고, 글로벌 컴퓨터망으로 IT의 성장이 절정에 이르면서 예견되는 부정적인 결과들을 설명하면서 글을 맺는다. 카는 『와이어드』의 케빈 켈리가 취한 입장과 정반대에 서서, 지속적인 인터넷 사용으로 초래될 수 있는 지적 능력의 퇴보를 우려한다. 케빈 켈리는 인터넷을 사용하지 못하면 "뇌의 일부분을 잘라내는 수술을 받은 듯한" 느낌을 받을 정도로 심각하게 '기계'에 의존하게 된 우리의 현실을 기쁘게 수용한다고 말한다. 반면 카는 여러모로 인식론적 장점을 지닌 인쇄된 페이지와 달리 인터넷 문화는 '신속성, 동시성, 우연성, 주관성, 일회성 그리고 무엇보다 속도'를 강조하기 때문에, 인터넷의 사용을 통해 우리는 우리의 생각을 매우 얕고 그냥 흘러 지나가는 작동 방식으로 협소화하고 있다고 주장한다. 이것은 기계적 연산 과정이 반영된 것으로서, 전통적인 문학적 인지 과정이 지닌 깊이를 결여하고 있다.[24]

---

23) Carr, *The Shallows*, pp. 92~93.

24) Kelly, "We Are the Web", *Wired*, August 2005; Carr, *The Big Switch*, pp. 225~29.

불이익과 고통

기술적 불안감에 대한 문헌의 역사는 길다. 1889년 『네이처』(*Nature*)의 한 기고문에서는 "새로운 발명품이 나올 때마다 항상 찾아오는 불이익과 고통"이 숙고되고 있다. "혜택과 경이로운 발전으로만 여겨졌던 새로운 기기가 실제로는" 재앙을 "낳고" 있다는 것이다.

현재 우리에게 가장 위험스러운 친구는 전신, 전화, 거리의 전등 같은 전기 제품이다. 우리는 전기력을 가장 단순한 가내공업에까지 도입했다. 옛날에는 오로지 전능한 신의 가장 숭고한 현현으로서만 가능하다고 믿어졌던 일이었는데, 이제 우리는 이 가장 기묘한 기기를 집 주변의 거미줄처럼 촘촘히 엮어냈다. 우리의 대기를 죽음의 필라멘트로 가득 채워버린 것이다.[25]

테크놀로지에 관한 비판적 문헌들에서는 인간의 사고방식에 초래될 수 있는 여러 우려들이 명료화되어왔다. 그 문헌들에서는 전기통신-연산기기 복합체가 단일한 궤적을 따라 장기적으로 발전해왔다고 여길 수 있을 만큼 유사한 문제에 착목했다. 가령 대공황의 심연 속에서 글을 쓴 루이스 멈포드는 도래하는 새로운 기술에 대해 경각심을 높였는데, 필요한 부분만 약간 수정한다면 현재의 대중 토론에 바로 끼워 넣어도 별로 티가 나지 않을 정도다.

무선전화가 텔레비전으로 보강되면, 직접 교류를 통한 소통 방식은 많은 변화를 겪을 것이다. 어쩌면 가까이서 신체 접촉이 불가능할 정도로 바뀔 것이다. …… 그렇다면 어떤 결과가 초래될까? 교류 범위의 확장, 더 빈번해지

---

25) Charles Hallock, "Nature's Revenge on Genius", *Nature*, November 1889.

는 연락, 관심과 시간에 대해 늘어나는 요구 등은 분명히 예상되는 바다. 하지만 불행하게도 세계적인 범위에서 이런 유형의 즉각적인 교류가 펼쳐질 가능성이 반드시 덜 편협하고 덜 하찮은 인간성을 의미하는 것은 아니다. 읽기, 쓰기, 그리기 등에 들어 있는 매우 효율적인 추상적 개념들, 사색적인 생각, 목적의식적인 행동 등이 약화되리라는 사실은 즉각적인 소통이 가져다주는 편리함의 편익을 훨씬 넘어선 손실이기 때문이다. …… 깊이 없이 너무 자주 반복되는 개인적 교류가 사회적으로 비효율적일 수 있다는 사실은 이미 전화기의 남용을 통해 명백해졌다. …… 전화기를 사용하면서, 흥미와 관심의 흐름이 자기의식적으로 결정되기보다 낯선 사람의 손에 좌우되고 만다. 타인의 목적에 부합하도록 그 흐름의 방향이 설정되고 말 것이다.[26]

흔히 『와이어드』 스타일의 기술 예찬론자로 알려진 마셜 맥루언 역시 『구텐베르크 갤럭시』(The Gutenberg Galaxy)라는 책에서 도래하는 전자통신 기반시설이 서적 자체와 서적이 만들어내는 여러 소산에 끼치는 해로운 영향에 관해 우려를 표명했다.[27] 가령 내면화된 독자 같은 책의 소산은 사라지리라 보았다. 맥루언의 뒤를 이어 닐 포스트먼처럼 넓은 의미에서 맥루언의 전통에 서 있는 인물들이 이러한 주제를 되짚었다.[28] 물론 즉각적인 관심의 대상은 시간이 지나면서 변화해왔다. 멈포드의 라디오-전화-텔레비전의 복합에서 맥루언의 '전기 기술'로, 다시 포스트먼의 텔레비전과 '컴퓨터 기술'로 관심의 초점이 이동했고, 현재 카의 관심사는 인터넷과 공공서비스망으로서의 IT에 맞춰져 있다. 이러한 관심사의 변화는 테크놀

---

26) Lewis Mumford, *Technics and Civilization* (1934), Chicago 2010, p. 240.

27) Marshall McLuhan, *The Gutenberg Galaxy* (1962), Toronto 2011.

28) Neil Postman, *Amusing Ourselves to Death*, New York 1985; *Technopoly: The Surrender of Culture to Technology*, New York 1992.

로지 발전의 연속적인 궤도를 따라 찍은 스냅숏으로 간주될 수 있다.

『얕은 곳』의 독창성은 무엇보다 신경가소성(neuroplasticity) 이론을 채택했다는 사실에 있다. 그리고 인쇄된 활자에 대비해 하이퍼-텍스트의 유용성에 관한 연구를 이용해 테크놀로지에 대한 비판적 문헌들에서 견지되어온 오랜 주장에 좀 더 과학적인 기초를 제공했다는 사실도 의미가 있었다. 이전 문헌들은 좀 거친 추측에 근거하는 경향이 강했다. 그렇지만 카의 기본적인 이야기는 옛 전통과 다르지 않았고, 특히 맥루언이나 그 후예들의 경향과 친화적이었다. 이들의 이야기에 따르면, 쓰기, 인쇄, 전자 미디어―때로는 언어 자체도―모두 우리의 인지능력에(아마도 다른 능력에도) 중요한 형식적 틀을 제공하는 '테크놀로지'다. 각각의 혁신 과정에서 우리의 이러한 능력들도 변화되었다. 문자의 발전이 구술 문화와 결부된 인간의 능력과 사회구조를 파괴했던 것처럼, 전자 미디어는 오늘날 인쇄 문화와 결부된 것들을 파괴하겠다고 위협하고 있다. 이러한 설명 속에서 구술에서 문자로의 중심 이동은 종종 『파이드로스』(Phaedrus)를 참조하여 포착되곤 한다.[29] 플라톤의 이 글에는 소크라테스가 문자의 창시자인 토트(Theuth)에 관해 이야기하는 부분이 담겨 있는데, 오늘날 시사하는 바가 크다. 토트가 위대한 군주 타무스(Thamus)에게 다음과 같이 말했다. "이〔문자의〕발명은 배우는 사람들의 영혼에 건망증을 만연하게 만들 것입니다. 그들이 자신들의 기억을 사용하지 않을 테니까요. 사람들이 모든 것을 다 아는 것처럼 착각하겠지만, 사실 그들은 아무것도 모르게 될 것입니다. 그들은 현실과는 무관한 지식을 과시하면서, 성가신 존재가 될 것입니다." 그러나 타무스 왕은 토트의 이런 주장을 일축했다.

기술에 대한 비판적 담론이 향하는 그다음 초점은 구텐베르크 활자 인쇄기의 발명으로 대변되는 이야기다. 카는 이 밖에도 그동안 문헌의 역사에

---

29) 예를 들어 Postman, *Technopoly*, pp. 3~20 참조.

서 식자(literacy)의 확산을 촉진한 여러 중요한 발전들을 묘사한다. 코덱스(codex, 고대의 필사된 문헌), 정돈된 문어체 문법의 창제 그리고 띄어쓰기 없던 고전적 쓰기 방식(scriptura continua)—항상 소리 내어 읽어야 독해할 수 있는 방식—에 종지부를 찍고 단어 사이에 공백을 넣어 분절화함으로써 묵독을 가능하게 만들었던 일 등이 대표적인 사례다. 이를 통해 읽기 경험 속에서 사적인 시간과 내면화의 시간을 가질 수 있게 되었다. 또한 보다 집중할 수 있는 시간을 가질 수 있게 되면서, 주장의 정교함도 증가시킬 수 있었다. 하지만 구텐베르크의 활자 인쇄기가 출판의 경제학을 획기적으로 변화시키기 전까지 읽기는 상대적으로 제한적인 활동에 머물렀다. 구텐베르크는 책의 크기를 축소함으로써, 책이 일상생활에 통합될 수 있게 만들었다. 대량으로 문헌이 생산되면서, 묵독은 점점 더 광범위하게 일반적 행동 양식으로 자리잡았고, 보편적인 '책 읽는 예절'로 홍보되었다. 오늘날 인터넷 시대를 맞아, 책의 분산화가 이루어지면서 새로운 '지적인 윤리'가 자리매김하고 있다. 문자는 점점 더 컴퓨터에 의해 흡수되고 있고, 전자적인 수단에 의해 양산되고 있다. 이러한 발전을 파악하면서, 카는 다음과 같이 결론 내린다. 우리는 정보의 과부하와 상시적 산만성이라는 특징을 지닌 지적인 '얕은 곳'(shallows)에서 첨벙거리다가 인문학적으로 깊이 있게 가꾸어진 정신은 잃어버리고 만다.

바보 같은 짓하면 바보가 된다

『얕은 곳』에서 이와 관련해 제기한 신경과학적 관찰의 핵심은 인간의 두뇌가 그 본성상 이리저리 형태가 바뀌기 쉽다는 사실이다. 인간의 두뇌는 경험에 대응하면서 스스로를 재구성하기 때문에, 상시적으로 해부학적 · 생리학적인 변형 과정 속에 존재한다. 이 과정에서 신경세포들 간의 연결이 끊임없이 전환되고 새로운 연계가 발생하는데, 이를 통해 우리는 무언가를 배우고 기억하게 된다. 20세기 신경과학은 주로 기계적인 메타포에 의해 지배되었다. 즉 뇌 구조가 반드시 고정되어 있어야 한다고 생각되었다. 그러다가 1980년대에 마이클 머저니치(Michael Merzenich)가 원숭이들의 극도의 신경가소성(neuroplasticity)을 입증하는 실험 결과를 발표하면서, 주류 패러다임은 보다 유동적인 모델 쪽으로 전환을 겪는다. 뇌 구조가 신체적 트라우마에 적응하여 변화할 수 있다는 사실이 발견되기 시작하면서, 실제로는 뇌가 우리 생애 내내 계속해서 변화하는 과정에 있다는 인식이 높아졌다. 여러 활동들과 일반적인 경험의 유입 그리고 생각 자체도 기존의 신경들의 연계를 계속해서 재구성하고 강화 혹은 약화시키는 역할을 한다. 카가 이야기했듯이 포이에르바흐나 데카르트의 말을 살짝 비틀면 "신경과학적으로 볼 때, 우리가 생각하는 대로 우리는 만들어진다."

2000년에 노벨상을 탄 에릭 캔들(Eric Kandel)의 실험적인 연구에서는 기억이 새로운 뉴런의 성장과 관련이 있다는 사실이 드러났다. 바다 민달팽이에게 반복적으로 같은 경험을 시켰더니 특정한 시냅스 연계의 물리적인 약화가 나타났다. 이는 학습과 관련된 신경학적 기초를 예증한 것이다. 이로 인해 유전적 결정론의 지위는 크게 흔들렸다. 유전자가 뉴런들 간의 기본적 연계를 규정하는 것은 분명하지만, 경험이 이들 연계의 강약을 규정하고 장기적인 영향을 지배한다. 또한 특정한 유전자의 활동을 '켜거나' 끄는 역할을 한다.[30] 이런 관점에서 보면, 자연선택적 논리들은 아주 기초적인 수준에서만 작용하고, 개인의 생애를 통해 신경학적으로 적응해 나가는 과정을 겪으면서 뇌가 그에 따라 변화할 수 있는 기반을 제공한다. 신경과학자 알바로 파스쿠알-레온(Alvaro Pascual-Leone)의 말을 인용해 부연하자면, 그 논리들은 뇌가 "자체 게놈의 제약을 벗어날 수" 있도록 돕는 역

---

30) Carr, *The Shallows*, p. 187.

할을 한다. 카는 유전자 환원론을 부정하는 이러한 신경과학적 증거들을 대중화하려다가 스티븐 핀커(Steven Pinker)로부터 『뉴욕 타임스』 기명 논평에서 비웃음을 사기도 했다. 그 논평은 카의 전반적 경향에 대해 비판한 것인데, 논리 정연한 주장을 시도한 것은 아니었다.[31]

카에게는 우리의 뇌가 고정되어 있지 않다고 보는 이러한 시각이 뇌가 신경학적으로 무한히 변화할 수 있다는 것을 의미한다고 여겨지지 않았다. 오히려 정반대다. 어떤 경험이나 행동이 반복되면서 특정한 신경 연계를 강화한다면, 이는 강압적인 성격을 띨 수 있다. 다시 말해 그것을 계속 반복하게 만든다면, 부정적인 결과를 낳을 수 있는 고정된 행동 패턴에 갇혀버릴 수도 있다. 마약중독 같은 것을 대표적인 예로 들 수 있다. 극단적인 예로, 우울증이나 강박 장애로 고통을 계속 겪으면, 그러한 조건을 만드는 신경학적 기초가 영구화될 수도 있다. 행동 양식의 변화에 의해 뉴런의 목적이 재설정된다면, 신경학적 변화가 이전에 설정되었던 이로운 신경 연계를 약화시킬 수도 있다. 런던의 택시 기사들의 전방 해마(anterior hippocamus, 대뇌 측두엽에 위치하고 있음)는 남들보다 작은 경향이 있는데, 이는 그들의 후방 해마가 방대한 도시의 공간지각을 수용해낼 수 있도록 도와주기 위한 것이다.

도구의 사용 역시 강력한 신경학적 영향을 끼친다. 우리의 신경은 도구가 마치 우리 몸의 연장된 부분인 것처럼 위치 정보를 재구성한다. 가령 바이올린 연주자들은 다른 사람들과 구별되는 뇌 구조를 발전시킨다. 이 부분이 카가 펼친 신경학적 주장의 정수라 하겠다. 만약 이런 과학적 가설이 옳다면, 매일매일 인터넷 사용에 푹 빠져 있는 우리의 머릿속에서는 새로운 신경학적 패턴이 깊이 새겨지고 있을 것이다. 신속한 요구/대응 주기, 여러 감각이 한꺼번에 작동하며 펼쳐지는 시뮬레이션, 정보의 과부하 등

---

31)　Steven Pinker, "Mind Over Mass Media", *New York Times*, 10 June 2010.

인터넷의 여러 속성들은 우리의 뇌를 중독성 있는 새로운 행위에 빠뜨리는데 매우 적합하다. 더 나쁜 점은 우리의 관심을 엄청난 규모의 데이터로 빼앗아 우리를 산만한 상태로 몰아넣는다는 사실이다. 이러한 과부하 상태에서 사람들은 새로운 경험을 종합하고 그것을 의미 있는 장기적 기억으로 전환시키려고 사투를 벌여야만 한다. 그래야만 앞으로 더 심화된 인식의 기초를 가질 수 있다. [정보의 홍수 속에서] 우리가 점점 잃어가는 것 가운데 하나는 책을 읽을 때 얻는 신경학적 이로움이다. 즉 안정적으로 지속되는 집중력과 직선적이고 구조화된 생각을 할 줄 아는 능력 말이다. 다양한 연구들—주로 2005년에 다이애나 드스테파노(Diana Destefano)와 조앤 르페브르(Jo-Anne LeFevre)에 의해 체계적으로 이루어진 조사 연구—에서 하이퍼-텍스트가 인지과학적으로 전통적인 인쇄 방식보다 열등하다고 밝혀지고 있다.[32] 하이퍼-텍스트는 계속해서 새로운 경로를 따라 다른 페이지로 넘어갈 수 있는 가능성을 제시하기 때문에 해당 주제에 관해 비선형적 탐구를 할 기회를 머릿속에 제공한다고 믿어져왔었는데, 사실은 그렇지 않았다. 실제로는 지금 눈앞에 있는 글을 읽을까 아니면 다른 페이지로 넘어갈까라는 선택을 독자들에게 계속해서 묻기 때문에 우리 머릿속을 더 복잡다단하게 만들 뿐이었다. 카는 좀 더 완화된 수사학적 어조로 다음과 같이 말한다. 우리는 지금 원초적인 산만의 상태로 돌아가고 있다. 구텐베르크 인쇄 활자가 우리를 해방하기 전의 원시적 상태로 회귀하고 있는 것이다. 카의 이런 표현은 전자 미디어가 새로운 부족주의(tribalism)를 유발하고 있다는 맥루언의 주장을 연상시킨다.

---

32) Diana DeStefano and Jo-Anne LeFevre, "Cognitive Load in Hypertext Reading: A Review", *Computers in Human Behavior*, vol. 23, issue 3, May 2007, pp. 1616~41.

테크놀로지에 관한 질문

맥루언과 더불어 멈포드의 『기술과 문명』(Technics and Civilization)
도 우리의 관련 주제에 많은 영향을 끼쳤다. 맥루언과 마찬가지로 멈포드
에게도, 기술 발전은 인간성 자체의 전환을 의미했다. 그것은 우리의 능력
을 확장하지만 그 과정에서 성격을 변화시킨다. 이러한 주장의 맥락에서
카가 '지적 테크놀로지'라고 부른 지도, 시계, 타자기 등의 기술은 특히 우
리의 정신적 능력을 증대함과 동시에 그것을 변환시켰다고 본다. 각각의
지적 테크놀로지는 '지적 윤리'를 동반한다. 그것은 정신적 작동의 숨은 규
범인데, 사용자들이 잘 모를 수도 있고 심지어 발명자도 인식하지 못할 수
도 있다. 그렇지만 그것은 우리의 정신적 능력을 규정한다. 이러한 기술들
이 일반적으로 사용되기 시작하고 여러 세대에 걸쳐 이어지면, 그것이 지
닌 지적 윤리는 인간 경험의 구조에 깊이 배어들게 된다. 각각의 개인들이
이것을 표준으로 받아들이게 되는 것이다. 그래서 기술의 역사는 인간 정
신의 전환의 역사라고 간주될 수 있다. 멈포드는 시계가 시간에 대한 추상
적인 개념을 가능케 함으로써 현실을 수식화할 수 있게 만들었다고 주장했
다. 그리고 이것이 과학적인 현대성의 시작이라고 보았다. 이와 유사하게,
지도는 공간적 경험을 관념화하는 것을 가능케 했다. 카는 우리가 신경가
소성이라고 부르는 이론을 기반으로 이들 각각의 기술적 전환이 신경학적
차원에서 의미 변화를 수반했음이 분명하다고 보았다. 물론 우리 조상들의
뇌를 파헤쳐 이 주장의 진위 여부를 가릴 수는 없지만⋯⋯.

그런데 어떤 기술을 이용하게 되는 시기는 무엇에 의해 결정되는 것일
까? 예를 들어 수차(水車)는 이미 로마 제국 때 잠재적인 동력원으로 고려
되었지만, 왜 중세 말에 이르러서야 실질적으로 유럽에서 유행하게 되었을
까?[33] 말하자면 기술의 발명 자체만으로 그 일반화가 설명되지는 않는다.
그리고 그 결과 나타나는 '지적 윤리'의 일반화 또한 발명과 직접적으로 결

부되지 않는다. 맥루언의 영향을 받은 기술주의적 해석에 따르면, 쓰기와 구텐베르크 활자 인쇄기 같은 '테크놀로지'의 개발이 때로 근대국가의 탄생에서부터 내면화되고 성찰적인 주체성의 발전에 이르기까지 방대한 범위의 현상을 설명하는 기반으로 사용된다. 그런데 구텐베르크 활자 인쇄기가 완성된 것은 1450년경인데, 어떻게 그렇게 빨리 유행하게 되었을까? 당시 유럽에서는 요한 구텐베르크 외에도 많은 사람들이 문자의 기계적 재생산 문제를 기술적으로 풀 방법을 찾아내려고 안간힘을 쓰고 있었다. 12세기 말부터 상업적으로 조직된 필사본의 대량생산이 빠른 속도로 발전하기 시작했다. 새로 생긴 대학들 주변에 글을 읽는 대중이 늘어나고, 법·정치학·과학 분야의 논문뿐만 아니라 문학작품, 소설 그리고 아리스토텔레스 같은 고전 저자의 글들이 나오면서 발전에 가속이 붙었다. 물론 구텐베르크 인쇄기의 발명은 구체적인 문제를 해결하기 위해서였다. 바로 책의 경제적인 재생산 문제였다. 이게 문제가 된 것은 사회 층위의 상당 부분에서 이미 책을 원하고 있었기 때문이다. 즉 책을 읽고 싶어하고 기꺼이 돈을 지불하겠다는 대중이 생겼던 것이다. 이들의 수요를 필사본 생산으로는 충족시킬 수 없다는 사실은 자명했다.[34]

카가 잘 인식하고 있었듯이, 구텐베르크 인쇄기가 글을 읽을 줄 아는 주체들보다 먼저가 아니었으며, 그들을 생산해낸 것도 아니었다. 단지 보다 경제적으로 책을 생산할 수 있게 만듦으로써 주체의 일반화를 촉진했다. 발전 과정 속에서 인쇄기가 출판된 책들에 영향을 끼친 것은 틀림없다. 예를 들어 인쇄 방식과 스타일의 표준화 그리고 인쇄와 제본이 기술적으로 가능한 범위 내로 페이지 수를 제한한 것 등이 인쇄기 자체의 형식적 특성

33) Perry Anderson, *Passages from Antiquity to Feudalism*, London 1974, pp. 79~80.
34) Lucien Febvre and Henri-Jean Martin, *The Coming of the Book: The Impact of Printing, 1450–1800*, London 1976, pp. 15~76.

을 통해 글에 영향을 끼쳤다. 그 결과 읽기 경험도 이 형식에 따라 많이 변화되었다. 하지만 테크놀로지에 비판적으로 접근하는 쪽에서는 이러한 요소들을 너무 강조하면 보다 더 광범위한 영향을 끼치는 사회·역사적 설명이 간과되는 경향으로 이어진다고 지적한다. 만약 기술의 역사가 인간 정신의 전환의 역사라고 간주된다면, 이 밖에도 많은 결정 요소들이 이 정신을 변화시키는 데 결부되어 있다는 사실을 기억할 필요가 있다. 세 가지만 예를 들면, 도시적 삶, 전쟁, 출산 등의 요소가 꼽힐 수 있다. 좀 더 확장하면, 사회적 재생산을 매개하는 교환 관계가 얼마나 확산되어 있었는지 살펴볼 필요가 있고, 가족의 구조와 역할, 계급·성·카스트·종교처럼 대규모 사회·문화적 형성 과정, 언어적 통일성의 정도, 수용할 수 있는 행동 범위가 법·윤리규범 같은 것으로 공식화되는 정도, 일과 교육의 양식 등 많은 것이 고려되어야 한다. 이 모든 요소들이 구텐베르크 인쇄기의 전통과 결합된, 글을 읽을 줄 알게 된 역사적 세대에게 일정 정도 영향을 끼쳤을 것이다. 같은 맥락에서 인터넷 시대에서 진행되는 유사한 전환 과정을 파악하려고 할 때, 다양한 요소들이 함께 고려되어야 한다.

카의 기술적 관점이 때로는 정도를 넘어서지만―『위대한 전환』에서는 사회기반시설화된 전기가 20세기 미국 자본주의 전체를 규정하는 것처럼 설명하기도 한다―그가 이런 문제에 관해 그렇게 순진무구한 태도를 취하는 것은 아니다.[35] 그는 기술적 결정론이라고 보통 비난받는 이러한 종류의 주장을 잘 인지하고 있기 때문에, 『얕은 곳』에서는 여러 수준을 구분함으로써 이런 비판을 미연에 방지하려고 시도했다. 즉각적인 경험의 수준에서는―때로는 사회적인 수준에서도―사람들은 어떤 도구를 사용할지, 어떻게 그것을 배치할지를 분명히 선택할 수 있다. 그러나 좀 더 광범위한 역사적 관점에서 보면, 기술의 발전이 자체의 논리를 가지고 있는 것처럼 간

---

35) Carr, *The Big Switch*, chapter 5.

주되어야 한다. 인류가 시계, 지도, 총기, 인터넷 같은 기술의 채택을 집단적으로 나서서 제시하지는 않았으며, 아주 순수한 추상적인 자유의 상태에서 사용 방법을 고른 것도 아니었기 때문이다. 그렇다고 해서 테크놀로지가 자율적으로 발전한다는 말은 아니다. 사회·경제적 요소와 그 밖의 요소들의 역할이 동시에 고려되어야만 한다. 그러나 어떤 새로운 기술이 일단 한번 자리매김하면, 일종의 강제성을 발휘한다. 여러 요소들이 고려되어야만 한다는 말은 틀림없이 맞지만, 이를 인정하려 할 때 마음에 걸리는 질문들이 있다. 여러 요소들이 각기 얼마만큼의 비중을 가지는가? 기술이 인식 구조에 끼치는 영향이 매우 커 인간의 사고 양식을 테크놀로지를 기준으로 시대구분할 수 있을까? 다른 요소들이 기술의 영향력을 상쇄하거나 되돌려버릴 수는 없을까? 혹은 그 요소들이 아예 다른 길을 찾아 나서는 것이 더 현명한 선택이 될 만큼 기술의 영향력을 복잡하게 만들어버릴 수도 있지 않을까? 문자가 발명된 후에도 수천 년 동안 서사시가 세계 곳곳에서 지속되었는데도 문자의 발명이 구어의 시대에 종지부를 찍었다고 보는 것이 타당한가?

인터페이스 디자이너의 관점

카가 '성당 같은' 글 읽는 정신의 쇠락이라고 정의한 현상이 생겨난 일차적인 요인은 실용적인 상호작용의 대상으로서의 컴퓨터다. 우리가 바로 이 도구와 적극적으로 직접적인 관계를 가짐으로써, 새로운 신성 양식의 형성이 초래되었다고 할 수 있다. 〔앞에서 언급했듯이〕 바이올린을 켜면 특정한 신경학적 지도가 만들어지는 것처럼 말이다. 그리고 바로 이러한 차원에서 웹이 점점 더 지배적인 정보의 원천으로 자리잡으면서, 우리는 책이 대체되고 있는 현상의 본성을 이해해야 한다. 우리는 책을 고르는 대신 랩탑(노트북)을 연다. 책에 조용히 집중하기보다 폭설처럼 쏟아지는 웹의 데이터 속에 우리 자신을 묻어버린다. 바로 이러한 상호작용을 통해 우리는 우리 자신을 변화시킨다. 어떤 방식은 우리를 나쁘게 변화시키기도 한다. 이러한 개념적 도식에서 설정된 두 가지 요소는 개별적 인간 사용자와 그들이 상호작용을 하는 도구로서의 기술이다. 이것들은 이른바 '사용자-인터페이스 디자이너의 관점'을 표현하고 있다. 카가 자신의 주장의 근거로 삼고 있는 신경학적 발전은 '두뇌-기계 인터페이스'(Brain-Machine Interface)—직접적으로 두뇌가 조종하는 인공기관—에 관한 연구의 기반이기도 하다. 카가 채택한 컴퓨터 사용에 관한 연구는 웹 디자이너들이 웹 응용프로그램들을 다듬을 때 사용하는 것과 같은 종류의 접근 방식이다.[36] 이러한 관점에서 보면, 사용자는 매우 추상적인 개인이 된다. 사회적 · 경제적 · 지리적 · 문화적 조건이나 그 밖의 조건들은 대부분 여기서 영향을 끼치지 않게 된다. 엄밀하게 설정된 범위 내로 질문을 한정한다면, 이러한 추상은 합리적인 것으로 간주될 수 있다. 하지만 카는 이러한 추상적 개인의 경험으로부터 문화적 쇠락에 관한 광범위한 사회 · 역사적 전망을 도출하려고 했다. 이러한 접근 방식이 그가 내놓으려는 전망에 충분한 근거를 제공해줄지 의문이 간다. 카가 웹 사용에 관해 펼친 신경학적 주장이 매우 설득력 있다고 받아들일 수는 있지만, 그것 자체로『얕은 곳』에서 그가 제시한 포괄적 그림이 완전히 정당화되지는 못했다고 본다.

'인터페이스 디자이너의 관점'이 가진 한계는 이 관점이 우리의 고민을 매우 제한적인 기술적 이해에 머물게 한다는 사실에 있다. 『얕은 곳』에서 이야기되는 곤경에 처한 주체들이 산만, 단편화, 너무 빠른 속도라는 문제

---

36) 두뇌-기계 인터페이스에 대해서는, 예를 들어 Lebedev and Nicolelis, "Brain ·machine Interfaces: Past, Present and Future", *Trends in Neuroscience*, vol. 29, issue 9, pp. 539~43 참조. 웹 유용성 연구에 대해서는 useit.com에 올라온 제이컵 닐슨(Jakob Nielsen)의 작업 참조.

가 해결될 새로운 콘텐츠 제공 형식에 편안함을 느낄까? 전자책이 우리가 찾는 구원의 방안일까? 즉 배너 광고가 안 뜨고 집중을 방해하는 하이퍼링크를 없앤 IT 기기 말이다. 카는 이러한 질문들이 자신의 주장을 약화시킬 수 있다는 점을 미리 파악했던 것 같다. 그래서 그렇게 설득력 있지는 않지만, 전자책도 온전한 컴퓨터만큼 산만한 성격이 있다고 주장하는 데 시간을 할애하기도 한다.[37] 전자책의 한계는 명확하지만, 그 투박한 인터페이스와 제한된 웹 접근성은 보통의 웹 브라우저를 사용할 때만큼 인터넷의 데이터 숲에서 헤매도록 유혹하지는 못한다. 하지만 이런 도구들로써 전통적인 글 읽기 정신이 직면한 문제들이 해결될 수 있다고 설득력 있게 주장될 수는 없다. 이러한 정신이 직면한 문제들은 단지 기술적인 문제가 아니라 사회경제적인 문제이기도 하기 때문이다. 또한 정치적인 문제이기도 하다.

카가 말하는 이른바 '책-사용자'—즉 사색하는 읽기 주체—모델은 무엇보다 미국 선험철학과 낭만주의 시학에서 제시되는 상상에 기반을 두고 있다. 그 지주는 매사추세츠의 콩코드(Concord)에서 명상을 하며 앉아 있던—근대성이라는 시끌벅적한 소리에 집중력이 흩어지기 전의—내서니얼 호손(Nathaniel Hawthorne) 혹은 「마음에 바치는 시」(Ode to Psyche)를 쓴 키츠(Keats)다.[38] 이러한 그림은 우리의 기술적 쇠락을 측정하는 기준이 되는 규범을 제공한다. 하지만 오늘날 카가 말하는 모델은 기술의 형식적 성격 외에도 많은 어려움에 직면해 있다. 불안정성과 경제적 불안이 일반화된 것, 일과 생활 사이의 분리대가 침식된 것, 자본주의적 부산함에서 벗

---

37) Carr, *The Shallows*, pp. 101~04. 다른 곳에서 카는 산만성의 측면에서가 아니라 영속성의 측면에서 전자책이 가진 문제점을 보다 설득력 있게 주장했다. 인쇄된 페이지와 달리 계속 유지되지 않는다는 것이다. Carr, "Books That Are Never Done Being Written", *WSJ*, 31 December 2011 참조.

38) Carr, *The Shallows*, epigraph and pp. 166~71, 219~20.

어난 공간으로서의 가정이 약화된 것 등을 예로 들 수 있다. 안타깝게도 현재 세계에서 우리 가운데 대부분은 카의 그림에서 요구되는 심리적 공간을 확보하기가 매우 힘든 실정이다. '깊은' 독서를 위해서는 오랫동안 평온하게 앉아 있을 수 있어야 하는데, 그러기 쉽지 않다. 컴퓨터와 웹이 이런 상황을 야기한 핵심 요인으로 꼽힐 수 있다. 우리가 이 둘과 맺는 직접적 상호작용을 통해서뿐만 아니라, 그것이 사회적·경제적·문화적으로 초래하는 영향을 통해서도 그 둘은 그런 역할을 했다. 카는 세 권의 책 모두에서 이 과정을 잘 추적하고 있다. 하지만 기술 외에도 많은 요소들이 개입된다는 사실은 명백하다. 웹은 점점 더 병이 심화되어가는 신자유주의적 자본주의의 가장 대표적인 기술적 구조물이라 할 수 있다. 일반적인 의미에서 웹은 우리의 행동과 경험의 방향을 규정하는 주요한 요소이며, 바로 이런 점이 현재의 세계를 특징짓고 있다. 그렇지만 웹은 이러한 행동과 경험의 생산물이며 사회의 생산물이기도 하다. 이 사회 속에서 웹이 펼쳐지고 있는 것이다. 초(超)유연화되고 불안정하며 격동하는 세계의 기술이 목적의식적으로 구조화되어 있고 명상하는 마음에 안정을 주지 않는다는 사실은 어쩌면 전혀 놀라운 일이 아니다.

〔박형준 옮김〕

디지털 빨치산

『뮤트』와 인터넷의 문화정치학

줄리언 스탤러브러스(Julian Stallabrass)

뉴미디어 테크놀로지는 문화와 정치에 어떤 영향을 끼치는가? 이에 대한 의견은 오랫동안 깊게 양분되어 있었다. 게다가 나뉜 시각은 최근의 금융 위기로 더욱더 양극화되어 선명하게 대비되는 대립적 의견이 등장했다. 극단에서는 트위터와 페이스북 등의 소셜 미디어가 적어도 미국의 '월가를 점령하라'(Occupy) 운동이나 '아랍의 봄' 혁명의 필요조건이라고 분석한다. 반면에 이 같은 테크놀로지는 개개인의 일거수일투족을 감시할 수 있다는 점에서 인간의 주체성에 배치되고, 이로 인해 침범적인 불신화와 단순화의 수단으로 이해되기노 한다. 잡지 『뮤트』(Mute)는 런던에 기반을 두고 뉴 테크놀로지, 정치 그리고 문화의 연결성을 심도 있게 다루고 있다. 『뮤트』는 1994년부터 발간되기 시작했는데, 이 시기는 인터넷이 사용자 인터페이스를 웹 브라우저로 통일하여 수많은 사용자들이 본격적으로 온라인에 머물면서 활동이 가능케 된 혁신이 시작된 때다. 『뮤트』는 슬레이드 (Slade) 대학 출신인 사이먼 워딩턴(Simon Worthington)과 센트럴 세인트 마틴(Central St. Martins) 대학을 졸업한 폴린 반 모릭 브룩먼(Pauline van Mourik Broekman)에 의해 창간되었고, '뮤트'라는 이름은 슬레이드 대학에서 1989~92년까지 발간된 정기간행물에서 따왔다. 뮤트를 설립한 편집자들은 예술을 테크놀로지, 정치 등과 동일한 기준에서 다루면서도 이들 사이의 복잡한 관계를 포착하고자 했을 뿐만 아니라 잡지에 디자인적 요소를 가미함으로써, 잡지를 일련의 사고와 개념적 차원을 겸비한 하나의 가시적인 물체로 인식되게 만들었다.[1]

『뮤트』에 실린 많은 글들은 인터넷과 소셜 미디어의 이데올로기, 온라인 아트와 그 선구적인 형태들, 사이보그 현실과 판타지, 개인화와 공공의 영역, 공감적 혹은 대립적 관계, 예술과 비즈니스의 관계, 도시, 슬럼 그리고 젠트리피케이션(gentrification), 계급과 비물질적 노동 등의 주요 테마로 묶어져 책으로 발간되었다.[2] 『뮤트』의 전반적인 입장은 극좌 쪽에 쏠려 있지만, 특정 정당에 고정되어 있지는 않다. 『뮤트』에서는 반대되는 입장을 함께 실어 다양한 토론을 장려한다. 편집 방향은 단순히 흥미로운 것을 제공하는 데 머무는 것이 아니다. 두루뭉술한 유토피아적 혹은 디스토피아적 시각과 거리를 두면서도 문화, 정치 그리고 테크놀로지의 급변하는 복잡한 상호작용을 포착하는 것을 방향으로 삼는다. 선집(anthology) 형태로 발간된 『인간의 육체인 것이 자랑스러운』(Proud to be Flesh)에는 시의적절한 에세이들, 증언문, 희문(戱文), 분석문 등이 골고루 섞여 있다. 주제에 따라

---

1) 두 편집자는 이와 관련해서 책을 출간했다. Simon Worthington et al., *Mute Magazine: Graphic Design*, London 2008.

2) Josephine Berry Slater and Pauline van Mourik Broekman, eds., *Proud to be Flesh: A Mute Magazine Anthology of Cultural Politics After the Net*, London 2009(이후 PF로 표기).

묶인 장으로 구성된 이 책은 독자들이 『뮤트』의 연대기적 발전에 대한 좀 더 명확한 시각을 어렵게 하기도 하지만, 『뮤트』에서 지금까지 특정한 이슈가 어떻게 지속적으로 다루어져왔는지 확인할 수 있는 장점이 있다.

처음의 『뮤트』는 『파이낸셜 타임스』(Financial Times)의 광폭 프린트 형태와 이 신문의 특징으로 알려진 분홍색 종이로 출간되었다. 후에 『뮤트』는 주요 회사로부터 광고를 받아 싣겠다는 포부를 가지고 좀 더 관행적인 잡지 형태로 변화되었고, 라이프스타일을 주로 다루는 『와이어드』(Wired) 혹은 『뮤트』에 좀 더 적절하게 어울리는 『애드버스터즈』(Adbusters) 형태에 아이러니적 요소를 첨가하여 모방하기도 했다. 평이한 디자인과 몇몇 천연색 삽화들로 둘러싸인 일러스트레이션은 『뮤트』의 충격적인 시각적 특징을 짐작하기 어렵게 만든다. 최근 유행하는 이론과 급진 정치, 테크놀로지 관련 뉴스 그리고 패션 지면으로 이어지는 『뮤트』의 특이한 조합은 그래픽과 결합되어 대담함을 나타내기도 한다. 하지만 패션 지면은 정치적 진영의 논리에 의한 비판적 접근으로부터는 독립성을 유지하고 있다. 2005년 이후부터 『뮤트』는 온라인 출간에 더 집중하게 되고, 오프라인에서는 웹사이트의 글 가운데 선택된 것을 중심으로 주문형 출판을 지향하는 잡지가 되었다. 영국예술협의회(Arts Council England)의 지원금이 이와 같은 변화를 가능하게 했고, 독자들은 『뮤트』의 모든 콘텐츠를 아무런 비용 없이 자유롭게 접근할 수 있다.[3]

그렇다면 도대체 『뮤트』는 왜 콘텐츠를 오프라인에서 출간한 것일까? 어쨌든 넷타임(Nettime) 같은 온라인 토론 그룹이 이메일 교환이라는 방식을 통해 『뮤트』와 비슷한 형태로 존재하고 있었고, 이곳의 토론은 활기 넘치고 날카로울 뿐만 아니라 적절한 시기에 충분한 정보를 제공하고 있었다. 『뮤트』는 접근성, 품질 관리, 용량, 디자인, 편안함 제공 등의 이유로 종

---

3) 『뮤트』의 온라인 콘텐츠는 www.metamute.org에서 찾아볼 수 있다.

이에 인쇄되었는데, 1990년대에는 인터넷에 접근하는 것이 지금처럼 널리 퍼져 있지도 않았고 상당한 비용과 노력을 요구했기 때문이다. 넷타임은 중도적이지만 편집을 통해 선별된 글을 담고 있지는 않았다. 이 때문에 독자들은 수십 통에 이르는 이메일을 자신의 흥미에 따라 선별해야 하고, 때로는 잊혀졌거나 잘 쓰이지 않는 표현들의 의미를 찾는 작업 또한 해야 했다. 다수의 독자들은 넷타임의 이메일을 좀 더 편안하게 읽기 위해 인쇄를 했다(1990년대 컴퓨터 스크린의 화질을 생각해보라). 게다가 아주 소수의 사람만이 디자인이 화려한 웹페이지를 읽을 수 있는 빠른 데이터 연결망을 사용하고 있었다. 이 때문에 넷타임도 자신들의 선집을 발간하는 것이 필요하다는 것을 인식하게 되었다.[4] 『뮤트』의 편집 방향과 형태는 종이로 출간되는 것이 적절했지만, 이와 같은 장점은 온라인 테크놀로지가 빠르고 쉽고 더 경제적으로 퍼져 나가기 시작하면서 퇴색되었다.

『뮤트』는 상당수의 뉴스 코멘트를 통해 그리고 뉴미디어라는 매체적 특성을 감안했을 때 상당 기간을 아우르는 통시적 접근의 글에서 최근의 뉴 테크놀로지, 행동주의(activism), 소비자 문화 등에 대한 논의의 시간적 변화를 독자들에게 제공한다. 『뮤트』에 실린 테크놀로지와 '아랍의 봄'에 대한 논의들은 과거 동유럽의 독재에 대항했던 혁명들과의 연계성을 밝혀냈는데, 예를 들어 2001~02년 아르헨티나에서 일어난 신자유주의 반대 혁명은 최근의 '월가를 점령하라' 운동과 비슷하게 상당히 분권화 성향을 띠고 있었고, 그 가장 중대한 요구는 부패한 정치 계급에 대한 부정이었다.[5] '전술적 미디어'(Tactical Media)라는 이론을 주창했던 데이비드 가시어(David Garcia)는 당시의 새로운 미디어가 구소련 붕괴에 상당한 역할을

---

4) Josephine Bosma et al., eds., *Readme! Filtered by Nettime: ASCII Culture and the Revenge of Knowledge*, New York 1999.

5) Horatio Tarcus, "Get Rid of the Lot of Them! Argentinean Society Stands Against Politics" (2002), PF, pp. 249~50.

했다고 주장했다.

이것은 마치 DIY 미디어의 계승으로 강화된 사미즈다트(Samizdat)[6] 정신이 중앙집권화되어 있던 소비에트 연방의 독재를 붕괴시킨 것과 같다. 그 덕분에 많은 이들은 작금의 오래되고 변색된 과두정치가 비슷한 힘의 저항을 받게 되는 것은 오직 시간문제라고 믿게 된다. …… 위에서부터 아래로의 권력은 이미 장점을 잃었다.[7]

가시어의 이와 같은 주장은 간절한 바람에서 나온 경고였다. 『뮤트』의 중요한 성격 가운데 하나는 뉴미디어 테크놀로지 담론을 지배하고 있는 유토피아적 시각들—좀 더 많은 것을 판매하기 위해 마케터들에 의해 상상되고 유지되는 시각과 이론가들이 주장하는 빠르면서도 희생 없는 급진적 사회변혁이 가능하다는 시각—에 대한 정통한 비관주의였다.

『뮤트』의 비관주의의 주요 타겟 가운데 하나인 포스트모더니즘은 네크워크 컴퓨터 테크놀로지로 인해 위험천만하게 빠른 속도로 달려가는 근대화에 의해 도전받고 있다. 『뮤트』는 사이버 페미니즘이 여성을 모든 것 혹은 아무것도 아니거나 모든 곳 혹은 어느 곳에도 존재하지 않는 자연발생적인 존재로 환원해버리는 본질주의적 시각에 기반을 두고 있다는 비판을 제기했다.[8] 또한 『뮤트』는 첨단 기술과 네트워크 아트의 이론적 배경으로 활용되고 있는 거친 개념들에 반기를 들었다. 『뮤트』에 글을 실은 매튜 풀러(Matthew Fuller)와 기어트 로빈크(Geert Lovink) 등 주요 뉴미디어 관

---

6) 〔옮긴이〕 '자가 출판'이라는 뜻으로, 구소련에서 반체제적 내용과 소련 사회의 부정적 측면을 다룬 글을 4~5부 작성해 유포하는 것을 나타낸다.

7) David Garcia, "Learning the Right Lessons" (2006), PF, p. 338.

8) Richard Barbrook, "The Holy Fools" (1998), PF, pp. 223~36.

련 이론가들은 뉴미디어 환경에 대해 최초로 후기구조주의적 시각을 시험했고, 이와 같은 시도는 지금도 필요하다.

들뢰즈와 가타리의 리좀(rhizome)은 많은 사람들이 인터넷을 사용하기 전부터 인터넷을 이해하고 이론화하려는 방법으로 가장 잘 알려진 개념이었다. 이 개념이 인터넷의 탈중심화 특성을 그럴싸하게 설명하고 있기는 하지만, 리좀으로는 빠른 속도로 상업화의 대상이 되어버린 인터넷의 위계 서열과 실제 구조에 대해서는 설명할 수 없었다. 『뮤트』의 몇몇 기고자들이 들뢰즈의 개념을 사용하기는 했지만, 『뮤트』는 디지털 들뢰즈식 접근을 비판하는 리처드 바브룩(Richard Barbrook)의 글을 지속적으로 싣고 있다. 그의 글은 탈영토화가 직접민주주의와 선물 경제(gift economy)를 산출하는 것이 가능한지 그리고 중앙집권화된 권력 구조를 약화시킬 수 있는지에 대해 의문을 제기하고 있다. 바브룩은 자신의 주장을 뒷받침하면서 가타리가 참여했던 파리에 근거지를 둔 커뮤니티 라디오 프로젝트를 웹 이전의 매체 실험 가운데 하나로 소개했다. 또한 들뢰즈식 개념과 접근의 문제점을 이 프로젝트의 실패를 예로 들어 설명했다.[9] 『뮤트』의 다른 많은 기고자들과 함께 리처드 바브룩은 급진적 대안으로서 마이크로소프트와 애플 같은 독점적 플랫폼의 오픈소스 소프트웨어에 대한 이론적 논의를 제기하기도 했다. 만약 이것이 진정으로 '무정부주의 공산주의적' 대안이라면 주요 기업 간의 결연한 연계를 어떻게 설명할 수 있을 것인가?

대륙철학의 유물론적인 설명은 자유주의 언론에서 권력 강탈(disem-powerment)에 관련되어 역설적인 태도와 냉소적 이성을 조장했을 수도 있지만, 반면 『뮤트』에서 그 설명은 행동주의를 천착하여 이 영역의 초석을 마련하는 역할을 했다. 그뿐만 아니라 포스트모던적 체념은 뉴 커뮤니케이션 테크놀로지가 제공하는 분명한 기회들로 인해 서서히 침식되어갔고, 이

---

9) 같은 글, pp. 223~36.

기회들은 TV를 기반으로 하는 포스트모더니즘과의 분명한 긴장 관계에 있기도 했다. 인터넷 브라우저의 등장에 따라 역동적인 기술적·문화적·사회적 현장이 갑자기 어지러운 변화의 대상이 되기도 했고, 사회·정치적 조작의 장이 되기도 했다.

비물질적 노동

마이클 하트(Michael Hardt)와 안토니오 네그리(Antonio Negri) 같은 자율주의자들이 주장하는 비물질적 노동(immaterial labour)은 자주 논쟁의 대상이 되었다. 특히 이 논쟁은 정보화 시대에 새롭게 등장한 계급을 프롤레타리아 계급을 대체하는 것으로 정의하는 시도와 자주 연계되었다. 신(新)경제에서의 노동시간 불가측성에 대한 네그리의 분석—신경제에서 노동시간은 더 이상 가치(value)의 기본 단위일 수 없고, 지배와 명령에 따라 통치하는 자본만을 남겨놓았다—은 일과 여가의 경계가 불분명해지면서 디지털 노동자의 정체성에 변화가 나타났음을 의미한다. 스티브 라이트(Steve Wright)는 테크놀로지 기기를 통해 언제든지 노동자를 호출하는 것이 가능해졌을 뿐만 아니라 비즈니스에서 행정에 관련된 일을 소비자에게 전가하는 것(온라인 양식을 작성하고 제출하는 것 혹은 매장에서 스스로 물품을 스캔하는 것 등)을 통해 일과 여가의 경계는 지워지고 있고, 이를 통해 무보수 노동이 가능해졌다고 설명한다. 이는 비용을 최소화하려는 자본의 시도로서 자본이 더 큰 이득을 얻게 됨을 뜻한다고 주장했다.[10] 비물질적 노동 혹은 감정 노동이 첨단 기술 기업가와 돌봄 노동자의 연대

---

10) Steve Wright, "Reality Check: Are We Living in an Immaterial World?" (2005), PF, p. 477.

를 만들어낼 수 있을지를 의문시한 마르크스의 『정치경제학 비판 강요』(*Grundrisse*)의 「기계에 관한 단상」(Fragment on Machines)은 『뮤트』의 지면에 종종 등장함과 동시에 과거 한때 노동의 새로운 시대의 유행과 참신함을 설명한 것으로 알려져 있었다. 스티브 라이트는 2005년 글인 「현실 확인」(Reality Check)에서 높은 수준의 일은 노동자들에게 어느 정도 독립적이고 협력적인 것을 확인하면서, 이를 저급 서비스산업의 '돌봄' 노동과 비교하여 설명한다. 저자는 "'감자 프라이도 같이 주문하시겠습니까?'라는 질문을 해야만 하는 의무 조항이 진정으로 포드주의적 일의 방식의 변화를 의미하는 것인가"라는 질문을 던진다. 라이트는 하트와 네그리가 비물질적 노동이 헤게모니적이라는 생각을 뒷받침하기 위해 내놓은 증거들이 절대적으로 부족하다는 점에 주목한다.

만약 대륙철학이 뉴미디어에 나태하게 접근했기 때문에 잘못되었다면, 『뮤트』 역시 미국 중심의 자유주의적 기술 판타지에 대해 때로는 흥미롭지만 대체적으로 가혹한 비판을 담고 있었다. 잘 알려진 논쟁에서 리처드 바브룩과 앤디 캐머런(Andy Cameron)은 미래학과 자유주의적 공화주의를 엮어 '캘리포니아 이데올로기'(Californian Ideology)라고 명명했는데, 이는 여전히 실리콘 밸리 억만장자들 대부분의 세계관을 형성하고 있다.[11] 잡지 『와이어드』는 뉴 테크놀로지가 적어도 사이버상에서는—가상 영역의 불멸의 수준까지—어떤 형태든 정부의 간섭으로부터 자유로워야 한다는 비전의 주요 원천이다. 이를 통해 천재적인 자유시장이 완전하고도 자유로운 창의성을 추진할 수 있고 새로운 풍요와 혜택을 생산할 수 있다고 주장한다. 이러한 판타지에 반대하여 『뮤트』는 대부분의 기술 혁신 뒤에는 수많은 정부 지원이 있었음(물론 여기에는 인터넷이 포함된다)을 밝혔을 뿐만 아니라, 스크린, 키보드, 마우스 등으로 표현되는 몸의 노동의 사례(비물

---

11) Barbrook and Andy Cameron, "The Californian Ideology" (1995), PF, p. 29.

질적 노동의 물질성과 육체성)를 주목했다. 그러므로 오랫동안 지속된『뮤트』의 표제어와 선집의 제목이 '인간의 육체인 것이 자랑스러운'(Proud to be Flesh)[12]인 것은 당연한 것으로 보인다.『뮤트』는 '가상의 계급'(virtual class)에 대한 고민에서부터 콜센터 노동자들, 시간제 노동자인 대학생들, 불안정한 노동자들 같은 하위 계급으로 관심의 영역을 확장시켰다.

『뮤트』는 많은 측면에서『와이어드』의 반대편에 위치한다. 왜냐하면 자유주의자가 아닌 좌파이고, 개인주의적 경쟁보다 공동의 행위에 더 관심을 기울이고, 기술 맹신의 환영에 빠져 뉴 테크놀로지를 찬양하기보다 그 영향에 대해 비판적인 질문을 던지고, 소비자를 마케팅의 대상이 아니라 대화의 대상으로 상정한 잡지를 목표로 하기 때문이다. 이 둘 사이의 대조점은 이들의 상반된 지리적 기반에서도 잘 나타난다.『와이어드』는 실리콘밸리와 가까운 샌프란시스코에서 출간되는데, 그곳의 특징은 지구상의 군사 기계에 관련된 가장 발전된 형태의 프로젝트와 엄청난 소비에 매혹된 곳이라는 점이다. 반면『뮤트』는 금융가가 중심이 되는 런던에 기반을 두고 있다. 런던은 약화된 지방정부, 오래된 인프라 시설로 잘 알려져 있는데, 그곳에서는 첨단 기술 문화 노동자들, 금융자본, 부동산을 부정적으로 보는 시선들이 공존하고 이로 인해 풍부한 기회가 제공된다. 이런 측면에서『파이낸셜 타임스』(*Financial Times*)와의 연계는 어느 정도 역설적 의미가 있다.

『뮤트』가 오랫동안 천착한 주제는 영국 도시의 투기적 개발이 끼친 영향을 살펴보는 것이다. 복지와 인프라 시설 영역 등에 대한 공공 지출을 줄이고 그것들을 사유화된 도시 공간의 문화 프로젝트로 대치히려는 것과 같은 예가 바로『뮤트』의 관심 대상이다. 1998년에는 런던의 문화 노동자들과 개발 투기꾼들의 공존을 조롱한 사이먼 포프(Simon Pope)의 런던 동부

---

12) Chapter 8의 서론, PF, p. 427.

의 '문화기업가들'[13]이라는 패러디 초상이 『뮤트』에 등장했다. 5년 후 해크니 타운 광장의 '창조 지구'(Creative Quarter) 개발은 '해크니 타운 홀 2'(HTH2, Hackeney Town Hall 2)로 명명되었고, 이는 문화와 개발이 어떻게 유해하게 결합되었는지를 밝혀낼 수 있는 주요한 주제가 되었다. 베네딕트 세이머(Benedict Seymour)와 데이비드 패너스(David Panos)는 지방정부의 재산을 사금융 컨소시엄에 팔아넘기는 것을 이 지역의 '공간적 멸균화'라는 좀 더 큰 프로젝트의 일부분으로 보기도 했다. 즉 이는 '사회적 청산'의 한 형태라는 것이다.[14] 『뮤트』는 영국에서 노동(일)의 물질적 실체에 대해 주의 깊게 살피고 있다. 존 바커(John Barker)는 불법 이주자를 다룬 글에서 '노동당 정권 아래에서의 영국 경제 발전의 더러운 비밀'을 파고든다. 즉 새로운 '유연한' 영역의 저비용 생산을 유지하기 위해 다수의 아시아 노동자들이 고용되었고, 반면에 영국의 전통적인 제조업은 약화되었다는 것이다.[15]

예술과 소셜 네트워킹

『뮤트』는 '영 브리티시 아트'(young British art)가 미디어에서 많은 주

---

13) Simon Pope, "The Futile Style of London" (1998), PF, pp. 435~38. 이는 앤서니 데이비스(Anthony Davis)와 사이먼 포드(Simone Ford)가 「예술자본」(Art Capital)에서 사용한 용어와 동일하다. "Art Capital", *Art Monthly*, no. 213, February 1998. 데이비스는 PF에도 글을 실었다. "Take Me I'm Yours: Neoliberalizing the Cultural Institution" (2007), pp. 494~501. 혹스턴 실리콘 라운드어바웃(Hoxton 'Silicon Roundabout') 지역에 뉴 테크놀로지 회사를 설립하는 일은 아직도 먼 미래 이야기다.

14) Benedict Seymour and David Panos, "Fear Death by Water: The Regeneration Siege in Central Hackney" (2003), PF, pp. 358~64.

15) John Barker, "Cheap Chinese" (2005), PF, p. 375.

목을 받을 때 시작되었지만, 이와 같은 트렌드를 때때로 조롱하거나 무시했다. 그 대신 『뮤트』는 이 트렌드에 내포된 뉴 테크놀로지와 문화정치의 벽찰 정도로 똑똑한 결합을 대안으로 제시했다. 1990년대 중반에는 테크놀로지에 대한 이해가 깊은 예술가나 활동가들 가운데 아방가르드와 더불어 마르크스주의와 포스트마르크스주의에 대한 지식이 풍부한 이들을 찾기가 어려웠다ー돌이켜보면 이런 이들은 새롭게 등장하고 있었다. 자연스럽게 『뮤트』는 뉴 테크놀로지의 아방가르드적 가능성을 찾는 넷아트, 웹브라우저 아트를 접할 수 있는 주요 공간 가운데 하나였다. 솔 알버트(Saul Albert)에 의해 밝혀진, 개념 예술에 대한 『뮤트』의 오랜 친밀감은 예술이 관객의 활동으로 완성된다는 기본 생각에 바탕을 두고 있다.[16] 동시에 『뮤트』는 쇼케이스나 시장의 도구로 사용되는 첨단 기술적인 예술에 대해 적대적 시각을 갖고 있었는데, 이러한 시각의 주요 목적 가운데 하나는 시장의 여러 실천들이 아방가르드 이론을 사용하는 것을 비판하는 것이었다. 기술 맹신적인 예술에 대한 『뮤트』의 회의론은 예술이 소비자와 군사기술에 어떻게 복잡하게 연관되어 있는지를 추적한 여러 에세이를 통해 독자들에게 전달되었다. 사이먼 포드는 기술 맹신적 예술을 오랫동안 비판해왔던 자기 파괴적 예술가인 구스타프 메츠거(Gustav Metzger)를 다루었고, 개념 예술과 사이버네틱스의 복잡하게 얽힌 관계에 관련된 마이클 코리스(Michael Corris)의 글 또한 『뮤트』의 이 영역에 대한 관점을 잘 나타낸다.[17]

---

16) Saul Albert, "Artware" (1999), PF, p. 89.

17) Simon Ford, "Technological Kindergarten: Gustav Metzger and Early Comupter Art" (2003), PF, pp. 114~20; Michael Corris, "Systems Upgrade: Conceptual Art and the Recoding of Information, Knowledge and Technology" (2001), PF, pp. 107~13. 기술적인 전쟁 기계에서의 예술가의 복합성을 다룬 글로는 Pamela M. Lee, "Aesthetic Strategist: Albert Wohlstetter, the Cold War and a Theory of Mid-Century Modernism", *October*,

『뮤트』는 넷아트에 대한 미술관의 지나친 관심을 의심스러워했다. 과거 닷컴 열풍과 상당히 비슷하게 넷아트에 대한 미술관의 관심이 오랫동안 지속되지는 못했다. 이 분야의 개척자 가운데 한 사람인 조서핀 보스머(Josephine Bosma)는 디지털 시대에 예술이 비즈니스에 접근하는 것은 자선 때문이 아니라 '자산' 때문이라는 큐레이터 벤저민 웨일(Benjamin Weil)의 말을 인용하면서 이 문제를 명확하게 정리했다.[18] 전형적이면서도 이상적인『뮤트』의 편집 방식은 서로 대척점에 있는 통찰력 있고 재미있고 아이러니하며 짧은 에세이들을 결합하여 예술 세계가 왜 디지털 아트를 사랑하거나 증오하는지 살펴보기도 했다. 매튜 풀러는 예술 세계가 정당성의 위기에 직면할 때를 대비해서 난해한 소수의 관심을 담아낼 필요가 있다고 주장한다. 또한 디지털 예술의 저비용과 이미 내장된 배급 시스템은 큰 매력이라고 주장하면서, 예술 세계가 디지털 아트를 사랑하는 이유를 설명했다. 반면 이완 모리슨(Ewan Morrison)은 "객관적인 거리 두기 없이 사색은 불가능하고, 사색 없이 형이상학은 없다. 가상 현실과 디지털 매체의 쌍방향 참가는 예술의 죽음뿐만 아니라 문화의 죽음을 의미한다"면서, 디지털 아트에 대한 예술 세계의 관심이 객관적인 거리를 소멸시킨다고 주장했다.[19] 디지털 아트가 시뮬레이션의 진정성을 주장하는 점, 그것이 자신만의 언어 창작의 초기 단계에 머물러 언어를 해체하지 못하고 있는 점 등의 비판이 디지털 아트에 대한 부정적 의견과 궤를 같이한다. 이는 디지털 아트에서 주장되는 이데올로기가 어떤 것이고 얼마나 터무니없는지를 드러내

---

no. 138, Fall 2011, pp. 15~36.

18) Josephine Bosma, "Is it a Commercial? Nooo… Is it Spam? Nooo… It's Net Art!" (1998), PF, p. 79.

19) Matthew Fuller, "Ten Reasons Why the Art World Loves Digital Art" (1998), PF, pp. 86~88; Ewan Morrison, "Ten Reasons Why the Art World Hates Digital Art" (1998), PF, p. 85.

는 것으로, 일반적인 예술 세계에 의해 정확하게 지적된 내용이다. 게다가
거대 역사(History)와 또다시 새롭게 근대성에 저당 잡힌 삶에 질린 포스트
모더니즘 아트에 대한 반작용을 패러디한 것이다.

사용자가 만든 다양한 콘텐츠를 업로드하고 공유하는 것을 최적화한
이른바 '웹 2.0' 혹은 소셜 네트워킹으로 불리는 최근의 상황 또한 『뮤트』
의 지속적인 비판의 대상이 되어왔다. 특히 드미트리 클레이너(Dmytri
Kleiner)와 브라이언 위릭(Brian Wyric)의 글에서는 비싸고 독점적인 소
프트웨어를 사용하는 대규모 기관이 최초의 웹 2.0의 방식으로 정보를 오
랫동안 공유했었음을 주장하고 있다. 즉 테크놀로지는 새로운 것이 아니
며 단순히 좀 더 경제적이 되고 접근이 편리해졌을 뿐이라는 것이다.[20] 이
러한 비판이 가능할 수 있었던 이유는 『뮤트』의 기고자와 다수의 독자들
은 '사용자 간 직접 접속'(P2P, peer-to-peer)처럼 사용자가 콘텐츠뿐만
아니라 틀까지 제어할 수 있고, 효율성, 사생활, 최소화된 검열이 가능한
좀 더 선구적인 방식을 경험한 사람들이었기 때문이다. 예를 들어 유즈넷
(Usenet) 같은 기구는 중앙집권적인 통제나 소유권 없이 활동가 사이에서
저널리즘과 사진을 공유할 수 있는 방식으로 알려져 있다.

웹 2.0은 예를 들어 유튜브와 비슷한 특성을 갖고 있는데, 둘의 공통점
은 "커뮤니티에 기반을 둔 가치의 개인적 전용은 테크놀로지를 나누고 자
유로이 협력하겠다는 약속을 배반"한다는 것이다. 이는 비용의 외부화에
대한 또 다른 예로, 사람들은 자신의 무임금 노동력을 다수 기업들의 웹사
이트를 알리는 데 사용한다는 점에서 명확해진다(사람과 규모의 경제가 연
결됨은 말할 것도 없다). 더욱더 비관적인 것은, 업로드보다 다운로드가 훨
씬 더 빠르고 편리한 비동기 브로드밴드 연결망과 개인이 자신의 서버를
운영하는 것을 제한하는 온라인 서비스 계약 등의 새로운 비즈니스 모델이

---

20)   Dmytri Kleiner and Brian Wyrick, "Info-Enclosure 2.0" (2007), PF, p. 66.

등장함으로써 P2P 시스템이 위기에 처하게 된 사실이다. 클레이너와 위릭은 "땅이 없는 정보 프롤레타리아는 웹 2.0의 새로운 정보 임대인을 위한 소외된 콘텐츠 생산 노동자가 된다"고 주장했다. 『뮤트』의 선집은 이에 대해 균형보다는 신랄한 비판적 시각을 담고 있다. 페이스북의 사생활 관련 정책에서 입증된 것처럼, 사용자들은 소셜 네트워크 사이트의 틀과 규정들로부터 소외될 수 있다. 하지만 이들이 콘텐츠로부터도 소외되었는지는 확실치 않다. 하지만 이 상황에서 문화 생산자들의 엄청난 증가에 따른 놀라운 영향은 아직까지 충분히 연구되지 않고 있다.

필연적 모순들

『뮤트』는 온라인상에서 그리고 좀 더 직접적인 형태로 반자본주의 운동과 시위에 지속적으로 참여하고 있다. 베리 슬레이터(Berry Slater)는 이렇게 말한다.

많은 이들에게 1999년 11월 시애틀에서 시작된 반WTO 시위가 세계화에 반대하는 운동이 결집된 것을 의미한다면, 적어도 『뮤트』의 편집자들에게 지난 6월 런던의 시티 지역에서 열린 반자본주의 축제는 그 극적인 시작을 알리는 것으로 여겨진다. 그때 우리 사무실은 시위대의 만남의 장소였던 리버풀 스트리트 역에서 불과 몇 분 떨어진 쇼러디치(Shoreditch)에 위치하고 있었다. 역의 여러 출입구에서 나오는 활동가들의 광채가 은행이 모여 있는 지역 쪽으로 향했는데, 그 광경이 우리의 편집 방향을 새롭게 구축한 힘이 되었고, 이는 빠르게 『뮤트』의 주요 관심으로 자리잡았다.[21]

---

21) Berry Slater, "Disgruntled Addicts: *Mute* Magazine and its History", PF, pp. 17~18.

『인간의 육체인 것이 자랑스러운』에서 이탈리아의 제노바 시위 때 주도적 역할을 한 '하얀 작업복' 운동의 역사를 다룬 것이 바로『뮤트』가 이 영역에 어떻게 참여했는지 보여주는 예라고 할 수 있다. '하얀 작업복' 운동은 정당제도로부터 자유롭고 주변부로 밀려나지 않는 거친 논쟁을 유지하기 위해 투쟁하고 있다. 이 논쟁에서 유일한 배당금이라고는 경찰의 끊임없는 관심뿐이다.[22]

9·11 사태 이후 제국주의적 전쟁과 강화된 감시 체제에서『뮤트』는 데이터의 유효성 자체는 바로 자유로운 정보 수령에 있다는 정보 기술에 관한 자유주의의 근거 없는 믿음을 공격했다. 아누스툽 바수(Anustup Basu)는 정보와 미디어가 이라크 정권과 9·11 공격의 관련성에 관한 거짓을 어떤 방식으로 선전하고 어떻게 믿을 때까지 반복하는지 자세히 설명했다. 또한 어두운 과거를 나타내는 선구적 예로 파시즘이 라디오와 영화라는 매체를 어떻게 이용했는지를 설명하고, 이를 통해 파시즘이 '공공 영역의 전화(電化)'에 의한 생산물임을 밝혔다.[23]『뮤트』는 이라크 침공과 점령 기간에 대체적으로 반전 시각을 유지했다. 이는 리토트(Retort)의 글과「군사 문제에서의 혁명」(Revolution in Military Affairs)이라는 짧은 글에서도 나타난다.「군사 문제에서의 혁명」에서는 군인을 포함한 군대 관련 자산이 철저하게 금권화되어 있고 군사행동으로 인한 민간인의 인적·물적 피해가 무시되고 있음을 밝힌다. 또 다른 분석에서는 바트당(Baath Party)[24]과 서구의 이라크 점령이 노동계급의 운동을 억압했다는 측면에서 지속성을 갖고 있음을 강조했다.[25] 이 모든 글들에서『뮤트』는 전쟁과 관련하여 다른

22) Hydrarchist, "Disobbedienti, Ciao" (2005), PF, p. 266.

23) Anustup Basu, "Bombs and Bytes" (2004), PF, p. 59.

24) 〔옮긴이〕 시리아의 민족주의 정당으로, 아랍 세계의 통합을 주장한 것으로 알려져 있다.

25) J. J. King, "War's Exciting New Features: The Revolution in Military Affairs", *Mute*, Summer/Autumn 2003; Ewa Jasiewicz, "Internal Intifade: Workers' Struggle in Occu-

주제에서 보여줬던 것 이상의 일관성을 보여주지 않는다. 오히려 어느 사설(社說)에서는 단일한 반전운동이 아니라 전쟁을 다양한 각도에서 살펴보면서 이를 바탕으로 풍부한 비판들을 담고 있으며, 이것이 『뮤트』가 기여하는 지점일 것이라고 밝혔다.[26]

『뮤트』는 오픈소스 소프트웨어를 사용하기 위한 현실적인 대안으로 전매 독점 소프트웨어의 불법 복제를 제안하는 등 사유화를 반대하기 위해 불법을 제안할 준비가 되어 있다. 덧붙여 파이어리트 베이(Pirate Bay)가 팔레 토르손(Palle Torsson)과 가진 우호적인 인터뷰를 출간하기도 했는데, 인터뷰의 내용에는 그의 단체가 지향하는 운동의 사회적 배경, 정치적 변화, 음악과 영화에서부터 학생용 교과서에 이르기까지 확대된 불법 복제에 관련된 광범위한 내용이 포함되어 있다.[27] 한편 비판적 예술 앙상블(Critical Art Ensemble, CAE), 예술가, 이론가, 활동가 단체들과의 인터뷰를 진행하면서, 반자본주의적 농담과 풍경은 그 자체로 의미가 있지만 이는 권력에 실제로 대항하는 것을 의미하지 않는다고 주장한다. 실제적 대항은 오직 데이터 커뮤니케이션과 정보의 속도를 약화시키는 것을 통해 얻어질 수 있다. 하지만 이는 범법 행위이고, 이 때문에 몰래 해야 한다.

 짐작하는 것처럼 이러한 행위에 공격당한 어떤 기관도 이 사실을 결코 공론화하지 않을 것이다. 만약 CAE가 알고 있는 어떤 예들이 있을지라도, 우리는 결코 그것들에 관한 이야기를 하지 않을 것이다. 이 같은 운동이야말로 스펙터클의 정치가 아닌 진정한 정치적 행위다. 이 때문에 공론의 장은 존재

---

pied Iraq", *Mute*, Summer/Autumn 2004.

26) Van Mourik Broekman, "Weapons of Choice", *Mute*, Summer/Autumn 2003.

27) "Copy that Floppy!", 팔레 토르손을 대상으로 한 앤서니 아일스(Anthony Iles)의 인터뷰 (2005), PF, pp. 197~200.

할 수 없다. 오직 이론만이 드러날 수 있고, 행동은 은밀하게 실행된다.[28]

FBI에서는 CAE의 구성원인 스티브 커츠(Steve Kurtz)를 바이오 테러 혐의로 2004년에 체포·구금했다. 하지만 이 사례가 악명을 떨친 것은 커츠가 결국 우편물과 인터넷 사기 혐의로 기소되었다는 점이다. 4년간의 법정 싸움 끝에 결국 그 기소 혐의조차 근거가 없는 것으로 판명되었다.

행동주의와의 연계는 가시어의 좋은 글에서 좀 더 설명되는데, 이 글은 '전술적 미디어'(Tactical Media)의 변화를 되짚어보고 있다. '전술적 미디어'는 누구의 땅도 아닌 실험적 미디어 아트, 저널리즘 그리고 정치 운동과의 경계를 점령하려는 운동을 가리킨다. 이 운동의 급진적 성향은 저널리즘의 객관성을 부정하고, 학문과 전통적인 정치 운동의 도구주의를 반대하며, 신화와 예술 세계의 개인숭배주의를 비판하는 데서 찾아볼 수 있다. 그 대신 "빠르고 수명이 짧고 즉흥적인 공동 작업"을 강조한다.[29] 이와 같은 행동주의가 발전함에 따라, 많은 이들이 속도와 즉흥성이 그 자체로 중요 가치가 될 수 없음을 인식하게 되었다. 미시 정치는 더 큰 아상블라주(Assemblage)로 만들어질 수 있고, 때로는 기간과 지속 가능한 연계가 필요하며, 뉴미디어 행동은 거리에서의 시위 같은 신체적인 것과 연합할 수 있음을 보여준다. 한편 킹(J. J. King)은 반자본주의 운동이 정치적 분열을 감추거나 무시하면서 정치적 콘텐츠보다 기구의 형태를 강조하고 있다고 폭로했다.[30] 사실 무료 또는 오픈소스 소프트웨어 모델 및 정치 조직과 연계되면서 개방성이 자동적으로 급진주의가 된다는 것은 너무나도 과대평

---

28) "Vector Block on Telecom Avenue", CAE를 대상으로 한 마크 데리(Mark Dery)의 인터뷰 (1998), PF, p. 283.

29) Garcia, "Learning", p. 334.

30) King, "The Packet Gang: Openness and its Discontents" (2004), PF, pp. 255~65.

가된 사실이다. 킹이 주장한 것처럼, 투명한 개방성은 종종 서열과 몇몇 활발한 개인들이 지배하고 있는 운동의 성격을 숨기기도 한다. 물론 이 같은 방식은 시위가 수행되는 현재 상황을 감안했을 때 어쩌면 필요한 것일지도 모른다. 왜냐면 진정한 개방성은 이미 구축된 급진적 사회·정치의 장을 요구하기 때문이다. 다시 한 번 『뮤트』의 질문은 정확하고 가치 있는 것이지만, 어쩌면 시위 운동에서 직접민주주의의 개방적 진행이 환경을 급진화할 수 있고 이것이 다시 상호 증가의 과정에서 더 큰 개방성 구축에 공헌할수 있다는 변증법적 과정을 간과하고 있는지도 모른다.

기업의 구조와 형태를 장난과 스펙터클로 따라하는 것은 예술 작품이된다. 조서핀 베리(Josephine Berry)는 자신의 글에서 온라인 예술 집단이자 기업의 구조로(부분적으로는 법적 보호를 위해) 운영되고 있는 '이토이'(etoy)를 소개했다. '이토이'는 대규모 온라인 장난감 회사인 '이토이스'(eToys)가 '이토이'의 예술가들에게 그들의 웹사이트를 폐쇄하도록 압력을 가하자 이 기업과 싸움을 벌이고 있다. '이토이' 예술 집단은 '이토이스'의 서버에 서비스 거부 공격을 감행했는데, 이 회사의 주가 하락과 동시에 일어난 일이었다. 베리는 예술이 혼성 모방에서 시장 조작으로 변화한것이 예술의 독립성을 훼손할 위험이 있다는 문제를 제기하는 것이 '이토이'의 전략이었다고 주장했다. 마치 모더니즘 회화가 캔버스와 주체의 분리를 붕괴시킨 것처럼, 시장과 기업의 모델이 단순히 예술의 주제가 되는것뿐만 아니라 예술 자체가 되는 것이다.[31] 폴 헬리월(Paul Helliwell) 또한이와 같은 문제점을 인지하고 있었는데, 그의 글에서는 영화와 음악을 판매하는 기업들 사이의 깊은 관련성을 살펴보면서 예술 세계는 사회적 상호행위가 예술 작품이 되는 '관계적 미학'으로 변화하고 있음을 주장한다.[32]

31) Josephine Berry, "Do As They Do, Not As They Do: eToy and the Art of Simulacral Warfare" (2000), PF, p. 292.

헬리월의 글에서는 예술과 비즈니스가 서로 모방하는 것, 둘 사이의 차이가 점차 줄어들고 있는 것에 대한 문제점을 날카롭게 지적하고 있다.

『뮤트』의 여러 기고자들이 지적한 것처럼, 시위 또한 비즈니스를 흉내내고 있다. 다시 베리 슬레이터의 말을 들어보자.

> '운동들의 운동'은 대다수 기업이 자본과 후기포드주의 경영 체제의 필요에 의해 기업을 재구축한 것과 비슷한 조직적 형태와 기술을 공유하고 있다. 수평적 네트워크들, 무의미한 조직들, 동맹들—자본주의와 반자본주의는 서로 거울 이미지여서, 견고한 기업과 한때 중앙집권적이던 정당들은 유연하고 가상적이며 역동적인 구조로 비물질화되었다.[33]

수사적 효과를 위해 이와 같은 사례는 과장된 감이 없지 않다. 물론 회사들은 뚜렷한 서열을 유지하고 있고, 신자유주의의 영향으로 소득 차이에 따른 서열은 더욱더 명확해지고 있다. 선집의 다른 글들에서 드러나는 것처럼, '유연성'은 힘이 없어 저항할 수 없는 사람들에게 떠넘겨지고 있다. 그럼에도 불구하고 '전술적 미디어'(Tactical Media)와 '비판적 예술 앙상블'(CAE) 등의 주요 과제는 기업의 기술을 사용해 기업 구조를 공격하는 것이다. 때때로 『뮤트』는 이와 같은 전술에 도전하기도 한다. 선집의 어느 서론에서는 예술가 집단 '인벤토리'(Inventory)의 "아이러니한 모방은 비판이 아니다. 이것은 노예의 마음가짐이다!"라고 언급한 부분을 인용하고 있다.[34] 하지만 『뮤트』는 이러한 전술의 예이기도 하다. 예술 학교에서는

---

32) Paul Helliwell, "Zombie Nation" (2007), PF, pp. 537~45.

33) Slater, "Disgruntled Addicts", p. 18. 또한 Anthony Davies, "JI8 and All That" (1999), PF, p. 239 참조.

34) 제6장의 서론, PF, p. 271.

초개인주의자들을 교육하면서 유연한 비즈니스의 기풍을 심어주고 있다. 그리고『뮤트』는 자신의 자리를 '비판과 지원'을 동시에 제공하는 것으로 위치시키고 있다. 이는『파이낸셜 타임스』의 겉모습을 따라한 것이 어떠한 긴장 관계를 의미하는지 다시 한 번 확인케 한다. 급진적 운동의 라이프스타일 잡지를 유지하려는 시도는 어떤 좌파적 프로젝트에서도 발견될 수 있는 정확한 형태의 딜레마를 내포한다. 즉 시장사회주의의 필요하면서도 역설적인 임무가 그것이다.

자급경제주의와 자율성

금융 위기와 영국에서 연합 정부가 승리한 것의 결과 가운데 하나는 영국예술협의회(ACE)의 기금 감축이다. 2011년 3월에 공지된 감축은 불균등하게 집행되어, 몇몇 집단은 보상을 받았고 몇몇은 심한 타격을 입었다. 잡지『뮤트』의 출간과 함께 다른 사업도 하고 있던 뮤트 출판사는 지원금을 모조리 잃었다. 이에 대응하여 폴린 반 모릭 브록먼(Pauline van Mourik Broekman)은 영국예술협의회의 결정과 경쟁적 지원금 시스템에 대해서 이렇게 설명한다.

우리는 다른 예술 기관들과의 경쟁으로 몰아넣은 이 상황이 우리에게 유해하고 우리를 심란하게 만든다고 생각합니다. …… 우리는 이 과정이 잘 알려진 분할통치 법칙에 의한 것이라고 생각하고, 이 법칙은 영국예술협의회같은 여러 지원 기관의 운영에서 발견되어왔습니다. 조직의 재생산을 위해 그런 지원 기관에 만성적으로 의지하는 것은 '종속된 자'들의 두려움을 천천히 키워 결국 그들 스스로는 아무것도 할 수 없게 만들어왔습니다. …… 공공의 지원금이라는 전리품을 위해 타락한 노예처럼 행동하고 그것에 감사하는 풍경은 지원금과 무관하거나 지원금을 받지 못한 단체들까지 영국예술협의회의 지원 패러다임의 기본 교리(우수함, 혁신, 글로벌 리더십, 창의력)를 반복하기를 강요하고 있다는 것은 진정으로 우울한 사실입니다. 이는 다른 비전이나 실천의 다른 형태를 제시하기 위해 목소리를 내는 것을 불가능하게 합니다.[35]

예술 기관들(더불어 학교, 대학, 병원 그리고 의료 행위 등에도)에 놓인 인위적인 경쟁 구조와 그 부정적 영향에 반대하는 목소리가 대중 사이에서는 극소수다. 반 모릭 브록먼은 진취적인 일을 한 기관에 그에 따른 보상을 하는 것을 원칙으로 했다는 영국예술협의회의 주장을 비판한다. 사실 영국예술협의회는 편안함을 추구했다는 것이다.

이 경쟁의 변종 사이에서 승리하는 데는 …… 여러 종류의 규정을 따르는 것이 요구된다. 첫째, 개인을 변화시키는 예술의 힘에 대한 거의 종교적 믿음이다. 둘째, 다양한 지원금의 확보(영업 행위들, 권리 경영, 스폰서, 독지 활동, 다양한 비공공 지원 창구)를 통해 성공이 측정되고, 이를 통해 구축된 예술 기관 발전의 규범적 규격 모델은 '도달'해야 할 대상이 되어 모두에게 큰 '영향'을 끼친다(이 모델은 관객(독자), 미디어 수용 그리고 영향 등을 결합한 잡탕이다). 또한 이 모델은 '포용 정책'을 펼친다.

다양성과 적개심이 무력화되고 비판을 막는 기업화된 예술은 주류 현대 문화의 피하고 싶은 사실 가운데 하나다. 앞에서 말했던 것처럼, 영국예술협의회의 지원 덕분에 『뮤트』의 콘텐츠는 온라인상에서 무료로 제공되었

---

35) Pauline van Mourik Broekman, "*Mute*'s 100 percent cut by ACE—A Personal Consideration of *Mute*'s Defunding", www.metamute.org.

다. 온라인 독자층이 증가했던 반면, 『뮤트』의 오프라인 출판을 포함한 유료 서비스에 대한 요구는 급감했다. 그렇다면 『뮤트』는 영국예술협의회의 지원과 이에 따른 관리통제주의(managerialism) 및 회계감사 없이 계속되는 것이 더 나을 것인가?

문화의 도구화는 점점 더 심화되고 있다. 예술 기관들은 정부와 기업의 요구 사이에서 꼼짝할 수 없게 되었고, 독자성은 이상이라기보다 문화의 통제를 가리기 위한 이데올로기적 가면이 되었다. 『뮤트』는 영국예술협의회로부터 마지막 지원금을 받았다. 이제 『뮤트』의 장래는 지금까지 『뮤트』가 질문을 던져온 협력과 비물질적 노동의 힘이 작동하느냐에 달려 있다. 2012년 초반 『뮤트』의 웹사이트에는 이런 메시지가 실렸다.

지원금의 중단을 알고 지금까지 기부금을 내준 모든 독자와 후원자에게 공식적으로 감사의 인사를 하고자 합니다. 또한 연대의 뜻으로 고료 없이 글을 써준 기고자들에게도 감사의 뜻을 전하고 싶습니다. 독자들과 기고자 없이 『뮤트』는 존재할 수 없습니다. 여러분의 계속적인 지원이 『뮤트』가 앞으로도 이질적이면서도 비판적인 시각을 유지하여 계속 『뮤트』로 존재할 수 있게 할 것입니다.

웹 기반 벤처에서 협력과 기부는 가장 필수적인 요소임에 분명하고, 아마도 운영비는 비교적 저렴하여 심지어 작은 철물 공장을 세우는 것보다 적게 들 것이다. 하지만 일을 하고 있는 노동자들과 그 가족들이 살아갈 수 있을 만큼의 수익을 산출해낼 수 있을지, 웹 서버를 계속 운영할 수 있는 비용이 가능할지는 의문이다. 궁극적으로는 이런 용기 있고 불편한 시각이 유지될 수 있을 것인가라는 질문이 남는다.

〔김성경 옮김〕

삼중 운동?

폴라니 이후 정치적 위기의 속살을 파헤친다

낸시 프레이저(Nancy Fraser)

오늘날의 위기는 여러 면에서 칼 폴라니(Karl Polanyi)가 『거대한 전환』 (*The Great Transformation*)에서 묘사한 바 있는 1930년대의 위기와 닮아 있다.[1] 그때와 마찬가지로 오늘날에도 가차 없이 규제를 풀어 시장을 확장하려는 힘 때문에 도처에서 아수라장이 되고 있다. 수십억 사람들의 생계가 막연해졌으며, 수많은 가정이 해체되었으며, 공동체는 약화되고 연대 의식은 무너졌으며, 전 지구에 걸쳐 생태 서식지가 타격을 받고 자연이 황

1) 이 글의 초고는 2012년 11월 22일 베를린의 '룩셈부르크 강연'에서 발표되었다. 다음의 재단 들로부터 얻은 지원에 감사를 표한다. Rosa Luxemburg Stiftung; Einstein Stiftung (Berlin); Forschungskolleg Humanwissenschaften (Bad Homburg); The Centre for Advanced Studies 'Justitia Amplificata', Frankfurt. 또한 연구 조교로 도움을 준 블레어 테일러(Blair Taylor)에게 감사한다.

폐화되었다. 그때와 마찬가지로 오늘날에도 자연과 노동과 화폐를 상품화하려는 시도 때문에 사회와 경제의 안정성은 흔들리고 있다. 생명공학, 탄소배출권, 파생 금융상품 등의 거래에서 규제를 풀어버리자 얼마나 파괴적인 결과가 나타났는지를 보라. 아동 보육, 학교, 노인 돌봄에서 어떤 일이 벌어졌는지를 보라. 그때와 마찬가지로 오늘날에도 그 결과는 여러 차원에 걸친 위기다. 경제 위기, 금융 위기만이 아니라 생태 및 사회의 위기도 나타나고 있는 것이다.

폴라니는 표면 아래에 깊숙이 명확하게 자리잡은 구조적 논리를 분석했거니와, 우리의 위기 또한 그와 동일한 구조적 논리를 가지고 있는 듯하다. 두 시대의 위기 모두 폴라니가 '허구적 상품화'라고 불렀던 동일한 역동성에 뿌리를 두고 있는 것처럼 보인다. 그의 시대나 우리 시대나 자유시장 근본주의자들은 상품생산의 필수적 전제 조건들을 모조리 상품화하고자 애를 쓴다. 노동, 자연, 화폐를 모두 '자기조정' 시장에서의 판매 대상으로 전환시키는 것이다. 이것들은 생산과 교환의 근본적 기초를 이루는 것들임에도 불구하고, 이들은 이것들을 마치 여느 상품이나 다름없는 상품들인 것처럼 다루자고 하는 것이다. 하지만 실상을 보자면 이러한 기획에는 자기모순이 내재되어 있다. 신자유주의는 자기 꼬리를 깨물어 먹어 들어가는 호랑이처럼 이제 자본주의를 떠받치는 버팀목들 자체까지 침식해 들어갈 위험을 안고 있으며, 이 또한 예전의 위기 때와 마찬가지다. 두 경우 모두 어떤 결과가 나올지는 명약관화하다. 한편으로는 경제 시스템의, 다른 한편으로는 자연과 사회의 안정성이 통째로 무너지게 될 것이다.

이러한 구조적인 유사점들을 생각해볼 때 오늘날의 위기에 대한 많은 분석이 폴라니의 노작으로 돌아가는 것도, 또 많은 이들이 우리 시대를 '두 번째 거대한 전환' 혹은 '돌아온 거대한 전환'이라고 부르는 것도 당연한 일이다.[2] 그렇지만 현재의 국면은 1930년대와는 결정적인 면에서 차이가 난다. 구조적 차원에서 보자면 여러 유사점이 있음에도 불구하고, 오늘날 나타나는 정치적 대응은 예전과 놀랄 만큼 다르다. 20세기 전반기에는 위기를 둘러싼 여러 사회적 투쟁들이 있었으며, 이것들이 폴라니가 '이중 운동'이라고 불렀던 것을 이루었다. 그가 보았던 바 당시에는 지각의 단층선처럼 단순명쾌한 대립 구도가 있었기에 여러 정당과 사회운동은 이쪽 아니면 저쪽 하나를 선택하여 함께 뭉쳤었다. 한쪽에는 시장의 탈규제와 상품화 확장을 선호하는 정치 세력들과 상업적 이익집단들이 서 있었으며, 반대쪽에는 도시 노동자들과 농촌의 지주들 그리고 사회주의자들과 보수주의자들을 모두 포괄하면서 계급을 뛰어넘는 폭넓은 전선이 있었고 이것이 시장의 파괴 행위로부터 '사회를 보호'하고자 했다는 것이다. 더욱이 위기가 더욱 날카로워지자 '사회 보호' 쪽의 무리들이 승리를 거두었다. 미국의 뉴딜, 러시아의 스탈린 체제, 유럽의 파시즘 그리고 훗날 전후의 사회민주주의 등 맥락은 실로 다양했지만, 여러 정치 계급들은 적어도 다음 한 가지 점에서만큼은 뚜렷한 수렴의 경향을 보였다. 노동, 자연, 화폐에서의 '자기 조정' 시장은 사회를 파괴하므로 사회를 구출하기 위해서는 정치적 규제가 필요하다는 것이 그 일치점이었다.

---

2) 이러한 해석이 담긴 문헌들은 무수히 많다. 예를 들면 Michael Burawoy, "A Sociology for the Second Great Transformation?", *Annual Review of Sociology*, vol. 26, 2000, pp. 693~95; Michael Brie and Dieter Klein, "The Second Great Transformation", *International Critical Thought*, vol. 1, no. 1, 2011, pp. 18~28; Giovanna Zincone and John Agnew, "The Second Great Transformation", *Space and Polity*, vol. 4, no. 1, 2000, pp. 5~21; Edward Webster and Robert Lambert, "Markets against Society: Labour's Predicament in the Second Great Transformation", in Ann Dennis and Devorah Kalekin-Fishman, eds., *The ISA Handbook in Contemporary Sociology*, London 2009; Mitchell Bernard, "Ecology, Political Economy and the Counter-Movement", in Stephen Gill and James Mittelman, eds., *Innovation and Transformation in International Studies*, Cambridge 1997, pp. 75~89; Ronaldo Munck, "Globalization and Democracy: A New 'Great Transformation'", *Annals of the American Academy of Political and Social Science*, 581, 2002, pp. 10~21 참조.

하지만 오늘날에는 그러한 합의가 존재하지 않는다. 최소한 남미와 중국을 제외하면 전 세계 모든 곳의 정치 엘리트들은 명시적으로 혹은 암묵적으로 신자유주의를 신봉하고 있다. '긴축'과 '적자 감축' 등의 정책에 의해 경제와 사회와 자연에 실로 심각한 위협이 강제되고 있음에도 불구하고 이들 정치 엘리트는 사실상 전부 다(사회민주주의자들을 자처하는 자들까지 포함하여) 투자자들을 보호하는 것을 최우선 책임으로 내세우면서 이를 정책으로서 요구하고 있는 것이다. 이와 동시에 '점령하라' 운동이나 '분노한 자들'(indignados)처럼 대중의 반대가 격렬하게 터져 나오기도 하지만, 프로그램의 내용이 결여된 경우가 보통이어서 덧없이 사라져버리고 연대에 기반한 대안적 세력으로 뭉치지 못하고 있다. 물론 기존의 더 오래되고 더 잘 제도화되어 있는 여러 진보적 사회운동이 있지만, 이 또한 분열 상태를 면치 못하고 있어 신자유주의를 대체할 수 있는 일관된 반대 기획으로 단결하지 못하고 있는 상태다. 이 점들을 감안해보면, 우리 시대에는 폴라니가 말하는 의미의 이중 운동이 결여되어 있다고 볼 수밖에 없다.[3] 따라서 흥미로운 논리의 단절이 나타나게 된다. 오늘날의 위기는 허구적 상품화의 동학에 근거한다는 점에서는 폴라니식의 구조적 논리를 따르는 것 같지만, 이중 운동의 모습을 띤 폴라니식 정치 논리가 나타나지는 않고 있다는 것이다.

이러한 논리적 단절을 어떻게 이해할 것인가? 21세기의 정치적 지형이 분명하게 비(非)폴라니적 성격을 띠고 있다는 사실에 대한 최선의 설명은 무엇인가? 어째서 오늘날의 정치 엘리트들은 통제 불능의 시장이 가하고 있는 파괴 행위로부터 사회와 자연은 말할 것도 없고 심지어 자본주의 경

---

3) 오늘날의 수많은 폴라니주의자들의 '천진한 낙관주의'(pollyanna-ism)에 대한 건강한 교정 역할을 하는 글로는 Michael Burawoy, "From Polanyi to Pollyanna: The False Optimism of Global Labour Studies", *Global Labour Journal*, vol. 1, no. 2, 2010, pp. 301~13 참조.

제 시스템을 구출하기 위한 각종 규제 계획들조차 제대로 밀고 나가지 않는 것일까? 사람들의 살림살이가 위협에 처해 있고 공동체는 타격을 입고 있으며 생태 서식지는 절멸 위기에 처해 있건만, 어째서 각종 사회운동은 이를 수호하기 위한 대안적 헤게모니의 기획으로 집결하지 않는 것일까? 지도력의 부재라든가 과학적 분석의 여러 결함이라든가 판단 착오 등과 같은 정치적 실책의 문제일까? 아니면 어떤 면에서 현재의 정치적 투쟁의 지형이 폴라니가 제시했던 시나리오에서 한 걸음 더 나아간 것일까? 이로부터 우리는 이중 운동이라는 개념에 여러 맹점이 있다는 혜안을 얻을 수 있는 게 아닐까? 이 글에서 나는 두 단계로 나누어 이 질문들을 다루고자 한다. 첫째, 나는 현재의 정치적 지형이 어째서 폴라니의 분석과 차이가 나는지에 대해 널리 회자되는 가설들을 평가해볼 것이다. 그다음으로 나의 관점에서 볼 때 우리의 상황을 더 잘 조명할 수 있다고 생각되는 대안적 가설을 제시할 것이다. 나의 가설에 따르면, 폴라니의 이중 운동이라는 생각은 21세기의 해방적 사회변혁을 위한 전망과 가능성을 더 명확하게 해줄 수 있는 방식으로 수정될 필요가 있다.

지도력의 실패인가

우선 이 질문을 던져보자. 21세기에는 어째서 이중 운동이 없는 것일까? 구조적인 조건으로 보자면 분명히 우호적인 상황이 왔음에도 불구하고, 신자유주의로부터 사회와 자연을 보호하고자 하는 반(反)헤게모니 프로젝트는 어째서 없는 것일까? 어째서 우리 시대의 정치 계급들은 공공 정책의 입안을 중앙은행에 넘겨준 것이며, 어째서 그들 가운데는 사회주의자들은 말할 것도 없고 사회적 연대의 대안을 강력히 옹호하는 신념 있는 케인스주의자들조차 그토록 드문 것일까? 어째서 새로운 뉴딜을 지지하는 세력이 없는 것일까? 노동조합, 실업자들, 불안정 노동자들, 여성주의자들, 생태주의자들, 반제국주의자들, 사회민주주의자들, 민주적 사회주의자들까지 모두 포괄하는 폭넓은 동맹은 왜 없는 것일까? 허구적 상품화에 따르는 사회적 비용을 치르는 것은 '사회' 그 자체가 아니라 또 시궁창으로 전락해버린 자연이 아니라 인정사정없이 자본축적만 밀어붙이다가 위기를 가져온 자들이어야 한다고 외치는 저 옛날식 인민전선 같은 것은 왜 나타나지 않는 것일까? '분노한 자들'과 '점령하라' 운동에서 나타났던 창의적인 저항 형태들에서는 어째서 프랭클린 루스벨트 대통령이었다면 어김없이 '부유한 악당들'이라고 불렀을 법한 자들과 그들의 명령에 고분고분 순응하는 정부들에 대해 믿음직한 도전이 될 만한 일관성 있으며 지속성 있는 정치적 의사가 표출되지 못한 것일까?

몇 가지 설명들이 제시되었다. 가장 간단한 설명에서는 이러한 이중 운동 부재의 원인을 정치적 지도력의 실패에서 찾는다. 미국 대통령 선거를 지켜보았던 이들이라면 이 가설이 눈에 금방 들어올 것이 분명하다. 공화당 후보인 미트 롬니와 폴 라이언은 보란 듯이 신자유주의를 뻔뻔스럽게 내걸었지만, 버락 오바마 또한 대안을 분명히 제시할 능력도, 의사도 없다는 것이 분명히 입증되었고, 많은 이들은 절망에 빠져야 했다. 예를 들어 2012년 10월 3일의 대통령 선거 토론에서 사회자는 현직 대통령인 오바마에게 거저먹을 수 있는 유리한 질문을 던져주었다. 정부의 역할에 대한 당신의 관점은 롬니 후보와 어떻게 다른지요? 그런데 그 순간 오바마 대통령은 우렁찬 목소리의 대답을 전혀 내놓지 못했다. 몸짓과 음성에는 주저하는 기색이 분명했다. 그리고 내놓은 대답이라는 것도 실로 민망할 정도로 한심스러운 것이었다. 도대체 왜 그랬을까. 오바마의 하의식 깊숙한 곳까지 뒤져 답을 찾아내려면 정신분석학자가 필요할 것이다.

분명히 차이점들이 있다고 생각합니다. 연방 정부의 첫 번째 역할은 미국 국민들을 안전하게 지키는 일입니다. …… 하지만 저는 또 정부―그러니까 연방 정부―가 미국 국민들에게 기회를 제공하고 기회의 사다리를 만들어주며 또 성공할 수 있는 틀을 만들어낼 역량이 있다고 믿습니다. …… 미국의 천재성은 자유 기업 시스템과 자유, 그러니까 누구든 맘만 먹으면 창업을 할 수 있다는 사실에 있습니다. …… 하지만 링컨 대통령이 이해하고 있었던 것처럼, 우리가 함께 힘을 합치면 더 잘할 수 있는 것들도 있습니다. …… 우리가 이러한 기회의 문호를 모든 미국인들에게 열어주고자 하기 때문에, 그래서 모든 미국인들이 기회를 얻게 된다면 우리 모두 더 잘 살게 될 겁니다.[4]

이를 1936년 프랭클린 루스벨트 대통령이 재선을 위한 선거에 나섰을 때 자신의 적수인 시장 근본주의자들을 대담하게 조롱하던 것과 대조해보라. 루스벨트가 행한 연설의 호쾌함을 글로 적혀 있는 다음의 인용문만으로는 제대로 감상하기 힘들다는 점을 기억하라. 그는 자신의 주장은 확신에 차 있음에 반해 상대는 스스로도 믿지 않는 이야기를 떠들고 있는 게 뻔히 보인다고 생각했기에, 이에 대해 풍자와 조롱을 퍼부으며 분명히 맘껏 즐기고 있다.

여러분에게, 또 미국 국민들에게 경고를 드립니다. 듣기 좋은 소리만 내놓으면서 어려운 쟁점은 다 피해가는 이런 소리를 조심해야 합니다. "당연히 우리도 그런 것들을 믿어요. 사회보장도 중요하고요. 실업자들에게 일자리도 주어야 하고요. 집을 잃지 않게 해주어야 하죠. 맹세해요, 진짜랍니다. 단지 현 징권이 하는 방식이 틀려먹었다는 거예요. 그러니까 우리한테 그 일을 하도록 권력을 넘겨주세요. 우리도 이런 일들 다 할 거구요. 더 많이 할 거구

4) 유튜브에 올라와 있는 2012년 10월 3일 대통령 선거 토론 참조. 인용은 1시간 9분 25초에서 1시간 10분 35초 사이.

요. 더 잘할 거예요. 그리고 중요한 건 말이죠. 그러면서도 아무한테도 아무 돈도 걸을 일이 없다는 거예요."[5]

이 두 구절을 비교해보면 지도력 실패의 가설도 분명히 일리가 있고 설득력도 있다. 카리스마 넘치는 개인은 분명히 역사의 진행도 바꿀 수 있으며, 만약 이 임무를 맡은 지도자가 오바마가 아니라 루스벨트였다면 오늘날 이중 운동의 전망도 분명히 개선되었을 것이다. 그럼에도 불구하고 이 가설만으로는 현재의 국면에서 왜 이중 운동이 존재하지 않는지가 설명될 수 없다. 어떤 개인 한 사람의 이런저런 결함을 논하는 것이라면 모른다. 하지만 오바마의 약점은 결코 오바마에게서만 나타나는 것이 아니다. 정작 설명되어야 하는 것은 어째서 이러한 약점이 도처에서 하나의 패턴이 되어 나타나고 있는가, 즉 모든 나라에서 엘리트들 사이에 왜 정치적 케인스주의에 대한 믿음이 무너져버렸는가의 문제다. 열차 충돌 같은 재난이 점점 다가오고 있는데도 이를 막기 위한 진지한 노력을 전혀 하지 않는 것은 단지 한두 사람의 지도자가 아니라 지배 집단 전체가 보여주고 있는 모습이다. 이것이 현재 우리가 직면한 상황이다. 그렇다면 개인의 심리에 중심을 둔 가설만으로는 충분한 답이 될 수 없다.

노동과 금융화

따라서 1930년대 이후 자본주의의 성격에 벌어진 근본적인 변화에 관심을 두는 좀 더 심층적인 설명을 찾아보자. 여기에서 쟁점이 되는 것은 산업 생산에 기초했던 예전의 포드주의 축적 체제가 금융이 지배하는 포스트-

---

5) "FDR: 'Let me warn you······' (1936)", YouTube.

포드주의 축적 체제로 이동했다는 명제다. 폴라니 시절의 포드주의 자본주의에서는 노동이 중심적 위치를 점하고 있었으며 자본축적의 주된 엔진 또한 노동 착취였다. 산업 노동자들은 상당한 영향력을 가지고 있었다. 기업의 집중으로 인하여 노동의 대규모 조직화도 촉진되었고, 노동을 철회하겠다는 위협은 막강한 위력의 무기가 될 수 있었다. 폭넓은 사회적 기반을 가진 인민전선이 있었지만 그 허리를 이루는 것은 조직 노동이었으며, 자본주의를 규제하고 자유방임이 사회를 해체하는 효과를 막는 노력을 지휘하는 것도 조직 노동이었다.[6] 당시의 산업자본주의는 이중 운동의 사회 보호 쪽 기둥을 떠받칠 준비가 완비된 지지 세력 및 정치적 기초를 양산하도록 구조 자체가 생겨 있었던 셈이다.

오늘날의 자본주의 상황은 근본적으로 다르다. 현재의 국면에서 볼 때 자본은 될 수 있는 한 생산이라는 리스크 있는 사업을 우회하고 싶어한다. 투자자들은 자본축적의 순환을 간소화해서 화폐를 사고팔며 또 리스크를 상품화해주는 새로운 금융 상품들을 사고파는 데서 이윤을 얻음으로써 노동에 대한 의존을 회피한다. 또 여러 신규 기술로 인해 생산에서 노동이 차지하는 역할이 더욱 축소된다. 따라서 노동은 1930년대에 가지고 있던 협상력을 더 이상 가질 수 없게 된다. 최소한 선진국들에서는 제조업이 반주변부로 철수해버렸고, 노조 조직률도 뚝 떨어지며, 파업이라는 무기 또한 그 힘을 대부분 잃어버렸다. 마찬가지로 중요한 점은, 노동과 자본 사이의 계급 분리 또한 더 이상 자명한 사실로 보이지 않게 되었다는 것이다. 더욱 눈에 두드러지게 보이는 것은 비록 숫자가 줄어들고 있지만 안정적인 일자리를 가진 서열의 노동자들과 계속 불어나고 있는 불안정 노동자들 사이의 분리로서, 자본과 노동 사이의 분리는 여기에 가려져 보이지 않게 된다. 이

---

6) Beverly Silver, *Forces of Labor*, Cambridge 2003; Göran Therborn, "Class in the 21st Century", NLR 78, Nov · Dec 2012, pp. 5~29.

러한 상황에서는 조직 노동이 사회 자체를 대변하는 게 아니다. 심지어 조직 노동을 사회보장을 얻지 못한 대다수의 사람들에 맞서서 일정한 사회적 보장을 누리는 소수의 특권을 옹호하는 집단이라고 보는 이들도 있다.

21세기에는 이러한 구조적 이유로 인하여 노동이 이중 운동의 사회 보호 쪽 기둥에서 허리 구실을 할 수 없다. 그리고 노동을 대신할 만한 후임자가 분명히 보이는 것도 아니다. 불안정 노동자 혹은 '다중'(multitude)은 머릿수는 많지만 그들이 처해 있는 상황 때문에 조직화가 어려우며, 그 대다수는 자본이 필요로 하는 것을 아무것도 갖지 못하고 있으므로 철회하겠다고 으름장을 놓을 것도 없다. 젊은이들, 농민들, 소비자들, 여성들, 상징 노동자들이라는 이제 그다지 새롭지도 않은 '새' 계급, 게다가 최근에는 해커들과 사이버 해적들에 이르기까지 조직화가 시도되지 않은 집단들이 없지만, 모두 정치적 비중이 부족한 것으로 드러났다. 이 모든 것들을 생각해 본다면, 금융이 지배하는 유형의 자본주의는 폴라니식 정치적 역동성을 가로막는 무서운 구조적 장애물이다. 거기에서는 그 본성상 반헤게모니 블록을 지도할 수 있는 이렇다 할 사회 세력이 전혀 만들어지지 않으며, 무슨 지정된 '무덤 파는 이들'[7] 따위는 어림도 없는 이야기다.

이렇게 생산에서 금융으로의 이동이 벌어졌다는 가설에는 현 시대에 이중 운동이 출현하지 못하도록 막는 조건들에 대해 일정한 혜안이 담겨 있다. 하지만 그 가설에서는 정치적 가능성이 지닌 넓은 스펙트럼 전체가 포괄되지는 못한다. 우선 이 접근에서는 선진국 지역 바깥의 노동이 지닌 가능성과 전망이 무시된다. 또한 이는 공식적인 경제 시스템을 넘어서 보다 넓은 **사회적 재생산**의 영역으로는 시선을 돌리지 않고 있다. 이 영역은 오늘날 신자유주의 반대의 주된 터전으로 기능하고 있다. 전 세계에 걸쳐 벌어

----

7) 〔옮긴이〕 마르크스가 말했던 바 역사의 운동 속에서 자본가들을 멸절시킬 필연성을 띠고 있는 세력으로서의 노동계급을 가리킨다.

지고 있는 교육, 의료 보건, 주택, 물, 공해, 식량, 공동체 생활 등을 둘러싼 투쟁에서 그 사실이 입증되고 있다. 따라서 금융화 가설에서도 또한 일방적으로 계급 관계만을 정치투쟁의 으뜸가는 혹은 유일한 터전으로 보면서 **사회적 지위**(status)의 여러 관계들이 고찰되지 않는 것이다. 그런데 오늘날 대중 동원의 주된 기초로 기능하는 것은 바로 이 사회적 지위의 관계다. 젠더, 섹슈얼리티, 종교, 언어, 인종·문화적 혈통(ethnicity), 민족성 등을 둘러싼 투쟁들이 오늘날 저항 행동의 지배적인 문법이라고 할 수 있는 인정(recognition)의 정치를 통해 조직되고 있다는 사실에서 이는 입증된다. 마지막으로, 이 가설에서는 정치가 지닌 담론의 측면을 놓치고 있다. 구조와 행위자를 매개하는 것은 여러 요구를 내놓을 때 그 주장을 어떤 문법으로 구성하는가이며, 사회적 존재들이 스스로가 살고 있는 사회의 상태를 경험하고 해석하고 평가하는 것은 여러 가지 사회적 상상물들을 매개로 이루어진다. 하지만 이 가설에는 이런 것들이 들어설 자리가 없다.

틀을 설정하는 데 위기가 온 것일까

세 번째 가설에서는 1930년대 이후 벌어진 또 하나의 구조적 변동에 초점을 둔다. 여기에서 주요하게 관심을 두는 것은 위기가 경험되는 규모가 변했으며, 따라서 위기를 이해하고 해결하는 틀 또한 변해야 한다는 문제다. 특히 결정적인 문제는 일국적 단위에서 영방국가의 행동이 요청되는 20세기의 위기 상황 시나리오가 낡은 것이 되어버린 반면, 21세기의 위기 상황 시나리오에서는 일국적 틀은 허물어버렸지만 이를 대체할 만한 틀은 아직 내놓지 못하고 있다는 점이다.[8] 폴라니 시절에는 사회의 보호가 벌어

---

8) 일국적 틀의 불안정화에 대해서는 Fraser, "Reframing Justice in a Globalizing World",

지는 주된 전장이자 이를 행할 주된 행위자가 근대적 영토 국가라는 점은 말할 필요도 없는 일이었다. 따라서 이중 운동의 사회 보호 프로젝트가 진행되는 데 매개변수가 되는 것들 또한 명확했다. 그 일국 경제를 관리하기 위해 국가는 국고를 동원할 필요가 있으며, 이를 위해서는 다시 그 나라의 일국 통화를 통제하는 게 필요했다. 프랭클린 루스벨트 대통령이 1933년 집권한 뒤 취했던 사실상의 첫 번째 활동은 미국을 금본위제로부터 끌어낸 것이었다. 사회보장법을 비롯하여 우리가 뉴딜과 결부시키는 모든 정책들과 프로그램들은 바로 이 조치 덕분에 가능해진 것들이었다. 게다가 제2차 세계대전이 끝난 뒤 미국과 세계 모든 곳에서 이 일국적 틀은 계속해서 모든 주요한 사회 보호의 매개변수들을 구체적으로 규정했다. 사회를 보호하는 행위자 및 기관은 국민국가이며, 관리의 대상이 되는 것은 일국 경제이며, 수단으로 사용되는 것은 통화정책, 재정정책, 산업정책 등의 일국적 정책이며, 보호받을 권리를 부여받는 집단이 바로 국민이라고 정의되었다. 이와 똑같이 중요한 사실로서, 국민이라는 상상의 공동체가 단결과 연대의 기풍을 제공하여 이를 통해 사회의 보호를 현실성 있는 정치적 기획으로 만들어주었고 또 폭넓은 지지를 누릴 수도 있게 되었다.[9]

하지만 오늘날에는 이 일국적 틀이 더 이상 당연하지 않게 되었다. 미국이 제2차 세계대전의 폐허로부터 브레튼우즈 틀에 기초하여 구축했던 지구적 자본주의 시스템은 국제적 자유무역과 일국적 차원에서의 국가 규제

NLR 36, Nov·Dec 2005, pp. 69~88 참조.

9) 물론 이러한 틀의 설정 또한 **잘못된 틀의 설정**일 수 있다. 주변부에 있는 외국인들로서 자본주의 중심부 나라들의 사회복지 자금을 대는 데 노동으로 기여하지만 시장으로 인해 위험에 노출되어 있는 모든 이들은 보호의 자격에서 배제되기 때문이다. '잘못된 틀 설정'에 대해서는 Fraser, "Marketization, Social Protection, Emancipation: Toward a Neo-Polanyian Conception of Capitalist Crisis", in Craig Calhoun and Georgi Derluguian, eds., *Business as Usual: The Roots of the Global Financial Meltdown*, New York 2011, pp. 137~58 참조.

를 결합하는 것을 목적으로 삼고 있었다. 하지만 이러한 타협적인 형태는 수십 년 만에 무너지고 말았다. 1970년대가 되자 미국은 **금리 수취** 국가로의 길로 나아갔다. 이에 따라 미국은 고정환율 시스템을 단념하고 스스로의 자본을 국외로 투자하여 엄청난 국가 부채를 걸머졌으며, 자국 통화에 대한 통제권을 포기하고 그 경제를 관리할 수 있는 능력까지 약화시켰다. 다른 더 약한 국가들 또한 경제 발전의 방향을 설정할 수 있는 능력—그게 실제로 있었던 경우가 얼마나 되었을까 싶지만—을 잃고 말았다. 식민지 종속의 오랜 역사 동안은 물론이고 독립 후에도 여러 다른 수단들을 통해 제국주의의 수탈이 벌어졌기 때문에, 탈식민 국가들은 중심부 국가들에 맞먹는 사회 보호 역량을 누린 적이 결코 없었지만, 이러한 불평등은 신자유주의적인 구조조정 정책들로 인해 더욱 악화되고 말았다. 이 기간에 경제적·통화적 연합체로서의 유럽이 구축되었지만, 이에 상응하는 정치적·재정적 통합은 없었으며, 결국 회원국들의 사회 보호 능력만 무력화되었고 유럽 차원에서 이 간극을 메울 수 있도록 그에 상응하는 보다 폭넓은 장치들을 만드는 일도 벌어지지 않았다. 오늘날 그 증거는 산더미처럼 쌓여 있다. 그리스는 일종의 보호령 국가로 전락하고 말았고, 에스파냐, 포르투갈, 아일랜드는 유럽연합에서 배제되었으며, 심지어 독일과 프랑스에서조차 중앙은행이 국내 정책을 제한하고 있는 실정이다. 그 귀결은 더 이상 사회 보호의 기획이 일국적 틀에서 그려질 수 없다는 것이다. 이를 대체할 만한 대안도 뚜렷이 보이지 않는 상태이니, 결국 이 기획 자체의 가능성이 신뢰를 잃을 수밖에 없을 것이다. 따라서 우리는 이중 운동에서 또 하나의 결정적인 전제 조건을 결여하고 있는 셈이 된다.

이 '틀'이 문제라는 가설에는 21세기 신자유주의에 대한 반헤게모니 블록을 구축하는 일이 얼마나 어려운가에 대해 진정한 혜안이 담겨 있다. 이는 또 사회 보호를 요구하는 일국적 차원의 운동들에 어떤 약점이 있는지도 조명해준다. 이러한 일국적 운동들은 프랑스의 극우파인 르펜주의

(lepenisme)나 그리스의 '황금의 새벽'(Golden Dawn)처럼 주로 반역사적이고 퇴행적인 형태를 띠면서 존재한다. 하지만 이 가설에서는 더 폭넓은 초국적 대안들의 약점이 설명되지 못한다. 어째서 긴축에 맞서는 유럽 전체 차원의 운동은 존재하지 않는 것일까? 자본가들은 시장의 범위를 확장하고 시장을 일국적 통제에서 해방시키기 위해 지구적으로 스스로를 조직했는데, 어째서 사회 보호 운동의 편에 있는 빨치산들은 그에 맞먹는 규모로 반대 운동을 조직하지 못한 것일까? 요컨대 지금까지 우리가 고찰한 가설들 어느 것도 충분히 만족스럽지 않다. 이 세 가지 가설을 그냥 합친다고 해도 마찬가지다. 정치 엘리트의 심리, 금융화, 지구화 가설 모두를 명료하게 제시할 수 있다고 해도 우리는 폴라니의 시나리오에 나와 있는 코스에서 역사를 이탈하게 만든, 특히 **정치적인** 동학을 충분히 파악하지는 못하게 되는 것이다. 여전히 우리는 의문을 품게 된다. 어째서 '사회'는 스스로를 '경제'로부터 보호하기 위해 정치적으로 조직되지 못하고 있는 것일까? 어째서 21세기에는 이중 운동이 없는 것일까?

해방운동: 폴라니에게 빠져 있는 세 번째 운동

어떤 질문을 아무리 계속 따져보아도 도무지 답이 나오지 않을 때는 혹시 그 질문 자체가 잘못된 것이 아닌가 생각해볼 필요가 있다. 앞에서 왜 21세기에는 이중 운동이 없을까라는 질문을 던지는 순간 우리는 익숙한 오류 하나를 범했다. 바로 사실과 동떨어진 질문을 던지는 오류다. 예를 들어 자본주의 중심부의 선진 산업국가들에는 어째서 사회주의혁명이 벌어지지 않는가와 같은 질문이다. 이 질문의 문제점이 무엇인지는 분명하다. 없는 것에 초점을 맞추면서 있는 것은 무시해버리는 것이다. 따라서 우리는 『거대한 전환』이 출간된 후 수십 년간 현실에 존재했던 사회적 투쟁들의 문법을 검토함으로써 우리의 질문을 좀 더 열린 방식으로 다시 던져보자.

이를 위하여 이중 운동의 틀 내에서 전혀 자리를 찾을 수 없는 광범위한 사회적 투쟁들을 생각해보자. 내가 말하는 투쟁들은 1960년대를 배경으로 폭발하여 이후 전 세계로 빠르게 확산된, 실로 놀랄 정도로 범위가 넓은 갖가지 해방운동들이다. 반인종주의 운동, 반제국주의 운동, 반전 운동, 신좌파, 여성주의 제2세대, 성소수자 해방운동, 다문화 운동 등이 그것이다. 이 운동들은 재분배보다 사회적 인정에 더 초점을 두는 경우가 많았으며, 전후 기간의 복지국가와 발전국가에 제도화되어 있던 여러 형태의 사회 보호 장치들에 지극히 비판적일 때가 많았다. 이들은 사회적 조달 장치에 명문화된 여러 문화적 규범들에 진저리를 치는 가운데서 불평등한 각종 위계 관계와 여러 사회적 배제를 전면적으로 끄집어냈다. 예를 들어 신좌파들은 관료적으로 조직된 사회 보호 장치들의 억압적 성격을 폭로했다. 이런 것들은 그 혜택을 받는 이들을 사실상 무능력 상태에 빠뜨리면서 시민들을 보호 대상자로 바꾸어버린다는 것이었다. 반제국주의 운동과 반전 운동의 활동가들은 제1세계의 사회 보호 장치들이 탈식민 지역의 여러 민족들의 등가죽을 벗겨 착취한 돈으로 가능해지는 것이지만 그들을 철저히 배제한 상태에서 선진국들 내부의 일국적 틀에서 마련된다는 점을 비판했다. 이로써 이들은 사회 보호 장치가 '잘못된 틀'(misframed)로 이루어지는 문제, 즉 위험에 노출되는 규모는 초국가적일 때가 많지만 보호 장치는 일국적인 틀에서 조직되는 게 전형적이라서 규모의 불일치가 존재한다는 점을 지적하며 그 부당함을 폭로한 것이다. 한편 여성주의자들은 사회 보호 장치들이 '가족 임금'이라든가 '노동' 및 '기여'에 대한 남성 중심석 관점들에 기반한 억압적 성격을 지닌다는 점을 드러냈으며, 여기에서 보호되고 있는 것은 '사회' 자체라기보다 남성 지배라는 점을 보여주었다. 성소수자 운동가들은 공적인 복지 조달이 이성애자를 규범으로 삼아 가정을 정의하는 불평등한 성격을 가지고 있음을 또한 폭로했다. 장애인 권익 활동가들은 사회에 조성된 환경이 보통의 신체를 지닌 사람이 바라보는 이동성과 능력을 명문화하는 배제적 성격을 띠고 있다고 폭로했다. 다문화주의자들은 사회 보호 장치들이 다수 종교 혹은 다수인 문화 혈통 집단이 자기들을 이해하는 방식에 기반하고 있으며 이 때문에 소수 집단의 성원들은 불이익을 당하게 된다는 점을 폭로했다 등등.

이 운동들은 각각의 경우마다 모두 사회 보호의 내용을 채우고 있는 '윤리적 실체'—인륜성(Sittlichkeit)[10]—의 특정한 한 측면씩을 맡아서 비판했던 것이다. 그 과정에서 이 운동들로 인하여 이제 '보호'라는 용어는 그 순진무구해 보이는 겉포장을 다시는 두를 수 없게 되었다. 이 운동들은 신분에 기초한 지배에 맞설 수 있는 자원으로 노동시장에서의 임금 소득을 활용할 수 있다는 점을 알고 있었기에, 무작정 시장을 절대악으로 몰아붙이면서 사회 보호를 찬양하는 이들에 대해서는 자연스럽게 경계하는 자세를 취했다. 이들이 최고의 목적으로 삼았던 것은 '사회'를 보호하는 것이 아니라 지배를 극복하는 것이었기에, 이들이 요구하는 것 또한 보호가 아닌 접근권이었다. 그렇다고 해서 이 여러 해방운동이 경제적 자유주의를 지지했던 것은 아니었다. '사회'라는 대열에서는 분명히 이탈했지만, 그렇다고 해서 '시장'의 편에 선 것은 아니었다. 이들은 시장화라는 것이 지배를 제

---

10) 〔옮긴이〕 헤겔의 개념. 헤겔은 인간의 자유의 영역에 속하는 '권리'와 필연 혹은 당위의 영역에 속하는 '도덕'이 모순을 이룬다는 점에 착목하여 후자만을 제시하고 있는 칸트 윤리학의 공허함을 비판했다. 그 대신 가정생활, 시민사회, 국가라는 삶의 영역 모두를 통틀어서 이 두 가지가 결국 인간이라면 이렇게 살고 이렇게 행동한다고 주관적·객관적으로 인정되는 삶의 방식으로 나타나는 '인륜'을 내세우면서, 그 속에서 앞의 두 개념의 모순이 해소되어 통일된다고 주장한다. 즉 전체 사회가 공유하는 '인륜'을 개인이 내면화함으로써 비로소 자유로워지는 동시에 도덕적이게 된다는 것이다. 특히 그는 이 '인륜'의 담지자로서 국가의 중요성을 강조했고, 이것이 헤겔 국가 이론의 핵심적 본질이 된다. 전후 자본주의 복지국가의 여러 장치들 또한 그 국가에 담겨 있는 독특한 '인륜'에 의해 정당화되고 있었으며, 이것이 모든 장치들 속에 명문화되어 개인들에게 그것을 내면화하라고 강요한 셈이다. 하지만 이러한 '인륜'에 과연 모든 이들이 지닌 나름의 방식의 인정 욕구가 담겨 있는가는 문제가 된다.

거해주는 역할도 하지만 그보다 지배의 재기능화에 복무할 때가 더 많다는 것을 알고 있었기에 '자기조정' 시장을 만병통치약으로 선전하는 이들에 대해서도 본능적으로 의구심을 품고 있었다. 이들은 총체적인 시장화로 나아가자는 움직임에 대해서도 경계의 자세를 취하고 있었으며, 계약의 자유란 그 자체가 목적이 아니라 해방을 위한 수단일 뿐이라고, 좀 더 폭넓게 이해되어야 한다고 주장했다.

따라서 일반적으로 보아 전후 기간의 여러 사회운동은 이중 운동의 두 기둥 어디에도 들어맞지 않는다. 이들은 시장화도, 사회의 보호도 전투적으로 지지하지 않으며, 내가 해방(emancipation)이라고 부르고자 하는 제3의 정치적 기획을 신봉했던 것이다. 이 프로젝트는 비록 폴라니가 말하는 두 가지 운동만 생각한다면 눈에 보이지 않게 되지만, 21세기의 사회적 투쟁이 어떤 문법으로 구성되고 있는가를 명확히 이해하려면 중심적 위치를 부여받을 필요가 있다. 따라서 나는 현재의 지형을 분석하는 데 폴라니와는 다른 숫자를 사용하자고 제안하는 바이며, 그래서 현재의 지형을 **삼중 운동**이라고 부르자고 제안하는 것이다. 폴라니의 이중 운동처럼 이 삼중 운동 또한 자본주의사회에서 벌어지는 사회적 투쟁의 문법을 속내까지 파헤칠 수 있는 분석적 도구로 기능한다. 하지만 이중 운동과는 달리 이 개념은 시장화의 신봉자들, 사회적 보호를 고수하려는 자들, 해방의 편에 서려는 자들 사이에 생겨나는 3면 갈등을 그려낸다. 하지만 여기에서의 목적은 단순히 더 많은 것들을 포함시키자는 것이 아니다. 이 세 묶음의 정치 세력들이 각자 추구하는 프로젝트는 서로 교차하기도 하며 충돌하기도 하는바, 이 세 힘들 사이의 관계가 어떻게 이동해기는기를 포착하는 것이 주된 목적이다. 삼중 운동의 개념은 원리상 이 세 세력들 각각은 다른 둘 중 하나와 동맹을 맺고 나머지 하나에 맞설 수 있다는 사실을 부각시키는 것이 목적이다.

정치적 양면성

삼중 운동을 이야기하게 되면 그 즉시 이 세 기둥들 각각은 본질적으로 양면성을 내포하고 있다는 것이 떠오르게 된다. 우리는 앞에서 폴라니와 달리 사회의 보호라는 것이 양면적일 때가 종종 있다는 것을 보았다. 이는 시장이 공동체들 **위**에다 가해대는 해체의 결과들을 경감해주기도 하지만, 그와 동시에 그 공동체들 **내부**에, 또 그들 **사이**에 지배를 깊게 심어놓기도 한다. 하지만 다른 두 기둥들 또한 마찬가지다. 시장화는 분명히 폴라니가 강조한 대로 부정적인 결과들을 가져오기도 한다. 하지만 마르크스가 높게 평가했듯이, 억압적인 사회 보호 장치들을 해체한다는 점에서는 또 긍정적인 결과들을 낳을 수도 있다. 예를 들어 관료 기구를 통해 운영되는 명령형 경제에 소비재 시장이 도입되거나 비자발적으로 노동시장에서 배제된 이들에게 노동시장이 개방되는 경우가 그러하다. 중요한 사실은 해방이라는 기둥 또한 이러한 양면성에서 자유롭지 않다는 점이다. 이 또한 해방만을 가져오는 것이 아니라 기존의 여러 형태의 사회적 연대 조직들에 긴장을 낳게 되어 있다. 심지어 이를 통해 지배를 극복하게 되는 경우라고 해도 사회적 보호의 기초가 되는 연대의 윤리를 해체하는 데 기여할 수도 있으며, 그럼으로써 시장화의 길을 닦아주기도 하는 것이다.

이러한 방식에서 보자면, 이 세 기둥 모두는 각각의 목적을 갖고 있지만 또 동시에 잠재적인 양면성도 가지고 있으며, 이 양면성은 다른 두 기둥과의 상호작용을 통해 펼쳐진다. 따라서 폴라니와 달리 시장화와 사회 보호 사이의 갈등은 해방의 문제와 떼어놓고서는 이해될 수 없다. 하지만 마찬가지로 사회 보호와 해방 사이의 여러 갈등 또한 그 사이를 매개하는 힘인 신자유주의를 떼어놓고는 이해될 수 없다. 따라서 해방적 운동에 대해서도 마찬가지의 비판을 할 수 있다. 폴라니가 시장화와 사회 보호 사이의 여러 갈등에 대해 해방을 위한 투쟁들이 끼친 충격을 무시했다고 한다면, 여러 해방운동 또한 보호주의적 힘들과 맞섰던 자신들의 여러 투쟁에 시장화 기획이 어떤 충격을 가져왔는가를 무시할 때가 많았다.

우리는 전후 시대에 여러 해방운동이 여러 억압적 사회 보호 장치들에 도전했음을 보았다. 각각의 경우 해방운동은 특정한 형태의 지배를 밝혀냈고 해방에 대한 요구를 일으켜 세웠다. 하지만 이러한 요구들 또한 양면성이 있는 것이었다. 이들은 원리상 시장화와 한편이 될 수도, 또 사회 보호와 한편이 될 수도 있는 것이었다. 해방운동이 시장화와 한편에 서는 첫 번째 경우에는 억압적 차원만 침식하는 것이 아니라 사회 보호의 기초인 사회적 연대 또한 전면적으로 침식하게 된다. 해방운동이 사회의 보호와 한편이 되는 두 번째 경우에는 사회적 보호를 떠받치는 윤리적 실체를 침식하는 것이 아니라 그것을 변형하게 될 것이다.

사실을 보자면, 이 해방운동들 모두는 사회 보호의 경향과 시장화의 경향 둘 모두를 끌어안고 있다. 각각의 운동의 경우를 보면, 그 내부의 자유주의적 흐름들은 시장화의 방향으로 끌려가고 있으며, 사회주의적 혹은 사회민주주의적 흐름들은 사회 보호의 세력들과 한편이 되는 경향이 있다. 하지만 최근 들어서는 해방운동의 양면성이 시장화를 선호하는 쪽으로 결정되어버렸다고 볼 수 있다. 해방 투쟁의 헤게모니적 흐름들은 비록 자유시장 세력들의 발흥에 충분히 동조한 것은 아니었지만 신자유주의와 모종의 '위험한 내통 관계'를 형성했으며, 새로운 자본축적을 위한 카리스마적인 합리화 혹은 '새로운 정신'의 일부를 제공하여 이를 '유연한', '차이 친화적인', '아래로부터의 창의성을 장려하는' 등의 말로 선전하고 있다.[11] 그 결과 억압적인 사회 보호에 대한 해방운동 쪽의 비판은 사회 보호 자체를

---

11) 여성주의와 신자유주의 사이의 위험한 연결에 대해서는 Fraser, "Feminism, Capitalism and the Cunning of History"; "Feminist Ambivalence and Capitalist Crisis", in Fraser, *Fortunes of Feminism*, London and New York 2013 참조.

공격하는 신자유주의적인 비판과 하나로 합쳐졌다. 삼중 운동의 갈등 접점에서 해방운동의 축은 시장화의 축과 힘을 합쳐 사회 보호 쪽 세력을 협공하고 있는 것이다.

이제 드디어 우리는 21세기의 현실 세계에서 작동하고 있는 정치 게임의 상태를 인식할 수 있게 된다. 현재의 대립 구도에서 보면, 담대해진 신자유주의 진영은 여러 해방운동의 카리스마를 빌려 거기에서 힘을 끌어낸다. 신자유주의 진영은 스스로의 운동을 모종의 반란인 것처럼 치장하면서, 사회 보호를 자유에 대한 족쇄라고 욕설을 퍼붓는 자신들의 주장에 해방운동의 논조를 차용한다. 한편 자신감이 꺾인 사회 보호 진영은 여러 해방운동이 붙여놓은 지배라는 딱지의 오명을 벗어내려고 몸부림친다. 사기가 꺾이고 수세에 몰린 데다가 확신도 결여된 이들은 결국 신자유주의에 대한 반대를 자극하고 힘차게 조직해낼 수 있는 낭만도, 또 반헤게모니의 비전도 만들어내지 못한다. 마지막으로 해방운동 진영은 좁은 낭떠러지에 서 있는 자신을 발견하게 된다. 다른 두 축 사이에 낀 상태에서 그 내부의 지배적 흐름들은 두 편을 가르는 경계선을 반복해서 넘나들고 있다. 한 편은 억압적 사회 보호에 대한 유의미한 비판과 노동시장 접근에 대한 정당한 요구이며, 다른 한 편은 능력주의에 입각한 개인주의와 개인화된 소비주의를 무비판적으로 수용하는 것이다.

위기의 정치학을 다시 생각한다

삼중 운동의 개념에서는 이렇게 현재의 지형이 명료화됨으로써 신자유주의에 대한 반헤게모니 프로젝트를 구축하려는 여러 노력이 구체적으로 어떠한 정치적 도전들에 직면하고 있는가가 부각된다. 이 개념에서는 현실에 존재하는 여러 투쟁들의 장을 속속들이 헤집어봄으로써 정치적 행위자들의 상황과 그들의 대응 사이를 매개해주는 사회적 상상들과 주장 형성의 문법에 초점이 맞춰진다. 이러한 정치적 상황에 초점을 맞추면, 우리가 앞에서 고찰했던 세 가지 가설들이 무효화되는 것이 아니라 보완되며, 오히려 더 풍부해진다. 무엇보다 사회민주주의 엘리트들의 사기를 꺾어버리고 신자유주의에 카리스마를 부여하여 헤게모니를 쥘 수 있게 해주고 여러 해방운동 세력을 무력하고 무디게 만들어 해체해버린 과정들이 어떤 것이었는지가 이 개념을 통해 명확해진다. 마찬가지로 중요한 점은 이 삼중 운동의 개념에 의해 현재의 정치 투쟁의 상태에서 포스트-폴라니적인 평가가 제시된다는 것이다. 한 예로 그것에는 우리가 더 이상 이중 운동이 없다고 한탄해서는 안 된다는 점이 함축되어 있다. 해방운동이 일어남으로써 신자유주의에 대한 투쟁이 아무리 복잡해졌다고 해도 그 발흥은 분명히 하나의 진보를 나타낸다. 사회의 보호라는 것을 위계적이고 배제적이며 공동체 지상주의적인 방식으로 이해하는 태도로 되돌아갈 수는 없다. 이러한 태도를 통해 표방하려 드는 순진무구함은 이제 완전히 박살이 나버렸고, 또 그래야 마땅한 일이다. 이제부터는 해방이 없는 사회 보호란 있어서는 안 된다.

동시에 이 삼중 운동의 개념을 통해서 해방의 프로젝트가 좀 더 복잡해져야 할 필요성이 제기된다. 이 분석은 해방 프로젝트에 양면성이 있다는 점을 드러냄으로써 해방이라는 것이 모든 좋은 것들을 다 포함하는 단일 용어가 아님을 함축하고 있다. 그 대신 해방 프로젝트의 모습은 지배를 극복하려는 충동이 자신과 엇갈리는 다른 프로젝트들—무엇보다 시장화와 사회 보호—과 역사 속에서 어떻게 조우하는가에 따라 형성되게 되어 있는 바, 이러한 역사적 형태가 지극히 중요하다. 해방 프로젝트가 계약, 능력주의, 개인적인 출세 등을 천진난만하게 신봉하는 태도에 물들어 있다면 엉뚱하게 빗나간 목적을 지향하는 것으로 변질되기 십상이며, 실제로 이것이 현재 이미 벌어진 바 있다. 하지만 해방 프로젝트가 시장을 완전히 거부하는 태도와 한 몸이 되어버린다면 그것은 우리에게 꼭 필요한 자유주의적

이상들을 실질적으로 자유시장주의자들에게 넘겨주는 꼴이 될 것이다. 그리고 착취당하는 것보다 더 끔찍한 상태, 즉 착취당할 가치조차 없는 것으로 간주되는 상태가 있음을 옳게 이해하고 있는 지구상의 수십억의 사람들을 내팽개치는 꼴이 될 것이다.

마지막으로, 삼중 운동의 개념에서는 여전히 해방의 프로젝트에 헌신하고자 하는 우리를 위하여 단일한 정치 프로젝트가 제시되고 있다. 우리는 신자유주의와의 위험한 내통 관계를 끊어내버리고 사회 보호 운동과 일정한 원칙에 입각한 새로운 동맹을 형성할 수 있을 것이다. 이렇게 하여 삼중 운동의 여러 축들을 새롭게 편성하게 된다면, 우리는 지배 없는 세상을 꿈꾸는 우리의 오랜 관심과, 이와 똑같이 중요한 연대와 사회보장에 대한 관심을 하나로 통합할 수 있게 될 것이다. 부정적 자유는 우리에게 꼭 필요한 것이지만, 그것에 대한 관심이 신자유주의자들이 이용하기 좋도록 변형된 상태라는 것이 현재의 실정이다. 우리는 이 또한 되찾아올 수 있을 것이다. 그러한 프로젝트는 사회정의에 대한 보다 폭넓은 이해를 수용함으로써, 폴라니의 혜안을 존중하면서도 그가 보지 못했던 맹점들을 보완하게 될 것이다.

〔홍기빈 옮김〕

제2부
지역 쟁점

〔대담〕

새로운 세계 불황?

리처드 던컨(Richard Duncan)과의 인터뷰

당신은 이번 금융 위기의 엄청난 심각성을 미리 예견한 몇 안 되는 전문가들 가운데 한 명이었습니다. 이미 2003년 초 자산담보증권 부문을 통해 신용 경색의 파장이 확산되리라 예언하는 글을 썼고, 패니 매(Fannie Mae), 프레디 맥(Freddie Mac)과 금융·보험회사들이 구제금융을 받을 수밖에 없으리라 예견했으며, 수조 달러 규모의 파생상품 시장이 무너져 내릴 수도 있다고 경고한 것으로 알려져 있습니다. 이러한 선견지명은 대부분의 주류 경제학자들이 보인 안일한 태도와 매우 대조적이었습니다. 어떻게 『달러의 위기』(The Dollar Crisis)라는 글을 쓰게 되었는지 설명해주시겠습니까? 더불어 당신의 지적 발전 경로를 얘기해주시기를 부탁드립니다. 동아시아 증권 분석가로서 일했던 경험이 도움이 되었습니까?

저는 켄터키에서 태어나 반더빌트 대학(Vanderbilt University)에 들어갔습니다. 원래 계획은 법대에 진학하는 것이었는데, 계획을 변경했어요. 그 대신 제2안을 선택한 거지요. 프랑스에 1년간 머물며 포도를 따는 것이었습니다. 파리에서 개인 운전기사 일자리를 얻었습니다. 부유한 미국인을 위해 차를 몰며 배낭여행에 필요한 자금을 모았어요. 그 돈으로 1983~84년 세계 여기저기를 돌아다녔지요. 젊은 나이에 세계를 돌아볼 수 있다는 것은 나에게 큰 행운이었습니다. 태국, 말레이시아, 싱가포르 등에서 한두 달씩을 보냈어요. 긴 기간은 아니었지만, 한두 달의 시간은 "젊은이여, 동쪽으로 가라"[1]라는 말을 실감하기에 충분한 기간이었지요.

동쪽으로 가라니, 왜인가요?

첫째로 경제적 기회를 들 수 있어요. 호황이 펼쳐지고 있다는 사실은 명약관화했지요. 거대한 고층 빌딩이 쭉쭉 올라가고 있었고, 너무 빨리 변하고 있어 현지인들도 자기네 거리 지도를 이해하지 못할 정도였으니까요. 그래서 전 미국으로 돌아가 보스턴에 있는 경영대에 진학했습니다. 물론 당시 미국의 경제성장은 매우 미약했어요. 경영대 과정을 마쳤을 즈음 아시아로의 진출은 당연한 일로 받아들여지는 상황이 된 겁니다. 전 홍콩으로 건너가 일자리를 얻었습니다. 그 지역의 홍콩-중국계 주식 중개 회사에서 증권 분석 업무를 맡았지요. 그때가 1986년이었습니다. 그곳에서 일한 첫해 12개월 동안 홍콩의 주식시장 가치가 두 배로 뛰어올랐어요. 그런데 어느 날 자고 일어났더니 월가의 주가가 하룻밤 사이에 23퍼센트나 폭락했다는 소식이 들린 거지요. 홍콩 주식시장도 즉각적인 타격을 입어, 1년

---

1) 〔옮긴이〕 "Go east, young man"은 미국 대법관이었던 윌리엄 더글러스(William O. Douglas)의 동명 회고록을 인용한 것으로 보인다. 이 회고록의 제목은 미국에서 흔히 사용하는 "젊은이여, 서쪽으로 가라"(Go west, young man)를 패러디한 것이다.

전 가격으로 되돌아가버렸습니다. 1990년에 들어서면서 저는 제임스 케이플(James Capel)이라는 회사에 들어갔습니다. 당시 가장 크고 오래된 주식 중개 회사였는데, 그 회사에서는 저를 태국으로 파견해 그곳에 있는 연구 부서 관리를 맡겼어요. 10명의 분석 전문가들로 구성된 연구 부서가 방콕 주식시장에 상장된 전체 기업들을 관할했습니다. 첫눈에 보기에, 태국 경제는 '태국의 기적'이라 불러도 손색이 없을 정도였어요. 성장이 견고했고 기반이 튼실했지요. 하지만 얼마 지나지 않아 1994년에 이르자 모든 것이 거품이라는 사실이 명확해졌고, 저는 시장이 하락세로 돌아서리라는 전망을 갖기 시작했습니다. 시장이 붕괴할 것이라는 말을 한 적은 없어요. 다만 성장세가 둔화될 거라 봤지요. 그런데 성장에 계속 가속도가 붙었습니다. 거품이 풍선처럼 부풀어 올랐다고나 할까요. 1997년 버블이 펑 하고 터지자, 태국의 GDP는 10퍼센트나 줄어들었고, 주식시장 가치는 미국 달러를 기준으로 환산해 95퍼센트나 바닥으로 추락했습니다.

저는 짧은 기간에 거대한 규모의 호황과 붕괴의 순환을 목도할 수 있었지요. 지난 몇 해 동안 제가 잘못 이해하고 있었다는 생각이 들었습니다. 그보다 더 크게 반성한 지점은 그동안 제가 잘못 이해한 원인을 고민해볼 충분한 시간이 제게 있었다는 사실이었지요. 이런 반성을 하면서, 저는 여러 거시경제 서적을 뒤지기 시작했습니다. 케인스, 슘페터, 밀턴 프리드먼의 미국 통화 역사 그리고 여러 고전적 연구들을 두루두루 읽었습니다. 1994년경에도 한번 머릿속에서 번쩍 섬광이 보인 적이 있어요. 그보다 5년 전에 한 무리의 펀드 매니저들을 이끌고 주장 강 삼각주 지역을 한 바퀴 돌기회가 있었습니다. 홍콩에서 광둥으로, 디시 그곳에서 마카오로 내려오는 코스였어요. 그 광활한 삼각주를 따라 우리 눈앞에 펼쳐진 광경은 공장에서 공장으로 지평선 끝까지 이어지는 공장의 물결이었습니다. 그곳의 공장들은 하루에 3달러를 버는 19살 소녀들로 가득 차 있었어요. 1994년이 되자 저는 이 광경이 의미하는 바가 무엇인지 명확히 알 수 있었습니다. 세계화가 평탄하게 진행되지는 않으리라는 사실이었어요. 부연하면, 미국의 무역수지 적자는 점점 더 늘어날 것이고, 미국 경제는 지속적으로 공동화될 것이며, 세계화는 지속 가능하지 않을 것이라는 사실이지요. 제가 목도한 인구학적 사실이 이 〔세계화〕 체제가 제대로 작동하는 것을 불가능하게 만들 겁니다. 2003년에 출판된 『달러의 위기』는 어떻게 이러한 지구적 차원의 불균형이 무역 흑자 경제국에 거품을 불어넣게 되고, 그렇게 만들어진 돈이 어떻게 미국으로 되돌아오게 되는지 파헤치고 있습니다. 이를 통해 저는 포스트 금본위제, 포스트 브레튼우즈 국제통화체제로 인해 무한 팽창할 수 있었던 신용 체계가 모든 문제의 출발점임을 알게 되었어요.

저는 당신이 금본위제로의 복귀를 옹호하지는 않는다고 들었는데요?

물론 옹호하지는 않습니다. 다만 미국이 금본위제를 유지했더라면, 국제통화체제가 지금처럼 위태롭게 붕괴 직전 상황에 처해 있지는 않았을 거라 생각해요. 글로벌 경제의 규모가 지금보다는 작았을 테고, 중국도 지금처럼 거대한 규모의 경제로는 결코 성장하지 못했을 겁니다. 그러나 우리는 현실을 받아들여야 합니다. 과거로 돌아갈 수는 없어요. 만약 미국이 과거 체제로 돌아가고자 한다면, 엄청난 규모의 디플레이션이 요구되지요. 1926년에 영국이 경험했듯이, 이런 사태를 절대로 견뎌낼 수 없을 겁니다. 그래도 금과 연동시켰던 브레튼우즈 체제나 1994년 이전의 고전적인 금본위제에 내재되어 있던 자동적인 조정 메커니즘을 포기했을 때 야기된 효과들을 이해하는 것은 중요하다고 생각합니다. 제가 자동적인 조정 메커니즘이라고 일컫는 것은 대규모 무역 불균형과 정부의 재정 적자를 바로잡는 데 도움이 되는 기제예요. 브레튼우즈 체제가 붕괴하고 나서 1973년 이후 등장한 국제통화체제에는 아직 공식적인 이름이 없어요. 『달러의 위기』에서 저는 현 체제를 '달러본위제'(dollar standard)라고 불렀습니다. 미국

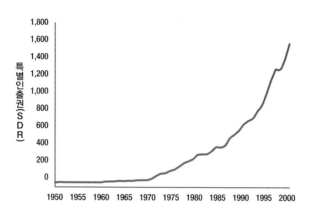

그림 1. 전체 국제 준비자산 규모, 1949~2000년

* IMF, *International Financial Statistics Yearbook 2001*, *The Dollar Crisis*, Fig. 1.1,
  p. 6에서 재인용.

달러가 금을 대신해 세계 준비자산의 매개 수단으로 자리매김했기 때문입니다. 『달러의 위기』에서는 이 새로운 체제가 어떻게 세계적 차원에서 신용 거품을 야기할 수 있었는지에 초점을 맞췄습니다. 지구적 차원의 통화량을 측정하는 데 가장 좋은 수단인 전체 국제 준비자산 규모가 1969년에서 2000년 사이에 거의 2천 퍼센트나 상승했어요(그림 1 참조). 각국 중앙은행들이 전례 없는 규모로 지폐를 발행했기 때문이지요.

유통되고 있는 미국 달러의 규모도 엄청나게 늘어났습니다(그림 2 참조). 달러본위제의 주요한 특징 가운데 하나는 이 체제가 미국에 대규모 경상수지 적자를 야기한다는 사실입니다. 미국이 수입품에 대해 달러로 결제하기 때문에, 필요하다면 연준은—과거와 달리 금 보유량에 개의치 않고—원하는 만큼 맘대로 돈을 찍어낼 수 있기 때문이에요. 무역 상대국으로 나간 돈—재무부 채권, 기업 채권, 주식, 모기지 관련 증권 등—을 달러 표시 자산에 투자하게 만들어 환류시켰습니다. 미국의 상대방은 〔안전하게 자산을 관리하며〕 이자소득을 얻기 위해 그렇게 할 수밖에 없었습니다. 프랑스

그림 2. 일반인이 소유하고 있는 미국 통화

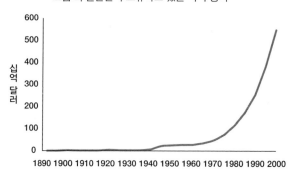

* 1890~1970년의 자료는 US Department of Commerce, Bureau of the Census, *Historical Statistics of the United States: Colonial Times to 1970*, 1975~95년의 자료는 IMF, *International Financial Statistics*, IMF Statistics Department, 2000년의 자료는 Federal Reserve, *The Flow of Funds*, Table L. 108 참조. 이 그래프는 *The Dollar Crisis*, Fig. 1.5, p. 12에서 재인용했다.

그림 3. 미국 대외 수지의 세부 항목, 1984~2000년

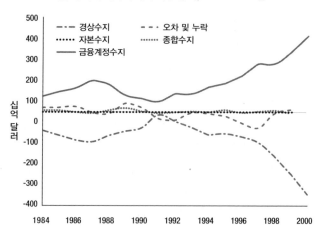

* IMF, *International Financial Statistics*, *The Dollar Crisis*, Fig. 3.1, p. 45에서 재인용.

경제학자 자크 루에프(Jacque Rueff)는 이러한 과정을 구슬 게임(game of marbles)에 비유한 적 있어요. 매번 게임이 끝날 때마다 딴 사람이 잃은 사람에게 구슬을 되돌려준다는 거지요. 미국의 경상수지 적자가 커지면 커질수록, 미국으로 다시 흘러들어오는 달러의 규모도 함께 늘어났습니다. 무역수지 적자만큼 방대한 금융계정 흑자를 통해 그럴 수 있었지요(그림 3 참조). 미국의 무역 상대국들이 택할 수 있는 또 하나의 방법은―사실 미국 전문가들이 추천하는 방법이기도 한데―벌어들인 달러를 자국의 통화로 교환하는 것입니다. 그러면 각국의 통화가치는 올라가게 되고, 미국에 수출하려는 상품의 가격도 높아져요. 미국은 이 방식으로 상대방을 게임 판에서 탈락시킬 수도 있을 겁니다.

사실 2008년 이전에도 포스트 브레튼우즈 시기 내내 금융 위기가 만연했습니다. 1980년대 라틴아메리카, 1990년 일본, 1992년 스칸디나비아, 1997년 아시아 위기, 이어서 발생한 러시아, 아르헨티나, 닷컴 붕괴 등이 그랬지요. 당신은 이 현상을 어떻게 설명하십니까?

기본적으로 오스트리아 학파가 제시한 신용의 역할에 관한 설명이 옳다고 생각합니다. 신용이 팽창하는 기간에는 급속한 경제성장과 자산 가격 인플레이션이 일어나면서 인위적인 호황 국면이 펼쳐져요. 자산 가격이 오르면 담보 가치 상승으로 이어지고, 이를 바탕으로 더 많은 신용이 창출될 수 있어요. 그러나 언젠가는 날로 더해가는 경기과열과 자산 가격 상승이 임금과 소득의 성장을 앞질러가는 날이 오고야 맙니다. 둘 사이의 간격이 점점 벌어지면 융자받은 돈에 부과되는 이자를 갚을 수 없는 지경에 이르게 되지요. 거품은 언젠가 꺼지게 마련이고, 거품이 터지면 지금까지의 상승 회오리가 급격히 반대로 돌게 됩니다. 소비는 줄고, 자산 가격은 떨어지며, 파산과 기업 도산이 빈번해지고, 실업이 증가합니다. 결국 금융 부문 전체가 너덜너덜해지면서, 불황이 시작되는 거지요. 오스트리아 학파에 따르면, 불황은 경제가 신용팽창 이전의 평형 상태로 돌아가는 현상입니다. 영원한 추락은 존재하지 않아요. 일정 시점에서 자산 가격은 대중의 소득 수준에 맞는 지점에 근접하게 되고, 경제는 안정을 찾습니다. 달러본위제에서 뭔가 다른 점이 있다면, 그것은 방대해진 신용의 규모일 겁니다. 그로 인해 더 격렬하고 급속한 거품과 거품 붕괴의 순환이 야기되는 거지요. 사실 포스트 브레튼우즈 시대의 첫 번째 호황-붕괴 순환은 1970년대에 촉발되었습니다. 당시 뉴욕의 은행들은 OPEC로부터 환류된 석유-달러를 남아메리카와 아프리카 국가들에 대부해주었어요. '기적'이라 일컬어지던 호황이 수축하기 시작하여 결국 붕괴하자, 1980년대 제3세계의 부채 위기가 야기되었지요.

본격적으로 신용 창출이 극도로 불안한 상태로 진입한 것은 미국이 1980년대 초 1천억 달러의 경상수지 적자를 기록하기 시작하면서부터라고 보는 것이 맞습니다. 몇 년 후 미국 정부의 재정수지도 심각한 수준의 적자 상태에 빠져요. 미국 정부는 금융계정을 통해 유입되는 돈으로 필요한 재정을 확보했고요. 미국이 이렇게 쌍둥이 적자를 유지할 수 있었던 것은 필요하면 언제든지 달러를 찍어낼 수 있는 기축통화 발권 능력에 기인했습니다. 미국에서 발행한 달러가 흑자를 보는 무역 상대국들의 은행 시스템에 유입되면, 그 돈은 이른바 '본원통화' 역할을 했어요. 다시 말해 은행들이 계속해서 대출, 재대출을 거듭할 수 있는 밑천이 되는 화폐의 기본 수량으로서의 지위를 가졌지요. 그러다 결국 경기과열과 자산 인플레이션을 야기하면서 이 신용 창출이라는 폭탄이 터지게 되지요. 1980년대 일본에서 처음 발생했고, 그다음은 1990년대 '아시아의 호랑이' 경제국들에서 터졌습니다. 특히 태국 같은 나라에서는 초기 성장 국면을 보고 투자 매력에 이끌려 유입된 '단기 자본'(hot capital)이 신용 거품을 더욱더 키우는 역할을 했습니다. 결국 과잉투자는 과잉생산과 과잉공급을 낳았고, 이윤율 급락,

파산, 주식시장 붕괴로 이어졌습니다. 그리고 은행들의 금고는 악성 채권으로 가득 찼고, 정부는 심각한 부채의 늪에 빠졌습니다. 거대한 자본의 유입 물결이 1997년 아시아 위기 이후 다시 미국으로 환류해 돌아가면서, 미국에 '신경제' 주식시장 거품과 신용 호황을 창출했고요.

이제 일본 쪽으로 넘어가봅시다. 일본이 수출 주도 성장을 통해 실질적인 경제적 수혜를 보았다는 사실은 의심의 여지가 없어요. 미국과의 무역수지 흑자로 가지게 된 구매력이 없었다면, 1960년대와 1970년대 일본의 경제성장률은 훨씬 낮았을 겁니다. 그러나 한 가지 간과되고 있는 중요한 지점이 있어요. 일본의 무역 흑자가 은행 체제 내로 유입되면서 국내 신용팽창에 커다란 영향을 끼쳤다는 사실입니다. 일본의 거품경제가 거대하게 부풀어 오르게 된 결정적 계기가 바로 이 과정이었어요. GDP 대비 국내 신용대출 비율이 1970년 135퍼센트에서 1989년 265퍼센트로 어마어마한 증가를 보였어요. 사실 일본은 1980년대 중반에 대규모 자본 수출을 도모했지요. 경기과열을 피하려는 시도였습니다. 1985년 이후 엔화 가치의 가파른 상승에 직면하면서, 일본은 제조 시설을 동아시아 국가로 대대적으로 재배치하는 작업을 펼칩니다. 그 결과 태국, 인도네시아, 한국, 말레이시아 등 '아시아 호랑이들'의 폭발적인 경제성장이 촉발되었어요(그림 4 참조). 그러나 굉장히 오랜 기간에 무역 흑자를 기록한 결과, 국제 준비금은 증가하고 통화 공급도 팽창했습니다. 계속되는 유입을 멈출 수 없게 되면서 1980년대 말 급격한 경기과열이 초래되었고요. 1990년 일본 경제의 거품이 터진 후 부동산 가격은 50퍼센트 이상 떨어졌고, 주식시장도 75퍼센트나 추락했습니다. 22년이 지난 지금도 일본의 은행들은 여전히 불량 채권을 털지 못하고 있고, 일본 정부의 부채는—GDP 대비 230퍼센트로—세계에서 가장 높습니다.

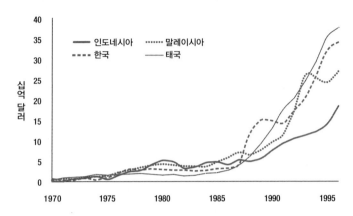

그림 4. 아시아 4개국의 총 국제 준비금 규모(금 제외, 1970~96년)

* IMF, *International Financial Statistics*, *The Dollar Crisis*, Fig. 2.18, p. 42에서 재인용.

IMF가 아시아 위기에 대처한 방식에 대해 어떻게 평가하십니까?

저는 1997년에 거품이 터지기 전에 태국을 떠났어요. 그렇지만 그곳에서 6년간 시장을 연구했기 때문에 어떤 일이 벌어졌는지 잘 알고 있다고 자부합니다. 그래서 전 IMF, 세계은행, 미국 재무부에 대한 자료를 모았고, IMF가 1998년 5월 자문위원으로 저를 고용하기 전까지 그들을 신랄하게 비판했습니다. 이후 전 IMF와 세계은행에 소속된 서른 명의 사람들과 방콕으로 날아갔지요. 우리는 강가에 위치한 매우 근사한 '오리엔탈 호텔'에 머물렀습니다. 3주 동안 머물면서 그들과 좀 어울릴 시간을 가졌어요. 그런 가운데 그들이 어떤 식으로 일하고 그들의 사고가 어떻게 전개되는지 살짝 들여다볼 수 있었습니다. 그들이 태국 경제에 대해 거의 모르고 있다는 사실을 알아차리고 충격을 받았어요. 태국에서 매우 심층적인 경험을 했던 저를 기준으로 이렇게 평가하면 좀 부적절하다고 볼 수도 있지만, 전 IMF가 최소한 저 정도의 지식수준은 가지고 있으리라고 믿었습니다. 물론 그들은 세계 곳곳의 여러 나라 경제들에 관해 많은 경험을 가진 매우 지적인 사람들이었습니다. 그러나 그들은 태국에서 어떤 일이 벌어지고 있는지 잘 모르고 있는 것처럼 보였어요. 어느 회의에서 그들은 그해 태국 경제가 3퍼센트 위축되리라는 전망을 내놓았습니다. 그런데 제가 보기에 그런 전망을 뒷받침할 수 있는 딱히 특별한 이유는 제시하지 않았지요. 그 회의가 있은 후 일주일 내내 저는 보고서 하나를 준비하는 데 시간을 보냈습니다. 그 보고서에서 저는 만약 태국 경제가 IMF가 강제하고 있는—IMF가 당시 태국 정부를 계속 설득하고 있었던—정책을 따라 계속 움직인다면, 1998년에 9퍼센트 그리고 그다음 해에도 9퍼센트 수축할 것이라고 주장했습니다. 결국 태국 경제는 1998년 약 10퍼센트 위축되었어요. 하지만 그 이듬해에는 반등했습니다. 당시 IMF는 위기 초기에 요구했던 대응 정책들의 대부분을 철회하고 이미 원상태로 되돌린 상황이었어요. 두 해 사이에 이런 차이를 낳은 결정적 요소는 엄청난 통화가치 하락이었습니다. 1달러에 25바트에서 50바트로 절하된 거지요. 바트화의 대규모 가치 절하는 태국이 위기의 늪에서 빠져나오는 데 매우 큰 도움이 되었습니다. 상대적이지만 여전히 호황을 누리고 있던 글로벌 경제를 대상으로 수출을 늘릴 수 있었기 때문입니다.

그 후 1998년 10월부터 2년 동안 저는 워싱턴의 세계은행에서 정규직으로 일했는데, 매우 흥미로운 경험이었습니다. 제가 일했던 두 기관 모두 브레튼우즈 체제의 기관으로서, 돈이 모자라는 상황에 처한 회원국들이 전반적인 국제수지 균형을 회복할 수 있도록 돕는 역할, 즉 금본위제의 자동 안정화 장치 역할을 하기 위해 만들어졌어요. 브레튼우즈 체제가 끝나고 국제무역의 불균형이 심화되면서 상황이 크게 바뀌었습니다. 날로 확대되어 온 국제적 자본 흐름이 상당히 불안정한 경제 상황을 야기하고 있었어요. 동아시아 위기가 발생했을 때, 저는 IMF와 세계은행이 이런 상황을 제대로 인식하지 못하고 있었다고 생각했습니다. 두 기관들은 1980년대와 1990년대에 태국으로 밀려들어온 자본이 어떻게 태국 경제를 근본적으로 바꿔놓고 왜곡했으며 거기에 거품을 불어넣었는지 이해하지 못했어요. 실제로 그렇게 유입되었던 돈이 다 빠져나가자 태국 경제는 수축되고 말았습니다. 만약 IMF와 세계은행이 1950년대 혹은 1960년대에나 적용될 수 있었던 혹독한 정책들을 끝까지 강요했다면, 자본의 환류로 인해 거의 모든 은행과 저축 기관들이 완전히 붕괴해버렸을 겁니다.

당신이 신용 창출 폭발의 근원이라고 생각하는 미국 무역적자의 지속적 증가 문제로 잠시 돌아가봅시다. 미국의 무역적자는 1980년대 초에 늘어나기 시작했지만, 1985년에 이르면서 미국은 독일 및 일본과 이른바 '플라자 협정'을 맺어 달러 가치를 급격히 절하함으로써 자국의 제조업을 부양하고 무역적자를 줄이는 데 성공했습니다. 물론 1995년이 되면 미국의 정책이 반대 방향으로 되돌아갑니다. 미국이 계속해서 장기적인 달러 가치 하락 쪽으로 밀어붙이지 않은 이유가 무엇이라고 생각하십니까? 그리고 만약 그랬다면 어떤 영향이 발생했을까요?

이 질문에 완벽한 해답을 줄 자신이 저에게는 없어요. 1985년에 들어서면서 미국의 무역적자는 GDP의 3.5퍼센트 정도에 이릅니다. 이 규모는 미국의 정책 입안자들뿐만 아니라 전 세계적으로 경각심을 불러일으키기에 충분한 수준이었지요. 일본과 독일을 비롯해 무역 흑자국들의 경기가 과열되고 있다는 사실을 알려주는 지표이기도 했기 때문입니다. 1985년에 플라자 호텔에서 있었던 협정은 달러 가치를 엔과 마르크에 대비해 절하하겠다는 내용이었습니다. 그 후 2년간 달러 가치가 약 50퍼센트 떨어졌어요. 이는 미국이 1990년경 거의 무역수지 균형을 되찾게 될 정도로 충분한 평가절하였어요. 그런데 이제 일본과 독일은 더 이상 문제의 중심에 있지 않았습니다. 아시아의 호랑이들이 지속적으로 미국에 대한 수출을 늘리면서 무역흑자를 키우고 있었던 거지요. 중국도 그 뒤를 따르고 있었습니다. 중국 경제가 본격적으로 열을 올리기 시작하자, 무역흑자가 날로 커졌습니다. 그런데 일본이나 독일과 달리 미국이 중국의 통화정책에 통제력을 발휘할 수 없었어요. 설상가상으로 1994년에 중국은 자국 통화를 급격히 평가절하합니다. 이로 인해 미국의 무역적자는 더 심각한 상황에 빠져들지요.

중국이 미국의 저달러 수출 정책을 거슬러 발흥했다는 건가요?

이 질문은 매우 어려운 주제예요. 시간이 지나면서 미국 산업계에서는 미국 내 제조업을 포기했다고 생각합니다. 미국 바깥에 있는 초(超)저임금 국가에서 제조업을 하면서 이윤을 올릴 수 있다는 사실을 깨달은 거지요. 그리고 실제로 그 방향으로 진행되었고요. 점점 더 많은 기업들이 아웃소싱을 통해 이윤을 많이 올릴 수 있음을 실감하면서, 1990년대 초 결정적인 전환점을 맞습니다. 그즈음 강한 달러와 약한 중국 통화의 조합이 미국 사회 주요 부문의 이익에 진정으로 도움이 된다는 사실이 명약관화해졌습니다. 미국 기업들이 약한 통화 국가들에 진출해 미국으로 역수출하기만 하면 되었어요. 1980년대 일본이나 독일과 상황이 완전히 달랐지요. 두 나라 노동자들의 임금은 미국과 비교해 이미 상당히 높았습니다. 모든 것을 해외에서 생산하면 떼돈을 벌 수 있다는 사실을 미국 산업계에서 깨달은 것은 1990년대 아시아 호랑이의 발흥, 특히 중국이 거기에 가세하면서부터였어요.

더 나아가 '달러본위제'가 미국 경제 자체에 어떤 방시으로 영향을 끼친 겁니까?

과거 미국은 발행하는 모든 달러의 25퍼센트에 해당하는 금을 준비해야 했습니다. [브레튼우즈 체제의 붕괴로] 이러한 제약이 제거되자 미국이 창출할 수 있는 신용의 한계도 함께 사라져버렸어요. 세계대전 종전 직

그림 5. 미국의 총부채, 통화량과 GDP

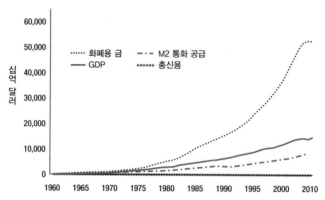

* 미국 연방준비은행 자료. *The New Depression*, Fig. 1.1, p. 2에서 재인용.

후 10년 동안은 세계의 거의 모든 금을 미국이 소유하고 있었기 때문에 미국이 금으로 자신들의 달러 발행을 뒷받침하는 데 어려움이 없었습니다. 그러나 다국적인 차원에서 산업이 해외로 재배치되고 정부의 재정지출이 늘어나면서, 1968년에 법적 구속력이 있는 제한선에 도달하게 됩니다. 그러자 존슨 대통령의 요구로 의회는 법을 그냥 바꾸어버렸어요. 달러와 금의 연계를 끊어버린 거지요. 이때 신용 창출에 대한 제약은 부과하지 않았기 때문에, 신용이 폭발적으로 증가합니다. 물론 신용과 부채는 동전의 양면이에요. 미국의 총부채─즉 정부, 가계, 기업, 금융 부문의 부채 합계─는 1964년 1조 달러에서 2007년 50조 달러를 넘어섰어요(그림 5 참조). 지금까지 이런 규모의 신용팽창을 자연스러운 것처럼 여기는 경향이 팽배했지만, 사실 이것은 매우 이례적인 현상이었습니다. 미국이 달러와 금의 연계를 끊었기에 가능한 일이었지요. 이러한 신용의 폭발적 팽창이 오늘날의 세계를 규정하고 있다고 해도 과언이 아닙니다. 만약 신용의 엄청난 증가가 아니었다면 미국이 지금처럼 물질적으로 번영할 수 없었을 겁니다. 미국의 신용 확대를 통해 아시아의 수출 주도 성장 전략에 재원을 댈 수 있었고, 세계화 시대의 막을 올릴 수 있었습니다. 미국의 신용팽창이 없었더라면 세계경제는 지금 규모로 성장할 수 없었을 겁니다. 또한 미국의 신용 확대는 [세계]경제 시스템의 규모뿐만 아니라 그 본성까지 바꾸어놓았어요. 나는 미국의 자본주의가 아주 색다른 체제로 진화했다고 생각합니다. 최근에 쓴 『새로운 불황』(The New Depression)에서 저는 그 체제를 '신용주의'(creditism)라고 부릅니다.

'신용주의'의 가장 주요한 특성을 어떻게 정의하십니까?

첫째는 국가의 확장적인 역할입니다. 미국 정부는 현재 GDP의 24퍼센트를 지출하고 있어요. GDP를 구성하는 4달러 가운데 1달러를 정부가 쓰고 있다는 거지요. 거의 모든 주요 산업들이 이런저런 방식으로 정부의 보조를 받고 있고, 미국인들 절반 정도는 일종의 정부 지원을 받습니다. 그래서 혹자는 자본주의가 19세기 현상이며, 제1차 세계대전 이후 사멸했다고 주장하기도 합니다. 확실히 자본주의가 이런 방식으로 작동하리라고는 예상하지 못했어요. 둘째, 현재는 중앙은행이 통화를 창출하고 그 가치를 조작합니다. 셋째, 보다 흥미로운 점으로서, 성장의 동학이 완전히 달라졌다는 사실을 들 수 있어요. 자본주의 아래에서는 사업가들이 투자를 하고, 그 가운데 일부는 이윤을 얻어 그 돈을 모읍니다. 다시 말해, 자본을 축적합니다. 우리는 이렇게 투자, 축적, 투자, 축적이라는 지난한 반복 과정을 거치면서 자본주의적 경제성장이 이루어진다는 통념을 가지고 있어요. 그러나 지난 수십 년 동안 미국 경제의 성장 동학은 신용의 창출과 소비에 의해 추동되었습니다. 그 결과 전체 세계경제도 점점 더 이러한 동학에 지배를 받게 되었어요. 총 준비자산은 브레튼우즈 체제가 끝난 후 1990년대 말까지 약 2천 퍼센트 증가했어요(앞의 그림 1 참조). 그리고 그 후 다시 규모가

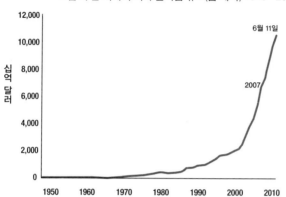

그림 6. 전 세계의 외화 준비금 규모(금 제외, 1948~2011년)

5배 커졌고요(그림 6 참조).

문제는 미국의 민간 부문이 더 이상 부채를 감당할 수 없기 때문에 '신용주의'가 더 많은 성장을 창출할 수 없다는 거예요. 1960년대 중반에서 1980년대 중반까지 미국의 개인 가처분소득 대비 가계부채 비율은 약 70퍼센트 수준이었습니다. 이것이 위기의 전야라고 할 수 있는 2007년에는 거의 140퍼센트로 치솟았지요(그림 7 참조). 동시에 미국의 중간소득 (median income)은 낮아지고 있고, 가계의 부동산 가치 대비 소유주 지분(owners' equity)[2]은 역대 가장 낮은 수준을 기록하고 있어요(그림 8 참조). 2010년 기준 미국 가계부채는 13조 4천억 달러로 미국 GDP의 92퍼센트에 달합니다(표 1 참조).

---

2) 〔옮긴이〕 자산에서 부채를 제외한 순자산을 의미한다. 사업체에서는 자기자본을 지칭한다.

그림 7. 미국의 개인 가처분소득 대비 가계부채 비율

* Federal Reserve, *Flow of Funds Accounts of the United States, second quarter 2011*,
 Table B.100, *The New Depression*, Fig. 6.3, p. 90에서 재인용.

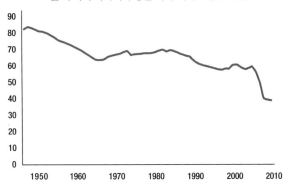

그림 8. 미국 가계의 부동산 가치 대비 소유주 지분

* Federal Reserve, *Flow of Funds Accounts of the United States, second quarter 2011*, *The New Depression*, Fig. 6.4, p. 91에서 재인용.

표 1. 미국의 부문별 부채, 2010년

	갚아야 할 부채 (조 달러)	총부채 대비 (퍼센트)	GDP 대비 (퍼센트)
가계 부문	13.4	25	92
금융 부문	14.2	27	98
기업 부문	7.4	14	51
비영리 사업	3.5	7	24
연방 정부	9.4	18	65
주 · 지방 정부	2.6	5	18
기타	2.1	4	14
총부채	52.6	100	363

* Federal Reserve, *Flow of Funds Accounts of the United States, second quarter 2011*, *The New Depression*, Fig. 6.2, p. 89에서 재인용.

당신이 자본주의의 계승자로 이야기하는 신용주의라는 개념에 대해 좀 더 파고들고 싶네요. 첫째, 은행이나 대부기관 같은 신용기관들은 19세기에도 매우 큰 규모로 존재했습니다. 둘째, 자본주의 자체도 일련의 역사적 국면을 거치며 발전해왔고요. 논쟁의 소지가 있지만, 자본주의가 국가의 지원 없이 완전히 '순수하게' 존재한 적은 없습니다. 어느 정도는 항상 '혼합된' 형태를 띠었으며, 자본이 오늘날보다 훨씬 규제를 많이 받은 시기도 있었고요. 19세기 미국 자본주의는 높은 관세장벽으로 보호받았으며, 영토와 자원의 점령을 추구하는 미국의 군사적 팽창주의에 도움을 받기도 했습니다. 철도를 놓기 위해 미국의 기병대가 원주민들을 대량 학살한 사태가 이를 상징적으로 보여주지요. 수지 타산이 맞지 않는 미국의 산업 부문은 오늘날에도 많은 정부 보조를 받고 있습니다. 그런데 부분적으로 붕괴하기는 했지만, 연방 기금의 지원을 받는 것이 엄밀한 의미에서 자본주의의 일반 개념을 벗어난 것일까요? 사적 자본의 소유권과 임노동의 관계가 지속되는 한, 고전적인 자본주의 개념을 유지해야 한다는 주장도 만만치 않습니다. 좌파나 우파 모두 이 개념을 변함없는 분석적 도구로 사용하고 있습니다. '신용주의'가 자본주의의 기본 원칙을 훼손할 수는 있지만, 여전히 그 기저에는 자본주의가 깔려 있는 것이 아닙니까?

　긍정과 부정, 두 가지 대답 모두를 할 수 있습니다. 미국의 거대 산업 층위에서 보면 자본주의가 아니라고 할 수 있어요. 주요 산업 모두가 어떤 방식으로든 정부의 보조를 받고 있기 때문입니다. 아직 미국에 남아 있는 제조업들의 경우, 대부분 군비 지출과 관련되어 있어요. 모든 병원과 제약회사들이 메디케어(Medicare, 노인 의료보장)와 메디케이드(Medicaid, 저소득층 의료보장)의 수혜를 입고 있지요. 가격수준은 아직 전반적으로 시장 세력들에 의해 결정되고 있으나, 정부 지출이 이러한 시장의 힘을 조정하고 있습니다. 밑바닥에서는 시장 세력들이 가격 기제가 작동하게 만들고 있지만, 시스템의 최상위 층위에서는 가격 기제가 정부 지출에 의해 지원과 통제를 받고 있습니다. 우리가 여전히 자본주의경제를 **가지고** 있다는 생각이 바로 최근의 위기를 해결하는 데 가장 큰 장애물이라고 생각합니다. 미국에서 「폭스 뉴스」(Fox News)를 보는 애국적인 사람들 모두는 우리가 자본주의경제에 살고 있고, 정부는 상황을 개선하는 데 별 도움이 안 되는 해로운 존재라고 생각하고 있지요.

　그들은 정부가 얼마나 큰 역할을 하고 있는지 전혀 이해하지 못하고 있습니다. 만약 정부가 지출을 줄이면, 경제는 즉각적으로 붕괴하고 말 거예요. 우리가 자본주의에서 살고 있다는 전제를 버리고, 다른 경제체제에 살고 있다는 생각을 처음부터 가진다면 상황 개선에 도움이 되리라 생각합니다. 현재 상황은 자본주의의 위기가 아니라 신용주의의 위기예요. 우리는 우리의 현재 체제를 제대로 인식하고 대처해야 합니다. 은행가들에 대한 고삐를 강화할 수 있다면 좋은 일이겠으나, 너무 압박하면 체제 전체가 폭발하고 말 거예요. 만약 은행들이 실제로 붕괴한다면, 그 가치는 완전히 땅에 떨어져 손실이 어마어마할 거고요. 은행 부문이 실패하면 전 세계 예금 체계 전체가 쓰러지고 말 겁니다. 하나의 체제로서 신용주의는 신용이 계속 성장해야만 생존할 수 있어요. 그리고 현재는 오로지 정부만이 그 신용의 성장을 가능케 할 수 있고요. 민간 부문은 더 이상 부채를 감당할 수 없습니다.

신용주의라는 개념이 정책 차원의 문제를 겨냥하고 있다는 의미에서 매우 논쟁적인 성격을 가졌다고 볼 수 있겠네요?

맞습니다. 저는 정책 입안자들뿐만 아니라 일반 대중도 마찬가지로 설득하고 싶습니다. 대중의 의견을 지금의 위치에서 확 돌려놓는 일이 불가능하다고 생각하지 않아요. 현재는 긴축과 케인스주의를 놓고 양자택일식의 지루한 논의 틀에 갇혀 있는데, 지금 설명되는 방식들은 그 무엇도 전혀 설득력이 없어요.

최근의 자본주의 단계에 대해 다른 용어가 쓰여왔습니다. 바로 '금융화' 혹은 '금융화된 자본주의'가 그것이지요. 이 개념과 신용주의의 차이를 어떻게 설명하실지 궁금합니다. 1990년대 들어 미국 경제의 추동력이 약해지기 시작하면서, 미국 정부가 일종의 '사유화된 케인스주의'(privatized Keynesianism) 혹은 '자산가격 케인스주의'(asset-price Keynesianism)를 가지고 개입해 들어갔다는 주장이 제기되었습니다. 다시 말해, 시들해지는 수요 수준을 유지하기 위해 고전적인 케인스주의에서 펼쳐졌던 대규모 공공 계획 대신 신용팽창을 이용했다는 것이지요.

아마도 그런 설명이 맞을 겁니다. 앨런 그린스펀이 신용 확대를 독려했던 방식과 거품의 존재를 강력히 부인했던 태도를 보면 그런 생각이 들어요. 거품은 은행가들과 정책 입안자들에게 수혜를 가져다주었지요. 단, 거품은 모든 것이 팽창하고 있을 때만 사람들에게 이득을 줍니다. 거품경제는 지구화의 지속적 확산을 배경으로 펼쳐졌기 때문입니다. 지구화는 미국의 임금수준에는 강한 하락 압력을 부과했어요. 일자리를 잃거나 임금 상승 가능성이 막혀 있는 유권자들에게서 표를 얻기 위해 그들의 자산가격을 높여주는 방법이 사용된 거지요. 사람들의 월급은 오르지 않았지만, 집값이 올라가자 그들은 소비를 늘릴 수 있었습니다. 이 방식이 10년 혹은 16년 동안은 잘 먹혔어요. 위정자들은 이런 상황을 더 오래 끌고 가고 싶었던 것으로 보입니다. 그러나 거품은 결국 터지게 마련이지요. 애초부터 이런 방식이 계획되었던 것인지 아니면 우여곡절 끝에 진화되어 나온 것인지 알 수 없지만, 그것이 가장 쉬운 길이었다는 의미에서 질문에서 언급했던 (자산가격 케인스주의의) 설명은 옳다고 봅니다.

그러나 극도의 저임금 경제들로부터 수입된 제조업 물품의 물가 인하 압력이 없었더라면 1990년대부터 지금까지 전개된 미국의 신용팽창은 가능하지 않았다는 점이 강조될 필요가 있어요. 낮은 물가수준은 낮은 이자율 정책을 가능케 했지요. 국가 간 소득 격차의 수준은 엄청납니다. 멕시코의 1인당 GDP는 미국의 20퍼센트 정도이고, 중국의 1인당 GDP는 미국의 11퍼센트 수준이에요. 그런데 지구화의 또 다른 효과가 있었지요. 신용팽창이 2008년 훨씬 이전에도 미국의 경제성장에 이른바 수확체감의 법칙을 작동시키기 시작했다는 점입니다. 『새로운 불황』에서 나는 1950년대 이래 총신용의 증가가 미국의 경제성장과 어떤 방식의 상관관계를 맺어왔는지를 썼습니다(그림 9 참조). 총신용의 증가율이 2퍼센트 이내로 내려갈 때마다, 미국 경제는 침체에 빠졌어요. 1970년은 (예외였지만) 그 직전까지 갔고요. 그러나 1980년대 초부터, 이 두 지표의 성장률 차이가 확연히 벌어졌습니다. 총신용 규모는 치솟았지만 경제성장은 계속해서 약화되었어요. 1990년대 말에 '신경제' 호황이 펼쳐졌을 때 잠깐 경제성장률이 높아진 것을 빼면 순환주기가 반복되면서 계속 성장이 약화되었습니다. 다음과 같은 이유가 이러한 현상을 일부 설명할 수 있을 거예요. "신용의 성장이 수요를

그림 9. 총신용과 GDP의 변화(퍼센트, 1952~2010년)

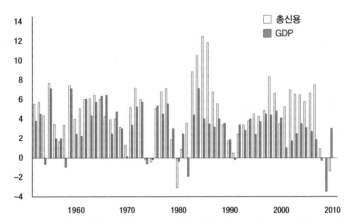

* Federal Reserve, *Flow of Funds Accounts of the United States Bureau of Economic Analysis, The New Depression*, Fig. 6.1, p. 86에서 재인용.

촉진했지만, 이 수요의 증가는 대부분 수입에 의해 해결되었다. 따라서 미국의 산업 생산이 얻을 수 있는 승수효과는 거의 없었다."

게다가 신용팽창과 잘못된 자본 배분이 펼쳐진 기간에 만들어진 초과 생산능력이 물가하락 요소를 더 부추겼습니다. 어떤 경제 내에서 총공급을 증가시키는 것은 어려운 일이 아니에요. 그냥 제조업 부문으로 신용의 흐름을 증가시키기만 하면 되지요. 사실 미국의 '신경제' 호황은 이런 방식으로 발생한 것이었어요(그림 10 참조). 그런데 생산 시설이 한번 만들어지면, 그 생산물에 대한 수요가 유지되지 않는다고 생산 시설이 사라져버릴 수는 없어요. 그 대신 상품 가격에 하락 압력을 가하지요. 설비 가동률이 떨어져도 마찬가지예요. 총수요를 증가시키는 일이 훨씬 어렵습니다. 총수요는 궁극적으로 대중의 구매력과 연계되어 있어요. 지난 30년 동안 신용의 팽창은—주장 강 삼각주에서 목도했듯이—전 세계적으로 산업 생산능력의 엄청난 확대를 낳았습니다. 하지만 세계 인구의 구매력은 그와 같은

그림 10. 미국의 산업 생산능력 변화(퍼센트, 1968~2002년)

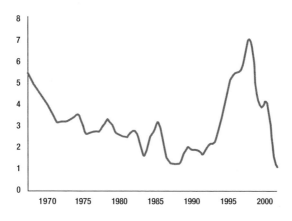

* Federal Reserve Statistics, *Industrial Production*, *The Dollar Crisis*, Fig. 8.17, p. 162에서
재인용.

속도로 증가하지 못했어요. 그래서 우리는 지금 세계적 차원에서 생산능력
의 과잉 상태에 직면한 거지요.

『달러의 위기』에서 글로벌 총수요 문제에 대한 급진적 해결책을 제시하셨는데…….

제가 해결책으로 제시한 것 가운데 하나가 글로벌 최저임금제예요. 외
국인들이 소유한 공장에서 일하는 중국 노동자들의 하루치 임금을 매년
1달러씩 올리는 것으로 시작하는 겁니다. 이 정도라면 애플이나 팍스콘을
망하게 하지는 않을 거예요. 이를 위한 완곡한 전략으로, OPEC이 석유 카
르텔을 형성했듯이 나는 가난한 발전도상국들이 노동 카르텔을 만들 것
을 제안했습니다. 현실에서 이 전략이 유효하다고 생각하지 않아요. 각국
이 서로 속일 테니까. 노동 카르텔을 실현할 수 있는 가장 효과적인 방법은
미국 재무부 장관이 나서는 겁니다. TV에 출연해 세계를 향해 다음과 같

이 발표하면 돼요. "만약 당신네 국가에서 노동자들에게 일당 5달러가 아닌 6달러를 지급하고 있다는 것을 우리에게 증명하지 못하면, 우리가 당신네 국가에서 수입하는 물품에 20퍼센트의 관세를 부과하겠다. 그리고 우리는 노동자들에게 진짜 그렇게 받았는지 조사해 보고서를 작성하겠다." 제가 이렇게 제안한 것이 10년 전이에요. 만약 그때 실행되었다면, 지금쯤 노동자들의 최저임금은 5달러에서 15달러로 3배 높아져 있겠지요. 또한 현재 우리가 직면한 초과생산을 모두 흡수할 만큼 충분한 총수요를 확보할 수 있었을 텐데 말이지요.

그래서 사회적 피라미드 밑부분의 구매력을 증가시키는 길을 찾는 일이 매우 중요하다고 봅니다. 그러지 못하면, 세계경제는 산업혁명의 초기 국면으로 다시 돌아가고 말 겁니다. 노동자들은 생계유지 수준의 최저임금밖에 벌지 못하고, 자신들이 만들어낸 물품을 사서 쓸 수 없는 상태에 처하게 돼요. 일면으로는 현재 지구화 시대의 세계경제가 이런 모습을 보이고 있다고 생각합니다. 새로운 제조업 국가들이, 특히 중국이 세계시장에 뛰어들면서 생산능력이 수직 상승했어요. 그러나 임금은 더 이상 오르지 않지요. 서구에서는 임금이 내리고 있어요. 발전도상국들에서는 인구학적 경향들, 가령 일자리를 찾는 청년들의 엄청난 숫자로 인해 임금이 충분한 속도로 오르지 못해요. 이 현상이 글로벌 위기의 핵심에 자리잡고 있는 겁니다. 대략 지난 15년에서 20년 동안 이로 인한 간극을 미국의 자산가격 인플레이션이 채워주고 있었어요. 자산가격이 오르면, 미국인들은 보유 주식을 일부 실현해 그 돈을 수입품을 사는 데 사용하고 소비했지요. 그들이 받은 통상임금만으로는 앞에서 언급한 간극을 메울 수 없었을 겁니다. 그러나 이제 이 게임도 끝난 것으로 보여요. 미국인들은 더 이상의 부채를 감당할 수 없지요. 미국 전역에서 주택 가격이 평균 34퍼센트 하락했어요. 이제 간극을 메울 수 있는 유일한 것은 정부의 지출뿐입니다. 미국이 불황의 늪으로 급속히 빨려 들어가는 것을 막아줄 유일한 방도이기도 하고요.

미국 정부가 최근 위기에 대처할 때 가장 중요시한 목표가 무엇이었습니까? 지금까지 미국 정부의 정책을 어떻게 평가하십니까?

미국 정부의 정책 목표는 붕괴를 막기 위해 신용팽창을 영구화하는 것이었습니다. 지금까지 미국 정부는 신용시장의 총부채 수준을 그럭저럭 유지할 수 있었어요(그림 11 참조). 대략 5조 달러의 재정 적자를 대가로 그렇게 할 수 있었던 겁니다. 만약 미국 연방준비은행이 2조 달러 상당의 돈을 찍어내 경제에 투입하지 않았다면, 신용시장의 부채 수준을 유지할 재원을 공급하지 못했을 겁니다. 2007년과 2008년 미국 정부의 초기 대응은 채권을 팔아 마련한 돈으로 금융 부문의 구제금융과 7870억 달러의 경기 부양 자금을 공급하는 것이었어요. 금융 부문에 대한 초기 대응 단계에 들어간 돈이 이미 1조 달러를 상회했지요. 미국 은행들에 대출한 5440억 달러, 베어스턴스와 AIG에 1180억 달러, 기업어음 매입 지원제도(CPFF)에 3330억 달러 등이 소요되었어요. 그래서 미 연준은 2008년 11월에 이른바 양적 완화 정책(quantitative easing, QE)을 시작했습니다. 양적 완화는 법정불환지폐(fiat money) 창출의 완곡한 표현일 뿐이에요. 다시 말해, '양'(quantity)은 존재하는 화폐의 수량을 가리키고, '완화'(easing)는 더 많이 창출한다는 것을 의미하지요. 제1단계 양적 완화(QE1)는 대부분 은행과 모기지 담보증권 기관들의 부담을 덜어주는 데 쓰였습니다. 2009년 3월 양적 완화가 애초에 6000억 달러의 돈을 찍어내는 계획에서 2010년 3월까지 1조 7500억 달러를 발행하는 계획으로 변경되었어요. 양적 완화 프로그램이 끝나자마자 미국 경제는 2010년 여름 일명 '소프트 패치'(soft patch, 일시적 경기 둔화)에 진입했습니다. 그러자 〔연준 의장인〕 버냉키는 그해 8월 또 다른 양적 완화 프로그램을 실시할 수도 있다는 힌트를 던졌고요. 제2단계 양적 완화(QE2)는 공식적으로 2010년 11월에 시작해 2011년 6월까지 운영되었습니다. 이번에 미국 연준은 6000억 달러 규모의 화폐를 찍

그림 11. 신용시장의 총부채 규모(10억 달러, 2006~11년)

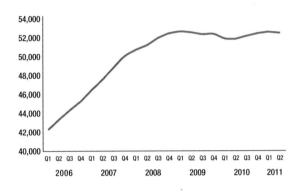

* Federal Reserve, *Flow of Funds Accounts of the United States, second quarter 2011*, *The New Depression*, Fig. 5.1, p. 65에서 재인용.

어냈어요. 이 돈의 대부분은 정부 채권을 사는 데 쓰였습니다. 재정 적자를 메울 자금을 지원한 것이었지요. 약간의 차이는 있지만, 유럽중앙은행과 영국은행도 상대적으로 작은 규모로 미국이 택한 길을 따라갔어요.

재정 적자를 둘러싸고 미국에서 펼쳐진 논쟁들의 성격을 살펴보면, 정부가 뛰어들어 개입하는 것 말고는 아무 대안도 없었을 것이란 점을 강조할 필요가 있습니다. 총신용의 규모가 2008년부터 급속히 수축될 수도 있었어요. 당시 민간 부문은 더 이상 부채에 대한 이자도 갚을 수 없는 상태였고, 하마터면 어빙 피셔(Irving Fisher)가 묘사했던 일종의 부채 디플레이션 수렁에 빠질 뻔했지요. 게다가 미국 경제는 일찌감치 붕괴해 새로운 대공황으로 진입해 있었을 테고, 세계 전체가 같은 처지에 놓였을 겁니다. GDP를 기준으로 미국 경제의 규모는 16조 달러이고, 미국의 재정 적자는 1조 3천억 달러 수준이에요. 만약 미국 정부가 2009년에 재정 균형을 추구했다면―예를 들어 균형재정을 강제하는 수정헌법 조항이 있었더라면―미국의 경제 규모는 14조 7천억 달러 수준으로 축소되었을 겁니다. 다시 말

216 제2부 지역 쟁점

해, 13.5퍼센트 정도의 즉각적인 경제 위축이 발생했을 테고, 승수효과까지 감안하면 더 큰 수축이 일어났을 겁니다. 실업률이 훨씬 더 치솟았을 테고, 소비도 더 크게 하락했을 것이며, 기업 이윤이 추락하면서 경제 전체가 급격히 불황의 늪으로 빠져들었을 겁니다. 브레튼우즈 체제 혹은 금본위제 아래에서의 대규모 재정 적자를 비판했던 주장들에서는 다음과 같이 이야기되곤 합니다. "대규모로 정부가 돈을 빌리면 이자율을 높이는 결과를 초래하고, 이는 민간 부문의 투자를 구축하는(crowding out) 것으로 귀결된다"고. 하지만 이제는 더 이상 그런 식으로 상황이 전개되지 않아요. 오늘날의 세계에서는 정부가 창출할 수 있는 화폐의 수량에 한계가 없어요(혹은 그렇게 보여요). 미국이 조 달러 단위의 재정 적자를 운영하고 있지만, 이자율은 역사적으로 가장 낮은 수준에 머물러 있습니다. 미국의 10년물 국채 이자율이 1.5퍼센트예요. 이보다 낮은 적이 없었어요. 만약 지금 미국 정부가 지출을 삭감한다면 낮은 이자율이 가져다줄 수 있는 혜택이 사라질 겁니다. 얼마가 되든지 정부 지출이 삭감되면, 같은 양만큼 경제는 수축하고 말 겁니다.

양적 완화가 경제 전체에 끼친 영향은 무엇인가요?

가장 중요한 단기 효과는 이자율을 낮게 유지하면서 정부 지출이 경제를 지탱할 수 있게 만든 겁니다. 다른 측면으로는 패니매나 프레디맥 같은 기관들이 발행한 부채 증서처럼 부실화된 악성 자산들을 정부가 사들일 수 있게 만든 것을 들 수 있어요. 특히 QE1이 이 역할을 많이 했지요. QE1이 모기지 담보증권을 현금으로 바꾸어주었기 때문에, 금융 부문의 부채가 1조 7500억 달러 낮아질 수 있었어요. 그런데 영국에서는 이와 같은 효과가 나타나지 않았습니다. 영국은행이 은행 부문으로부터 미국의 모기지 담보증권 같은 자산들을 사주지 않았기 때문입니다. 영국은행은 국채만 사들

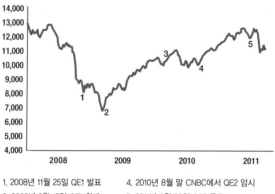

그림 12. 다우존스 산업평균지수(2008~11년)

1. 2008년 11월 25일 QE1 발표
2. 2009년 3월 18일 QE1 확대
3. 2010년 3월 31일 QE1 종료
4. 2010년 8월 말 CNBC에서 QE2 암시
5. 2011년 6월 30일 QE2 종료

* St. Louis Federal Reserve, *New Depression*, Fig. 5.3, p. 72에서 재인용.

였어요. 그래서 영국의 금융 부문은 여전히 레버리지 비율이 매우 높지요. 이에 반해 미국은 과거보다 레버리지 비율이 매우 낮아졌습니다. 세 번째로, 매번 양적 완화가 펼쳐질 때마다 주식시장과 상품의 가격을 높였다는 사실을 들 수 있어요(그림 12 참조). 어느 정도까지는 주가가 올라가면 긍정적인 부의 효과(wealth effect)가 발생하는 경향이 있어요. 그 결과 경제가 부양되는 효과가 있었으며, 일부 부문은—가령 중서부 기업식 농업—식료품 가격의 인상으로 수혜를 입기도 했지요. 그러나 식료품 가격 인상은 미국 소비자들에게는 좋은 일이 아니었습니다. 석유 가격의 인상도 마찬가지로 소비자에게는 안 좋았고요.

　2011년경부터 저는 QE의 비용이 그 수익을 넘어서기 시작했다고 주장해왔습니다. QE도 수확체감 법칙에 종속되어 있다고나 할까요. 양적 완화는 식량 가격의 인플레이션을 야기했는데, 이는 하루에 2달러 미만으로 생계를 유지하고 있는 20억 인구에게 매우 나쁜 영향을 끼쳤어요. 제가 들기로는 QE2 기간에 세계 식량 가격이 60퍼센트나 상승했습니다. 식량 가격 폭등이 '아랍의 봄'이 터져 나오게 한 주요 원인 가운데 하나로 간주되고 있지요. 석유 가격 폭등도 미국 경제에 매우 부정적인 영향을 끼쳐왔습니다. 2011년 미국의 소비 둔화는 식량과 석유 가격 인상에 의해 야기되었어요. 고전적인 화폐수량이론이 적용되는 구간으로 복귀한 겁니다. 즉 "통화량이 증가하면 물가는 오른다"는 거지요. 지금까지 제조업 물품에는 이 현상이 일어나지 않았어요. 지구화의 엄청난 디플레이션 효과 때문이었지요. 지구화가 노동의 한계비용을 95퍼센트 낮추었다고들 얘기합니다. 이러한 상쇄 효과로 인해 소비자물가 인상이 나타나지 않은 겁니다. 하지만 식량 가격은 여기저기서 다 올랐어요. 달러 기준 식량 가격이 오르면—가령 달러 기준 쌀값이 오르면—전 세계의 식량 가격(쌀값)은 오르게 되어 있어요. 만약 그렇지 않으면, 식량이 달러로 구매되는 시장으로 몰릴 겁니다. 그래서 "미국의 쌀값이 오르면, 태국의 쌀값도 덩달아 오른다. 그리고 미국 연준이 달러를 찍어내면, 식량 가격은 오른다." 바로 이것이 통화량 증가의 단점이며, QE가 가진 매우 실질적이고 중요한 문제예요. 이런 문제가 아니라면, 양적 완화는 좋은 일이지요. 돈을 찍어내어 주식시장을 부양하고, 모든 사람들이 부자가 되고 행복해지니까. 그러나 양적 완화는 식량 가격 인플레이션을 유발하는 문제를 안고 있어요.

양적 완화가 이윤과 투자에 어떤 영향을 끼칩니까? 『이코노미스트』에 따르면, 올해 미국 업계의 이윤이 15퍼센트에 달했습니다. 그러나 기업들은 이 돈을 사용하지 않고 쌓아놓기만 하지요.

맞습니다. 이윤은 매우 높은 수준이에요. 무엇보다 노동의 몫이 점점 더 줄어들기 때문입니다. 또한 미국의 법인세는 현재 GDP 대비 퍼센티지로 보았을 때 1950년대 이래 가장 낮은 수준이에요. 국가 전체의 세수 총계도

GDP 대비 15퍼센트로, 1950년대 이래 가장 낮은 수치를 기록했고요. 반면 질문에서 언급한 대로, 기업의 이윤은—이번 분기에 갑자기 떨어져 사람들을 걱정케 했지만—매우 높은 편입니다. 그러나 여기에는 근본적인 문제가 있어요. 독자적으로 생존해 나갈 수 있는 투자 기회가 없습니다. 그동안 엄청나게 신용이 팽창되어왔고, 소득에 비해 상대적으로 너무 많은 생산 시설이 건설되어왔어요. 그래서 현재의 분배 상태로는 생산물을 다 흡수(소비)해낼 수 없어요. 이 상태에서 만약 당신이 투자를 늘리면, 투자한 돈을 잃고 말 겁니다. 당신 회사의 현금 흐름의 방향을 틀어 국채를 산다면, 훗날 더 좋은 기회를 엿보며 당신의 돈을 비축해놓을 수 있지요. 그러나 기업들이 이렇게 하면 가뜩이나 역사적으로 최저 수준인 국채 이자율에 더 큰 하락 압력을 가할 테지요. 바로 이러한 과정이 왜 일본의 대규모 재정 적자 정책이 20년이나 지속되었지만 여전히 10년물 국채 이자가 0.8퍼센트에 머물고 있는지를 설명해줘요. 현재 독일은 1.2퍼센트, 미국은 1.5퍼센트, 영국은 1.6퍼센트 수준입니다. 이들 국가의 국채 이자율이 이렇게 낮은 적이 없었어요. 방금 언급한 메커니즘이 그 원인의 일부를 구성하고 있습니다. 즉 거품이 터지면 수지맞는 투자처를 찾기가 힘들어요. 그래서 국채에 넣어두는 것이 가장 좋은 대안이 되지요.

장기적으로 선택할 수 있는 대안이 있나요?

제 생각에 미국 경제가 나아갈 수 있는 세 가지 길이 있어요. 다시 말해, 미국의 정책 입안자들이 선택할 수 있는 세 가지 경로가 있는 거지요. 첫 번째 선택은 자유지상주의자(libertarian)들이나 티파티(Tea Party) 사람들이 원하는 길로서, 재정의 균형을 이루는 것입니다. 최악의 선택으로서, 이 길을 가면 즉각적으로 불황과 경제 붕괴에 직면할 겁니다. 두 번째 선택은 내가 일본 모델이라고 칭하는 길이에요. 20년 전 일본에서 대규모 경제적 거품이 터졌을 때, 일본 정부는 대규모 적자 재정 정책을 운용하기 시작했습니다. 그리고 그 정책이 20년간 지속되어왔고요. 그동안 GDP 대비 정부의 총부채가 60퍼센트에서 240퍼센트로 증가했습니다. 실질적으로 미국과 영국 정부가 지금 하고 있는 일도 이와 다르지 않아요. 즉 경제가 붕괴하는 것을 막기 위해 대규모 재정 적자를 운용하고 있는 거지요. 두 정부는 앞으로도 5년 동안은 별 문제 없이 이 방식을 끌고 나갈 수 있을 겁니다. 10년도 가능할 수 있어요. 미국의 정부 부채는 아직 GDP의 100퍼센트 수준이에요. 앞으로 5년간 현재의 정책을 끌고 나가도 150퍼센트를 넘지 않을 겁니다. 그러나 부채비율이 얼마까지 높아질지는 몰라도, 무한정 올라갈 수는 없어요. 머지않아—가령 지금부터 10년 내지 15년 후—미국 정부는 그리스처럼 파산 위기에 놓일 테고, 미국 경제는 붕괴해서 새로운 대공황으로 빠져들 겁니다. 이것이 두 번째 길이에요. 지금 당장 붕괴하지 않고 10년은 더 갈 수 있다는 점에서 첫 번째 길보다는 낫다고 볼 수 있지요. 그렇지만 이상적이지는 않아요.

세 번째 길은 미국 정부가 지금처럼 공격적으로 돈을 빌리고 지출을 지속하지만, 지출하는 방식을 바꾸는 것입니다. 소비나 전쟁을 하는 데 지출을 너무 집중하기보다 투자를 하는 것이지요. 예를 들어, 미국 정부는 이라크와 아프가니스탄을 침공하는 데 지금까지 1조 4천억 달러를 썼어요. 도로나 다리를 보강하는 데 돈을 쓰라는 말은 아니에요. 재생에너지, 유전공학, 바이오 기술, 나노 기술 같은 21세기형 혁신 기술에 대규모로 투자하자는 것입니다. 미국 정부는 앞으로 10년 동안 이런 산업 분야들을 발전시킬 계획을 가지고, 각 분야에 1조 달러를 투입할 수 있어요. 가령 앞으로 10년 동안 태양 에너지에 1조 달러를 투입할 수 있는 거지요. 태양전지판을 만들어 시장에서 팔자는 말이 아니에요. 그보다 네바다 사막에 태양전지판을 카펫처럼 쫙 깔아 전력을 생산하고, 대륙을 관통하는 배전망을 확립해 전력을 공급하자는 거지요. 자동차산업 분야도 전기 중심으로 전환하자, 동시에 석유 주유소를 전기 충전소로 대체하고 새로운 기술을 더 발전시켜 전기차가 한 시간에 70마일을 갈 수 있게 하자, 그러면 지금부터 10년 후 미국은 무한한 에너지를 마음껏 누릴 수 있을 것이다, 그런 가운데 무역은 균형을 찾을 것이다, 이런 말이지요. 더 이상 외국에서 석유를 수입할 필요가 없기 때문입니다. 또한 그렇게 되면 미국이 걸프 지역의 석유를 방어할 필요가 없기 때문에 군사비 지출을 1년에 1천억 달러 미만으로 줄일 수 있을 겁니다. 미국 정부는 국내에서 발전되는 전기에 세금을 부과할 수 있고, 이는 재정 적자 규모를 줄이는 데 도움이 될 겁니다. 민간 부문의 에너지 비용이 아마도 75퍼센트 정도 낮아질 수 있을 거고요. 이 자체가 민간 부문에 혁신의 물결을 유발할 테고, 이 혁신의 물결은 새로운 번영의 장을 열 겁니다.

미국 정부가 유전공학 쪽에 1조 달러를 투자했다면, 아마도 의학적인 기적을 만들어낼 수 있었을 겁니다. 암 치료와 생물학적 노화 과정을 늦추는 기술 등 많은 의학적 진전을 이뤘을 겁니다. 우리는 일종의 평화기의 맨해튼 프로젝트를 상상해볼 수 있겠지요. 최고의 지성들과 최고의 기술들을 다 함께 모으고 프로젝트의 목표를 설정합니다. 그리고 좋은 결과를 내기 위해 '신용주의'를 이용하는 거지요. 지금까지의 설명으로 이제 신용주의의 약점은 분명히 파악되었을 겁니다. 그러나 하나의 사회로서 미국은 이러한 새로운 경제체제의 잠재적 기회를 간과하고 있어요. 정부가 1.5퍼센트 정도의 이자로 대규모 자금을 빌리고, 그 돈을 기술혁신에 공격적으로 투자하여 미국 경제를 구조적으로 개혁할 기회 말입니다. 그러면 거대한 폰지(사기) 기획(Ponzi scheme)처럼 부실화를 초래하는 금융 부문에 대한 지나친 의존을 벗어던지고 붕괴를 피할 수 있을 텐데요. 그렇게 못한다면, 미국 경제는 머지않아 치명적인 부채 디플레이션의 회오리에 빨려 들어갈 겁니다.

아마도 좀 전에 언급한 '신용주의적' 전략이 미국 경제에만 적용될 수 있는 방법이겠지요?

꼭 그렇지는 않아요. 예를 들어, 영국은행은 그동안 엄청난 돈을 찍어내 국채를 사들였는데, 아마 지금쯤 영국 전체 부채의 3분의 1 이상을 보유하고 있을 겁니다. 그런데 실제로 영국은행은 국채를 사들이기 위해 한 푼도 쓰지 않았어요. 심지어 화폐를 발행할 때 필요한 종이나 잉크를 살 필요도 없었어요. 지금은 모든 것이 전자적으로 이루어집니다. 그렇다면 그냥 부채를 [전자적으로] 지워버리면 안 되나? 그렇게 해도 아무도 피해를 받지 않을 거예요. 만약 영국은행이 이로 인해 파산 위기에 놓인다 해도, 더 많은 돈을 찍어 은행의 자본 구조를 다시 재구성하면 돼요. 하룻밤 사이에 영국은 가지고 있는 국채를 3분의 1 이하로 줄일 수 있고, 그렇게 하면 신용도가 엄청나게 향상될 겁니다. 또한 다음과 같은 일도 상상해볼 수 있을 거예요. 영국 정부가 현재 주어진 역사적 기회를 이용해 정부 지출을 늘리고 그 돈을 새로운 산업 분야에 투입하기로 결정해요. 그래서 영국이 마침내 부실화를 초래하는 폰지 금융을 끊고, 다시 제조업을 부흥시킵니다. 예를 들어 1천억 달러를 케임브리지 대학에 지원해, 앞으로 3년 동안 유전공학에 투자하도록 하는 거지요. 이를 통해 영국을 세계에서 가장 뛰어난 유전자 기술을 가진 나라로 만들고요. 그런 가운데 일자리를 창출하고, 기반 시설을 개선하는 거지요.

하지만 이 새로운 산업들도 이전과 마찬가지로 총수요 부족 문제에 종속되지 않을까요?

노화를 늦추고 치명적인 질병을 치료하는 분자 테라피(molecular therapy)의 수요 부족은 없을 겁니다. 핵심 문제는 세계 식량 생산의 본성을 변화시켰던 1960년대의 농업기술 혁명처럼 완전히 혁신적인 기술적 돌파구를 목표로 삼을 것인지 여부예요. 어떤 측면에서 보면, 지금 우리 앞에 놓인 상황은 전례 없는 기회입니다. 이렇게 낮은 수준의 이자율로 정부가 엄청난 규모의 돈을 끌어와 투자할 수 있는 기회가 흔치 않기 때문이에요. 만약 각국 정부가 그 돈을 혁신적 기술 쪽으로 유입시킨다면, 수요는 많지만 아직 만들어내고 있지 못하는 여러 생산품들을 위한 시장을 창출할 수 있었을 겁니다. 만약 우리가 실제로 석유에서 태양열 위주로 미국 경제를 전환할 수 있다면, [석유 관련] 많은 재원을 해방시켜 다른 곳에 쓸 수 있었을 겁니다. 논란의 여지는 있겠지만 질문에 단도직입적으로 대답하자면, 우리는 더 이상 옛날식 순환적 경기회복을 기대할 수 없어요. 그런 상황은 오지 않습니다. 우리는 이제 새로운 종류의 경제체제에 살게 되었어요. 우리가 이 체제를 장악하고 돈을 끌어다 투자를 해서 우리에게 이롭게 만들지 못하면, 그러지 못하면 경제체제가 심각한 불황에 빠지게 될 겁니다. 그동안 확장된 50조 달러 규모의 신용팽창이 수축하기 시작하면서, 최소한 1930년대[대공황]만큼 안 좋은 상황이 초래될 겁니다.

2003년에 당신은 중국 경제의 거품이 머지않아 터질 것이라고 했습니다. 현재 이와 관련해 어떻게 보고 계십니까?

더 큰 거품이 터질 준비를 하고 있는 거지요. 제가 『달러의 위기』를 썼을 때, 중국의 무역 흑자는 연 800억 달러 정도였는데, 지금은 3000억 달러로 늘어났어요. 하지만 미국은 더 이상 무역 적자를 확대할 수 없어요. 이는 중국의 무역 흑자도 더 증가하지는 못한다는 것을 의미합니다. 그렇게 되면 중국에 더 위험한 상황이 초래될 거예요. 2009년에 무역 흑자가 상당한 조정을 겪었을 때, 뉴스 1면이 "2천만 명의 공장 노동자들이 일자리를 잃어 고향으로 돌아가 쌀농사를 지어야 한다"는 기사로 채워졌어요. 당시 중국의 거품경제 전체가 터져버릴 뻔했습니다. 중국 정부는 중앙은행으로 하여금 향후 2년간 중추를 이루는 은행들에 대한 대출을 60퍼센트 늘리는 것으로 정책적인 대응을 했지요. 이러한 대규모 경기 부양의 결과, 모든 사람들이 돈을 빌릴 수 있었고 자산가격이 치솟았습니다. 그러나 3~4년이 지난 지금 아무도 그 빚을 갚을 수 없는 처지에 놓였고, 은행 체제 전체가—공식적으로는 부실채권 비중이 매우 낮다고 주장하고 있지만—붕괴 직전에 몰렸어요. 중국 정부는 구제금융을 실시해야만 할 겁니다. 중국 모델 전체가 심각한 어려움에 빠져 있어요. 지난 수십 년 동안 중국의 산업 생산은 연 20퍼센트씩 증가해왔습니다. 그래서 지금은 모든 분야에서 엄청난 과잉생산 문제를 안고 있어요. 미국은 더 이상 중국의 생산 증가를 흡수할 수 없어요. 중국 인구 가운데 80퍼센트는 하루 10달러 미만을 벌어요. 자신들의 공장에서 생산되는 물품을 자신들이 소비하기에는 턱없이 부족한 수준이지요. 만약 중국이 계속해서 생산을 증가시킨다면, 문제는 점점 더 악화될 겁니다. 저는 중국도 일본 모델을 따르고 말 것이라고 생각합니다. 즉 경제가 붕괴해 불황에 빠지는 것을 막기 위해 중국 정부는 대규모 재정 적자를 운용하게 될 겁니다. 만약 중국 정부가 매우 공격적으로 이 정책을 펼치면, 가장 잘 풀리는 경우 중국은 앞으로 10년 동안 연평균 3퍼센트의 성장을 일궈낼 수 있을 겁니다.

그럼에도 불구하고 자동차와 세탁기를 구매할 능력을 가진 첫 세대가 만들어졌고, 그들을 위한 잠재적 시장이 존재합니다. 이러한 시장은 여전히 현실화될 가능성을 가지고 있고요. 그것도 수억 명의 사람들로 이루어진 엄청난 규모의 시장입니다. 앞으로 이렇게 전개되지는 않을까요?

말했다시피 일당 10달러로 살아가는 사람들이 세탁기를 살 여력은 없기 때문에, 중국인들의 임금이 상승하지 않는다면 꼭 말한 것처럼 진행되지는 않을 겁니다. 여력이 생긴다 해도, 집이 작아 세탁기를 들여놓기 힘들 겁니다. 문제는 다른 데 있어요. 만약 중국인들의 임금이 일일 15달러로 급상승한다면, 일당 5달러에도 기꺼이 일하겠다는 인도의 5억 노동자들이 있기 때문에 일자리가 인도로 이동할 겁니다. 그래서 글로벌 최저임금에 동의가 이루어지지 않으면, 우리는 이른바 바닥을 향한 질주를 피할 수 없어요.

최근 미국 은행 부문의 상태를 어떻게 보고 계십니까? 올해 8월 『뉴욕 타임스』에서는 거대 은행들의 카르텔이 700조 규모의 파생상품 시장을 독점적으로 지배하고 있다는 사실을 알리며 경고음을 냈습니다. 물론 지금은 다시 잠잠해졌지만 말이지요.

부를 만들어낼 수 있는 자들이 정치적 힘을 가진다는 사실을 직시하는 것이 이 문제에 접근하는 한 가지 방식이 될 수 있습니다. 봉건주의에서는 권력이 땅을 가진 귀족들에게 주어졌어요. 산업자본주의 아래에서는 거대 실업가들이 정치권력을 좌우했고요. 그런데 최근 수십 년 동안 미국 사회에서는 신용 창출을 통해 부가 만들어졌습니다. 은행가들이 점점 더 많은 부를 창출하면서, 서서히 정치적 영향력을 키워왔어요. 1990년대 말에 이르자, 이들의 힘은 아무도 막을 수가 없을 정도로 세졌습니다. 먼저 그들은 글래스-스티걸(Glass-Steagall) 법을 폐지했고, 그다음 해에는 이른바 상품 선물 현대화(Commodity Futures Modernization) 법을 통과시켰습니다. 새 법은 파생상품 시장에 대한 규제를 제거하고 장외거래(OTC)를 어떤 규제도 없이 마음껏 허용하는 내용이었습니다. 1990년 이래 파생상품 계약의 규모가 10조 달러에서 700조 달러로 증가했어요. 10조 달러도 엄청난 액수인데, 700조 달러는 지구 전체 인구가 개인당 10만 달러를 거래한 것과 마찬가지 액수이며, 지난 20년간 세계 GDP 전체를 누적한 것과 맞먹는 규모예요. 이렇게 엄청난 규모로 위험 회피(hedge)를 할 건수는 지구상 어디에도 없어요. 〔금융〕 체제가 점점 더 비현실적으로 변화해왔습니다.

700조 달러라는 돈을 가지고 은행이 얼마나 많은 이윤을 올리고 있을지 짐작이 갈 거예요. 우선 파생상품을 만들고, 이것을 거래하고 이용하면서 이른바 구조화금융(structured finance)을 확립했지요.

파생상품은 기본적으로 도박을 위한 기제로 사용됩니다. 우리는 이자율의 향배나 상품 가격의 등락 등 모든 것의 진행 방향을 놓고 노름판을 열수 있어요. 이런 식의 헤지를 이용하면 보험을 대신할 수 있을 겁니다. 하지만 대부분의 파생상품은 실물경제 부문들 사이에서 이루어지지 않아요. 파생상품 거래의 3분의 2는 은행들 간 거래입니다. 파생상품 계약의 90퍼센트는 장외거래가 차지하고 있고요. 다시 말해, 대부분 감독기관의 눈을 피해 거래된다는 겁니다. 거래소를 통해 매매되는 나머지 10퍼센트만 우리가 좀 살펴볼 수 있는 부분이에요. 최근에 제가 조사했을 때, 이 10퍼센트부분의 일일 평균 거래량—즉 하루 동안 손 바꿈을 하는 규모—이 4조 달러였어요. 이제 나머지 90퍼센트도 그만큼 거래된다고 가정하면—그보다더 될 수도 있고, 덜 될 수도 있는데—하루에 40조 달러 정도가 거래되고있는 거지요. 이 파생상품 거래에 아주 조금만 세금을 부과해도, 정부가 엄청난 세수원을 확보할 수 있을 거예요. 다른 사람들은 전혀 세금을 안 내도될 정도의 규모일 겁니다. 대부분의 거래는 런던과 뉴욕에서 이루어져요. 그래서 거래 장소의 이전—가령 중국으로 사업을 옮기겠다는 협박—을 통한 도피도 잘 안 통할 겁니다. 중국 정부가 자국의 은행들이 이 같은 미친짓을 하도록 내버려둘 리 없지요. 지난 20년 동안에 일어난 모든 주요 회계 부정 사건—패니매, 프레디맥, GE 등—에는 구조화금융이 연루되어 있었어요. 사건의 주범들은 세금을 내지 않으려고 회계를 조작할 때 파생상품을 이용했지요. 은행가들은 그 거래에서 엄청난 수수료를 챙겼고요. 이미 우리에게 알려진 탈규제화된 시장과 은행업 쪽의 구조적인 인센티브 관행을 볼 때, 700조 달러 규모의 이 시장에서 온갖 종류의 사기극과 속임수가 만연하리라 생각됩니다. 가령 당신이 걸프 지역 주요 산유국(구체적인 이름은 생략하고)이라면 미국의 거대 투자은행이나 다국적 정유사의 도움을 받아 석유 가격을 조작하고 싶지 않겠어요? 그래서 당신이 석유 가격을 올리는 (선물) 계약을 하면, 선물 가격이 현물 가격을 끌어올리는 결과를 초래합니다. 대부분의 상품들은 아마도 이런 방식으로 조작되고 있을 거예요. 그 가운데 가장 명백한 것이 석유고요.

도드-프랭크(Dodd-Frank) 법이 장외 파생상품 거래를 끝장내려는 목표를 세우지 않았습니까?

도드-프랭크는 2011년 중반까지―그 1년 전에 법안을 만들면서―모든 파생상품을 거래소를 통해 매매하도록 은행들에 요구했어요. 그러나 조금씩 기한을 뒤로 미루다가, 결국 미래 어느 시점을 확정하지 않았지요. 법안을 만드는 과정에서 규제 당국들은 다음과 같은 사실을 깨달았습니다. 만약 실제로 모든 파생상품을 거래소를 통해 매매하게 한다면, 모든 사기와 부정이 다 드러나 체제가 붕괴할 수 있다는 거지요. 은행들의 실제 순가치가 마이너스 30조 달러 정도로 판명될 수도 있습니다. 이것이 바로 은행을 파산시키지 못하는 이유예요. 그들은 이른바 대마불사의 지위를 누려요. 왜냐하면 그들은 이미 너무나도 심하게 부실화되어 있어 정부가 그들을 감당할 수 없기 때문입니다. 파생상품은 거래소를 통해서만 매매하게 만들어야 하며, 우리가 증권 중개인과 거래를 할 때처럼 양쪽의 거래 당사자들 모두 적당한 (완충적) 여분을 확보하도록 해야 합니다. 돈을 빌리는 것 자체에는 문제가 없지만, 항상 일정 정도 여유가 있는 것이 좋아요. 그래야만 우리가 어려운 상황에 처했을 때, 손실을 보거나 혹은 손절매한 것을 메울 수 있지요. 지금 하고 있는 것처럼 거래소 없이 매매되면 투명성이 전혀 없습니다. 아무도 누가 무엇을 왜 하는지 볼 수 없어요. 그래서 완충 역할을 할 여분도 없지요. 금융업계는 여분 확보를 강제하면 매우 비용이 많이 소요되고, 결국 경영을 곤란하게 만들 것이라고 불평합니다. 이런 불만은 제가 건강보험과 주택보험에 들어야만 한다면, 내 사업이 잘 안 될 거라고 말하는 것만큼 어이가 없어요. 경영 악화가 보험료 때문이라고 이야기하는 것과 다를 바 없는 거지요. 물론 보험은 무료가 아니며, 대가를 지불해야 합니다. 비용이 강제된다면, 금융업계는 필사적으로 이에 저항하는 싸움을 펼칠 거예요. 만약 민간 부문이 더 이상의 부채를 감당할 수 없다는 이유로 앞으로 신용 창출을 못하게 막는다면, 볼커(Volker) 법안에서 요구되었듯이 실제로 금융업계의 자기자본 거래(proprietary trading)가 규제된다면, 만약 파생상품 매매는 거래소를 통해서만 할 수 있다고 제한된다면, 금융업계는 부를 창출하는 주요 원천에서 갑자기 밀려날 겁니다. 그렇기 때문에 악조건 속에서도 그들은 부를 창출하는 능력을 잃지 않으려고 필사적인 노력을 펼치고 있고요. 신용주의는 산업자본주의보다 안정성이나 지속 가능성 면에서 뒤집니다. 그리고 지금 붕괴 직전에 몰려 있는 듯 보이고요.

그렇다면 은행법으로 금융계를 개혁할 가망이 없나요? 당신은 은행 체제의 구조를 개혁하면 지구적 재앙이 초래될 수 있기 때문에 현 체제가 지탱되어야 한다고 주장하는 건 아닌가요?

개혁 가망이 아예 없다고는 말하지 않겠습니다. 하지만 어려운 문제예요. 은행 체제의 붕괴를 초래하지 않을 구조개혁 방안을 찾아내야 하는데, 그런 묘안이 있을지 확신이 없습니다. 솔직히 은행 체제가 앞으로 어떻게 될지 모르겠어요. 만약 은행들이 더 이상 신용을 증가시키지 못하고 기하급수적으로 탈규제화된 파생상품 시장의 영역을 계속 확대하지 못한다면, 어떻게 이윤을 창출할지 모르겠습니다. 문제는 은행 체제가 붕괴하면 엄청난 규모의 부채의 축적도 무너져 내릴 것이고, 그렇게 되면 모든 것이 쓰러진다는 겁니다. 1930년과 1931년에 통화 공급 체계가 파괴되면서 모든 것이 붕괴한 것과 마찬가지지요. 지금은 그 위치에 있는 것이 신용 공급 체계입니다. 그래서 정책 입안자들은 신용 체계가 수축하지 않게 하려고 필사적인 노력을 펼치고 있어요. 이런 이유에서 저는 유럽 은행들을 망하게 내버려두지는 않을 것이라 전망했고요. 2011년 11월에 프랑스 은행들이 파산할 수 있다는 말들이 쏟아져 나왔을 때, 유럽중앙은행이나 IMF가 뛰어들어 그들을 구제할 것이라는 사실은 명백했습니다. 만약 아무도 구제하려 들지 않았다면, 미국 연준이 나서서 (예를 들어) 소시에테 제네랄(Société Générale)을 구제했을 거예요. 소시에테 제네랄이 망하면, 제이피 모건(J. P. Morgan)도 같이 망할 것이기 때문이에요. 금융업계 모두가 함께 망할 겁니다. 그래서 연준의 입장에서 보면, 소시에테 제네랄을 구하는 것이 업계 전체를 구할 때 들어가는 비용보다 훨씬 적게 들어요. 선택의 여지가 없습니다. 유럽중앙은행은 1조 유로에 달하는 돈을 새로 발행해 모두를 구제하는 재주를 부릴 수밖에 없었지요. 여력이 있는 한 중앙은행들은 앞으로도 계속 이런 일을 지속할 겁니다. 그러지 않으면 다시 세계는 1930년대로 되돌아갈 것이기 때문이에요.

긍정적인 형태의 신용주의와 부정적인 형태의 신용주의를 이해하자, 이것이 당신이 이야기하고 싶은 요점인 것 같습니다. 현재 우리가 살고 있는 체제는 신용주의이며, 우리가 해야 할 일은 이 체제를 장악하는 것이다, 그래서 채무 면제 프로그램과 합리적 투자 전략에 신용주의 체제를 복속시켜 생산적인 미래를 만들어가자라고 정리하겠습니다.

바로 그렇습니다. 우리가 이번에는 훨씬 더 잘할 수 있으리라 생각합니다.

〔박형준 옮김〕

소용돌이 속의 유럽

미셸 아글리에타(Michel Aglietta)

지구적 금융 위기가 시작된 곳은 미국인데(저 유명한 서브프라임 모기지 사태를 생각하라), 어째서 유로존이 그 태풍의 눈으로 떠오르게 된 것일까?[1] 또 유럽 안에서도 하필이면 그리스가 약한 고리로 입증된 것은 어째서인가? 이에 대해 제대로 답하려면, 우리가 2007년 8월을 덮친 신용 경색 사태 이후 5년간 경험해온 것이 금융화된 자본주의의 위기라는 단일한 사건임을 인정하는 데서 출발해야 한다. 그리스 사태는 그 단일한 위기 안에 벌어진 일련의 사건들 가운데 하나에 불과하다. 경제 회복의 기미가 간헐적으로 보이기는 했지만, G20 정부들이 힘을 합쳐 노력했음에도 불구하고

---

1) 이 글은 저자의 저서 *Zone Euro: Eclatement ou Federation*, Paris 2012에서 가져온 것이다. 저작권자인 미칼롱 출판사(Michalon Editions)의 허락에 감사한다.

오래가지 못했고 모두 에피소드가 되고 말았다. 이 나라 정부들이 취했던 정치적 조치들은 강력한 침체의 경향이 작동하는 것을 극복하기에 역부족이라는 것이 드러났다. 이 위기는 금융 시스템의 핵심인 은행들을 강타하면서 시작되었지만, 그 성격은 전 시스템적인 것이며 따라서 은행들, 기업들, 가정경제들, 국가들 등 경제의 모든 부분들에 영향을 끼쳤다.

그 기원은 1997~98년의 동아시아 위기 이후로 누적된 엄청난 규모의 지구적 불균형에 있다. 1997~98년의 위기는 세계경제가 완전히 새로운 내재적으로 불안정한 축적 체제로 들어선 이정표였다.[2] 서구—무엇보다 미국 그리고 정도는 다양하지만 유럽연합의 여러 나라들—에서는 이 새 시대의 내용에 주주 가치로의 흐름의 강화가 담겨 있었고, 이는 투자에서 이윤율의 문턱을 높였고 노동에 심한 압력을 행사했으며 생산성과 임금 인상의 관계를 끊어버리는 등의 사태를 낳았다. 이렇게 평균임금 증가율이 주춤하고 부와 소득의 불평등이 증가하게 되자 주주 가치의 논리상 필요한 역동적인 수요는 신용팽창으로 공급되는 수밖에 없었고, 이 신용팽창은 또 저금리 정책으로 떠받쳐졌다. 부채에 기초한 가계 지출 덕분에 소비는 소득과 임금보다 더 빠른 비율로 증가할 수 있었다. 이와 대조적으로 동아시아에서는 1997년의 금융 혼란과 그 뒤를 이은 IMF의 서툴기 짝이 없는 개입으로 인하여 지대나 추구하는 서방 자본에 의존하는 것이 얼마나 위험한지를 절절히 느끼게 되었다. 동아시아 위기—이 위기는 곧 러시아, 브라질, 아르헨티나로 신속하게 확산되었고, 독일과 일본에까지 영향을 끼쳤다—로 황폐화된 나라들은 수출 증대를 통해 달러로 표시되는 국제수지 흑자를 구축함으로써 자신들의 경제적 주권을 지키고자 애썼다. 게다가 중국이 세

---

2) 이러한 과정들에 대한 충분한 설명으로는 Michel Aglietta and Laurent Berrebi, *Desordres dans le capitalisme mondial*, Paris 2007 참조. 이 저서에 대한 서평으로는 John Grahl, "Measuring World Disorders", NLR 60, Nov · Dec 2009 참조.

계시장에서 주요한 수출국으로 등장하게 되면서 이 경향은 엄청나게 증폭되었다. 역사적으로 자본 흐름의 방향은 이제 서구에서 이 신흥 시장국들로 이동하는 것이었지만, 이제는 그 방향이 역전되었다. 중국과 그 밖의 수출국들로부터 미국 쪽으로 수십억 달러의 자금이 흐르게 되었고, 이것이 신용의 엄청난 팽창에 밑거름이 되었으며, 이는 거대 은행들을 중심으로 한 유동화와 파생상품 거래의 증가로 인해 몇 배로 불어났다.

이러한 불균형은 유럽연합 안에서도 똑같이 존재했으며, 회원국들 사이의 격차를 더욱 벌려놓게 되었고 또 대규모 유로존 은행들은 악성 부채를 잔뜩 안게 되었다. 하지만 이것만이 아니었다. 이 위기로 인해 유럽 단일 통화를 구성하는 일의 근본적인 구조적 결함들이 줄줄이 드러나고 말았다. 앞으로 우리는 이러한 유럽연합 내의 불균형과 구조적 결함들을 살펴볼 것이며, 그다음에는 그리스 재정 문제의 해법, 즉 그리스 정부가 현재 취할 수 있는 선택지들이 어떤 것이 있는가 그리고 2011년 4사분기에 들어 모든 남유럽 국가들로 확산된 위기가 2012년 봄 들어 모든 유럽 국가들의 거시경제 상태를 악화시키게 된 과정 등을 살펴볼 것이다. 재정 위기와 은행 위기라는 이중의 위기로 인해 경제활동은 침체를 면치 못하고 있으며, 또 전 세계에까지 그 타격이 천천히 전해지고 있다. 결론에 가서는 독일이 유로존에 접근하는 방식에 대한 성격 규정—그리고 비판—을 시도할 것이며, 유럽연합을 지속 가능한 성장의 경로로 올려놓기 위해서는 어떤 조치들이 필요한가라는 질문을 던질 것이다. 하지만 우선은 유럽 대부분에 걸쳐 산더미처럼 쌓여가고 있는 공공 및 민간 부채를 측량해보는 것이 유용할 듯싶다.

반쪽짜리 조치

유럽연합 단일 시장이 탄생하면서 자본 흐름에 개방되어 있는 통합된 금

표 1. 몇몇 국가들의 총 공공 부채 및 민간 부채(GDP 대비 비율)

	프랑스		독일		이탈리아		에스파냐	
	민간	공공	민간	공공	민간	공공	민간	공공
2007년	196	65	200	60	214	105	317	40
2008년	203	78	207	73	214	115	334	64

융 공간이 창출되었다. 대규모 유럽 은행들은 이제 지구적 차원에서 영업하게 되었다. 이들은 미국에서 부채와 독성 자산들이 팽창하는 데 적극적 역할을 맡았으며, 그 덕에 2007년 위기가 터지자 미국 은행들과 비슷한 처지에 처하게 되었다. 하지만 프랑스, 독일, 에스파냐 정부는 애초부터 자국 은행들에 구조조정을 강제하기는커녕 악성 채무를 동결시키는 것을 허용했다. 이 은행들은 또 그 뒤로 이어진 유로존 국가의 부채 팽창에서 잔뜩 배를 불렸다. 유럽 정부들은 2009년 당시 경기 부양 계획으로 3~4퍼센트의 이자가 붙은 국채를 발행했던바, 이 은행들은 사실상 제로 금리로 돈을 빌려 이 국채를 매입했고 이 과정에서 상당한 이윤을 긁어모았다. 2007년에 신용 경색이 심화되면서 2008년의 은행 위기로 번져 리먼브러더스가 무너지고 2009년의 지구적 경기 수축으로 이어지는 2년 동안, 유로존 국가들에서는 GDP 대비 민간 부채의 비율이 계속해서 상승하게 되었고, 총 공공 부채―즉 대차대조표의 자산에서 매출 담보대출(factoring) 없이 계산한 값―또한 경기 침체와 함께 치솟게 되었다(표 1 참조).

아직 위기가 시작되기 전인 2007년에 프랑스와 독일은 비슷한 수준의 총 민간 부채(각각 196퍼센트와 200퍼센트)와 총 공공 부채(각각 65퍼센트와 60퍼센트)를 기록했던 반면, 이탈리아에서는 총 공공 부채가 105퍼센트라는 특히 높은 수치에 달했으며 에스파냐에서는 총 민간 부채가 317퍼센트라는 천문학적인 수준에 이르고 있었다. 이 수치는 본질적으로 한창 부동산 거품이 생겨나는 가운데서 부동산 개발업체들, 주택 담보대출 차입자들, 지역의 저축은행들(cajas)로 인해 비롯된 것인 반면, 공공 부채는 독일이나 프랑스보다 더 낮은 40퍼센트에 머물러 있었다. 그보다 2년이 지난 뒤에는 어떻게 되었을까? 민간 부문의 부채가 국가에 이전되었으니 민간의 부채 노출이 줄어들었으리라고 예상할 수도 있겠다. 하지만 유럽 위기 전야였던 2009년 벌어진 일은 그 정반대였다. 미덕의 표상처럼 여겨지는 프랑스와 독일을 보자면, 총 민간 부채가 2007년보다 7퍼센트포인트 상승했으며, 에스파냐에서는 증가율이 무려 17퍼센트포인트에 달했다. 물론 이 기간에 GDP가 축소되어 이에 대한 부채비율도 자동적으로 늘어나게 된 측면은 있다. 하지만 공공 부채가 늘어나면서도 민간 부채가 흡수되지 않았다는 것은 명백한 일이다. 한편 그리스에서는 2009년경 총 민간 부채가 173퍼센트, 공공 부채는 115퍼센트였으며, 후자는 2010년에는 145퍼센트까지 상승한다(2007년의 그리스 관련 수치들은 신뢰성이 떨어진다). 아일랜드에서는 금융 부문의 부채를 모두 국가가 떠안았으므로, 2009년에는 총부채가 806퍼센트에 달했으며 이 가운데 607퍼센트는 은행들로 인한 것이었다.

　요약하자면, 유로존 전체로 보아 2008~09년의 경기 부양 예산은 민간 부문의 부채 감소로 이어지지 않았다. 이와 대조적으로 미국에서는 2007년의 총 민간 부채가 GDP의 300퍼센트에 달했지만, 부실자산 구제 프로그램(TARP)이 은행들에 자본 재구성을 강제했고 이와 함께 야심찬 통화 및 예산 조치들이 취해지면서 이 수치가 2009년 말이 되면 260퍼센트로 떨어진다. 유럽연합의 정책이 지닌 첫 번째 분명한 특징이 여기에 있으니, 그들은 비비 꼬인 정치적 타협의 결과로 나온 빈쪽짜리 조치를 적극 옹호했던 것이다. 유럽연합은 또한 수요를 부양하기 위한 재정 조치들과 중앙은행이 경제성장에 대한 책임을 지는 것에 대한 뿌리 깊은 이데올로기적 보수주의 때문에 더더욱 손발이 묶였다. 이런 식의 접근은 조용한 시기에도 문제가 되는 것이지만, 혼란의 시기가 오면 큰 재난을 낳게 되어 있다.

구조적 결함들

하지만 유로존은 또한 스스로가 구성된 방식에서 기인하는, 그보다 더 깊은 곳에 뿌리박힌 구조적 약점들을 문제로 안고 있었다. 유럽에 단일 통화를 출범시키자는 결정은 결코 자동적으로 도출된 게 아니었다. 경제적 · 금융적으로 통합된 지역들로서 변동환율제를 채택하고서도 성공적으로 굴러가는 곳이 얼마든지 있다. NAFTA나 베네룩스 관세동맹 등이 그 예다. 최초로 유럽에 단일한 통화동맹을 제기했던 베르너 계획(Werner Plan)은 1970년대 당시 독일 중앙은행의 적대적 태도에 밀려 위태로워졌었다. 수출국인 독일은 당시 미국이 엄청나게 찍어대던 달러를 그대로 외환 준비금으로 흡수할 수밖에 없었기에, 미국의 통화적 인플레이션까지 수입하게 될까 두려워하고 있었다. 1980년대에 들어오자 단일 유럽법(Single European Act)을 기반으로 하여 단일 통화도 새로운 추동력을 얻게 된다. 1989년의 들로르 위원회(Delors Committee) 보고서에서는 단일 통화는 물론 모든 회원국 중앙은행들의 공동 사업으로서 유럽중앙은행의 창립을 제안하고 있다. 하지만 이 프로젝트가 성공하게 된 결정적인 계기는 독일 통일이었다. 1990년 헬무트 콜이 이를 밀어붙이기로 결정함에 따라 유럽에서 독일연방공화국의 비중은 결정적으로 팽창했고, 이에 따라 제도적 관계들도 바뀌었으며 프랑스도 직접적 영향을 받게 된다.

잘 알려진 대로, 단일 통화는 프랑스가 독일 통일을 받아들이기로 한 모종의 정치적 타협으로서 출현한 것이다. 단일 통화가 생겨나는 것은 독일이 유럽 내에 깊이 묻어 들어간다는 것을 다시 확인하는 일이기 때문이다. 이러한 동의가 이루어지게 된 중요한 요소 하나는, 미래에 생겨날 유럽중앙은행이 독일 중앙은행을 모델로 해야 한다는 콜의 주장이었다. 하지만 이를 실행에 옮기면서 이러한 프랑스와 독일의 타협으로 유럽 통합의 과정은 근본적으로 뒤바뀌게 되었다. 본래의 공동체(communautaire)식 접근은 변증법적인 것이었다. 경제통합이 제도적 발전―유럽석탄철강공동체 (European Coal and Steel Community), 공동시장(Common Market), 공동 농업정책(Common Agricultural Policy) 등―으로 이어지면 이것이 다시 더 큰 경제통합에 힘이 되는 등의 과정을 기대한 것이다. 이는 장 모네 (Jean Monnet)와 다른 유럽연합 창설자들의 정신에 입각하여 들로르가 열렬히 주장했던 관점이었다. 유로화를 창설한다는 결정은 이를 완전히 바꾸어놓는다. 통화의 통합은 다른 어떤 종류의 통합과도 방식이 다르기 때문이다.

1992년에 유럽 환율 메커니즘(Exchange Rate Mechanism, ERM)이 무너진 사태는 여러 면에서 오늘날의 위기를 미리 보여준 것으로서, 통화의 통합이 다른 부문의 통합과 같지 않다는 점은 이 사태에서도 명백히 드러났다. 이 메커니즘은 회원국들의 통화가 서로 좁은 범위―상하 2.25퍼센트의 폭―안에서만 변동하도록 허용했지만, 이는 사실상 독일 마르크를 기준으로 삼는 것이었다. 1990년대 초 미국의 자산가격 거품이 꺼지면서 이것이 이 메커니즘 회원국들 몇몇 나라의 경제에 압박을 가했고, 이 나라들은 이를 해결하려 애쓰는 과정에서 이 시스템의 규칙들을 어기지 않을 수 없었다. 이러한 충격을 더욱 악화시켰던 것이 독일 통일이었다. 독일 통일로 인해 독일연방공화국은 재정 압박을 받았고 이자율은 역사상 최고치로 올랐는데, 하필이면 바로 미국 경기 침체의 충격을 유럽이 느끼기 시작하던 때였다. 이탈리아는 높은 공공 부채 및 멈출 줄 모르는 인플레이션과 씨름하다가 결국 환가치의 평가절하를 단행하지 않을 수 없었고, 영국 또한 1992년 9월 그 뒤를 따르게 되었다. 프랑스의 프랑화는 독일 중앙은행의 도움 덕분에 ERM 내로 환가치를 유지할 수 있었다. 하지만 그다음 해 여름 금융시장의 투기가 새롭게 시작되자 ERM은 환율 변동폭을 15퍼센트로 완화할 수밖에 없었고, 사실상 종말을 고하고 말았다.

당시의 정치 지도자들은 이 사건의 여러 교훈을 그냥 얼버무리고 넘어갔으며, 오늘날의 위기를 분석할 때도 그 교훈들을 거의 돌아보는 법이 없다. 하지만 ERM은 유럽의 여러 일국 통화들을 독일 마르크에 엄격하게 묶어 놓는 고정환율제였다. 이러한 작동 양식은 여러 면에서 온전한 통화동맹의 예행연습이었던 것이다. 유로화라는 단일 통화도 예전의 ERM과 마찬가지로 금융시장이 조용하다면 기존의 규칙들 안에서 작동할 수 있을지 모르지만, 위기의 시기에는 작동이 불가능해진다. 모든 유로존 가입국들에게 유로화는 본질적으로 외국 통화다. 이는 그 나라들의 경제 현실을 묵살한 채 이 나라들을 엄격하게 고정환율에 묶어놓는 역할을 하여 각국의 통화 자율성을 박탈해버린다. 이러한 의미에서 오늘날 유로는 1991년과 2001년 사이 아르헨티나의 화폐인 페소가 헌법으로 달러에 고정되어 있었던 때 달러가 했던 것과 거의 똑같은 기능을 하고 있다.

다른 방식으로 말하자면, 유로는 금본위제와 비슷한 시스템이다. 유로화는 한 나라의 일국 정부가 전체 공급을 통제할 수 없는 모종의 외부적 통화이지만 그래도 신용화폐이며, 금융 공동체가 이 통화를 신뢰하는 이유는 모든 회원국들이 이 화폐의 태환성과 관련된 여러 규칙들을 준수하리라고 보기 때문이다. 1929년 10월 금융 위기가 터지자 2년도 못 되어 금본위제는 무너졌다. 미국에서 유럽으로 위기가 확산되면서 무역과 신용의 수축이 벌어지자, 1931년 중부 유럽에서 여러 은행이 파산하는 일이 벌어졌다. 여러 나라 정부 사이에 협조도 없었으며 국제적 자금 조달은 중단되어버렸고, 이로 인해 은행업은 나라별로 조각조각 파편화되고 말았다. 여기에 1931년 8월 영국 파운드화가 금과의 태환성을 깨버리고 급격하게 가치를 절하한 것이 금본위제의 숨통을 끊어놓는 최후의 일격이 되었다. 오늘날에도 유로존의 은행 시스템은 조각조각 파편화되고 있으며, 이에 따라 유로화의 존속 자체를 위협하는 것으로 보인다.

수렴은 벌어지지 않았다

두 번째 구조적 문제는 유로존 내부의 나라들이 전혀 동질적이지 않다는 것으로서, 이는 유로 통화동맹이 취한 독특한 형태로 인해 더욱 악화되었다. 마스트리히트 조약에 나온 기준은 가입을 원하는 나라들의 인플레이션, 재정, 환율, 장기 이자율 등의 지표들에 초점을 두고 있으며, 이 지표들을 모든 회원국이 가장 낮은 수준으로 수렴시키도록 되어 있었다. 실제로 장기 이자율의 경우 1996년 이후 독일 수준으로 계속 수렴되었다. 마스트리히트 기준을 전혀 충족시킬 수 없었던 수많은 나라들에서도 시장의 기대 덕분에 장기 이자율이 크게 떨어졌다. 그러고 나서 1998년 5월 유럽정상회의(European Council)에서 승인 신청국들의 가입을 비준하자 이 나라들의 장기 이자율은 아주 빠르게 더 떨어졌다. 에스파냐에서 10년 만기 국채 이자율과 독일 금리의 스프레드(spread, 차액)는 불과 몇 달 만에 5퍼센트에서 0으로 떨어졌다. 이렇게 신용 조달 비용이 낮아지게 되자 국가들만이 아니라 모든 경제 행위자들이 혜택을 보게 되었다. 이렇게 저렴하게 자금을 차입할 수 있게 되자 높은 금리 때문에 오래도록 신용이 희귀했던 나라들로 엄청난 양의 자본이 유입되었다.

이때 다음과 같은 질문을 던졌어야 했다. 이 모든 자본은 도대체 어디에 쓰이게 될까? 이에 대한 공식 입장은 2000년에 나온 이른바 리스본 전략이다. 거기에서는 유럽을 2010년까지 지식 경제의 선두에 세워놓겠다고 천명하면서 이것이 만들어내게 될 선순환 구조를 그려내고 있다. 자본의 자유로운 이동이 벌어지면 최초에는 채무가 늘어나지만, 이로 인해 경쟁력이 개선되고 순수출이 증가하면 결국 돈이 채무를 갚고도 남게 되리라는 것이다. 게다가 이를 위해 그 어떤 일관된 산업 전략 따위를 설계할 필요도 없다는 것이다.

유로화가 출범─1999년에는 계산 단위로서, 2002년에는 주화로서─한

후 몇 년 동안은 모든 것이 계획대로 진행되는 듯 보였다. 엄청난 양의 자본이 유입되고 있었다. 특히 당시는 금융공학 덕분에 지구적 신용이 정말로 폭발적으로 팽창하는 국면이었다는 것도 큰 이유였다.

하지만 유럽연합이 가지고 있던 경제 논리는 금세 틀린 것으로 드러났다. 자본의 물결이 밀려들어간 곳은 단일 통화로 들어가기 전에 이자율이 가장 높았던 나라들이었다. 하지만 유로존 수출 기업들의 수익성은 고정환율제라는 압박으로 인해 잠식당하고 있었다. 또 당시는 바로 1997년 위기를 겪은 동아시아 국가들이 저평가된 환율과 부채 부담을 덜겠다는 굳은 결의를 가지고 서방의 소비자 시장에 엄청난 상업적 공세를 가하던 시기였다. 프랑스와 이탈리아의 은행들은 국내의 지역 금융기관들에 대출해주어 돈을 벌었고, 이 금융기관들은 그 돈으로 지역에서의 소비와 부동산 투기에 불을 붙였다. 에스파냐에서는 프랑스와 독일의 은행들이 자금을 끌어들여 어마어마한 주택 시장의 거품을 만드는 데 일조했던바, 건설업과 그 하청 사업 부문들은 전체 고용의 무려 25퍼센트를 차지하게 된다. 이와 궤를 같이하여 각종 서비스업도 발달했지만, 산업 기반은 시들어갔다. 이 나라들이 급속하게 성장하기는 했지만 그 기반은 부동산 가격의 꾸준한 급상승이었으며, 이는 다시 신용의 증가를 낳고 가계 부채의 증가를 떠받쳤다. 신용에 기초한 소비가 증가하면서 제조업 물품들의 수입이 급증했고, 이는 경상수지 적자와 가격 인플레이션을 부추겨 경쟁력을 갉아먹었다. 경제성장은 갈수록 더 커져가는 해외 자본의 유입에 의존하게 되었고, 이 때문에 경상수지 적자는 갈수록 악화되었다. 금융의 과도함으로 인해 투기 거품과 인플레이션적인 소비 증대가 일어나는 나라에서는 항상 그러하듯, 거품이 터지면서 엄청난 양의 민간 부채가 부담이 되어 경제 전체를 짓누르게 되었다.

한편 채권국들의 궤적은 이와는 아주 달랐다. 특히 독일이 통일에 따른 여러 비용들을 해결하는 데 1990년대 내내 여념이 없었기에, 인접한 나라들의 경제가 독일 경제의 여러 지표들을 따라잡기가 상당히 수월했다. 독일은 2000년 유로존에 가입했지만 경상수지 적자 상태였고 환율 또한 불리했으며 경제성장도 2002~03년의 기간에 심한 은행 위기로 답보되고 말았다. 임금 비용이 높아서 국제 경쟁력은 잠식되었고, 경제 전체가 스태그네이션으로 빠져들고 있었다. 이것이 2000년대 초반 범람하고 있던 신용의 물결 속에서도 독일의 부동산 시장이 여러 선진국들에서 벌어졌던 부동산 시장의 가격 상승에 동참하지 못했던 한 가지 이유였다. (프랑스에서도 주택 시장은 비교적 안정되어 있었다. 프랑스에서는 주택 담보대출자들의 지불 능력에 대해 대단히 엄격한 규제가 주어졌던 데다가, 신용의 유동화도 허용되지 않았다.) 슈뢰더 정부는 2003년 과격한 노동시장 개혁으로 대응한다. 임금 증가는 중단되었고 산업 생산에 대한 구조조정이 시행되어 많은 생산 과정이 중부 유럽과 동유럽으로 아웃소싱되었다. 이렇게 단위당 임금 비용을 낮추어 경쟁력을 제고하는 전략은 2010년까지 남은 기간 내내 계속되었다.

다른 말로 하자면, 2000년 리스본 전략은 여러 회원국들을 서로 비슷하게 수렴시키는 것을 목표로 삼았지만 실제로는 오히려 그 간격을 키우고 말았다. 유로존 국가들은 가뜩이나 경제적으로 이질적이었는데, 유로화의 창출로 작동하게 된 금융 논리에 따라 여러 면에서 그 차이가 더욱 강화되고 말았던 것이다. 유럽연합을 미국과 비교하는 경우가 가끔 있거니와, 이는 여전히 적절한 비교다. 미국에서는 노동력이 자유롭게 이동할 수 있어 미합중국을 이루는 여러 주들 사이의 차이들이 완화될 수 있었지만, 당연한 여러 이유 때문에 유럽은 ⊐ 정노의 노동 이농성을 성취할 수 없었다. 또 미국에서는 주 사이의 송금 메커니즘 또한 대단히 높은 수준이었지만, 유로존 국가들 사이의 송금 메커니즘은 이런 수준에 전혀 도달하지 못했다.

통화주의 모델

유로존을 더욱 장애 상태에 빠뜨린 것은 유럽중앙은행이 지배하게 되어 있는 그 제도의 설계였다. 유럽은 연방체가 아니었는데, 유럽중앙은행 하나만은 연방체와 같은 실체를 이루고 있었다. 오늘날 위기의 핵심에는 바로 이러한 모순이 자리잡고 있다. 유로화의 이론적 기초를 제공한 것은 통화주의로서, 그 주장에 따르면 통화란 실물경제의 여러 현상들에 대해 중립적이라는 것이다. 이는 곧 중앙은행의 유일한 목적이 통화의 구매력을 안정적으로 유지하는 것임을 의미한다. 통화의 구매력이란 인플레이션의 척도로서, 통계적으로 구성되는 표준가격지수의 역수로 정의된다. 중앙은행의 이러한 과제는 다른 어떤 경제정책 목표와도 충돌하지 않으므로, 중앙은행은 절대적인 독립성을 향유하게 된다. 이것이 바로 마스트리히트 조약이 유럽중앙은행에 진정으로 특출한 위치를 부여했다고 보는 이유다. 세계의 다른 어떤 중앙은행을 봐도 그 정당성은 국가의 주권에 뿌리박고 있지만, 유럽중앙은행은 그렇지 않다. 유럽중앙은행에게는 심지어 유럽 각국의 정부들과 상호작용을 할 의무조차 없다. 게다가 유로존 전체 차원에서 재정과 통화를 도구로 삼아 거시경제적 조절을 행할 다른 메커니즘은 아무 것도 없다. 있다면 '안정과 성장 협약'(Stability and Growth Pact)이라는 이름의 변칙적인 앙상블이 재정 적자에 대해서 강제하는 자의적이고 획일적인 제한이 있을 뿐이다. 유럽중앙은행은 찬란한 고립 속에서 운영된다. 유로존의 총계 예산이라는 것은 각각의 회원국들이 알아서 내린 예산 결정의 사후적 결과물에 불과하다.

이런 식의 통화주의적 모델이 거대 금융 위기를 견뎌낼 수 없다는 것은 그다지 놀랄 일이 아니다. 미국에서는 1907년의 은행 위기에서 미국의 전체 금융 시스템이 영국 자금의 대부에 의존하고 있다는 것, 또 국민국가의 주권으로 보장되지 않는 통화의 비용이라는 게 어떤 것인지가 똑똑히 드러났으며, 그 결과 1913년 미국 연방준비위원회가 생겨났던 것이다. 이런 점에서 보자면, 현재의 위기 과정에서 유럽중앙은행이 여러 번 죽을상을 지었던 것도 이해가 간다. 이 위기 상황에서 중앙은행으로서 최종 대부자 역할을 피할 수 없었을 테지만, 최종 대부자 노릇을 하기 위해서는 어떤 시장을 도울지 혹은 어떤 금융 행위자를 도울지에 대해 정치적 결정을 하지 않을 수 없게 된다. 하지만 그 어떤 주권 권위체에도 책임을 지지 않는 유럽중앙은행이 내린 결정은 무엇으로 정당화될 수 있을까? 주권국가의 통화와 국가 부채 사이에는 실로 유기적이라 할 연결 관계가 있다. 후자는 시민들이 나라에 진 빚이라고, 즉 단일한 집합체로서의 국가가 그 성원들에게 공공재와 서비스를 공급해준 반대급부라고 이해될 수 있다. 이 부채를 갚는 것은 여러 세대에 걸친 과정이며, 주권국가에 고유한 조세 권력에 의존하고 있다. 한편 통화는 나라가 스스로에게 진 빚이라고 개념화될 수 있다. 따라서 국가와 통화 발행 권력을 부여받은 기관인 중앙은행의 관계는 대단히 밀접하다. 국가는 중앙은행의 자본을 보증하며, 중앙은행이 발행한 통화를 법화(法貨, legal tender)라고 선언한다. 한편 중앙은행은 국가에 대한 최종 대부자다.

유로화가 통화로서 불완전하다는 것은 이러한 의미에서다. 유로화를 보장해줄 주권체는 실현된 적이 없다. 각각의 유로존 회원국은 자신이 유럽중앙은행에 가져다 놓은 자본에 대해서만 책임을 질 뿐 그 전체 지급능력에 대해서는 책임지지 않는다. 그 결과로 유럽중앙은행은 유로존 국가들에게 최종 대부자 역할을 하는 것이 아니다. 다시 말하지만 이 때문에 유로화는 모든 나라들에게 하나의 외국 통화가 되는 것이다. 만약 이 통화가 모든 회원국들에게 외적인 것이라면, 유럽 국가들이 협력하는 정책 결정 또한 있을 수 없다. 그런데 다른 나라들에 비해 유로화가 덜 외국 화폐인 나라가 하나 있으니, 독일이다. 독일 연방 정부가 선의를 가진 지도자의 역할을 수행하는 데 동의한다면, 그래서 자신의 정책을 추구할 때 통화동맹 전체의 이익을 감안하여 행동한다면, 적어도 차선의 시나리오에 도달하는 게 가능했을 수도 있다. 하지만 독일은 전혀 그러지 않았다. 역사적으로 볼 때 통화동맹은 둘 중 하나의 방향으로 가는 경향이 있다. 라틴 통화동맹과 스칸디나비아 통화동맹처럼 해체되어버리든지 아니면 독일 제국의 기초를 형성했던 촐페라인(Zollverein) 관세동맹처럼 정치 주권체를 이루게 되든가다. 그런데 유로존에는 집단적 정치 행동을 형성시켜줄 협력 조직도 없었고, 지도적 위치의 국가 하나가 나서서 응집성을 부여할 수 있는 위계적 조직도 없었다. 하지만 정상적인 조건 아래에서는 이렇게 경쟁하는 정치적 이해관계들이 비협력적 방식으로 작동한다 해도 적어도 기능적인 균형 상태에나마 도달할 수 있다. 그런데 위기의 시기가 되면 각각의 나라가 스스로의 이익만 수호하면서 '무임승차자'의 전술을 구사하여 이득만 취하려 들게 마련이다.

그리스의 사례

이러한 맥락에서라면 비록 그리스처럼 작은 나라라 해도 그 재정이 무너지면 유로존 전체에 걸친 국채 위기와 은행 위기로 악화되어 세계경제 전체까지 위협하는 일도 가능해진다. 잘 알려져 있다시피, 그리스가 유로존에 가입하던 2001년 당시 골드먼삭스는 그리스 재무장관이던 루카스 파파데모스(Lucas Papademos)를 도와 이 나라의 채무를 은폐한 바 있었다. 이 지역의 투자 기관들은 그보다 2년 전 다른 나라들에도 똑같이 해준 바 있었기에 이러한 일을 환영했고, 이른바 시장의 나침반이라고 불리는 신용 평가 기관들에서도 그리스 채무의 질이 나쁘지 않다고 확인해주었다. 약간의 역사 지식이 있었다면 이들도 다시 생각해볼 수 있었을 것이다. 1829년 그리스가 영국, 프랑스, 러시아의 도움으로 오스만 제국에서 빠져나올 당시에도 그리스는 아주 가난하고 순전히 농촌밖에 없는 작은 나라였다. 이 나라의 정치 시스템은 패거리 정치(clientelism)였기에 그 조세 징수 능력은 온갖 특권과 부패로 침식된 상태였다. 20세기에 들어오면 두 차례 세계대전이 이 나라에 끔찍한 충격을 가했다. 1941~44년에는 나치에 점령되었고, 그 후에는 공포스러운 유혈 내전이 1949년까지 계속되어 무수한 인명이 살상당했다. 그리스는 명실상부한 미국의 보호령이었다가 스스로 독립의 길을 걷기 시작했지만, 정치 시스템의 개혁은 없었다. 1967년에는 쿠데타가 벌어졌고 이후 7년간 이 나라는 또 악몽 속으로 들어가게 되었으며, 터키가 키프로스를 침공하면서 벌어진 군사적 재난으로 인해 1970년 군부 정권은 무너지게 되었다. 민간 정부가 다시 수립되었지만 그 조건은 옛날이나 다름없었다. 그리스는 독재가 종식된 에스파냐 및 포르투갈 등과 함께 유럽공동체 가입이 승인되었지만, 냉전이 계속되던 당시의 맥락에서 '민주주의'를 강화한다는 순전히 정치적인 이유에서 그리되었다. 유럽공동체 회원국이 된 그리스는 1992년 마스트리히트 조약을 비준했지만, 그렇다고 해서 그리스가 유로존에 그냥 들어올 수 있는 것은 아니었다. 그럼에도 불구하고 유럽위원회(European Commission)와 유럽중앙은행은 그리스의 유로존 가입에 호의적인 입장을 표명했다. 또다시 정치적 이유들이 작동했고, 마침내 그리스의 GDP는 유럽의 1퍼센트도 되지 않으니 심각한 문제를 일으킬 가능성은 없다는 주장이 힘을 얻게 되었다. 하지만 그리스 국가는 다른 유로존 국가들과는 도저히 같다고 할 수 없는 정도의 특징들을 가지고 있었다. 재무부는 보편적 과세 기준으로 세금을 거두고 있지 않았으며, 부패가 일반화되어 있었고, 권력이 큰 민간 행위자들이 국가정책을 좌지우시하고 있었다. 예를 들어 선박 소유자들은 아득한 옛날부터 하나의 집단을 이루고 정치체제가 어떻게 바뀌든 오늘날까지 항상 자신들의 이익을 돌볼 능력을 보유해왔다. 만약 이 선박 소유자들이 세금 도피처에 박아둔 자본을 본국으로 송환한다면 그리스의 국가 부채는 즉시 해결될 수 있을 정도였다. 한편 그리스정교회가 보유한 어마어마한 토지에는 세금이 면제된다. 이 나라의 거대한 지하경제에는 여행업 대부분도 포함되며, 이 부문에서 일하는 노동자들의 소득은 일반적으로 제대로 신고되는 법이 없다. 일단 그리스가 유로화를 받아들이게 되자 공공 부채, 민간 부채가 발맞추어 상승했고, 이 나라는 외국 채권자들에게 갈수록 의존하게 되었다. 시장은 본래 채무자들의 행태를 훈육하는 것으로 유명하지만, 그리스에 대해서는 완전히 무관심한 상태였다. 그 가운데 사태가 얼마나 심각하게 깊어졌는지는 2009년 10월에 드러났다. 새로 정권을 잡게 된 파판드레우 정부가 이미 전부터 많은 이들이 의심했던 것을 공식적으로 표명했으니, 그리스 재정의 여러 계정들이 거짓으로 기록되어 있다는 것이었다. 이는 시장에 충격을 가져왔으며, 첫 번째로 영향을 입은 것은 그리스의 공공 은행들이었다. 이 은행들은 이 위기를 유럽 전역으로 전염시키는 데 강력한 운반 수단으로 기능했다.

그다음에는 2중의 위기가 펼쳐진다. 은행 부문—따라서 민간경제—과 국가재정 모두가 큰 영향을 받은 것이다. 공공 부채가 더 이상 유지될 수 없고 지급불능 사태의 가능성까지 있다고 여겨지자, 이자율이 오르기 시작했다. 이는 다시 채무 부담을 상당히 증가시켰으며, 이러한 악순환 과정에서 부채의 양은 불어나면서 또 경제를 지탱할 국가의 역량을 제한해버리는 데 일조했다. 채권 수익률이 상승하게 되자 자동적으로 그 가치는 떨어졌으며, 그리스 채권에 대한 보험 수요가 급증하면서 그 채권의 리스크 프리미엄이 상승했다. 이는 또한 신용 리스크에 보험을 제공하는 신용부도스왑(CDS, Credit Default Swaps) 시장에도 거품을 낳게 된다.

여기에는 몇 번에 걸친 반전이 작용하게 된다. 정상적인 시기라면 채권 이자율이 그 채권에 대한 리스크 프리미엄을 결정하겠지만, 위기 상황에서는 둘 사이의 스프레드가 벤치마크(benchmark, 기준점)가 되며 이것이 이자율을 결정한다. 정상적인 시기에는 CDS 시장이란 투자자들이 신용 리스크를 평가하기 위해 살펴보는 몇 가지 신호들 가운데 하나이지만, 위기가 도래하면 이 시장이 투기적으로 변하면서 독립적으로 기능하기 시작한다. 일부 투자자들은 그리스 채권을 하나도 갖고 있지 않으면서 그리스 채권에 대한 CDS를 매입하기 시작했다. 그리스가 디폴트를 선언할 확률이 높아지면서, 그 채권의 CDS 가격도 올라가리라는 희망 때문이었다. 결국 CDS 가격은 부채의 크기를 이루는 한 요소로 들어가게 되었고, 이로 인해 채무 부담이 눈덩이처럼 불어나고 또 이것이 다시 CDS 가치를 올리는 악순환이 벌어졌다. 그러자 그리스 시장에 투자했던 외국 은행들의 건전성까지 의심받기 시작했고 이에 위기의 전염이 시작되었다. 이는 특히 프랑스 은행들에 해당되는 이야기로서, 이들은 그리스 경제 전체에 자기들 자본의 40퍼센트에 맞먹는 액수를 투자한 바 있었다. (국채에 대해 디폴트가 선언되면 이는 흉측한 경기후퇴를 가져오게 되어 있으며, 이는 다시 무수한 민간 행위자들을 파산으로 몰고 가게 되어 있는바, 이렇게 되면 외국 은행들이 그리스의 은행들, 국가 자산들, 기업들 그리고 그리스에 지점을 두었다면 아마도 가정경제들에 주었던 대출까지 위태로워지면서 그 외국 은행의 전반적 상태 또한 영향을 받지 않을 수 없다.) 그리스 리스크에 노출된 외국 은행들은 자금을 다시 조달해오는 비용이 더 올라가게 되었고, 따라서 대출을 줄이기 시작했다. 그러자 이 외국 은행들의 본국 경제가 영향을 받기 시작한다.

이러한 일련의 연쇄반응은 자생적으로 벌어진 것이 아니었다. 그리스와 유럽의 지도자들 모두가 그리스 디폴트의 가능성을 무조건 부인했으며, 게다가 그리스의 지급능력을 완전히 없애버릴 수밖에 없는 조치까지 강제했으니, 이것이 이 연쇄반응에 기름을 붓는 격이 되고 말았다. 2010년 5월 이후 IMF, 유럽중앙은행, 유럽위원회에서 온 기술 관료들이 강제한 정책들에는 공공 부문 임금의 25퍼센트 삭감, 공공 지출의 잔혹한 삭감, 역진적인 증세, 대규모 민영화 압력 등이 포함되어 있었으니, 결국 이 나라 자본 전체를 헐값에 넘기는 결과를 낳을 위험이 있었다. 그 결과 2010년 GDP는

3.7퍼센트, 2011년에는 5.5퍼센트 하락했으며, 2012년에는 3~4퍼센트 하락하리라 전망되었다. 이 가혹한 긴축 조치들이 줄줄이 이어지자 국가 부채의 꾸준한 증가가 멈추기는커녕 도리어 2011년 말이 되면 국가 부채가 GDP의 160퍼센트까지 치솟아버렸다. 그러는 동안 경기후퇴가 누적되면서 경상수지 적자 또한 GDP의 15퍼센트라는 어처구니없는 숫자가 10퍼센트로 줄어들기는 했지만, 유럽중앙은행-유럽위원회-IMF의 미래 예측보다 여전히 2.5퍼센트나 더 높은 수치로 남아 있다. 말할 것도 없이 이 트로이카는 수치가 예측한 바와 들어맞지 않으면 모두 그리스가 긴축 계획에 불평을 품고 제대로 하지 않은 탓으로 돌린다. 따라서 그리스의 생산이 붕괴한 것이 유럽위원회와 독일 정부가 강제한 계획 때문일 수 있다는 가능성은 완전히 무시해버린다.

지급 불이행은 선택지가 될 수 있을까

그리스 위기의 결과가 어떻게 되든 유로존은 장차 근본적인 변형을 겪게 될 것이다. 그리스에 지급능력이 없다는 것이 분명해진다면, NPD 연합이 정권을 잡든 시리자가 정권을 잡든 여하간 지급 불이행 사태에 직면하게 될 것이다. 유로존은 현재 일련의 '원조' 패키지를 계속 들이밀면서 갈수록 가혹한 조건들을 그리스에 강제하고 있는 상태다. 그리스는 이러한 위장 파산을 계속해서 받아들이든가 아니면 손실을 끝내기로 결심한다면 일방적인 지급 불이행을 선언하든가 해야 하며, 후자는 유로존에서의 탈퇴를 뜻한다. 하지만 언론 매체에서 이 두 가능성을 취급하더라도 그 각각이 가져올 결과들을 냉철하게 분석하는 일은 거의 없었다. 분석을 위해 두 가지 중요한 선례인 일본과 아르헨티나의 경우를 명심할 필요가 있다. 일본은 1990년 부동산 거품이 터지고 나서 경제 전체가 민간 부채 및 공공 부채에 짓눌리게 되었고, 장기적인 긴축정책 및 이에 결부된 무한히 지속되는 경기 침체를 경험한 바 있다. 아르헨티나는 통화가 달러에 연동되어 있었기에 2001년 12월 엄청난 양의 공공 부채를 떠안게 되었다. 결국 2002년 1월 지급 불이행을 선언했고, 2002년 1월 자율적인 자국 통화를 다시 확립하게 되었다.

그리스가 유로존에 계속 남는다면, 설령 지급 불이행을 선언한다 해도 공공 부채는 그리스 법률의 관할이 아니기 때문에 여전히 빚을 갚아야 한다. 유로존 내의 다른 나라들이 유럽금융안정기구(EFSF, European Financial Stability Facility)를 통해 내준 IMF 대출 및 이후의 여러 대출도 마찬가지로 여전히 갚아야 한다. 민간 부채로 보자면, 그리스의 은행들은 그리스 정부에만도 무려 3백억 달러를 꿔준 상태이므로 정부가 지급 불이행을 선언하게 되면 즉시 은행들도 파산을 면치 못하게 된다. 유로존 당국이 나서서 EFSF를 경유하는 방식으로 이 은행들의 자본을 재구조화하는 일도 가능하겠지만, 이렇게 되면 오랜 기간에 걸쳐 되갚아야 할 부채의 양은 더욱더 불어나게 된다. 이러한 상황이 이 나라에 장기적으로 가져오게 될 결과는 어떤 것일까? 단기적으로 파국을 모면한다 해도 이는 위기로부터 실제로 빠져나오는 것과는 다른 문제다. 유로존에서의 경제성장은 1990년대 이후 꾸준히 약화되어왔다. 2011년 늦가을 이래 진행된 경기 침체로 인해 그리스 경제에 다시 역동성을 불어넣는 일도 쉽지 않다.

2012년 3월 초 그리스 정부는 민간 부문이 참가하는 1740억 유로의 신규 구제금융 계획을 받아들였다. 외국의 민간 채권자들의 이른바 자발적 참여라는 것에는 자신들 청구권의 53퍼센트를 포기하는 것이 담겨 있으며, 이는 이미 오래전부터 이야기되어온 내용이다. 하지만 생산 부문이 계속해서 약화되고 있는 상태에서 임금뿐만 아니라 생산성 또한 감소하고 있으며, 이로 인해 경쟁력 또한 개선되지 않고 있다. 따라서 이 구제금융도 오래가지 못할 것이며, 경기후퇴가 더욱 심화되고 사회적 분위기도 급속히 악화될 것이다.

유로존 전체로 보자면, 일본식 경로라는 함정으로 점점 가까이 가고 있다. 경제성장은 해마다 빈혈 증세에 시달리며 디플레이션에 빠져들고, 이 때문에 공공 부채를 줄일 수도 없게 될 것이다. 하지만 유로존은 일본처럼 세계에서 가장 역동적이고 강력한 산업 부문을 가진 나라도 아니며, 또 일본처럼 동질적인 나라도 아니다. 일본의 국채는 거의 전적으로 국내 일본인들의 저축으로 매입되고 있다. 일본인들은 자국 국가가 내놓는 낮은 이자율도 군말 없이 받아들이며, 이로 인해 부채 발행 비용은 최소한으로 유지된다. 유로존 각국의 상황은 그와 정반대다. 경쟁력 수준은 천차만별이고, 국채 발행에서도 외국인들의 역할이 중요하며, 빚이 많은 나라들의 국채 이자율은 하늘로 치솟게 되어 있다. '일본식' 경로가 현실성을 가지려면, 유럽은 그리스와 다른 주변부 나라들 경제에 대해 모종의 마셜 플랜 같은 노선을 채택하여 이 나라들의 경쟁력을 강화하는 방법으로 임금을 낮추는 대신 생산성을 올리는 것을 목적으로 하는 구조적 투자를 단행해야 하며, 이를 위해서는 다시 자금이 필요해진다. 그리스에 대한 원조는 더 이상 대출 형태를 띠어서는 안 된다. 이는 그저 이 나라의 부채 수준을 높이고 의존 상태만 심화할 뿐 긍정적인 경제적 효과는 조금도 가져오지 못한다. 유럽 차원의 구조 개선 기금을 동원해 명시적인 양도와 이전의 형태로 자금을 지원해야 하며, 그 대신 이 자금은 생산적 투자에만 쓰일 수 있도록 계획되고 또 감시되어야 한다. 이러한 원조가 없다면 그리스는 함정에 빠져버리는 결과를 피할 수 없다. 계속해서 구제금융 계획들이 나오겠지만, 그 각각의 계획마다 조건은 더욱더 가혹해지고 또 간섭도 심해질 것이다. 그리고 이로 인해 새로이 걸머지게 되는 부채를 갚기 위해 몸부림치지만, 바로 이 구제금융 계획들에 의해 유로존 경제가 역동적으로 살아날 가능성이 완전히 막힘에 따라 그리스가 빚을 갚을 소득을 벌 수 있게 해줄 외국의 수요 원천 또한 사라지게 될 것이다. 높은 실업률이 지속됨에 따라 노동력의 질과 고용 가능성은 저하될 것이고, 자본 유입의 감소로 인해 투자율도 떨어지게 되면서 혁신을 도입하는 데 어려움이 생겨날 것이며, 교육 및 연구 개발에 대한 지출도 무시할 만한 수준으로까지 떨어지게 되면서 전체 요소 생산성의 증가도 가로막히게 될 것이다. 요컨대 경제가 회복이 불가능할 만큼 약화된다는 것이다.

일본식 경로가 현실성이 없다면 아르헨티나는 선택지가 될 수 있을까? 그렇게 할 때는 장기적인 성장이 관건이 된다. 이때 그리스는 다시 한 번 '신흥 시장' 국가의 하나가 될 것이며, 이에 따라 여러 이단적 이론에 근거한 정치적·경제적 방법들이 적용될 수 있게 될 것이다. 그리스는 이미 긴축으로 인해 눈에 보일 만큼 힘이 소진된 상태이며, 현재처럼 지급 불이행이라는 말만 언급하지 않았을 뿐 실제로는 이를 조금씩 시행하는 식의 행태가 계속된다면 유로존으로부터의 탈퇴를 단지 조금 미루는 효과만 있을 뿐이다. 유로존에서 일방적으로 빠져나가는 행위는 모종의 도박이 될 것이다. 왜냐하면 이는 장기적으로는 그리스를 다시 일으켜 경제성장의 궤적으로 되돌려놓을 수 있다는 희망을 함축하지만, 단기적으로는 파국을 가져올 것이기 때문이다. 이때 예를 들어 드라크마 같은 새로운 통화가 도입될 것이며, 이를 수단으로 하여 그리스는 다시금 통화정책에 대한 통제력을 회복할 것이다. 민간 부채의 90퍼센트는 그리스 법률로 다스릴 수 있으며, 그 구조조정—즉 채권자들에 대한 '헤어컷'(haircut, 부채 탕감)—은 환율 하락을 통해 이루어지게 될 것이다. 이를 실행에 옮기기 위한 여러 단계의 조치들은 특정한 순서에 입각하여 취해져야 한다. 아르헨티나에서는 이 순서가 전혀 지켜지지 않았었다. 그리스 정부는 환율이 폭락할 것을 기다리고 난 뒤에 부채의 가치 표시를 전환하려고 해서는 안 된다. 드라크마를 새로운 통화로 쓴다는 결정이 내려지면 유로화로 가치가 매겨진 자산과 채무는 그 즉시 새로운 통화로 다시 가치가 매겨져야 한다. 통화개혁과 금융 구조의 변혁은 동일한 문제이기 때문이다. 아주 짧은 기간에 수많은 조치들을 재빨리 취할 필요가 있다. 첫째, 자본 도피를 막기 위해 모든 계좌를 동결해야 하며, 둘째, 그 즉시 새로운 통화로 가치 표시를 바꾸어야 하며(아르헨티나 정부는 이렇게 하지 않고 시간을 끌었다), 셋째, 모든 은행을 최소한 일주일 이상 폐쇄한 뒤 그사이에 이들에 은행권을 공급하고 현금 지급기를 다시 손보고 이 은행들의 계정들을 살펴보아야 하며(미국에서 1933년 루스벨트 정부는 장기간 은행 휴무를 법으로 명했다), 넷째, 국가는 이 새 통화의 순환이 확립될 때까지 초단기 유가증권들을 발행하여 약속어음처럼 쓰이게 해야 하며, 다섯째, 은행을 국유화하여 예금을 보장할 뿐만 아니라 대출이 재개되고 나면 자본을 국내의 생산 자금으로 돌릴 수 있게 만들어야 한다.

이러한 조치들은 경제에 어떠한 결과들을 가져오게 될까? 1998년에서 2001년 사이에 아르헨티나가 겪었던 시련은 2009년 말 이후 그리스가 겪고 있는 것과 대단히 유사하다. IMF의 지도 아래에서 아르헨티나는 이 긴축 플랜에서 저 긴축 플랜으로 계속 옮겨 타야 했으며, 나라 전체가 영구적인 침체에 빠져 실업률이 16퍼센트에 달하게 되었다. 국채와 미국 금리의 스프레드는 2500베이스포인트—이는 2011년 가을 독일 공채에 대한 그리스 공채의 스프레드와 거의 비슷한 수준—에 이르렀다. 그럼에도 불구하고 미국 달러와의 연동을 포기하자는 생각은 금기시되고 있었다. 가혹한 긴축 정책으로 인해 유동성 부족이 야기되었고, 지방에서는 대체 통화들이 나타나고 있었다. 엄격한 경제정책으로 인플레이션은 어느 정도 억제되고 있었지만, 미국과 유럽에 비하면 체계적으로 더 높은 상태를 유지하고 있었다. 2001년 11월 1일 정부는 마침내 아르헨티나의 채무를 더 이상 유지할 수 없다는 것을 인정했고, 채권자들에게 금리를 낮추고 150억 달러어치 채권의 상환을 연기해달라고 간청했다. 한 달 후 정부는 은행 계좌의 동결—'코랄리토'(corralito)—을 명령했고 엄격한 외환 통제를 시행했다. 하지만 달러와의 연동은 계속 유지되었고, 이는 새로 들어선 정부가 2002년 1월 6일 '페소화', 즉 페소의 강제 도입과 탈달러화 모험을 감행하면서 겨우 끊어졌다. 이렇게 시간을 끈 것은 실수였다. 그 사이에 통화 부족과 금융거래 보류가 생겨나면서 교역이 중단되고 말았기 때문이다.

아르헨티나에서 이러한 전략이 가져온 직접적 효과는 지독한 경기후퇴였으며, 그리스에서도 똑같은 일이 일어나리라 예상할 수 있다. 자본시장이 문을 닫게 될 것이며, 그렇다면 경상수지 적자는 직접 국내 경기에 충격을 주게 된다. 유럽에서의 원조가 없는 한 대외 부채의 증가를 메울 방법이 없을 것이기 때문이다. 그리스의 경상수지 적자는 GDP의 10퍼센트에 달하고 있으며, 또 이 나라 산업은 기초가 미약할 뿐만 아니라 다각화되어 있지도 못하다. 따라서 상황을 볼 때 환가치의 심각한 평가절하가 불가피하며, 이는 단기적으로 수입의 극적인 감소를 의미하게 된다. 현재의 경상수지 적자를 상쇄하기 위해서는 드라크마 통화가 70퍼센트 정도의 평가절하를 겪어야 할 수도 있다. 국가 부채가 1천억 달러 정도였던 아르헨티나에서는 환가치 평가절하가 64퍼센트에 달했었다.

상황이 이렇게 되면 처음에는 물가가 급격히 오를 것이며 실질소득이 상당히 감소하게 될 것이다. '페소화' 전환이 일어나자 그다음 6개월간 수입은 15퍼센트가 감소했다. 2002년 전반기 동안 아르헨티나 경제는 15퍼센트 수축했고 30퍼센트의 인플레이션을 겪게 된다. 하지만 6개월 후에는 상황이 개선되기 시작했다. IMF와 세계은행 경제학자들은 초(超)인플레이션이 발생해 사람들이 새로운 통화를 거부하는 사태, 즉 일상의 거래에서 달러가 '그대로' 쓰이게 되는 사태를 예측했었다. 하지만 실제로 벌어진 일은 정반대였다. 새로운 통화는 널리 받아들여졌으며, 인플레이션은 급속히 제자리를 찾아가 2003년 말경이 되면 3퍼센트로 떨어진다. 환율은 대단히 경쟁력 있는 3.6페소 대 1달러 수준에서 안정을 찾았다. 생산에서도 마찬가지로 괄목할 만한 반등이 일어나 2년에 걸쳐 17퍼센트 증가했다. 환가치의 평가절하를 통해 수출 제조업이 활발해진 데다가 아르헨티나의 주요한 수출 품목인 원자재 가격 또한 지구적으로 치솟았다. 이러한 상황 전개가 합

처지면서 무역수지는 엄청나게 개선되어 경상수지가 흑자로 전환하면서 아르헨티나는 외환 준비금을 축적하게 된다. 경제성장이 재개되자 정부 예산에서는 이자지급 전 재정흑자(primary budget surplus)가 2003년에는 2.3퍼센트, 2004년에는 3퍼센트 발생하게 된다.

아르헨티나에서 결정적인 조치는 통화 주권의 회복이었다. 그리스에서 수출이 반등하게 되면 여행업, 농업 생산, 운송, 비즈니스 서비스 등에 좋은 영향을 끼칠 것이고, 환가치 하락으로 수익성이 회복되면 외국 기업들도 그리스에 지사를 설립할 동기를 얻게 될 것이다. 다른 말로 하자면, 그리스가 경쟁력을 회복하자면 공격적인 전략을 추구해야지 임금을 낮추는 등 소모적인 방법을 택해서는 안 된다는 것이다. 이러한 경로를 선택하는 것은 도박이 되겠지만, 그리스가 장기적인 성장의 조건을 달성하기 위해서는 이것 말고 다른 길을 상상하기 어렵다. 외국에서 생산된 재화들의 가격은 오르겠지만, 이 나라의 장기적 전망은 밝아질 것이다. 전반적으로 볼 때, 만약 유럽위원회와 독일 정부가 다른 모든 긍정적인 대안들을 앞으로도 계속 막아서는 상태가 지속된다면, 이러한 도박을 감행하는 것이 그리스의 이익이 될 것이다.

그리스가 실제로 탈퇴한다면 유로존은 어떤 충격을 입게 될까? 질문을 바꾸어서 해보자. 그리스에 일련의 긴급 대출이 주어지면서 그리스는 지속적인 의존 상태에 머물고 있을 뿐이니, 이러한 조치가 계속되는 것과 그리스가 탈퇴하는 것에는 어떤 차이가 생기게 될까? 어느 쪽이든 그리스의 파트너들에 바로 닥치게 될 문제는 유로존 나머지 지역으로 전염이 확산되면서 유동성 위기가 퍼져, 이를테면 에스파냐 등이 지급불능 사태로 가는 일을 막는 것이다. 상대적으로 약한 유로존 나라들의 국채에 대해 시장에서 쏟아지는 압력을 종식시키려면 유럽중앙은행이 이 나라들을 돕겠다고 명시적으로 약속하는 수밖에 없다. 장기적인 해법에 반드시 필요한 첫 번째 조치가 이것이다. 그리스가 유로화를 버린다면, 이것이 선례가 되어 투자자들을 겁먹게 할 것이니 전염의 리스크가 훨씬 더 커질 것이며 유럽 전체가 심각한 경기후퇴로 빠져들 것이라 주장하는 이들도 있다. 하지만 이탈리아, 에스파냐, 프랑스의 국채로 위기가 확산되는 과정에서 분명히 드러났듯이, 전염은 이미 시장의 예측에 반영되어 있다. 만약 그리스가 다시 통화 주권을 확립하려 들면, 유로화 표시 청구권들이 드라크마화로 바뀔 테니 유로존의 채권자들에게는 우선 직접 손실이 발생할 것이다. 하지만 만약 그리스가 단일 통화를 유지한다면, 이를 가능케 하기 위해 유럽중앙은행과 유럽위원회와 IMF가 각국에 할당하는 비용 총액은 날이 갈수록 늘 것이며 장기적으로는 어마어마한 액수가 될 것이다.

유로존과 세계

2012년 5월 이후 국채 위기와 은행 위기가 맞물린 이중 위기가 더욱 가속화되어왔다. 에스파냐와 이탈리아에서는 국채 금리 스프레드가 계속 올라갔다. 이 나라 정부가 나서 보증을 서는 등—이는 일국의 규제 당국이 자국 은행에 베푸는 전형적인 유럽식 참을성이다—의 혼란한 과정을 거친 후, 이탈리아는 향후 2년간 2조 유로에 해당—IMF 추산—하는 채무를 해소해야 할 압력을 받게 되었다. 이로써 은행들 사이의 국경 간 채무는 빠르게 청산되고 있지만, 이로 인해 신용 경색의 위협이 또 새롭게 나타나고 있다. 2011년 11월에 이미 신용 경색이 발생해 이를 피하기 위해 유럽중앙은행이 지 거대한 장기대출 프로그램(LTRO, Long Term Refinancing Operation)을 출범시킨 지 6개월도 채 되지 않았는데 말이다. 2012년 3월 이후 에스파냐의 은행들에서는 한 달에 2퍼센트 이상의 예금이 계속해서 빠져나가고 있다. 빚더미에 오른 나라들에서는 민간 부문 지출이 이미 뚝 떨어지고 있다. 이탈리아에서는 3분기 연속 경기후퇴가 진행되고 있으며,

실업률은 오르고 구매력은 감소하고 있다. 2012년 1/4분기에 민간 소비는 2.4퍼센트 감소했으며 GDP는 1.3퍼센트 떨어졌다. 에스파냐에서는 부동산 가격이 폭락하면서 주택 압류의 물결을 촉발했다. 가계는 심한 금융 압박을 받으면서 가뜩이나 과도했던 가계 부채가 더욱 늘어나고 있다. 이러한 국내 수요 침체에다 수출 부진까지 겹치게 되면 2012년 하반기에는 GDP 연간 성장률이 3퍼센트나 떨어질 가능성도 있다. 남유럽의 경기후퇴가 악화되는 데다가 세계무역의 추동력도 크게 줄어드는 것이 겹치자, 이제는 독일도 영향을 크게 받아 제조업 성장률이 대폭 추락하고 있다. 이렇게 거시경제가 약화되면서 다시 이것이 금융 위기의 원인으로 작용하고 있으며, GDP에 대한 재정 적자 비율을 줄이겠다는 약속도 지킬 수 없게 된다. 국가 부채는 2013년 말 이전까지 15퍼센트에서 20퍼센트까지 증가할 가능성이 크며, 이로 인해 유럽 각국의 정부 간 대화는 더욱더 까칠한 분위기가 될 것이다.

더욱이 금융적 불확실성과 유럽의 경기후퇴라는 상황은 세계경제의 성장까지 좀먹는 충격을 던지고 있다. 세계경제의 성장은 여러 경제 대국들이 빠져 있는 수많은 구조적 문제들과 긴밀한 상호작용을 맺고 있다. 미국의 잠재성장률은 3퍼센트에서 2퍼센트로 줄어든 반면, 2012년에 나타날 '재정 절벽'에 대한 근심은 의회에서의 대치 상태가 풀릴 기미를 보이지 않으면서 더욱 심화되고 있다. 인도는 재정, 경상수지, 인플레이션에서 모두 지속적인 불균형이 나타나는 문제에 짓눌려 있다. 브라질의 생산적 투자율은 5퍼센트의 경제성장을 꾸준히 지속하기에 너무나 낮은 수준에 묶여 있다. 자본비용이 너무 높은 상태가 너무 오래 지속되고 있기 때문이다. 중국은 수출 주도 및 축적 지향적 발전에서 지속 가능한 성장으로 전환하는 어려운 길을 밟아가는 중이다.

신흥 시장국들은 서방 국가들로의 수출이 줄어든 데다가 자본까지 흘러나가면서 곤란을 겪고 있다. 프랑스의 '국제 전망 및 정보 연구 센터'(CEPII)에 의해 거시경제 간 상호 의존 관계를 연구하기 위해 개발된 한 계량 경제 모델로 모의실험을 해보니 여러 결과들을 예측해볼 수 있었다. 2012년 유로존의 GDP가 이전 전망치에서 2퍼센트 낮게 나온다고 가정했을 때, 미국이 이 상황을 건더냈을 경우와 그러지 못할 경우에 따라 결과가 달라진다. 중국은 전자의 경우 성장률이 1퍼센트 떨어지며 후자의 경우에는 1.4퍼센트 떨어지게 된다. 중국을 뺀 나머지 아시아의 신흥 시장국들은 전자의 경우 성장률이 2.1퍼센트 떨어지지만 후자의 경우 3퍼센트 떨어지게 된다. 미국이 버티지 못한다면 이 나라들도 정체 상태에 떨어지고 마는 것이다. 한편 라틴아메리카는 미국에 의해 아주 근본적으로 영향을 받는다. 전자의 경우에는 성장률 감소가 0.8퍼센트이지만 후자의 경우에는 무려 2.4퍼센트다. 2년 후에는 미국이 어떻게 행동하느냐, 또 중국이 활력을 되찾느냐에 따라 이 나라들이 부분적으로 혹은 완전히 회복될 것이다. 중국이나 다른 신흥 시장국들은 금융에서나 무역에서 강력히 연계되어 있기에 중국 지도부가 경기 부양 정책을 취한다고 발표만 해도 그 효과는 금세 이 나라들 전체로 확산될 것이다. 세계경제가 조정되는 과정에서 다른 하나의 중요한 변수는 1차상품 가격이다. 이것이 하락한다면 단기적으로는 라틴아메리카에 해롭겠지만 중국의 실질소득과 국내 수요를 진작하는 데는 도움이 될 것이며, 이를 통해 중국의 수입이 살아나게 되면 결국 1차상품 수출국들도 혜택을 보게 될 것이다.[3]

---

3) Bilge Erten, "Macro-Economic Transmission of Eurozone Shocks to Emerging Economies", *CEPII Working Paper* 12, 2012. 이는 www.cepii.fr에서 볼 수 있다.

독일 정부의 역할

유로존이 지금까지 취해온 경로에 대한 책임은 무엇보다 독일 정부에 있다. 독일은 경제 규모로 보나 유로존 설립에 초석이 된 1991년의 타협—독일식 통화정책 원리에 따라 유로화를 설계한 바 있다—으로 보나 유로존의 지배적 국가다. 앞에서 보았듯이 유럽의 경쟁력은 한쪽에서만이 아니라 마치 입을 벌린 가위의 양날처럼 양쪽 모두에서 양극화되어온 것이다. 독일 당국과 기업들은 1990년대에 걸쳐 독일이 상실한 경쟁력을 회복해야겠다는 결심 때문에 2000년대 초반에 지독한 임금 비용 억압을 일방적으로 강제했다. 그와 동시에 약한 나라들에서는 신용이 폭발적으로 팽창하면서 이 나라들의 생산능력을 훨씬 넘는 수요 팽창이 터져 나오고 말았다. 하지만 위기가 시작된 시점부터 독일은 한쪽으로 기운 자신들의 원인 진단을 고집했고, 위기 극복을 위한 조정 부담을 전적으로 적자국들에 떠넘겼다.

이러한 접근은 유로존이 생겨나기 이미 오래전부터 있었던 것이다. 브레튼우즈 시스템이 종식되자 독일 지도자들은 적자국들과 흑자국들 모두에 대칭적인 조정을 가져오도록 되어 있는 20인 위원회(Committee of Twenty)[4] 제안을 반대한 바 있었다. 1979년 유럽통화시스템(EMS, European Monetary System)이 고안되었을 때도 독일은 단일계산화폐인 에퀴(ECU)에 기초한 대칭적인 조정이 아니라, 여러 다른 통화들에 의한 비대칭적 조정 시스템을 강제한 바 있었다. 2000년 초 전 지구적인 국제수지에 방대한 불균형이 나타났을 때도 책임 추궁을 당했던 것은 독일의 흑자가 아니라 중국의 흑자였다. GDP에 대한 비율로 보면 독일의 흑자가 중국의 흑자보다 더 많았는데도 말이다. 물론 중국의 무역 흑자는 무엇보다 미

---

4) 〔옮긴이〕브레튼우즈 시스템이 무너지자 IMF는 1972년 1월 새로운 국제 통화체제 수립 계획을 세우기 위해 20인 위원회를 구성한다.

국의 지출에 의해 이루어진 반면, 독일의 무역 흑자 가운데 3분의 2는 유로 존 내 다른 나라들의 지출에서 온 것이었다.

독일 정부는 이 위기에 대해 모종의 교훈적·도덕적인 해석을 개발해냈다. 이들은 유로존을 유지하는 것이 중요하다는 점은 인정하지만, 이를 위해 어떤 대가든 다 치를 수는 없다고 주장한다. '무책임성'으로 인해 유로 존을 현재 상태로 몰고 간 나라들이 그 대가를 치르도록 해야 한다는 것이다. 따라서 적자국 정부는 '개혁'에 착수하여 독일의 길을 따라와야 한다고 강력히 촉구하는 한편, 그 실현 가능성 여부는 언감생심 따지려 들지 말아야 한다는 게 독일 정부의 주장이다. 만약 독일 정부의 담론에서 제시된 대로 유로존 전체가 거대한 한 덩어리의 독일이 된다면, 그 성장을 떠받치기 위해 엄청난 무역 흑자를 내야 할 것이며, 유럽이 풀어놓는 제품들을 모두 흡수하려면 전 지구의 수요가 어마어마하게 팽창해야 할 것이다. 다른 가 능성도 있다. 유로존이 독일의 영향권인 오스트리아, 네덜란드, 핀란드를 포함하는 지역으로 축소되는 경우다. 이때는 유로화의 가치가 최소한 30퍼 센트 이상 상승할 것이며, 이렇게 되면 독일의 무역 흑자도 완전히 사라지 게 될 것이다. 이렇게 되면 지금까지 대외 흑자를 통해 잠잠하게 눌러놓을 수 있었던 온갖 경제문제들이 독일 내부에서 터지게 될 것이다. 활력 없는 소비 수요, 파국을 예고하고 있는 인구학적 추세, 높은 대외 부채 같은 것 들 말이다. 독일 정부는 2008년 대규모 경기 부양 및 은행 구제금융 계획을 마련했지만, 이를 특별계정에 몰아넣는 편의적 수법으로 간단히 은폐할 수 있었다. 앞으로도 이런 식으로 마치 독일이 건전 재정의 미덕을 지키고 있 는 것 같은 인상을 줄 수 있을지 모른다. 하지만 그 아래에 엄연히 존재하 는 문제들은 사라지지 않는다.

독일의 접근은 규칙과 규제를 크게 강조하는 질서자유주의(ordo-liber-alism)라는 독일식 전통에 근거하고 있다. 이를 앵글로색슨식 신자유주의 의 한 버전이라고 생각해서는 안 된다. 독일의 지도자들은 시장을 믿지 않는다. 시장은 엄격한 규제의 세밀한 감독 아래에 놓여야 한다는 것이 이들의 믿음이다. 이번 위기에서 드러난 바 있듯이, 은행 부문에 관한 한 이러한 접근은 상당한 적실성을 갖고 있음이 분명하다. 최소한 2002~03년의 위기가 터지기 전까지는 규칙에 기초한 독일식 은행 모델이 괄목할 만큼 훌륭하게 작동했었기 때문이다. 하지만 위기가 터지자 곤경에 처한 은행들은 여러 자산을 매각할 수밖에 없었고, 이를 매입한 것은 앵글로색슨의 헤지 펀드들이었다. 또 한편으로 유럽위원회는 독일의 각 주 정부에도 주립은행에 제공했던 보증을 없애라는 압력을 넣기 시작한다. 그래서 당시의 독일의 은행 부문은 이윤을 유지하기 위해 미국, 에스파냐 등으로 달려가 리스크가 큰 사업을 벌일 수밖에 없었다. 독일의 은행들은 특히 해외의 독성 자산들에 눈독을 들인다는 것이 드러났다. 하지만 이 와중에도 지역 은행들은 독일의 번영에 기초가 되는 중소기업체들의 조직망에 불가분의 일부로서 남아 있었다.

그렇기 때문에 메르켈 정권으로서는 은행들로 하여금 자기들이 벌인 과도한 행위에 대해 스스로 대가를 치르게 하는 방식으로 금융 문제를 해결하겠다는 바람도 있었지만, 또 독일 은행들을 약화시키는 짓은 피하려는 모순에 빠지게 되었다. 2008년 이후 메르켈 정부는 '배드 뱅크'—은행들의 손실을 점진적으로 흡수하기 위해 그들의 독성 자산들을 받아들여 만기가 아주 긴 증권으로 전환시키는 공공 금융기관—를 창립하느니 이 상황 자체를 동결하기로 결심한다. 따라서 독일 정부는 대차대조표에 나타났어야 할 손실을 은폐해버린 독일 은행들로 하여금 그 손실을 시간을 두고 슬쩍 흡수할 수 있게 하기 위하여 '공정 가치' 규칙들(자산의 가치를 시장가격으로 혹은 시장의 작동을 모사하여 얻는 가격으로 평가한다)을 일시 보류해준다. 독일에서 두 번째로 큰 은행인 코메르츠방크(Kommerzbank)의 사례는 이를 상징적으로 보여준다. 진작에 통합되었어야 했던 여러 주립 은행들도 같은 경우다. 이 모든 은행들은 미국의 서브프라임 위기에서 생겨난 각종 독성 자산들을 잔뜩 안고 있었다. 코메르츠방크에는 2008년에 이미 180억 유로의 공적 자금이 투입된 바 있었지만(현재 연방 정부가 그 자본의 4분의 1을 보유하고 있다), 그럼에도 불구하고 그 대차대조표를 깔끔하게 정리하라는 의무조차 부과되지 않았다. 이러한 좋지 못한 금융 거버넌스를 촉진했던 요소 하나를 또한 기억해야 한다. 독일 당국이 자신들이 공식적으로 내놓는 성명에서 표방해온 도덕주의와는 전혀 걸맞지 않게 믿을 수 없을 정도로 소홀하고 방만한 태도를 보여주었다는 것이다.

메르켈은 은행들 스스로가 대가를 치러야 한다고 여러 번 언명한 바 있었지만, 독일 정부가 취한 행동들은 이와 달리 아주 애매모호했다. 2011년 12월 유럽중앙은행이 시행했던 스트레스 테스트에서 그리스, 에스파냐, 이탈리아는 물론이고 독일과 프랑스의 은행 부문들 또한 위험할 정도로 자기자본이 부족하다는 사실이 드러났다. 은행들은 이에 2012년 6월 30일까지 자기자본을 요구 수준까지 올리라는 명령을 받았으므로, 팔 수 있는 자산은 모두 매각하려 들 것이고 이것이 금융시장을 더욱 아래로 끌어내릴 것이며, 신규 대출 또한 앞으로도 계속 제한할 것이다. 2012년의 유로존 경기후퇴는 따라서 예측했던 것보다 훨씬 더 깊고, 또 그 하락 추세는 갈수록 심화되고 있다. 이 모든 상황의 주요한 요인은 은행들이 각국 정부에 행사하는 엄청난 권력이다. 유럽 각국 정부, 특히 독일 정부는 이상비대증에 걸린 금융 시스템을 근본적으로 바꾸지 않으면 유럽 각국 경제가 지속 가능한 성장으로 되돌아올 수 없다는 사실을 인정하기를 거부했다. 이들이 제시하는 분석에서는 이 위기의 시스템적 차원이 무시되고 있으며, 그저 이런저런 문제들이 디졌을 때에 한하여 이를 일시적인 유동성 위기로 다루면서 그저 이를 야기한 사람들만 처벌하고 은행들은 사실상 전혀 건드리지 않는 '작은 조치들'(small steps)의 정책으로 이어지게 되어 있다. 2010년 5월의 EFSF, 찔끔찔끔 행해진 유럽중앙은행의 채권 매입, 행정부의 의사결정권을 트로이카의 관료들에게 넘길 것을 조건으로 하여 그리스, 아일랜드, 포르투갈 그리고 아마도 곧 에스파냐에까지 주어질 구제금융 대출, 2011년 11월 그리스와 이탈리아의 정권 교체, 2011년 12월의 이른바 재정협약(Fiscal Compact)과 유럽중앙은행의 3년 기한 대출(LTRO), 2012년 3월 채권자들을 위한 그리스 채무의 때늦은 '헤어컷' 등이 그것들이다. 사태 초기부터 나왔던 모든 해법의 구상들은 다 점진적이고 동종요법적[5]인 것들로서, 위기에 처하여 이 '지원'을 받은 나라들은 지원을 더 받으면 받을수록 새로운 빚만 더 걸머지게 되었다는 것 말고는 아무 결과도 얻지 못했다. 무엇보다 독일 자체가 유럽의 지속 가능한 성장에 대해 아무런 비전도 내놓고 있지 않은 것이다.

유로존은 이제 역사적인 기로에 서게 되었다. 위기로부터 완전히 빠져나올 수 있으려면 유로존이 가진 정치철학 자체를 결정적으로 전환해야만 한다. 마스트리히트 조약이 조인되었을 당시 정치 지도자들은 유로화가 창출되면서 유럽 프로젝트의 성격 자체가 바뀌어간다는 사실을 인정하려 하지 않았다. 이들은 불완전하게 구성된 화폐, 즉 모든 회원국의 주권에 대해 외적이지만 그렇다고 해서 주권 연방체가 있는 것도 아닌 화폐를 만들어놓고서 이것으로도 얼마든지 해 나갈 수 있다고 생각한 것이다. 이번 위기로 그러한 환상은 산산조각이 났다. 유로화는 완전한 통화로 구성되어야 하며, 이는 곧 이것이 주권적 권력으로 지탱되어야 한다는 것을 뜻한다. 즉 개별 국가들이 중기적인 재정정책을 집단적으로 결정할 수 있도록 주권을 합치고 이를 민주적으로 정당화하는 단일 재정 예산을 가진 유럽 연합체를 구축할 것이 요구된다. 유럽중앙은행의 관할권은 확장되어야 하며, 재

---

5) 〔옮긴이〕 사이비 의학 요법의 하나. 건강한 사람에게 어떤 질병의 증상을 일으키게 만든 물질을 약하게 회석하여 그 병에 걸린 사람에게 투여하면 그 질병을 치료할 수 있다고 믿는 것이다. 고대 그리스의 히포크라테스가 광증을 일으키는 약초로 알려진 맨드레이크 뿌리를 광증 치료약으로 사용한 것이 한 가지 예라고 할 수 있다. 애초에 위기를 일으킨 원인이 된 정책들을 오히려 위기 상황에서 해법으로 강제하는 것을 비꼬아 말하고 있다.

정 동맹에 기초하여 장기자금을 끌어오는 것을 목표로 하는 거대 유로본드 (Eurobond) 시장을 형성해야 한다. 이는 다시 유로존의 밑바탕에 깔린 문제들을 정면으로 대한다는 것을 의미한다. 지난 40년간 계속된 성장률 약화가 그 하나이며, 산업화가 공고해진 북쪽 나라들과 갈수록 탈산업화를 겪고 있는 남쪽 나라들 사이의 양극화가 또 다른 문제다. 유럽 전체 차원에서의 발전 전략이 없는 상황에서 경제 통합이란 결국 이미 산업 활동이 강력한 북쪽 나라들에 산업이 더욱 집중되고 주변부는 완전히 설 자리를 잃는 식으로밖에는 성공할 수 없었다. 이렇게 장기적인 침체로 빠져드는 것을 막기 위해서는, 유럽 전체 수준과 지역 수준에 뿌리를 두고서 강력한 환경적 요소들을 갖춘 투자를 통해 경제활동의 전 영역에 걸쳐 혁신이 다시 시작될 수 있도록 해줄 발전 프로젝트가 필요하다. 세계경제에서 서구가 차지하는 위상은 줄어드는 것이 불가피하지만, 유로존은 스스로의 불균형을 바로잡음으로써 지금 계속되고 있는 세계경제의 구조 변화에서도 더 나은 역할을 할 수 있는 채비를 갖추게 될 것이다.

〔홍기빈 옮김〕

혁명의 호시절?

아세프 바야트(Asef Bayat)

2011년으로 거슬러 올라가보자. 아랍의 봉기가 세계를 바꾸는 사건으로 경축되었다. 우리 시대의 정치적 정서가 재규정될 듯했다. 대중 봉기들이 놀라운 규모로 확산되었다. 곧이어 '점거하라'(Occupy) 시위가 벌어졌고, 논평가들은 일련의 사태가 미증유의 현상임을 추호도 의심하지 않았다. '완전히 새로운 무엇', '제한을 두지 않음', '호명할 수 없는 운동' 따위의 말들이 떠오른다. 새로운 해방의 길을 알리는 혁명들이라니! 알랭 바디우 (Alain Badiou)에 따르면 타흐리르 광장과 거기서 일어난 온갖 활동—물리적 충돌, 바리케이드, 철야, 토론, 음식 준비, 부상자 치료—은 '공산주의 운동'이었다. "펄펄 뛰며 살아 움직이는 공산주의"는 기존의 자유민주주의나 권위주의 국가의 대안으로서, 새로운 정치의 방법이 도래했음을 알리는 보편적 개념이었다. 요컨대 진정한 혁명이라는 것이다. 슬라보예 지젝(Slavoj

Žižek)은 뭐라고 했나? 헤게모니를 쥔 조직도, 카리스마형 지도자도, 정당도 없다는 점에서 "완전히 새롭다". 다만 이런 정치 현상이었기 때문에 '타흐리르의 마법'이 일어날 수 있었다. 마이클 하트(Michael Hardt)와 안토니오 네그리(Antonio Negri)는 아랍의 봄, 유럽의 인디그나도(indignado, 분노한 사람들) 항의 시위, 월스트리트 점거 운동(Occupy Wall Street)이 '진정한 민주주의'에 대한 다중의 열망이 표출된 사건으로 보았다. 새로운 종류의 정치체(polity)가 탄생하면 기업자본주의로 누더기가 된 가망 없는 자유주의를 대체할 수도 있으리라는 전망을 피력한 것이다. 요약해보자. 그들에게는 이들 운동이 '새로운 세계혁명'이었다.[1]

'새롭다'는 지적은 틀림없다. 하지만 한번 생각해보자. 그 '새로움'이 이들 정치적 격변과 관련해 우리에게 뭘 알려주는가? 이 정치적 격변들은 어떤 가치와 의미를 지니는가? 자신만만한 평가가 유럽과 미국에서 유포되었던 것과 꼭 마찬가지로, 아랍 지역 투사들은 자신들의 '혁명'이 개골창에 처박혀 죽어가던 사태를 괴로워했다. 보수 반동으로의 회귀와 무임승차자들이 혁명의 성과를 중간에서 가로채는 사태를 한탄했던 것이다. 튀니지, 이집트, 예멘의 독재자들이 몰락하고 2년이 흘렀지만 국가 제도와 기관, 구체제 엘리트들의 권력 기반은 사실상 거의 바뀌지 않았다. 경찰, 군대, 사법부, 국가가 장악하고 통제하는 미디어, 기업집단 엘리트, 옛 집권 여당이 뒤를 봐주며 (밀어주고 끌어주는) 모리배들이 여전하다. 이집트의 과도 군사정부는 파업을 금지했고, 1만 2천 명 이상의 활동가를 군사 법정에 세웠다. 우리는 이 사실을 통해 아랍 '혁명'의 독특한 성격을 알 수 있다.

1) Keith Kahn-Harris, "Naming the Movement", *Open Democracy*, 22 June 2011; Alain Badiou, "Tunisia, Egypt: The Universal Reach of Popular Uprisings", www.lacan.com; Michael Hardt and Antonio Negri, "Arabs are democracy's new pioneers", *Guardian*, 24 February 2011; Paul Mason, *Why It's Kicking Off Everywhere: The New Global Revolutions*, London 2012, p. 65.

이렇듯 상찬과 한탄으로 반응이 확연히 대비되는 것을 보면 아랍의 '혁명'이 역설적이라는 것을 알 수 있다. 우리가 '혁명'을 아래로부터의 대중운동으로 국가가 급격하게 바뀐다는 뜻의 최소 의미로 쓴다고 하더라도 말이다. 혁명의 핵심적 두 차원은 **운동**(movement)과 **변화**(change)라고 할 수 있을 것이다. 견해가 극단으로 갈렸고, 우리는 둘의 엄청난 괴리를 짐작해볼 수 있다. 찬양 일색의 얘기들은 압도적으로 '혁명운동'에 초점을 맞춘다. 연대와 희생, 이타심과 공동의 목표, 타흐리르 코뮤니타스(communitas) 에피소드들은 극적이기까지 하다. 모든 혁명적 동원에는 태도와 행동이 급변하는 특별한 순간이 있는데, 거기에 주목하는 것이다. 종파적 분열이 눈 녹듯 사라지고, 양성평등이 득세하며, 이기심이 약화되는 것이 그런 예들이다. 민중이 대자적 계급으로서 혁신적인 행동 양상, 자기 조직화, 민주적 의사 결정 등의 놀라운 능력을 뽐낸다. 이렇게 돋보이는 에피소드들은 확실히 자세히 기록으로 남기고 선양(宣揚)할 필요가 있다. 그러나 '운동으로서의 혁명'에만 초점을 맞추면 이들 '혁명'이 변화의 측면에서 지닌 독특한 성격을 보지 못하게 된다. 요컨대, 독재자들이 쫓겨난 후 발생하는 사태와 관련해 할 말이 없어지는 것이다. 이들 격변이 지닌 역설이 묻혀버린다는 것은 더 큰 문제다. 우리가 정치적으로 새로운 시대에 살고 있다는 사실을 잊어서는 안 된다. 웅대한 뜻과 해방적 유토피아는 한물갔고, 단편적 기획과 임시변통과 느슨한 수평적 네트워크가 그 자리를 차지했음을 명심해야 하는 것이다.

변혁 전략

과연 우리가 혁명적 시대에 살고 있는가? 어떻게 보면 그렇기도 하다. 서방의 자유민주주의가 위기에 빠졌고, 지구촌의 다른 많은 지역에서는 기꺼이 책임을 지는 정부가 태부족이다. 신자유주의가 득세하면서 불평등이 증가했고, 전문가층 및 교양 계층을 포함해 세계 인구의 상당수가 박탈감을 느끼고 있다. 그로 인한 정치적 교착상태는 진짜다. 급격한 변화의 필요성이 그 어느 때보다 드높다. 데이비드 하비(David Harvey)는 10년 전에 이런 불만의 정서를 언급하며, 세계인에게 그 어느 때보다 더 「공산당 선언」이 필요하다고 주장했다.[2] 하지만 근본적 변화에 필요한 수단과 전망이 없으면 혁명이 긴요함에도 불구하고 혁명을 생성해낼 능력이 없는 것이다. 이 점을 상기하면 요즘이 혁명의 시대가 아닐 수도 있다. '운동으로서의 혁명'이 충만한 장관임에 반해, 국가가 급격하게 바뀌는 '변화로서의 혁명' 가능성이 현저히 줄어든 역설의 시대인 것만큼 말이다. 아랍의 격변은 이렇게 이례적·변칙적이다. 아랍 세계의 격변이 밟은 궤적을 보자. 개혁, 봉기, 붕괴라는 익히 알려진 정치 변동의 공식과 전혀 닮지 않았다. (혁명전쟁의 형태를 띠었으나 외국 군대가 개입한 리비아와 시리아를 제외하면 말이다.) 하지만 앞서 말한 이유로 역시 전혀 놀랍지 않다. 아랍의 혁명은 나름의 독자적 특징을 지닌 듯하다.

역사적으로 볼 때 개혁주의 사회·정치 세력은 흔히 압력 행사 운동을 조직한다. 현 정권이 기존의 국가기구를 활용해 개혁을 수행케 하는 것이 목표다. 민중 동원에 의지하는 야권은 정치 엘리트를 압박해 법과 제도를 개혁하게 한다. 대개의 경우 협상을 통한다. 변화는 기성의 정치 질서 안에서 일어난다. 1980년대에 브라질과 멕시코 같은 나라에서 이런 식으로 민주정체가 들어섰다. 이란의 녹색운동 지도부도 비슷한 개혁 전략을 추구한다. 이 경로를 따르는 나라들을 보면, 개혁의 심도와 범위가 매우 다양함을 알 수 있다. 변화가 피상적일 수도 있지만, 법, 제도, 정치 문화가 누적적으로 개혁될 때는 심원해질 수도 있는 것이다.

---

2) David Harvey, *Spaces of Hope*, Edinburgh 2000.

이런 개혁과 달리 봉기와 반란에는 혁명운동이 필요하다. 전제로서 요구되는 혁명운동 세력은 장기간에 걸쳐 구축되고, 조직과 그 지도부가 검증을 통해 추인받아야 하며, 새로운 정치 질서의 청사진까지 제시해야 한다. 현행 정권이 경찰과 군대 기구를 동원해 변화에 저항하는 가운데 배신과 이탈이 시작되고, 여권이 분열한다. 혁명 진영이 전진하면서 이탈자들을 끌어들이고, 대체 정부를 구성한다. 대안적 권력 구조가 마련되는 것이다. 국가의 영토 관할 능력이 도전을 받으며, 기성 체제와 야권 사이에서 '이중 권력' 상황이 출현한다. 레닌, 마오쩌둥, 카스트로, 호메이니, 바웬사, 하벨[3] 같은 카리스마적 지도자가 부상하는 것도 흔히 볼 수 있다. 이중 권력 상황이 반란으로 절정을 이루고, 그 전투에서 혁명 진영이 무력으로 권력을 장악하면 혁명이 성공한다. 혁명 진영은 낡은 통치 기구를 제거하고, 새로운 기관을 수립한다. 이때 당연히 국가가 종합 점검을 받고, 정비된다. 새로운 인적자원과 새로운 이데올로기, 새로운 정부 양상을 떠올려보라. 1959년 쿠바혁명, 1979년에 일어난 니카라과의 산디니스타 혁명과 이란혁명은 반란과 내전 경로의 전형적인 사례들이다. 카다피 정권은 과도위원회가 이끄는 혁명적 봉기와 맞닥뜨렸다. 후자의 위원회는 나토(NATO)의 지원을 받으며 벵가지를 해방하고, 트리폴리를 함락했다.

'정권 붕괴'라는 세 번째 시나리오도 있다. 파업과 그 밖의 형태의 시민 불복종 또는 혁명전쟁이 점차 수도를 에워싸는 등으로 반란에 가속도가 붙어 운동량이 커지면, 결국에 가서 정권이 내파되는 것이다. 분열, 이탈, 총체적 혼란상이 그려진다. 새로운 엘리트가 그 자리를 대신해 신속하게 대안적 권력 기구를 수립한다. 흔히는 혼란스럽고 무질서한 상황 속에서 공무 경험이 일천한 사람들이 자리를 꿰찬다. 1989년 루마니아의 차우세스쿠 정권이 폭력 사태와 정치적 혼돈 속에서 붕괴했다. 그리고 이를 계승한

---

3) 〔옮긴이〕 체코 공화국의 벨벳 혁명 지도자.

것은 전과는 아주 다른 정치적 · 경제적 질서였다. 새롭게 수립된 구국전선을 이온 일리에스쿠(Ion Iliescu)가 이끌었다. 봉기와 붕괴 모두에서 정치체제를 바꾸려는 시도는 기존의 국가기구를 통해서가 아니라 그 외부에서 이루어진다. 개혁의 길과는 확연히 대비되는 지점이다.

특수 양상

이집트, 튀니지, 예멘의 '혁명들'은 이 세 가지 경로 어느 것과도 거의 닮지 않았다. 주목해야 할 첫 번째 독특성은 혁명의 속도다. 이집트와 튀니지를 보자. 대중 봉기가 위력적으로 분출하자, 몇몇 성과가 매우 신속하게 달성되었다. 튀니지인들은 한 달 만에, 이집트인들은 불과 18일 만에 장기 집권하던 권위주의 지배자들을 몰아냈고, 관련해서 수많은 제도와 기관이 해체되었다. 집권 여당, 입법부, 내각이 개헌과 정치 개혁을 약속했지만 소용없었다. 이런 성과는 상대적 표준에 비추어보더라도 매우 질서정연하고 평화로웠으며, 신속하게 달성되었다. (예멘과 리비아 반란은 장기화되었고, 바레인과 시리아 사태는 여전히 진행형이다.) 급격하게 승리를 거두자, 야당 세력이 대체 정부를 구성할 시간이 거의 없었다(이게 그들의 의사였다고 할지라도 말이다). 혁명가들은 오히려 기성 체제의 기구, 대표적으로 이집트 군대를 이용해 굵직한 개혁을 수행하고자 했다. 개헌, 선거, 자유로운 정당 활동, 민주정부 수립 같은 것들이 그들의 목록이었다. 이런 혁명들치고는 참으로 특이한 예외인 것이다. 혁명의 사회적 위신과 명성은 대단했다. 하지만 집행력이 없다는 게 문제였다. 혁명의 헤게모니는 엄청났다. 하지만 혁명은 실질적 지배자가 아니었다. 기성 체제가 털끝 하나 다치지 않고 온전할 수 있었던 이유다. 혁명의 의지를 구현하는 새로운 국가기구나 정부 기관은 거의 찾아볼 수 없었다. 새로운 구조가 부상했다고 할지라도 혁명가들이 아니라 '무임승차자들'이 이내 장악해버렸다. 조직 상태가 좋은 그 정치 세력 지도자들은 반독재 투쟁이 벌어졌을 때 거개가 옆으로 빠져 수수방관했다.

1989년 벌어진 중·동부 유럽의 혁명 역시 그 과정이 매우 신속했고, 대체로 비폭력적이었다. 동독은 열흘, 루마니아는 닷새 만에 사태가 종결되었다. 그런데 1989년 혁명은 이집트, 예멘, 나아가 튀니지와 달리 정치제도와 경제체제가 완전히 바뀌었다. 이렇게 설명할 수 있을 것이다. 공산당 일당 국가와 명령경제로 대표되는 현실과 민중이 원하던 자유민주주의와 시장경제가 현격하게 차이가 났고, 변화의 양상도 혁명적일 수밖에 없었다고. 피상적 개혁만으로는 금방 들통이 나 저항에 부딪혔을 것이라는 얘기다.[4] 이집트와 튀니지의 양상은 확실히 이와는 다르다. 두 나라에서는 '변화', '자유', '사회정의'에 대한 요구가 훨씬 느슨하게 정의되었고, 심지어는 반혁명 세력까지 나서서 가로챌 수 있었다. 이 점을 상기한다면 이집트와 튀니지의 혁명은 2003년 조지아[5]의 '장미 혁명' 및 2004~05년 우크라이나의 '오렌지 혁명'과 더 비슷하다. 두 나라에서도 대규모 민중운동이 지속되었고, 부패한 정권이 몰락했다. 엄밀히 말해, 두 나라의 변화 양상은 혁명적이기보다 개혁적이었다.

하지만 그럼에도 불구하고 아랍의 격변은 더 전도유망했다. 혁명의 추동력이 막강했고, 조지아와 우크라이나의 항의 시위보다 더 철저하고 전면적이었던 것이다. 튀니지와 이집트에서는 독재자와 그들의 강압 기구가 실각하자, 미증유의 자유 공간이 열렸다. 시민들, 아니 민중이 사회 공동체를 되찾았고, 단호한 자신감을 보여줬다. 대다수 혁명에서처럼 거대한 에너지

---

4) 독일의 경우는 독일민주공화국(동독)의 붕괴된 국가기구들이 독일연방공화국(서독)의 정부 기구들로 쉽게 흡수되었다.

5) 〔옮긴이〕그루지야로 알려져 있었지만, 2010년 영어 국명인 '조지아'를 사용해 달라는 조지아 정부의 요청에 따라 한국에서는 조지아로 변경하여 부르기로 했다.

가 분출되었고, 공공 영역과 집단 지성이 전대미문의 규모로 부활했다. 정당들이 해금되었고, 신생 정당도 만들어졌다. 이집트에서는 최소 열두 개, 튀니지에서는 100개가 넘는다. 사회단체들이 더 큰 목소리를 낼 수 있게 되었고, 민중의 발안과 주도권이 현저하게 부상했다. 박해 위협이 사라지자, 노동 대중이 권리 투쟁에 나섰다. 산업 현장의 비공식 행동과 항의 시위가 들끓었다. 튀니지에서는 기존 노동조합들의 활동이 두드러졌다.

이집트 노동자들은 독립 노조들을 결성했다. 1월 25일 혁명에 참가한 '노동자 연대'가 혁명의 원칙을 다음과 같이 천명했다. 변화, 자유, 사회정의. 소농들이 독립 연합체를 요구했다. 카이로의 슬럼 주민들이 자치 조직을 결성하는 데로 나아갔다. 청년 단체들이 슬럼의 거주 여건을 개선하기 위해 분투했고, 도시 개발 사업에 뛰어들면서 자부심과 긍지를 피력했다. 학생들이 거리로 쏟아져 나와, 교육부에 교육과정을 고치라고 요구했다. 새로 결성된 조직들―이집트의 '타흐리르 혁명 전선', 튀니지의 '혁명의 목표를 실현하는 최고위원회'―이 혁명으로 들어선 정부에 개혁을 추진하라고 압력을 넣었다. 그 비상했던 시기의 대중 동원 수준을 짐작해볼 수 있는 기구들이다. 그 경이로웠던 해방감, 자기실현 욕구, 사회정의에 대한 꿈, 한마디로 이들 혁명의 정신을 규정한 것은 '모든 새로운 것' 대한 열망이었다. 그러나 대중이 엘리트를 크게 앞질러 나가자 이들 혁명의 주요한 변칙이 드러났다. '새로움'을 갈구하는 혁명적 열망과 '낡은것'이 온존될 수도 있는 개혁주의 흐름 사이의 불일치가 바로 그것이었다.

혁명?

무바라크와 벤 알리가 축출되고 2년이 흘렀다. 우리는 아랍혁명을 어떻게 파악해야 할까? 요르단과 모로코의 군주들이 소규모 정치 개혁을 하기로 했다. 모로코에서는 헌법이 개정되었고, 의회 다수당 지도자가 정부를 구성할 수 있게 되었다. 시리아와 바레인에서는 정권의 강압에 맞선 전투가 지속되었고, 봉기 세력이 반란의 길로 나아갔다. 우리는 그 결과를 계속 목도 중이다. 리비아 정권은 격렬한 혁명전쟁으로 전복되었다. 그러나 이집트, 예멘, 튀니지의 봉기는 특이한 경로를 밟았다. 이건 뭐 '혁명'이라 할 수도, '개혁'이라 할 수도 없는 것이다. 차라리 '흑명'(refolution)이라고 해야 의미가 확 전달될지도 모르겠다. 혁명은 기존 체제의 제도와 기구 안에서 그리고 그 제도와 기구를 통해 개혁을 추구하기 때문이다.[6]

 '흑명'이라는 말에는 역설적 현실이 담겨 있다. '흑명'을 하면 질서정연한 이행이 담보되고, 폭력, 파괴, 혼란상을 피할 수 있다는 장점이 있는 것이다. 후자들은 변화의 비용을 극적으로 증가시키는 악이다. 혁명에서 볼 수 있는 과잉 사태, 곧 '테러 지배'와 약식재판을 방지할 수 있다. 그러나 체제 개혁과 사회 협약을 통해 진정한 변화를 달성하려면 사회단체들의 지속적 동원과 감시가 필수적이다. 민중, 시민단체, 노동조합, 사회운동 세력, 정당이 끊임없이 압력을 가해야 하는 것이다. 요컨대 '흑명' 과정은 반혁명 세력의 복위 위험에 지속적으로 노출된다. 운동으로서의 혁명이 국가권력의 핵심 기관이자 제도로 전화(轉化)하지 못했기 때문이다. 기존의 권력 집단은 비록 격렬한 민중 반란으로 상처를 입었겠지만, 필사적으로 재기를 도모할 것이다. 허위 정보를 흘리고, 사보타주를 선동·사주·교사하는 식이다. 패배한 엘리트가 '혼돈'과 불안정을 부추기면서 냉소주의와 공포감을 퍼뜨리기도 한다. 그렇게 구체제의 '안전했던 시절'에 대한 향수를

---

6) '흑명'(refolution)이란 말은 1989년 6월 티모시 가튼 애시(Timothy Garton Ash)가 폴란드와 헝가리에서 벌어진 정치 개혁의 초기 국면을 설명하면서 처음 썼다. 공산당과 대중운동 지도부의 협상 결과를 적절하게 드러내보고자 한 고육지책이었던 셈이다. Timothy Garton Ash, "Refolution, the Springtime of Two Nations", *New York Review of Books*, 15 June 1989. 비록 어휘는 같아도 나는 여기서 다르게 썼다.

자극하는 것이다. 쫓겨난 고위 관리, 외면당한 여당의 기관원, 주류 언론의 편집인, 유력한 사업가, 퇴물로 전락한 보안 기구 및 정보기관 요원들이 권력기관과 선전기구들에 침투해, 상황을 유리하게 바꾸려고 한다.

예멘에서는 자유롭고 독립적인 활동에 대한 인식이 새롭게 진작돼 정치 개혁을 강제할 태세이지만, 구체제의 핵심 권부가 여전하다. 튀니지에서도 옛 지배 집단과 경제 마피아가 진정한 변화를 차단할 태세다. 그들에게는 응집력 있는 정치 도당과 경제 단체가 많다. 이집트에서 광범위한 탄압의 원흉은 군 최고위원회. 그들이 수많은 혁명가를 투옥했고, 비판과 반대 세력의 활동을 정지시켰다. 구체제가 회복되면서 변화라는 것도 피상적일 뿐인 안타까운 미래가 점점 더 현실화되고 있다. 아랍의 정치 무대에서 등장하기 시작한 상황을 생각해보라. 혁명의 열의가 식었다. 삶이 정상으로 복귀했다. 더욱더 많은 사람들이 미몽에서 깨어나 환멸을 느끼고 있다.

시대가 달라졌다

리비아와 시리아를 예외로 한다면, 아랍의 봉기는 왜 이런 '흑명'이 되어버린 것인가? 구체제의 주요 제도와 핵심 기관들은 건재한데, 혁명 세력은 주변화되어버린 이유가 무엇인가? 어느 정도는 독재자가 신속하게 몰락한 사태와 관계가 있다. 혁명이 목표를 달성했고, 그래서 끝났다는 인식이 싹터버린 것이다. 권력 구조는 거의 바뀌지 않았음에도 불구하고 말이다. 우리가 목격했듯이 승리가 신속했고, 운동 세력은 대체 권력 기구를 만들 시간과 기회가 거의 없었다(비록 그들이 그럴 생각이 있었다고 할지라도). 이런 의미에서 아랍의 봉기는 자기 제한적 혁명이었다. 다른 중요한 사실도 있다. 혁명가들은 권력 구조 바깥에 머물렀다. 국가를 접수할 생각이 없었기 때문이다. 혁명운동의 후속 국면에서 그들은 그 필요성을 느꼈다. 하지만 구체제와 '무임승차자들' 모두에게서 주도권을 탈환할 정치적 자원, 다시 말해 조직, 지도부, 전략과 계획이 없었다. (무슬림 형제단과 살라프주의자들이 무임승차자다. 둘 다 봉기 과정에서 별다른 역할을 하지 않았지만, 권력을 장악할 조직적 준비는 되어 있었다.) 요컨대 아랍의 봉기는 이데올로기 지형이 크게 바뀐 시대에 일어났고, 그것이야말로 20세기 혁명들과의 가장 큰 차이인 것이다.

1990년대까지는 세 가지 전통의 주요 이데올로기가 근본적 변화를 지향하는 전략으로서 '혁명'을 뒷받침했다. 반제(反帝) 민족주의, 마르크스주의, 이슬람주의가 그 세 가지다. 반제 민족주의는 파농, 수카르노, 네루, 나세르, 호찌민의 사상에서 확인할 수 있다. 반제 민족주의에서는 독립을 달성한 사회가 뭔가 새로운 질서여야 한다고 생각했다. 정치와 경제를 지배한 식민주의와 매판(買辦) 부르주아지를 일소하는 정책이 대표적이다. 식민 지배를 벗어난 정권들은 그들이 제시한 약속이 그들의 실행 능력을 크게 웃돌았음에도 불구하고 교육, 보건, 토지개혁, 산업화 등에서 일정한 진보를 이루었다. 우리는 다음의 국가 발전 약속에서 그들의 정책을 확인할 수 있다. 1962년 이집트의 미타크(Mithaq),[7] 탄자니아에서는 1967년의 아루샤(Arusha) 선언과 1971년의 음웡고조(Mwongozo) 지침이 그것이다. 그들의 주된 업적은 국가 건설이었다. 전국적 집행력이 확보되었고, 사회 기반시설이 마련되었으며, 계급이 형성되었다. 그러나 민족주의 정부들은 빈부 격차, 다시 말해 경제적 불평등이라는 근본 문제를 해소하지 못했고, 정통성을 잃어갔다. 반제국주의 혁명가들은 독립국가의 관리자로 변신했지만, 거개가 공약을 이행하지 않았다. 다수의 민족주의 정부가 독재 체제로 귀결되었고, 부채의 늪에 허덕였으며, 그러다가 결국 신자유주의 구조조정 프로그램을 받아들이지 않을 수 없었다. 군사 쿠데타나 제국주의자들

---

7) 〔옮긴이〕 영어로 covenant, 다시 말해 '약속, 계약'이라는 의미다.

의 음모로 이미 전복되지 않았다면 말이다. 지금도 여전한 팔레스타인인들의 투쟁은 어쩌면 최후의 민족독립 투쟁일 것이다.

냉전 시기에 그래도 가장 강력한 혁명 조류는 확실히 마르크스주의였다. 베트남혁명과 쿠바혁명 속에서 다수의 급진주의자 세대가 형성되었다. 체 게바라와 호찌민은 아시아, 라틴아메리카, 중동에서는 물론이고 미국, 파리, 로마, 베를린의 학생운동가들에게도 스타였다. 게릴라 운동이 1960년대의 급진주의를 상징했다. 루뭄바(Lumumba)가 암살되고, 남아프리카공화국에서 아파르트헤이트가 강화되면서 아프리카가 홍역을 앓았다. 1970년대에는 '마르크스-레닌주의' 혁명의 파고 속에서 모잠비크, 앙골라, 기니비사우와 그 밖에 다른 지역의 식민 지배가 끝장났다. 게바라가 주창한 포코(foco)[8] 전략이 라틴아메리카에서 결실을 맺지는 못했지만, 그래도 1970년대 말경에 그레나다와 니카라과에서 모반이 성공을 거두었고, 엘살바도르도 혁명적 전진을 이루는 듯 보였다. 라틴아메리카의 급진주의자들은 평신도들이 받아들인 해방신학에서 새로운 동맹 세력을 발견했다. 성직자들까지 투쟁에 가담할 정도였다. 중동도 보자. 민족해방전선이 영국을 아덴에서 축출하고, 남예멘 인민공화국을 선포했다. 이란, 오만, 팔레스타인 점령지에서도 좌익 게릴라가 상당한 역할을 맡았다. 이 혁명운동 세력들이 서방의 지적 풍토에 끼친 충격은 명실상부했다. 청년, 학생, 노동자, 지식인이 1968년에 벌인 전 세계적 반란의 기폭제 역할을 한 것이다. 1974년 포르투갈에서 '카네이션 혁명'이 일어나 독재가 무너졌다. 유럽과 발전도상국들의 일부 공산주의 정당이 점점 더 개혁주의로 돌아섰지만('유로-코뮤니즘'), 마르크스-레닌주이 전통의 싱딩 세력은 여전히 혁명 전략을 고수했다.

그러나 소련 진영이 붕괴하면서 이데올로기가 격변했다. 1980년대 후반

---

8) 〔옮긴이〕 게릴라들이 활동하는 도시 주변의 농촌 거점.

동유럽에서 공산당 반대 흐름이 포착되었다. 서방이 냉전에서 승리를 거두었다. 혁명 개념은 사회주의 사상의 본래의 일부였는바, '현실 사회주의'가 몰락했고, 이는 '혁명'은 물론 국가 주도의 발전이 사실상 끝장났다는 의미였다. 국가사회주의(Étatisme)가 비효율적이고 억압적인 것으로 폄훼되었고, 직접 통치와 자주적 결단의 사상이 약화돼 무너져버렸다. 결국 혁명 관념도 심원한 영향을 받고 만다. 생각해보라. 혁명은 국가권력에 초점을 맞추는데, 이제 권위주의와 동일시되는 판국이었고, 공산주의 진영까지 실패한 마당에야. 1979~80년 대처와 레이건이 집권하면서 진격을 시작한 신자유주의가 이후 지구촌의 상당 지역에서 지배 이데올로기로 떠올랐고, 이 일련의 담론 변화에서 중추적 구실을 수행했다. '국가'와 '혁명'은 퇴물이 되었고, NGO, '시민사회', '공공 영역' 등 한마디로 개혁 담론이 기하급수적으로 증가했다. 사회변혁의 경로로 우리가 받아들일 수 있는 방법은 점진적 변화뿐이었다. 서방 정부, 원조 단체, NGO가 그 새로운 복음(福音)을 끊임없이 도붓장수질했다. 아랍 지역과 남반구(global South)에서 NGO가 확대되었다. 집단의 이익과 관심에 우위를 둔 사회적 행동주의가 경쟁이 난무하는 세계에서 스스로를 돕는 자조적 개인으로 급격하게 이동했음을 알 수 있는 대목이다. 바야흐로 신자유주의 시대가 펼쳐졌고, 해방신학의 평등주의는 전도주의적 열정이 충만한 기독교에 길을 내주었다. 개인의 사리사욕과 축재(蓄財) 정념(情念)이 그런 기독교의 세계적 부활에 이바지했다.

마지막으로 혁명적 이슬람주의라는 세 번째 전통을 살펴보자. 혁명적 이슬람주의는 마르크스주의와 경쟁하던 이데올로기였다. 뭐, 사람들이야 마르크스주의가 혁명적 이슬람주의의 세속적 적수라는 정도의 인상을 가지고 있었지만 말이다. 이슬람주의 투쟁 세력은 1970년대부터 사이드 쿠틉(Sayyid Qutb, 1906~66)의 사상을 바탕으로 무슬림 세계의 세속 국가들과 싸웠다. 쿠틉 자신은 인도의 이슬람 지도자 아불 알라 마우두디(Abul

A'la Maududi)에게서 많은 것을 배웠고, 다시금 마우두디는 인도 공산당의 조직화 및 정치 전략의 영향을 강하게 받았다. 쿠틉은 1964년 발표한 소책자 『이정표』(Milestones)에서 무슬림 전위가 자힐리야 국가(jahili state)[9]를 장악하고 진정한 이슬람 질서를 확립해야 한다고 주장했다. 아랍 세계에서 레닌의 『무엇을 할 것인가』(What Is To Be Done?)에 비견된 이 정치 문서를 바탕으로 수많은 투쟁 조직이 전략을 세웠다. 보자. 지하드, 가마알-이슬라미야(Gama'a al-Islamiyya), 히즙 웃-타흐리르(Hizb ut-Tahrir), 라스카르 지하드(Laskar Jihad) 등이 그랬다. 아델 후세인(Adel Hussein), 무스타파 마흐무드(Mustafa Mahmud), 타리크 알-비시리(Tariq al-Bishri) 등 수많은 좌익 전력자들이 이슬람주의 진영에 합류했다. 그들이 마르크스-레닌주의 사상을 가지고 왔다는 사실도 보태야 하리라. 1979년 이란 혁명은 좌파 사상과 쿠틉의 가르침 둘 다의 영향을 받았다. 『이정표』의 번역자가 당시의 최고 지도자 아야톨라 하메네이(Ayatollah Khamenei)였다. 마르크스-레닌주의 성향의 페다인-에-할크(Fedayan-e-Khalq)와 '이슬람-마르크스주의' 성향의 무자혜딘-에-할크(Mojahedin-e-Khalq)가 비중 있는 역할을 수행하며, 샤(Shah) 독재 반대 행동을 급진화했다. 인기 절정의 이론가 알리 샤리아티(Ali Shariati, 1933~77)가 더 중요했을 수도 있다. 프랑스 좌익 인사 조르주 귀르비치(Georges Gurvitch, 1894~1965)의 제자였던 샤리아티는 마르크스주의 용어와 종교적 경구를 섞어 '혁명'을 벌여야 한다고 열정적으로 설파했다. '신성한 무계급 사회' 같은 말이 떠오른다.[10] 수니파와 시아파 공히 전투적 이슬람주의에서 혁명이라는 관념이 주되게 부상한 이유가 바로 이것이다. 이런 혁명 전통은 선서 전략을 선호

---

9) 〔옮긴이〕 이슬람의 빛으로 인도되지 않았다는 의미에서 무지(無知) 상태의 국가.

10) Asef Bayat, "Shariati and Marx: A Critique of an 'Islamic' Critique of Marxism", *Alif: Journal of Comparative Poetics*, no. 10, 1990.

하는 이슬람주의자들과 항상 또렷하게 대비됐다. 후자의 대표적인 사례가 무슬림 형제단이다. 그들은 충분한 지지를 확보해, 평화적으로 국가를 장악하고자 했다.[11]

상황이 또 바뀌었다. 2000년대 초에는 전투적 이슬람주의자들도 더 이상은 혁명을 믿지 않게 된 것이다. 이란을 예로 들어보면, 한때 이루 말할 수 없이 소중했던 '혁명'이란 말이 파괴 및 극단주의와 결부되었다. 적어도 무하마드 하타미(Mohammad Khatami)가 대선에서 승리를 거둔 1997년에는 말이다. 이슬람주의는 이슬람을 전체적인 종합 체계로 보자는 운동으로 이해된다. 권리보다는 의무를 강조하고, 사회·정치·경제적인 문제 전반의 해결책을 제시하고자 한다는 데 그 특징이 있다. 그런 이슬람주의가 위기에 빠져들었다. 반대자들은 이렇게 주장했다. 실상을 보라. 예컨대 이란의 강경파, 파키스탄의 자마트–에–이슬라미(Jamaat-e-Islami), 인도네시아의 라스카르 지하드가 주창한 '이슬람 국가' 때문에 이슬람도, 국가도 망했다. 1990년대 후반과 2000년대 초에 탈이슬람주의 경향들이 부상했다. 뭐 여전히 세속적이지 않고 종교적이지만, 그래도 그것들은 다양한 수준으로 이슬람주의 정치를 극복하고자 했다. 사회는 경건하고 독실해야겠지만 국가는 세속적이어야 한다고 주장하고, 종교적 의무와 권리를 결합하는 식이다. 가령 터키의 AKP(정의발전당), 튀니지의 나흐다(Nahda)당, 모로코의 정의발전당 같은 탈이슬람주의 조류는 정치와 사회의 개혁을 추구했다. 그들은 탈냉전 시대의 어휘들, 곧 '시민사회', 책임, 비폭력, 점진주의를 참조했다.[12]

---

11) 지하드 그룹 가운데서도 가장 투쟁적이고 폭력적인 조직으로 알려진 알카에다가 근본적으로는 비혁명적이라는 사실은 무척 흥미롭다. 조직원이 다국적인 데다가 '이슬람 보호', '대서방 투쟁' 등으로 목표가 분산돼 있는 것이 그 원인이다. 여기에 지하드 사상 자체가 목표라는 점도 보태야 한다. Faisal Devji, *Landscapes of Jihad*, Ithaca 2005 참조.

12) Asef Bayat, ed., *Post-Islamism: The Changing Faces of Political Islam*, New York

낮은 기대치

그리하여 아랍 세계에서 봉기가 일어났을 때는 주요 저항 이데올로기들인 반제 민족주의, 마르크스-레닌주의, 이슬람주의가 쇠퇴한 상황이었다. '혁명' 사상의 권위가 땅에 떨어진 상태였던 셈이다. 예컨대 1970년대 후반과는 확실히 시대가 달랐다. 이란에서 친구들과, 그렇게 믿기지는 않았어도, 혁명을 토론하던 시절이 떠오른다. 우리는 자전거를 타고 테헤란 북부의 부자 동네를 쏘다녔고, 샤의 궁궐을 어떻게 접수할지, 또 호화로운 대저택들은 어떻게 분배할지 궁리를 거듭했다. 혁명의 관점에서 사고하고 있었던 것이다. 그러나 새천년의 중동은 달랐다. 혁명의 관점에서 변화를 상상하는 사람이 거의 없었다. 아랍의 활동가 가운데 혁명을 목표로 전략을 수립하는 사람은 거의 없었다. 먼 미래의 꿈으로서는 간직하고 있었을지도 모르겠지만 말이다. 일반적으로 얘기해 개혁이 목표였다. 기존의 정치 질서 안에서 나름으로 의미 있는 변화를 달성하자는 것이었던 셈이다. 튀니지에서 '혁명'을 궁리하는 사람은 거의 없었다. 벤 알리는 경찰국가를 운영했고, 누군가가 내게 알려준 것처럼, 인텔리겐차는 '정치적으로 사망한' 상태였다.[13] 이집트의 키파야(Kefaya) 운동[14]과 '4월 6일 운동'에서는 전술이 상당히 돋보였음에도 불구하고 국가 전복 계획이 없었고, 따라서 기본적으로 개혁주의적이었다. 일부 활동가가 미국, 카타르, 세르비아에서 훈련— 선거 감시, 비폭력 시위, 네트워크(관계망) 건설—을 받은 것으로도 전해졌다. 그 결과 봉기랍시고 일어났는데, 알고 봤더니 명실상부한 혁명이 아니라 '흑명' 과정이 전개되었다. 무슨 말인가? 운동은 혁명이었지만, 그들은

2013.

13) Beatrice Hibou, *The Force of Obedience*, Cambridge 2011 참조.

14) 〔옮긴이〕 키파야(Kefaya 또는 Kifaya)는 '이제 됐다, 충분하다'라는 뜻이다.

기존 정권이 스스로 개혁하도록 압력을 넣었을 뿐이었던 것이다.

사람들이 '혁명'이 일어나야 한다고 생각했을 수도 있고, 아닐 수도 있다. 아무튼 대중 봉기가 일어났지만 이론화되는 일은 거의 없었다. 사람들이 봉기를 모의하고 계획했지만, 혁명을 모의하고 계획한 것은 아니었다. 혁명은 '그냥' 일어났을 뿐이다. 그러나 혁명을 이렇게 반신반의하자, 봉기가 일어났어도 그 결과가 심대한 타격을 입었다. 아랍 세계에서 일어난 봉기는 결국 '흑명적'이다. 구체제의 핵심 기관과 집단은 물론이고, 무임승차자, 무슬림 형제단, 살라프주의자들이 진정한 변화에의 요구를 거듭 좌절시켰기 때문에 미결로 남았다는 말이다. 정의롭고 기품 있는 미래를 희구했던 사람 모두에게는 고통스러운 결과임에 틀림없다.

20세기의 위대한 혁명 대다수가 어떻게 귀결되었는지를 떠올리면 위로가 될지도 모르겠다. 러시아, 중국, 쿠바, 이란에서 벌어진 혁명들은 구래의 독재 체제를 거꾸러뜨리고서, 이내 그 스스로가 새로우면서도 동시에 전과 똑같은 권위주의 억압 국가들로 변신했다. 정연했던 체제와 관리 행정이 크게 붕괴하는 것도 급격한 혁명적 변화의 부작용이다. 리비아에서는 카다피 정권이 폭력적으로 전복되었고, 이집트와 튀니지의 투사들이 그런 결과를 염원하지는 않았을지도 모르겠다. 카다피는 잔인했고, 서방은 리비아의 원유를 탐냈다. 이 둘이 결합해 나토의 지원을 받는 파괴적 봉기가 일어났고, 카다피의 폭군 통치가 종말을 맞이했다. 그러나 새 권력은 더 포괄적이고 투명한 정치체제여야 했다. 과도국가위원회는 그 성원과 의사 결정 절차 대부분이 베일에 싸여 있었다. 이슬람주의자들과 세속주의자들로 분열된 과도국가위원회는 제멋대로인 각종 민병 세력을 통제하지 못했고, 행정 능력 면에서도 매우 취약했으며, 결국 정부로서 부실했다.[15] 리비아는

---

15) Ranj Alaaldin, "Libya: Defining its Future", in Toby Dodge, ed., *After the Arab Spring: Power Shift in the Middle East?*, London 2012.

치안, 행정 서비스, 기본 사회보장 제공 면에서 큰 혼란을 겪었고, 결국 과도국가위원회는 선거로 뽑힌 민간 기구에 권력을 넘겼다.

혁명 사상을 깎아내리려는 게 아니다. 나는 급진적 변화에 긍정적인 면이 많다는 것을 잘 안다. 새로운 해방 정신, 자유 언론, 더 나은 미래를 제약 없이 상상해볼 수 있다는 점 등이 얼른 떠오른다. 나로서는 다음을 강조하고 싶다. 억압 체제를 혁명적으로 전복한다고 해서 더 정의롭고 포괄적인 질서가 자동적으로 보장되는 것은 아니라는 사실을 말이다. 급진 혁명 이데올로기에는 권위주의 지배의 씨앗이 담겨 있는지도 모른다. 국가를 철저하게 정비하고, 부동의와 이견을 제거하는 과정을 떠올려보라. 여러 정치 세력이 경합할 수 있는 다원주의적 공간이 별로 없을 수도 있는 것이다. 반면 '흑명' 과정에서는 선거 민주주의가 더 효과적으로 공고해질 수도 있다. 정의상 '흑명'이 국가권력을 독점할 수는 없기 때문이다. 반혁명 세력을 포함해 권력 중추가 다각화되면, 신흥 정치 엘리트의 지나친 월권을 제어할 수도 있다. 이집트의 무슬림 형제단과 튀니지의 엔나다(Ennahda)당이 혁명을 거친 이란의 호메이니주의자들처럼 권력을 독점할 수는 없을 것이다. 구체제 세력을 포함해 막강하고 다양한 집단이 영향력을 행사하고 있기 때문이다.

'혁명'을 달리 이해해보는 것도 가치 있을 것이다. 레이먼드 윌리엄스(Raymond Williams)가 「혁명은 길다」(The Long Revolution)에서 개진한 입장을 따라서 말이다. 윌리엄스는 혁명을 "지난(至難)하고 총체적이며 인간적인" 과정으로 보았다. 복잡하고 다면적이라는 점에서 "지난하다". 경제적일 뿐만 아니라 사회적이고 문화적인 변혁 과정이기 때문에 "총체적"이기도 하다. 마지막으로 관계와 정서의 심원한 구조를 불러내 건드리기 때문에 혁명은 "인간적"이다.[16] 그렇다면 냉큼 성과를 내는 데 집착하거나

---

16) Anthony Barnett, "We Live in Revolutionary Times, But What Does This Mean?",

요구 사항 따위를 정해놓고 걱정하지 않아도 될 듯하다. 아랍 세계의 봉기
는 10년 또는 20년에 걸쳐 결실을 맺는 '긴 혁명'이 될 수도 있다. 새로운
행위 양식이 확립되면 권력도 새롭게 사유할 수 있을지 모른다. 그러나 혁
명의 의미론적 정의가 위태로운 것은 사실이다. 권력 구조 및 견고하게 확
립된 집단 역시 난관이다. 혁명이 레이먼드의 말마따나 '긴 혁명'이든 국가
의 급격한 변동과 함께 시작되는 과정이든, 가장 중요한 문제는 다음일 것
이다. 구래의 권위주의 질서를 철저하게 개혁해, 진정으로 민주적인 변화
를 달성하는 것. 그러면서도 폭력, 강압, 불의를 삼가는 것. 그런데 "어떻
게?"인 것이다. 우리가 드잡이하는 과제 상황이 난경(難境)임에도 한 가지
만은 분명하다. 공적 영역과 사적 영역 모두에서 단호한 투쟁과 끈질긴 민
중 동원이 없다고 한번 생각해보라. 우리는 낡은 억압 질서에서 새로운 해
방 세상으로 감히 나아갈 수 없을 것이다. '긴 혁명'은 '짧은 혁명'이 끝났
을 때 이미 시작된 것일지도 모른다.

〔정병선 옮김〕

Open Democracy, 16 December 2011.

과거와 미래 사이에서

아세프 바야트에 답함

타리크 알리(Tariq Ali)

이븐 할둔(Ibn Khaldun)은 『무깟디마』(*Muqaddimah*) 서문에 이렇게 썼다. "왕조와 정부는 세계의 시장이다. 학자들의 업적과 공인(工人)들의 산물이 모두 거기 모인다." 14세기의 학자 이븐 할둔은 새로운 방법론으로 역사를 파악했다. 마그레브(Magreb, 아프리카 서북부 지역)를 연구하고, 이전 세기에 활약한 아랍 역사가들의 작업을 비판하면서 그렇게 할 수 있었다. '왕조와 정부'를 '워싱턴'이나 '국제사회'로 바꿔보라. 그가 계속해서 쓴 내용은 현대와도 꼭 들어맞는다.

거기에서는 뜻밖의 지혜와 망각된 전통을 만날 수 있다. 이 시장에서는 여러 이야기를 들을 수 있고, 역사 정보도 전달된다. 수요가 있어 이 시장에서 유통되는 것이면, 일반적으로 다른 곳에서도 그것을 필요로 한다. 따라서 왕조가 불의와 편견과 나약함과 표리부동을 멀리하고 확고한 자세로 정도에서 이탈하지 않는다면, 그 시장의 산물은 금은보화처럼 값지고 소중하게 활용될 것이다. 하지만 자기 본위 세력과 적들이 왕조를 장악한다면? 부정직한 뜨내기의 폭압으로 왕조가 기운다면, 그 시장의 산물 역시 품질이 형편없는 싸구려 광재(鑛滓)로 전락하고 말 것이다. 비판적 지성이라면 주위를 둘러보며 스스로 판단해야만 한다. 면밀히 살펴보고 칭찬하거나 취사(取捨)하는 것은 물론이다. [1]

2011년 봄 아랍 전역에서 봉기가 일어났다. 2년이 흐른 지금 우리는 그 결과를 어떻게 파악해야 할까? 이집트와 튀니지의 정치 풍경은 까다롭기만 하다. 예멘에서는 갈등이 부글거리고 있다. 리비아는 무장 세력의 무정부 상태다. 시리아에서는 내전이 진행 중이다. 레바논에서는 정부가 위기이고, 바레인에서는 강력한 탄압이 횡행한다. 리야드와 카타르의 비중이 증대 일로에 있다. 아랍의 현재 상황을 포착할 어떤 패턴이라도 있는가? 아세프 바야트(Asef Bayat)의 「혁명의 호시절?」은 그 대차계정을 작성하는 데 필요한 유용하고 사려 깊은 글이다. [2] 바야트는 야당 세력의 전략을 광범위한 비교역사적 맥락에서 다음 세 가지로 분류한다. 개혁, 반란(혁명), '흑명'(refolution). 한편으로 그는 당대가 진정으로 혁명이 무르익은 시대라고 주장한다. 자유민주주의가 파산했고, 책임 정부가 사라졌으며, 불평등과 빈곤이 증대했고, 금융 위기가 최악인 상황에서 혁명적 변화를 요구할 수도 있는 정치적 난국이 조성되었다고 보는 것이다. 그러나 신자유주의 이데올로기의 장악력이 여전하고, 더 이른 시기의 혁명 조류들, 그러니까 반제 민족주의, 마르크스–레닌주의, 이슬람주의가 패배한 까닭에 그 가능성이 훼손되고 말았다. '수단(방법)과 미래상(비전)'이 둘 다 없어져버렸

1) Ibn Khaldun, *The Muqaddimah: An Introduction to History*, Princeton 1967, pp. 23~24. 〔옮긴이〕 우리말 번역본이 최근 나온 바 있다.

2) Asef Bayat, "Revolutions in Bad Times", NLR 80, Mar-Apr 2013.

다. 그래서 바야트의 결론은 다음과 같다. 이집트와 튀니지의 야당 세력은 '흑명' 전략을 채택했다. 대중을 동원하지만 체제 전복이 아니라 스스로 개혁하게끔 압력을 가하는 게 목표라는 것이다. 그는 '흑명주의자들'이 (나토의 지원을 등에 업고) 노골적 봉기를 통해 정권을 폭력적으로 전복하는 길로 나아간 곳은 리비아와 시리아뿐이라고 본다. (순순히 물러날 생각이 없던 두 곳 정권은 군대를 동원했다.)

바야트는 냉전주의자 티모시 가튼 애시(Timothy Garton Ash)가 만든 '흑명'이라는 말을 갖다 쓴다. 가튼 애시가 주조한 이 말은 1989년 봄 폴란드와 헝가리에서 진행된 자유화를 설명하는 방편이었다. 물론 바야트는 튀니지와 이집트의 정치 과정이 경제체제를 근본적으로 바꾸는 것—중유럽 사태와 맞먹는— 을 목표로 하지 않았음을 알고 인정한다. 그렇기 때문에 조지아의 2003년 '장미 혁명' 및 우크라이나의 2004~05년 '오렌지 혁명'과 훨씬 유사하다고 보는 것이다. (타흐리르 광장을 필두로 이집트 사회 전역에 몰아친 해방적 활력을 구소련의 두 곳에서 찾아볼 수는 없었지만.) 바야트는 레이먼드 윌리엄스(Raymond Williams)의 '혁명은 오래 지속된다'(long revolution) 개념을 빌려와 결론을 맺는다. 윌리엄스의 '긴 혁명' 개념은 '진정한 민주적 변화'를 달성할 수 있는 하나의 전략이다. 바야트의 이 글을 어떻게 읽고, 판단해야 할까?

용어

바야트가 아랍 지역 정권들의 혁명적 전복에 필수적인 수단과 비전이 없다는 사실을 지적한 것은 옳다. 이집트와 튀니지와 예멘에서 분출된 봉기 에너지의 규모와 깊이를 지적한 것도 맞다. 그러나 '흑명'이라는 용어를 새로운 의미로 써서 그 실상을 포착하려는 시도가 유용한지 여부는 다른 문제다. '혁명'은 원래 아주 다른 과정을 가리켰다. 가튼 애시는 부다페스트와 바르샤바에서 국가와 야당 대표들이 벌이던 협상을 (별 진실성 없이) '혁명'이라고 불렀다. '약삭빠른' 당 기관이 '전례 없는 후퇴'를 단행했고, 권력 분점을 제안했으며, 의회민주주의 이행을 약속했고, '부자가 되라!'고 외쳤다. (가튼 애시조차 공산당 우두머리들이 자본가로 변신할 것을 생각하면 불편하고 어색했다고 말할 정도였다.)[3] 루마니아와 독일민주공화국(동독)을 제외하면, 동유럽에서 대중 동원은 비교적 소규모였다. 1989년 봄의 안이하고 편리한 이야기는 2011년 아랍과 거리가 멀다. 전파를 탄 군 최고위원회의 성명들과 타흐리르 광장에서 죽거나 다친 사람들을 떠올려보라.

'혁명'이라는 말로도 2011년의 위대한 구호를 감당하지 못한다. "민중이 원하는 것은 정권의 몰락이다!"(개혁이 아니라)였으니까. 전술—단호하고 실질적인 정치운동 세력이라면 누구라도 당연히 유연할 것이다—과 목표를 혼란에 빠뜨리는 이 용어는 확실히 위험하다. 카이로, 수에즈, 알렉산드리아에 모인 군중의 구호와 정신은 아주 또렷했다. 옷을 벗어야 했던 것은 무바라크만이 아니었다. 수십 년간 이집트 국민을 잔인하게 다뤄온 그의 고문 전문가들, 가령 사악하기 이를 데 없는 오마르 술레이만(Omar Suleiman)—오바마 행정부가 한동안 무바라크의 후계자로 밀었다—과 내무부 세력도 그러기는 마찬가지였다. 군대만 표적이 되지 않았다. 최고사령부가 1973년 패배 후 미국으로부터 돈을 받으며 타락한 부역자로 기능해왔음에도 불구하고 말이다. 항의 행동 지도자들은 2011년 2월 군대를 분열시키지 않기로 했다. 초급 장교와 사병들이 시위 군중과 형제애를 나눈 것을 감안하면, 이는 세력균형상의 전술 오판이었을지도 모르겠다. 물론 그 결정 방침이 무바라크 국가기구에 어떤 환상이 있어서는 결코 아니었지만.

---

3) Timothy Garton Ash, "Refolution, the Springtime of Two Nations", *New York Review of Books*, 15 June 1989.

따라서 바야트가 새롭게 의미를 지정한 '혁명'은 남아메리카의 볼리바르주의 혁명공화국들에나 더 그럴싸하게 적용될 것이다. 무슬림 형제단과 엔나다(Ennahda)는, 비극적이게도 청년 장교들의 지지를 거의 받지 못한 볼리바르주의 혁명 모형을 단호하게 거부했다.

바야트의 '혁명'으로는 아랍 세계에서 일어난 반란의 사회적, 정치·경제적 내용을 거의 설명하지 못한다. 중유럽의 1989년에 빗대는 작업은 완전히 번지수를 잘못 짚은 것이다. 사회민주주의 서방에 맞선 코메콘(Comecon) 국가들에서는 기본적으로 사회가 독재로 운영됐다. 국경 내에서는 도시화가 상당 수준 진척되었고, 공업 분야 또한 대규모였으며, 다수 시민이 사회·교육·문화 조치의 수혜자였다. 이는 이번 호의 다른 글에서 타마스(G. M. Tamás)가 논의하고 있는 바다.[4] 관료 체제의 주요 분파는 1970년대와 1980년대 내내 시장이라는 처방에 서서히 이끌렸다. 결국 친자본주의 야당 세력과의 거래가 일단 이루어지자, 국가지출이 충격적으로 삭감되면서 사유화가 단행되었다. 기존의 사회체제가 파괴되고, 토착 산업 상당수가 폐쇄되었다(서방 기업들과 경쟁이 되지 않았다). 그러나 아랍 공화국들은 사정이 이와 다르다. 수입 대체 산업화는 언제고 훨씬 지지부진했으며, 노동자들은 국가사회주의에서처럼 물가 안정 대책의 수혜를 입은 적도 없다. 농촌의 빈곤은 어찌나 견고한지 혁파가 불가능해 보일 정도다. 주요 도시들 외곽은 광대한 슬럼이다. 청년 실업률이 비상식적으로 높다. 이집트는 그나마 있던 복지국가 제도마저 상당 부분 해체해버렸고, 이미 사다트 치하에서 민영화(사영화) 프로그램을 가동했다. 사회복지(식량과 연료 보조금이 그 대부분이었다)가 형해화(形骸化)되었다. 바야트는 '무임승차자들'이라고 폄하했지만, 모스크(mosque, 이슬람 사원)에서 제공하는 의료와 교육 서비스가 빈민들이 얻을 수 있는 거의 유일한 사회복지였

---

4) G. M. Tamás, "Words from Budapest", NLR 80, Mar-Apr 2013.

다. 정권의 정실 측근들이 신자유주의를 철저하게 이용했다는 사실은 유명하다. 불온사상과 파업이 거듭 탄압을 받았지만 완전히 자취를 감출 수는 없었다. 정치적 요구와 경제적 요구를 유기적으로 통합하는 과제가 저항운동 세력의 중요한 전략 사안이었다.

실종된 차원

바야트가 제시한 추상적 정치 범주, 곧 개혁, 혁명, 그 사이의 무엇이라는 3자 정립 구도 때문에 더 광범위한 세력균형을 분석해낼 수 없다는 점도 중요하다. 아랍의 봉기가 부패한 경찰국가와 사회적 빈곤에 맞서는 토착 반란으로 시동이 걸렸다고 해도, 서구 열강과 지역의 이웃 국가들이 이 게임에 가담하면서 봉기는 빠르게 국제화되었다. 바야트는 현실의 아랍을 유럽의 과거에 빗대고 싶은 욕망 때문에 서방 제국주의가 이 지역 전반에 끼친 구체적 영향을 미온적으로 다룬다. 아랍 국가들의 현행 국경은 제1차 세계대전 승자들이 그은 것으로, 거기에는 유럽 유대인의 국가를 팔레스타인에 수립하겠다는 영국 정부의 약속—내각의 유일한 반대자가 유대인이었다—도 들어 있었다. 이스라엘 국가를 세울 땅을 청소해야 했고, 일련의 수용과 축출 조치가 단행되었다. 팔레스타인 토착민 상당수가 살던 땅에서 쫓겨났다. 아랍에서 가장 강력한 군사 및 외교 세력인 미국의 역할을 염두에 두지 않고서 오늘날 이 지역을 적확하게 분석할 수는 없는 일이다. 또, 미국의 대외 정책을 좌지우지하는 이스라엘 압력단체의 막강한 영향력을 고려할 때, 이스라엘-팔레스타인 문제를 고려하지 않고 미국의 역할을 제대로 평가한다는 것은 어불성설이다.

냉전기에 호시절을 구가하던 독재 체제들이 라틴아메리카, 아프리카, 아시아의 상당수 국가에서 해체되고도 한참이 지났다. 아랍의 독재 정권들이 이제야 망한 이유가 궁금해지지 않을 수 없는 대목이다. 크게 보아 두 가지 논리가 엮여 작용한 것이 그 원인이다. 첫째, 워싱턴이 아랍의 원유를 지키려고 애썼다. 둘째, 이스라엘이 미국의 대(對)중동 정책을 지배했다. 자유선거를 치렀다가는 친팔레스타인 경향의 이슬람주의자들이 권좌에 오를 수도 있었다. 민주화라는 '제3의 물결'이 비등했지만 아랍만은 예외였다. 1988년 아랍의 봄을 맞이했다고도 하는 알제리를 보면, 그 사실을 또렷하게 알 수 있다. 미국이 제1차 걸프전을 앞두고 대규모 군사 준비 태세에 돌입하자 알제리에서 민중의 분노가 폭발했다. 대중 시위가 일주일가량 계속되자, FLN 정권은 먼저 지방자치 선거를 치르겠다고 약속했다(1990년에는 총선도 치르겠다고 공약했다). 이슬람 최대 정당 FIS가 대규모 반전시위를 조직했고, 1차 총선에서 압도적인 승리를 거두었다. 워싱턴과 파리가 나섰고, 알제리 군부는 2차 총선을 취소해버렸다. 끔찍한 내전이 뒤를 이었고, 양측 모두가 잔혹 행위를 일삼으면서 일종의 소모전 양상으로 사태가 변질되고 말았다. 대중은 쓰라림 속에서 수동화되어갔다. 보수적으로 추산해도 죽은 사람 수가 10만 명에서 20만 명 사이다. 서방 열강은 단 한마디도 이의를 제기하지 않았다. 알제리는 그 시련에서 여전히 회복하지 못한 상태다.

　1950년대와 1960년대에 포퓰리즘적 민족주의 정권이 이집트, 시리아, 이라크, 예멘, 리비아, 알제리에 들어섰다. 조금씩 차이가 있기는 했어도, 그들의 권력 구조가 일종의 소련 모형을 따랐다는 것은 비극이다. 사실상의 일당 국가, 당대의 대통령을 찬양 미화하는 기괴한 개인숭배, 정권에 의한 정치와 정보의 독점을 떠올려보라. 소련이 몰락하면서, 아랍의 종신 대통령들이 원판의 안 좋은 복제품인이 밝히 드러났다. 그들이 매년 열리던 아랍정상회의에 모여 찍은 사진을 보면 꼭 경주에 나온 구닥다리 자동차들 같았다. 이라크의 망명 시인 무자파르 알-나와브(Muzzaffar al-Nawab)는 그들을 신랄하게 풍자했다. 그 와중에 무하바라트(Mukhabarat, 비밀경찰) 수장회의에서는 더 심각한 과제가 다루어졌다. 모사드와 협의하고, 반체제

인사 보고서를 비교 대조하며, 나토 국가들에 탈주범들을 내놓으라고 압박하고, 어떤 고문이 더 효과적인지를 얘기하면서는 웃음꽃마저 피었다. 하지만 무하바라트 수장들도, 미국과 유럽 연합(EU)의 후원자들도 다가오는 반란 사태의 규모를 알아채지는 못했다.

개입

2011년 봉기가 일어나자 사람들은 깜짝 놀랐다. 워싱턴과 파리의 첫 번째 반응은 그 졸개들을 보호하는 것이었다. 사르코지의 외무장관 미셸 알리오-마리(Michèle Alliot-Marie)는 친구 벤 알리(Ben Ali)가 계속 집권하기를 희망했다. 그의 정권을 수호하기 위해 프랑스 공수부대가 소집되었다. 하지만 너무 늦고 말았다. 튀니지의 과두(寡頭)들이 이미 사우디아라비아행 비행기에 올랐던 것이다. 오바마 행정부도 무바라크의 체면을 세워주고자 했지만, 결국 포기하지 않을 수 없었다. 이미 수백 명이 사망한 상황이었다. 그러나 이집트는 지정학적으로 사활이 걸린 국가였고, 워싱턴은 다른 수단을 가동했다. 이집트 육군 최고사령부와 이미 긴급 회담에 돌입했던 것이다. 미국의 핵심 요구 사항 하나는 새로운 지배자들이 이스라엘과 1979년에 맺은 조약을 준수하라는 것이었다. (이집트는 그 조약으로 이스라엘과 접경한 기다란 띠 모양의 자국 영토 전체에서 주권을 상실했다.) 군 최고위원회에서는 권력을 잡고 맨 처음 발표한 성명 가운데 하나에서 1979년 조약을 유지하겠다고 확인해주었다. 하지만 미국에게 그 기구는 이내 버릇없고 다루기 힘든 수단임이 드러난다. 그래도 워싱턴의 당면 목표가 달성되었음에야.

타흐리르 광장 사태가 일단락되자, 아랍의 항의 행동은 더 이상 주도권을 잡지 못했다. 제국주의 세력과 지역의 이웃 국가들이 우위를 점하고, 반란의 결과를 주물렀다. 바야트는 서방이 군사적으로 개입한 이유로 '원유' 와 '잔혹 행위'를 지목하지만, 나토가 국가에 따라 매우 선택적으로 대응하는 이유를 전혀 설명하지 않는다. 워싱턴 입장에서는 자국 이익의 위계적 계산법에 따라 아랍 국가들의 순위가 매겨진다. 지정학적 중요성, 이스라엘과의 거리, 석유와 국부(國富), 위치, 인구수, 우방-적대 관계 말이다. 이집트는 지정학적으로 아랍 세계의 비녀장(linchpin, 핵심)이라 할 만큼 중요하기 때문에, 미국은 1973년부터 이 나라를 '우방'으로 끌어안았다. 이집트는 미국으로부터 이스라엘 다음으로 많은 군사원조를 받는다. 이에 반해 가난한 예멘은 사우디아라비아의 속국으로 취급되었다. 미국은 알리 압둘라 살레(Ali Abdullah Saleh)의 집권 유지 노력을 최대한 밀었다. 군대가 분열하고 대통령궁이 폭탄 공격을 받아 살레가 부상을 당하고서야, 워싱턴은 그를 리야드로 보내고 거국내각이라는 타협책을 썼다. 살레의 부하들이 그 자리를 꿰찼음은 물론이다.

영국과 미국의 제국주의 덕택에 생존할 수 있었던 군주제 국가들은 항상 별스러운 대접을 받았다. 요르단, 사우디아라비아, 오만, 바레인, 그 밖의 페르시아만 연안 국가들에서는 부패하고 타락한 왕들이 여전히 삶과 정치의 최고 결정권자다. 이 '안정의 기둥들'에서는 개인의 자유, 인권, 여성과 소수자 차별 금지 등의 서구적 가치가 그 어떤 '불량' 국가에서보다 더 노골적이고 지독하게 무시된다. 하지만 백악관의 문제 제기는 전혀 없다. 미국 국방부와 국무부에서 사우디아라비아의 바레인 개입을 승인했음이 확실하다. 그들의 군사 개입으로 바레인 지배계급과의 충돌이 파벌화됐고―봉기를 일으킨 청년들은 이렇게 외쳤다. "우리는 시아파도 수니파도 아닌, 바레인 사람이다!"―결국 반란이 진압당했다. 리야드와 카타르는 그 성공에 고무되었고, 계속해서 리비아와 시리아에서 공세를 강화했다. 알자지라 방송이 이란과의 직접적 원한, 종파적 증오, 지독한 적대 관계에 따라 아랍의 봄을 무장시켜야 한다고 큰 소리로 주장했음에도, 백악관과 이스라엘은 암묵적으로 이를 승인했다.

  군주국에 비하면 공화국 형태의 아랍 민족국가들은 항상 워싱턴의 냉대를 받았다. 리비아는 미국에 지정학적으로 별로 중요하지 않았고, 인구학적 비중도 덜했다. 인구가 적고 외국인 노동자가 많으며 순전히 석유 이윤 경제라는 점에서 사회학적으로는 페르시아만 연안 국가들과 꽤 비슷하다. 트리폴리가 워싱턴의 '적'이었던 것은 다만 가다피(Gaddafi)[5]의 수사 때문이었다. CIA가 계속해서 이슬람주의자들을 탄압하는 그의 역할에 기댔음은 물론이다. 가다피는 2003년 원시적이고 조악한 핵 개발 시설을 넘기고야 비로소 공식 우방(友邦)이 되었다. 영국 정보부로부터 반체제 인사들을 넘겨받고서는 테러와의 전쟁에도 참여하는 기염을 토한다. 하지만 가다피는 무바라크 및 벤 알리와 달랐다. 두 사람은 워싱턴과 파리에 빚을 지고 있었지만, 가다피는 예측이 불가능한 '또라이'였다. 복수하겠다며 난폭하게 굴다가도 중상모략하던 세력에 느닷없이 양보하는 식이었다. 가다피의 인생 역정이 혼란스러운 것은, 실상 그가 끊임없이 표변(豹變)해야만 했기 때문이다. 그는 극단적인 자기기만과 공상을 통해 처음에는 꿈도 꿀 수 없었던 도덕과 이데올로기의 화신으로 부상할 수 있었다. 가다피가 서방세계의 일원으로 편입되자, 조언이랍시고 여기저기서 설득이 빗발쳤다. 시장 자유화를 약속하라, 거대 석유 기업들에 대사(大赦)를 베풀라, 리비아의 청정 해안을 세계 여행업계에 개방하라는 요구가 거듭되었다. 가다피는 동의하는 듯하면서도 계속 얼버무렸다. 돈을 쥐어주면 서방 열강들의 유화적 묵인을 얻어낼 수 있으리라는 게 그의 속마음이었다. 가다피가 사르코지의 선거운동과 런던 경제대학(London School of Economics, LSE)에 자금을 댄 것은 이 때문이다. 그는 기든스(Lord Giddens)의 예방(禮訪)도 받았다.

---

5) 〔옮긴이〕 바야트 글에서는 카다피(Qaddafi)로 표기되어 있다. 요컨대 영어권에서는 두 가지가 혼용되어 쓰인다.

기든스가 가다피의 『그린 북』(*Green Book*)과 토니 블레어의 '제3의 길'(기든스 자신의 책도 있다)에는 공통점이 많다고 역겨운 칭찬을 늘어놓았는데, 뭐, 전적으로 틀린 것만도 아니었다.

가다피의 악행과 그보다 더한 실정이 2011년 2월 첫 몇 주 동안의 봉기 과정에서 백일하에 드러났다. (그는 사회기반시설을 충분히 제공해 부족적 충성 관행을 해소하는 과제에 미온적이었고, 이슬람주의 반정부 인사들을 혹독하게 탄압했다.) 아무튼 그는 서방이 자신을 버리기로 했음을 깨닫고는 타협을 모색했다.[6] 총을 든 인도주의자들은 가다피가 작정하고 국민을 학살했다고 주장하는데, 그 이야기는 거개가 '알자지라'의 보도, 다시 말해 리비아 공군이 시위대에 기총 소사를 가했다는 방송을 바탕으로 했다. 로버트 게이츠 국방장관과 마이클 뮬런(Michael Mullen) 제독의 미 의회 증언에 따르면 그 이야기는 거짓이었다. 미스라타(Misrata), 자위야(Zawiya), 아자비야(Ajdabiya)를 정부군이 재탈환할 때 학살도 없었다. 가다피가 3월 17일 "관용을 베풀지 않겠다"고 한 것은 벵가지의 무장 반란 세력에 대한 경고였다. 하지만 그는 무기를 내려놓으면 사면과 함께 이집트로 도망갈 수 있게 해주겠다고도 제안했다. 가다피 정권이 잔혹하기는 했어도 나토의 폭격으로 "제노사이드 또는 제2의 르완다 사태를 예방했다"는 증거는 거의 없다. 심지어 오바마는 이렇게도 말했다. "우리가 하루만 더, 하루만 더 하면서 기다릴수록 벵가지는 대학살에 노출될 겁니다. 아랍 지역 전체에 파문이 일 테고, 전 세계 시민도 양심의 가책을 느끼지 않을 수 없을 겁니다."[7] 나토의 공습이 시작되었을 때 리비아의 사망자 수는 1천 명 미만이

---

6) 유엔 안보리 결의안 제1973호(UNSC 1973)가 2011년 3월 17일 통과되고 몇 시간 만에 가다피는 결의안을 받아들이겠다며 휴전을 제안했다. 물론 과도국가위원회에서는 즉각 이를 거부했다. 서방의 지원을 확신한 까닭이다. 오바마는 한술 더 떠 무조건 항복하라고 요구했다. 가다피가 이후로도 세 번이나 더 휴전을 제안했지만(4월, 5월, 6월) 거듭 외면당했다.

7) Hugh Roberts, "Who Said Gaddafi Had to Go?", LRB, 17 November 2011.

었다. 가장 줄여 잡아도 6개월간의 폭격으로 8,000~10,000명이 죽었다. 나토 항공기는 '민간인을 보호하'지 않았고, 가다피 군대를 보이는 족족 겨냥했다.

리비아는 이 전쟁으로 갈가리 찢겼고, 국민은 자위를 위해 직접 무장에 나섰다. 폭력을 독점한 세력이 권력을 장악했고, 그들의 영역은 2012년 7월 총선으로 구성된 국민의회의 통제를 거의 받지 않는다(카타르가 주요 정당 둘 모두에 자금을 대고 있는 것으로 알려졌다).[8] CIA도 파견돼 있던 벵가지 주재 미국 영사관이 2012년 9월 리비아 민병대의 공격을 받았고, 그 과정에서 대사가 사망했다.[9] 리비아 국영석유회사의 미래는 여전히 장막에 휩싸여 있다. 뭐, '투명 경영' 선언이 나오기는 했지만 말이다. 리비아 원유는 전 세계 매장량의 3.5퍼센트를 차지한다. 리비아 국영석유회사가 사영화된다면 사겠다고 나서는 사람이 없지는 않을 거라는 얘기다.

종반전에 접어든 시리아

시리아 지역은 리비아보다 지정학적으로 훨씬 중요하고, 거기에 똬리를 튼 바트당 경찰국가는 아랍 세계에서 그간 이중적인 역할을 맡아왔다. 그

---

8) Patrick Haimzadeh, "Libya's Unquiet Election", *Le Monde diplomatique*, July 2012.

9) 데이비드 퍼트레이어스(David Petraeus) 장군의 정부(情婦)였던 폴러 브로드월(Paula Broadwell)에 따르면, CIA가 영사관 부속 시설에 민병대원을 가두고 있었다고 한다. 공격작전이 그들을 빼내려는 시도로 볼 수 있는 이유다. 브로드월은 이렇게 말했다. "퍼트레이어스는 새로 임명되었고, 언론과 접촉하는 것이 허용되지 않았기 때문에 꽤 힘들어했다. 이 모든 걸 알고 있었으니 당연했다. 그들은 CIA 리비아 본부장의 보고를 받았다. 사건 발생 24시간이 채 되지 않아 그들은 진상을 파악하고 있었다." 물론 CIA에서는 브로드월의 주장을 부인했다. Max Fisher, "Why did Paula Broadwell think the CIA had taken prisoners in Benghazi?", *Washington Post* World Views blog, 12 November 2012 참조.

들은 레바논의 헤즈볼라를 지원했고, 수년간 하마스 지도부를 숨겨줬다. 하지만 사실상의 기권으로 자국의 남서부 영토[10]를 이스라엘이 점령하게 내버려뒀으며, 미국의 대이라크 전쟁을 편들기도 했다. 어떤 면에서는 아랍 지역에서 미국 주도 질서에 가장 덜 동화된 나라가 시리아이기도 했다. 시리아는 이스라엘 및 서방과 협력하지 않았고(터키와 요르단은 협력했다), 이집트와 달리 주권을 축소하지도 않았다. 냉전이 끝나고 20년이 흘렀어도 다마스쿠스는 나토와 러시아 사이에서 여전히 얼마간 기동의 여지를 확보했다(물론 줄어들기는 했다). 이란이 레바논을 놓고 시리아가 사우디아라비아와 벌이는 투쟁을 지원해왔다. 바샤르 알–아사드(Bashar al-Assad) 정권이 가다피보다는 더 용의주도할 것이다. 하지만 시리아를 지배해온 알라위(Alawite 또는 Alaouite)파[11]와 기독교도를 다수 수니파가 응징하리라는 두려움 때문에 선택지가 매우 제한적인 상황이다.

수개월 동안 대중 시위가 평화롭게 벌어졌고, 운동이 그 기세를 더해갔다. 팔레스타인인들의 제1차 인티파다(Intifada)[12]가 떠오를 정도였다. 봉기 규모가 컸고 지지를 받고 있다는 사실이 자명했기 때문에, 정권이 타협에 나서지 않을 수 없으리라는 관측이 지배적이었다(총선으로 제헌의회를 구성하자는 요구가 나왔다). 하지만 초기의 그 희망은 무참히 짓밟혔다. 몇몇 증언에 따르면, 소수이지만 정부 인사 일부는 그쪽 방향을 선호했다고 한다. 하지만 아들 아사드(Assad)는 아버지의 철권통치를 본받았고, 더구나 양보하면 그 결과가 치명적이리라 판단했다. 2011년 여름 시리아 해방군 훈련장이 터키에 세워졌다. 사우디아라비아가 바트당 정권을 전복하겠다고 선언했다. "시리아를 빼앗아버리면 이란에 치명타를 안길 수 있다"는

---

10) 〔옮긴이〕 골란 고원을 가리킨다.

11) 〔옮긴이〕 시아파의 한 분파.

12) 〔옮긴이〕 봉기라는 뜻의 아랍어.

사우디아라비아 국왕의 생각을 이스라엘이 반기고 나섰다. 이스라엘은 헤즈볼라의 몰락도 학수고대했다. 리야드와 카타르가 시리아의 이슬람주의자들에게 요르단을 통해 무기와 돈을 댔다(CIA에서 그 과정을 관리 감독했다). 사정이 이러했으므로, 아사드 정권은 수니파의 공세가 외세의 지원 아래 이루어진다고 판단했고, 군대를 동원해 어떻게든 버티겠다고 결정했던 것이다.[13]

오바마 정부는 리비아에서처럼 이번에도 '뒤에서 조종 중이다'. 워싱턴은 총애하는 세력에 무기를 대주면서(『뉴욕 타임스』에서는 이를 두고 "무기가 폭포수처럼 흘러들어간다"고 썼다), 이라크처럼 꼭두각시 정부를 세우려고 야당도 급조해냈다. 시리아 현지에서는 아랍 사람들이 투닥거리며 서로를 도륙했다. 아사드를 반대한다고 해서 서방에 개입을 요청할 필요는 없었다. 나토가 싸움판에 끼어들면 누가 이기든 민중은 피를 보고 결국 패배한다. 시리아 지역조정위원회에서는 2011년 8월 29일 발표한 성명을 통해 이 문제들에 대하여 분명한 입장을 표했다. 과도정부를 세우고, 요식행위로 선거를 치러, 새로운 총리랍시고 텍사스에서 온 시리아인을 앉힌다고 해서 농촌 지역의 가난한 도시들―항의 운동 세력의 튼튼한 토대다―에 만연한 사회적 고통이 줄어들지는 않을 것이다.[14] 지금이라도 해결책을 모색한다면 아사드와 부하들을 제거할 수 있을 것이다. 하지만 주사위는 이미 던져진 것 같다. 제국은 정권의 몰락을 원한다.

---

13) C. J. Chivers and Eric Schmitt, "Arms Airlift to Syria Rebels Expands, with Aid from CIA", NYT, 24 March 2013. 사우드(Saud) 왕의 발언은 John Hannah, "Responding to Syria: The King's Statement, the President's Hesitation", *Foreign Policy* blog, 9 August 2011 참조. 나는 Tuğal, "Democratic Janissaries? Turkey's Role in the Arab Spring", NLR 76, Jul~Aug 2013, pp. 16~17에서 재인용했다.

14) 하산 히토(Ghassan Hitto)에 대해서는 Franklin Lamb, "A Draft-Dodging, Zionist Friendly, Right-wing Texan Islamist to lead Syria?", *CounterPunch*, 22~24 March 2013 참조. 〔옮긴이〕 하산 히토는 텍사스에서 총리랍시고 온 사람을 가리킨다.

권좌에 오른 이슬람

워싱턴이 정부 여당으로 말랑말랑한 이슬람주의자들을 조심스럽게 허락했다는 점이 1991년의 알제리와 2011년 이후의 이집트 및 튀니지 간의 차이다. (물론 두 나라에는 군대와 내무부의 그림자가 짙게 드리워 있다.) 바야트는 세속 국가가 아니라 독실한 사회의 성취가 목표인 듯 이들 세력을 '탈이슬람주의'로 규정하는데, 그런 진단은 진정한 정치 사태를 호도하는 것이다. 터키의 정의발전당(AKP)은 신자유주의 경제를 추진하고, 군부와 워싱턴의 강고한 연계를 도모하며, 이스라엘의 팔레스타인 점령을 사실상 묵인한다. 무슬림 형제단 정부와 엔나다 정부를 결산하기에는 때 이른 감이 있지만, 그래도 현재까지 그들이 보여준 행적은 꽤 시사적이다. 군 최고위원회가 무바라크를 축출한 순간부터 미국 관리들과 무슬림 형제단은 급박하게 협의를 개시했고, 형제단의 주요 이데올로그 하이라트 알-샤테르 (Khairat Al-Shater)는 계속해서 다음을 확약했다. 이집트와 미국의 전략적 동반자 관계를 '심화하고' 싶다. 사다트가 이스라엘과 맺은 조약을 준수하겠다. 이스라엘에 유리한 조건으로 석유와 천연가스를 제공하기로 한 합의를 이행하겠다.[15]

그럼에도 불구하고 2012년 6월 치러진 대선에서 군 최고위원회는 앙시앵 레짐(ancien régime) 후보자를 낼 수 있었다. 무바라크 정부의 최후 총리였던 아흐메드 샤피크(Ahmed Shafik)가 꽤 많은 표를 얻었고, 미 국무부는 적어도 둘 가운데서 선택할 수 있었다. 모하메드 무르시(Mohammed Morsi)의 형제단과 거래가 되지 않으면 샤피크로 돌아설 수 있었다. 군부

---

15) "Khairat Al-Shater to Al-Ahram: We Are Not at War with Anyone", *Al-Ahram*, 29 January 2012. "Khairat Al-Shater: The Brother Who Would Run Egypt", *Wall Street Journal*, 23 June 2012도 참조.

가 대중 저항을 진압하면 될 테고 말이다. 대선 일주일 후인 2012년 6월 24일 그 긴장 상태의 뇌관이 뽑혔다. 워싱턴이 무르시의 승리를 승인하자, 선거관리위원회에서도 형제단의 승리를 재가했다. 무르시는 오바마의 손에 입을 맞추기 위해 맨 처음 미국을 방문했고, 백악관에서 이렇게 아양을 떨었다.

오바마 대통령이 큰 도움이 됐습니다. 많이 도와줬죠. 각하께서 말과 행동이 일치하는 분이라는 얘기도 꼭 하고 싶군요. 우리는 휴전 문제를 협의 중입니다. 아주 중요하죠. 그러면 팔레스타인과 이스라엘의 차이에 관해서도 얘기할 수 있을 겁니다. …… 양측 다 차이를 말합니다. 하지만 우리는 그들의 닮은 점도 고려하기를 바랍니다. …… 앞으로 우리는 최대한 그렇게 할 겁니다.[16]

뭘? 가자 지구 국경의 치안을 확립하고, 땅굴을 메워버리겠다는 것이었다. 그 대규모 게토에 갇힌 200만 명 주민의 유일한 생명선인 땅굴을 말이다. 무르시는 이미 2012년 9월에 땅굴을 폐쇄하겠다고 약속했다. 이집트 군대가 오물을 쏟아부어 땅굴을 메우기 시작했다.[17]

튀니지의 엔나다와 그 지도자 라시드 하누치(Rachid Ghannouchi)는 2011년 10월 선거가 치러지고 18개월이 지난 현재 국가 장악력을 공고히 하기 위해 여전히 분투 중이다. 제헌(制憲) 국면이 여전히 유동적인 상황이다. 헌법이 아직 비준되지 못하고 있는 것이다. 경제가 더 나빠졌다. 실업률이 17퍼센트이고, 물가가 폭등했다. 오래도록 방치된 남부를 새로이 발전시키겠다는 담화가 발표되었지만, 빈곤한 내륙의 사정은 거의 바뀌지 않

16) "We're Learning How to Be Free", *Time*, 28 November 2012.

17) "To Block Gaza Tunnels, Egypt Lets Sewage Flow", NYT, 20 February 2013.

았다. 아직도 협의 중인 2012년 IMF 차관의 조건은 연료 보조금 삭감과 부가가치세 증액이다. 이런 정체 상태와 더불어 말리와 시리아에서 무장 투쟁이 격화되었고, 결국 살라프주의자 민병 세력이 강화되었다. 그들이 UGTT를 겨냥하고 있다. UGTT는 과거 여러 해 동안 벤 알리 정권과 동거 하다가 결국 지난 2011년 1월 조합원들을 동원해 반대에 나선 노동조합 연맹이다. 튀니지에서 가장 인기 있던 좌익 지도자 초크리 벨라이드(Chokri Belaid)가 2013년 2월 암살당했다. (엔나다는 관련 책임 일체를 부인하고 있다.) 장례식이 대중 시위와 가두 투쟁으로 발전했고, 결국 엔나다의 사무 총장이자 총리인 하마디 제발리(Hamadi Jebali)가 사임했다. 그는 시위대 에게 기술 관료가 참여하는 거국 내각을 제안했다. 엔나다가 물러날 테니, 신헌법을 통과시키고 다시 선거를 하자는 것이었다. 이는 UGTT, 군대, 경 영자 단체, 서방과 알제리 대사관에서도 지지하던 방침이었다. 그러자 하 누치가 제발리를 강경 이슬람주의자 알리 라라예드(Ali Laarayedh)로 교체 해버렸다. 이런 위기 상황에서 대규모 공개 토론회가 개최되었고, 세속 좌 파는 엔나다의 진짜 목표가 말만 부드러웠지 종교적 권위주의 정권을 수립 해 세속적 야당 세력을 탄압하고 죽이는 것이라고 주장했다. 엔나다 내부 에 그 경로를 선호하는 조류가 있다는 것은 명백하다. 무르시보다 영악한 하누치는 터키 모형을 선호하는 것으로 전해진다. 그에게 이것은 파리를 배제하고 워싱턴과 긴밀한 관계를 수립하는 것이다.

긴 혁명?

나세르가 수에즈 운하를 국유화하고, 영국·프랑스·이스라엘의 보 복 공격에 맞서며, 서방의 경제 압박에 대응해 소련의 도움을 받아 아스완 (Aswan) 댐을 건설하던 때를 떠올려보자. 범아랍주의 운동이 전성기를 구가하던 그 시절에 무슬림 형제단은 사실상 서방 제국주의 세력과 목표를 공유했다. 그들은 나세르 암살을 세 번 기도했다. 결국 그로 인해 조직이 금지당했고, 지도자들이 체포되었으며, 단연 뛰어났으나 성정(性情)이 뒤틀린 조직의 이데올로그 사이드 쿠틉(Sayyid Qutb)이 유감스럽게도 처형당했다. 냉전기 내내 무슬림 세계의 이슬람주의 단체들은 다양한 경로―사우디아라비아의 와하브(Wahhab)파도 그 가운데 하나였다―를 통해 미국의 돈을 지원받았고, 지지자들을 조직해 무신론적 공산주의자들과 대결했다. 당시에 미국에서 간행된 정치학 교과서들을 보면, 이들 단체에 대하여 대체로 우호적으로 기술하고 있음을 알 수 있다. 아랍 민족주의자, 사회주의자, 공산주의자, 그 밖의 세력은 50년 동안 아랍 세계의 헤게모니를 놓고 무슬림 형제단과 다투는 처지였다. 우리로서는 상황이 마음에 들지 않지만, 그 대회전의 승자는 현재 무슬림 형제단이다.

그들이 승리하기는 했지만 결실을 거두기가 만만치 않았다. 마침 이스라엘이 팔레스타인인들의 제1차 인티파다를 분쇄해버렸고, 미국 군대가 중앙유라시아로 파고들어가 동(東)지중해에서 카불에 이르는 무슬림 세계 전역에서 전쟁을 벌였기 때문이다. 정치적 분노를 피할 길이 없었다. 한술 더 떠, 앙카라의 '탈이슬람주의'가 이마저도 삼켜버렸다. 카이로에서도 그랬던 것 같다. 팔레스타인인들은 아랍 국가들에 버림받은 상태에서 군사적으로뿐만 아니라 정치적으로도 패배했다. 오슬로 협정은 에드워드 사이드(Edward Said)가 "팔레스타인판 베르사유 조약"이라고 했지만, 실상 그보다 훨씬 처참했다. 자그마한 반투스탄(bantustan)[18] 국가를 하나 만들자는 안이 여전히 검토 중인지도 모르겠다. 아무튼 공정한 2국가 해결책은 완전히 폐기되었다. 팔레스타인 해방기구(PLO) 지도부 및 그 비밀경찰의 방관과 묵인이 거기 가세했다. PLO 관료들은 자국 민중의 고통을 지켜보면서

---

18) 〔옮긴이〕 남아프리카공화국의 반자치 흑인 구역에서 유래한 말로, 일종의 유폐 고립 지역이다.

부자로 살쪄갔다. 팔레스타인 자치정부(Palestinian Authority)가 이스라엘 국방군의 부속 보좌역이 아니라는 말은 다 거짓부렁이다. 그 기구의 고관대작들은 여기저기 데려가 "착한 팔레스타인인"이라고 선전할 수 있는 멋진 대상자이기도 하다. 현실을 인정해야 한다. 팔레스타인 사람들은 단 하나뿐인 두 민족(bi-national) 국가의 무권리 시민이다.

아랍의 봄이 의기양양하던 시절에 기꺼이 목숨을 바친 사람들의 바람은, 확실히 이루어지지 않았다. 억압 기구들이 여전히 그대로다. 무르시와 하누치 정부는 비록 임시방편일지라도 사회 민주화 조치를 취하기는커녕, 서방의 압력에 굴복해 식량과 연료 보조금을 추가로 삭감해버렸다. 무슬림 형제단은 '사회정의'를 약속했지만 세심하게 계획된 모호함을 거기에 덧씌웠다. 그러면서도 외국 투자자들의 환심을 사는 활동에는 아주 열심이다. 알샤테르(al-Shater)는 무바라크의 아들이 일부 지분을 소유한 어느 은행에게 서방 금융업자들과 논의를 해보라고 요구했고, 다른 저명한 형제단원들도 무바라크 정부의 경제정책을 칭찬했다.[19] 두 이슬람주의 정당 모두 자신들이 선거에서 승리할 수 있었던 것은 봉기 덕분임을 잘 안다. 하지만 그들은 승리를 확신하고서야 비로소 봉기에 가담했다. 대중은 대통령 둘을 거꾸러뜨렸고, 그 잠재력은 여전하다. 이 과정에서 형성된 자각적 의식은 어느 나라에서도 허공으로 사라지지 않았다. 두 정부가 신자유주의 정책을 급격하게 추진하려 해도 장애물로 작용하고 있는 것이다. 두 나라의 격변에서 한 가지 교훈을 얻을 수 있다. 정치적 수단이 없으면 아래로부터 새로운 제도와 기관을 만들 수 없고, 결국 민중은 겉으로 보기에 가장 그럴싸해 보이는 제출안을 투표로 지지할 수밖에 없다는 것이 바로 그 내용이다. 이집트의 무슬림 형제단은 무바라크 정권을 상대로 협력하면서, 동시에 저항했다. 그들은 당근과 채찍을 모두 수용했다. 대중이 채찍을 얻어맞은 것을

---

19) Avi Asher-Schapiro, "The GOP Brotherhood of Egypt", Salon.com, 24 January 2012.

기억해줬고, 그들은 권좌에 오를 수 있었다. 하지만 그들의 미래는 어떨까? 2011년의 대폭발을 낳은 거대한 사회 위기를 해결할 수 있느냐에 그들의 미래가 걸려 있다.

바야트는 아랍의 봄 사태의 초기 결과를 결산하면서, 오늘날 근본적인 사회 변화를 달성하려면 뭐가 필요한지에 관해 더 포괄적인 애기를 약간 한다. 그가 "선거 민주주의를 강화하는 데 더 우호적인 환경"을 조성하는 것으로 본 '혁명'을 레이먼드 윌리엄스의 정교한 구성 개념 '긴 혁명'과 결부한 것은 놀랍다. 거기서 그는 "'혁명'을 파악하는 새로운 방식"이라는 말을 한다. 실제로도 그렇고, 그가 되는대로 정치적 안정을 도모하는 '혁명'가들에게 알랑거리는 것 같지도 않다. 윌리엄스에게 혁명은 태동하는 데 오래 걸릴 뿐만 아니라 완성하는 것 역시 훨씬 오랜 시간이 필요한 과정이었다. 혁명이 상상하는 변화의 범위와 깊이를 떠올리면 이는 당연하다. 하지만 혁명은 개혁주의자들과 현대판 절충주의자들이 제안하는 의미로는 결코 점진적이지 않을 것이다. 윌리엄스는 이렇게 썼다. "단어의 진정한 의미에서 긴 혁명이 성공하려면 결정적으로 그 혁명은 짧아야 한다."[20] 혁명에서는 순서를 따르는 연속적 사건들이 빠를 수도, 느릴 수도 있다. 하지만 혁명의 매 국면을 피할 수는 없다. 윌리엄스는 긴 혁명이라는 개념으로 이론과 실천 모두에서 기대치와 요구가 '줄어버린' 현실에 저항하자고 제안했다. 보통선거권, 특정한 생활수준, 일정한 졸업 연한 달성으로 지평을 제한해버리는 것 자체가 민주주의, 산업, 문화가 진정으로 진보하는 것을 심각하게 가로막는다는 것이었다. 긴 혁명 개념에서는 발전의 실질적 전제조건들을 쟁취해야 한다고 제안했다. 긴 혁명 개념에서는 전진을 가로막고 제한하는 힘들을 우리가 파악해 대응해야 한다고 요구했다. "권력과 자본, 정신을 산란케 하고 허위 정보로 오판을 유도하는 세력을 지목할 수 있어

20) Raymond Williams, *Politics and Letters*, London 1979, pp. 420~21.

야 한다."[21] 바야트는 그러자고 제안하지만, 그들을 용인하고 협상하는 것은 우리의 선택지가 아니다.

〔정병선 옮김〕

21) Raymond Williams, *The Long Revolution*, London 1961, pp. 12~13; *Towards 2000*, London 1983, p. 268.

한국의 정치 문화

케빈 그레이(Kevin Gray)

2012년 12월 대통령 선거에서 승리한 박근혜의 의기양양한 청와대 재입성은 한국의 민주화라는 게 무엇인지에 대해 다시 생각해보게 만들었다. 박근혜는 1961년 군사 쿠데타로 권좌에 올라 한국을 철권통치한 독재자 박정희의 딸로, 청와대에서 자랐다. 1974년 어머니가 죽은 뒤 젊은 박근혜는 1979년 박정희가 만찬 석상에서 자신이 임명한 중앙정보부장의 총에 맞아 사망할 때까지 그의 퍼스트레이디 역할을 했다. 독재 체제는 박정희의 사망 뒤에도 그의 무자비한 후계자 전두환 장군 치하에서 8년간 더 유지됐다. 전두환 체제는 1987년 6월의 대항쟁 때 절정에 이른 전국적인 저항에 직면한 뒤, '교도민주주의'(managed democracy)로 전환되었다. 1997년에 시작된, 저명한 반체제 인사 김대중과 인권변호사 출신 노무현 대통령의 10년에 걸친 중도좌파 정권이 들어서자 많은 사람들은, 자유주의적(진

보적, liberal) 반체제운동이 비록 불길한 아시아 채무 위기 조짐 속이기는
했으나 더 늙고 보수적인 세대를 대체하면서 마침내 연속 집권에 들어갔다
는 생각을 가지게 되었다. 그러나 2007년 노무현에 실망한 유권자들의 낮
은 투표율은 현대 그룹 최고 경영자(CEO) 출신의 우익 후보 이명박이 총
유권자 30퍼센트의 지지만으로 청와대에 입성하는 데 기여했다.

  박근혜의 승리는 그해 4월 총선에서 새누리당이 거둔 성공에 절정을 장
식함으로써 2007년부터 2017년까지 만 10년간의 보수적 통치를 위한 무
대를 설치한 셈이다. 게다가 이로써 냉전기 독재 체제 아래에서뿐만 아니
라 그에 앞선 수십 년의 고통스러운 일제 식민 지배 아래에서도 이 나라
를 통치한 엘리트 지배 체제가 더 확고하게 자리를 잡게 되었다. 지금 한국
의 정치적 역동성을 이해하려면, 1987년의 '전환'(transition)과 이런 상처
투성이 유산[1]을 처리하는 데 중요한 역할을 했지만 한계가 있었던 진보적
(liberal) 김대중-노무현 정부의 성취가 지닌 특성 못지않게, 이 엘리트 계
급의 기원과 발전에 대해서도 살펴볼 필요가 있다. 나는 한국 정치 문화의
양극화가 한국의 발전 과정이 지니는 의미를 둘러싼 헤게모니 쟁탈의 결
과라는 것을 주장하고자 한다. 그 발전 과정은 일제 식민 지배와 한국전쟁,
권위주의적 정권들과 미국의 지도 감독 아래에서 이뤄진 수십 년간의 급속
한 산업화 과정에서 득을 본 사람들 그리고 그 때문에 고통당한 사람들을
대립하게 만들었다. 경제와 정치 엘리트의 이념적 자질을 재조명하려는 최
근 한국 지식인들의 시도는 이런 관점에서 살펴봐야 한다.

---

[1] 노무현 진영이 스스로의 정체성을 진보(progressive)로 규정한 것은 자신들이야말로 1980년대
    민주화를 지향했던 민중(common people)운동의 진정한 '진보적' 계승자라고 주장했던 사람들
    의 강력한 반발을 샀다. 여기서 '리버럴'은 김대중-노무현 정부의 (신)자유주의적 경제관과 조직
    노동자들에 기반을 둔 정당의 역사적 부재 모두를 가리킨다. 이런 정당의 부재는 한국의 정치 문
    화가 유럽의 정치 문화보다 미국의 그것을 더 많이 닮게 만들었다.

도가니

한국에서의 계급 형성은 나라 안팎의 요인들로 인한 일련의 비통한 충격과 혼란 과정을 겪었는데, 그것은 다른 경제협력개발기구(OECD) 경제권에서는 거의 유례를 찾아볼 수 없을 정도로 극심했다. 한반도의 '근대화'(modernization)는 오랜 세월 통합된 단일국가로 존재해온 이 나라를 일본이 1910년 강제 합병하면서 시작되었다. 일본 식민 당국은 전통적이고 농업관료주의적인 사회였던 한국을 일본 제국주의 마스터플랜에 따라 급진적으로 바꾸려 했다. 많은 한국인들이 급성장하는 일본 행정기관과 악명 높았던 야만적 식민지 경찰의 하급 직원으로 채용됐다. 브루스 커밍스(Bruce Cumings)가 그의 고전적 저서 『한국전쟁의 기원』(*Origins of the Korean War*)에서 실증적으로 보여주었듯이, 부재지주들은 식민 당국과 협력하거나 문화적 가치 추구 또는 명상 속으로 침잠했다. 그러나 전국적인 토지조사사업을 토대로 과중한 세금이 새로 부과되자, 생존의 한계에 봉착한 소작인들이 절망한 나머지 들고일어나 저항했다.

1931년부터 한반도는 '만주국'으로 가는 관문으로 집중 개발되었다. 뿌리 뽑힌 농민들은 도로와 철도 건설, 북부 지역 중공업 노동력 특공대로 강제 투입되거나 만주에서 반식민 게릴라 항쟁에 가담하는 수밖에 없었다. 1937년 일제가 중국에 대한 전면적인 침략을 감행하면서 더 많은 한국인들이 강제 징집당하는 한편, 일본 제국군에 자원입대하는 자들도 늘었다. 이념적 테러도 강화됐다. 반공협회 지부들이 마을과 공장 단위로 '불온사상 색출' 작업을 벌였다. 종종 경찰 외부에서 진행된 그런 작업에서, 좌익 혐의를 받은 사람들은 조직원들이 누군지 밝히라는 추궁 속에 고문을 당했다. 한국인 경찰들도 이런 노력 동원에 가담했는데 그들은 부역자들 가운데서도 가장 큰 증오의 대상이었다.[2]

1945년 8월 15일 히로히토의 항복 방송 뒤 식민 지배 체제가 무너지자 한국인들은 이를 자축하며 반겼다. 약 3만 명의 정치범들이 식민지 감옥에서 석방되고 인민위원회들이 전국적으로 설립되었다. 일본군 부대들이 해체되자 경찰에 대한 한국인들의 공격이 늘었으며, 굶주린 한국인들이 강제 동원당한 탄광과 공장들에서 풀려나 귀향하면서 그들의 강제 동원에 앞장섰던 부역자들과 대립했다. 이웃에 있는 소련의 영향력을 차단하기 위해 한국을 분단하기로 한 미국의 결정을 스탈린은 두말없이 받아들였다. 북쪽에서는 부역자들이 해고당하고 항일 게릴라들(예컨대 김일성 같은)은 영웅으로 환영받았으나, 남쪽에서는 그 정반대의 정책이 시행되었다. 1945년 9월 한반도에 도착했을 때의 군중 동원에 놀란 미국 점령군 지휘관들은 일제의 식민지 행정 체제를 존속시켜 '한국화'하기로 결정했다. 미군이 작전권을 갖게 될 장래의 한국군 핵심이 일제강점기에 훈련받은 장교들로 채워졌다.[3] 이 억압적인 군사력은 1948년 남쪽 전역에서 일어난 대중 봉기 진압에 즉각 동원되었다. 제주도에서 경찰의 테러에 대한 반발에서 시작된 그 봉기는 한반도 독립과 통일을 추구한 투쟁이었다. 일제 식민 지배 체제 때와 마찬가지로 수만 명의 정치범들이 투옥당했으며, 많은 사람들이 반공 재교육을 위한 '보도연맹'에 강제로 가입당했다. 미 점령군 당국은 광범위한 지역에서 거부당한 투표 과정을 감독했다. 그 선거는 오랜 기간 미국에 망명했던 권위주의적인 이승만에게 신생 한국의 대통령 자리를 안겨준 선거였다. 주로 남쪽의 옛 지주들로 구성된 '미온적인 야당'은 사실상 아무 힘도 없는 국회 내에 유폐당했다.[4]

---

2) Bruce Cumings, *The Origins of the Korean War, Volume I: Liberation and the Emergence of Separate Regims, 1945-1947*, Princeton 1981.

3) 그들 가운데는 장래의 대통령 박정희도 있었다. 1917년 경상도의 농가에서 태어난 박정희는 23살 때 만주군관학교에 들어갔으며, 일본 육사에서 장교 훈련을 받은 뒤 만주에서 (항일 독립 세력과) 싸웠다.

4) Bruce Cumings, *Korea's Place in the Sun: A Modern History*, New York, p. 215.

그리하여 미국은 일본 파시즘 체제 협력자들로 나라 운영을 땜질했으며, 바로 그들이 한국을 지배하게 된다. 1950~53년의 3년간에 걸친 잔혹하고 파괴적인 전쟁의 결과 '친일파'라는 경멸적인 용어로 호칭되는 '친일본 세력'의 지위는 더욱 강화되었다. 사회 세력을 가르는 주요 분할선은 애국자와 부일 협력자들 사이에 그어진 것이 아니라 공산주의자와 반공주의자 사이에 그어졌다. 통치 체제에 대한 도전은 모조리 '공산주의자'나 '북을 이롭게 하는 짓'으로 매도당했다.[5] 냉전 시기의 자본주의적 발전이 그런 뼈대 속에서 이루어졌다. 일제 통치 시기의 산업화는 미쓰이 재벌이 종종 집행하기는 했지만, 국가의 지원 아래 진행되었다. 권위주의적인 한국 정부주선 속에 항상 열려 있던 미국으로부터의 자금 조달은 한 줌의 가문들이 소유하는 거대 재벌들 손에 부를 집중시켰다. 재벌들은 곧 통치 엘리트들과 집중적으로 혼인 관계를 맺었다. 1960년대와 1970년대 박정희 군사독재 시절 그의 출신지인 경상도 지역에 국가재정이 대거 투입됐으나, 다루기 어려웠던 전라도 지역은 지원에서 소외되었다.

거침없는 경제 확장은 한편으로 통치 엘리트들을 괴롭힌 또 다른 적, 급성장하는 노동계급을 창출했다. 섬유산업의 노동 착취에 저항하는 파업이 줄을 이었고, 철강과 자동차, 조선, 공작기계와 전자산업 노동자들이 곧 그 대열에 합류했다. 경찰은 그들에게 테러를 자행했다. 노동운동가들은 박정희 정권의 악명 높은 중앙정보부로부터 일상적으로 고문을 당했다. 1979년 박정희 암살 뒤 그의 수하 장성 전두환과 노태우가 권력을 장악했다. 잔혹성에서 박정희보다 한 수 위인 전두환은 광주에서 벌어진 항쟁 때 군대를 보내 실탄사격을 지시했다. 그 전부터 이미 계속 가택 연금 상태에 있던 진보적(liberal) 카리스마 지도자 김대중은 납치, 투옥당한 뒤 내란모

---

5) Chung Youn-Tae, "Refracted Modernity and the Issue of Pro-Japanese Collaborators in Korea", *Korea Journal*, vol. 42, no. 3, 2002.

의 혐의로 사형이 선고되었으나, 미국 정부의 압력에 굴복한 전두환은 결국 그의 망명을 허용했다. 1980년대에 정당 시스템 바깥에서 급진적 '민중' 운동이 형성되었다. 학생과 산업 노동자들, 종교 활동가들, 농민들과 도시 빈민들이 거기에 참여했다. 민중은 1987년 6월 전두환이 친구 노태우 장군을 자신의 대통령직 후임자로 삼겠다고 발표하자, 대규모 항쟁을 벌였다. 그 무렵 냉전 독재 체제 완화 쪽으로 기울고 있던 레이건 정부의 압력 속에 노태우는 대통령 직접선거에 동의했다.

그러나 1987년 선거는 합법적 결과를 도출하기 위해 정부가 거금을 쏟아붓는, 위로부터 관리되는 '보수적 민주화'로 귀결됐다.[6] 두 진보적 후보는 반독재 투표 전선을 분열시켰다. 김대중과 그에 맞선 '온건한' 야당 대표 김영삼, 이 둘의 분열로 노태우는 다수 득표라는 어부지리를 얻었다(1992년 선거에서 김영삼은 똑같은 논리를 밀어붙여 집권당 후보 자리를 획득하는 데 성공했다). 진보 진영 후보들 가운데 활동 고조기를 맞고 있던 노동계급과의 동맹에 관심을 갖고 있던 사람은 아무도 없었다. 그들 간에 동맹이 이뤄졌다면 한국 통치 체제는 근본적인 도전에 직면하게 되었을 것이다. 용감한 현장 투쟁을 통해 조직 노동자들은 임금 인상을 쟁취했으나, 정치 세력화—예컨대 브라질 노동당 같은—시도는 혹독한 탄압과 함께 '공산주의'라거나 '북을 위해 일한다'는 비난에 일상적으로 시달렸다.[7] 하지만 1987년은 한국의 성장 모델이 흥기하는 중국 및 동남아시아와 공세적인 미국 환율 정책 '사이에 끼어' 좌절을 맛보기 시작한 시점이기도 했다. 그때 다소 개선된 노동자들의 협상력은 한국의 저임금 산업화 전략에 타격을 가했다. 재벌들의 수익성(이윤율)은 장기 침체에 들어갔다. 김영삼 정권의 내

---

6) 최장집, 『민주화 이후의 민주주의』, 후마니타스, 2005.

7) 더 자세한 논의는 나의 글 "Challenges to the Theory and Practice of Polyarchy: The Rise of the Political Left in Korea", *Third World Quarterly*, vol. 29, no. 1, 2008 참조.

응책은 정부의 보증 아래 해외에서 빌려온 자금(신용)을 재벌에 대거 투입하는 것을 기조로 하여 비조직 임시 노동력 고용의 확대를 권장하는 한편, 미국의 외국인직접투자(FDI) 규제 철폐와 재벌에 대한 회계 투명화 요구를 막아내는 것이었다. 1997년 아시아 외환 위기와 함께 신용 거품이 터지면서 한국의 금융은 누더기 상태가 되었고, 경제는 국제통화기금(IMF)의 무자비한 구조조정 공세 앞에 무방비 상태로 노출되었다. 이것이 1998년 김대중이 청와대에 입성한 초기에 그의 진보 세력이 물려받은 유산이었다.

진보적 각성

1987년까지 한국에서는 통치 체제의 권위주의적 특성 때문에 순수한 보수 이데올로기가 개발될 필요가 없었다. 외부로부터 강제당한 근대화가 급속도로 진행되는 상황에서는, 말하자면 '보수'(保守)할 게 거의 없었다. 일본의 강제 합병으로 한국의 전통적 지배계급의 문화적 · 정치적 권위는 거의 순식간에 무너졌으며, 유교는 비합법 상태로 완전히 방치되었다.[8] 보수주의자들은 그 출발점부터 일본인들과의 협력을 통해 너무나 자주 타협해 온 결과 만성적인 정통성 결여라는 약점에 시달렸고, 이를 벌충하기 위해 악랄한 반공주의 그리고 박정희 치하에서는 경제성장이라는 가시적인 진정제, 그것과 동전의 양면을 이루는 민족주의를 고창해야 했다. 선거제 도입으로 경쟁이 더 심해지고 1997년 외환 위기 이후 경제적 불안이 고조되는 상황에서 이 정통성 결여는 더욱 심각한 문제가 되었다. 이제 진보 세력은 베이비 붐 세대의 등장에 따른 인구 변화 추세로 보더라도 유리한 상황

---

8) Jung-In Kang, "The Dilemma of Korean Conservatism", *Korea Journal*, vol. 45, no. 1, 2005, pp. 212~20.

을 맞게 되었다. 베이비 붐 세대는 1980년대 민주화 투쟁 시기에 성년이 되어, 그들이 정경유착과 함께 기억하는 권위주의적인 '성장 제일' 이데올로기에 대하여 면역력을 지니고 있었다.[9]

김대중이 남북 두 개의 자치 지역으로 구성되는 국가연합을 제안하면서 북한을 포용(engagement)하는 인기 높은 햇볕 정책을 추구하자, 보수주의 자들은 그것이 파탄을 맞을 것이라며 방관자로 남았다. 2000년 6월의 역사적인 남북 정상회담 이후 햇볕 정책이 힘을 잃은 것은 미국의 반대 탓이 큰 것으로 받아들여졌다. 1994년 6월 북한과의 전쟁 일보 직전까지 간 클린턴 정권은 김대중의 제안에 냉담했으며, 평양에 원자로 가동 중단 대신 대체 연료를 제공키로 한 1994년 10월의 북-미 간 제네바 북핵 기본 합의를 이행하지 못했다. 부시가 노골적으로 북한을 악의 축 국가로 규정하며 호전적인 자세를 취하자, 많은 남한 사람들이 이에 반발했다. 김대중 정권 말기에 그의 동료 진보주의자 노무현이 2002년 말 대통령 선거에서 승리했다. 노무현은 한-미 관계를 좀 더 대등하게 만들겠다고 다짐하면서 부시에 대해 공개적으로 비판적인 자세를 취했으나, 집권하자 이를 뒤집고 이라크에 한국군을 파병했다.[10]

결국 김대중과 노무현의 지지 기반을 약화시킨 것은 보수 세력의 반대보다 그들의 경제정책 탓이 더 컸다. 실업과 임시직 고용 비율이 국제통화기금(IMF) 체제의 전횡 기간에 급증했으나, 김대중은 1998년 독립 노동운동 조직인 민주노총 지도자들과 최소한의 복지 안전망 및 그들에 대한 승인을 보장해주는 대신 구조조정에 반대하지 않겠다는 내용에 합의함으로써 민주노총을 무력화했다. 국제통화기금이—미국 대기업들의 지령에 따라—

---

9) Ho Keun Song, "Politics, Generation and the Making of New Leadership in South Korea", *Development and Society*, vol. 32, no. 1, 2003.

10) 한국 '진보 세력 집권 10년'과 이명박 정권 초기 몇 년간의 대차대조표를 살펴보려면 Charles Armstrong, "Contesting the Peninsula", NLR 51, May-June 2008 참조.

한국 대기업들에 요구한 관리 체제는 '반재벌 입법'이라 할 만한 것이었다. 이는 진보 진영에서 얘기한 '진보적' 어젠더의 일부였다. 그러나 1998년부터 2007년까지 김대중-노무현 정권 10년간의 성장은 주로 김대중의 외국인직접투자 규제 완화에 따른 단기적이고 매우 파괴적인 소비자 신용과 자산 거품 덕이었다. 노무현 정권은 소득 불균형 확대, 주택 가격 폭등과 부패 스캔들 등으로 얼룩졌다.[11] 신자유주의 구조조정에 거세게 반발하는 자신의 지지 기반을 달래기 위해 노무현은 식민 지배 잔재 척결과 '과거 청산' 작업을 시작했다.

노무현 정부는 식민 통치와 한국전쟁, 군사독재 시절의 범죄행위를 조사하기 위해 '진실·화해를 위한 과거사정리위원회'를 설치했을 뿐만 아니라, 일본인들 밑에서 요직을 차지하고 부를 축적한 9명의 친일파 인물들의 재산을 환수하기 위해 '친일반민족행위자 재산조사위원회'도 만들었다. 그렇게 해서 환수한 돈으로 항일 독립투사들과 그 후손들에게 보상금을 지급하고 독립운동 기념사업을 지원할 계획이었다. 비정부기구(NGO)인 민족문제연구소[12]가 조선총독부에 협력한 정치인들, 재판관들, 종교 지도자들, 예술가들, 학자들 그리고 언론인들 수천 명의 활동 내역을 담은 『친일 인명사전』을 편찬했다.[13] 노무현은 또 악명 높은 국가보안법을 폐지하고 국가안전기획부(중앙정보부의 새 이름)의 권한을 축소하려 했다.

---

11) O. Yul Kwon, "Impacts of the Korean Political System on Its Economic Development", *Korea Observer*, vol. 41, no. 2, 2010; 조희연, 「신자유주의 지구화 시대의 정치」, 『동향과 전망』, 제72호(2008년 봄).

12) 〔옮긴이〕 원문에는 민족문제연구소의 옛 명칭인 '반민족문제연구소'를 영어로 번역한 듯 보이는 "Institute for Research in Collaborationist Activities"로 되어 있다.

13) "Government to Seize Assets of Collaborators in Colonial Era", *Korea Times*, 5 February 2007; 「친일 인명사전 수록 대상자 4776명」, 『오마이뉴스』 2008년 4월 29일.

교과서 파동

보수주의자들이 그런 시도를 화해 정신으로 수용했다고 할 수는 없다. 이명박 정권은 그런 위원회들을 즉각 해산했다. 더 넓게 보면, 그런 시도에 대한 대응으로 더욱 정교한 뉴라이트 운동이 출현했다. 뉴라이트 운동은 이제 부패하고 분열되고 지나치게 냉전 반공주의에 기대면서 폭넓은 이념적 호소력을 상실한 가운데 여전히 김대중-노무현 정권을 '종북 좌파'로 몰아붙이는 낡은 보수주의와의 차별을 꾀했다. 자유시장 자유주의의 강력한 지지자들과 그 주도자들은 30~40대 지식인들과 종교 지도자들, 시민 활동가들이다. 뉴라이트 운동은 세 가지 핵심 요소들로 구성되어 있다. 우선 뉴라이트 재단, 교과서 포럼, 뉴라이트 싱크넷과 자유연합 등을 포괄하는 이념적 싱크탱크들이 있고, 그다음으로 정책 지향의 자유와 행복을 추구하는 한반도선진화재단이 있으며, 마지막으로 이명박 정권 지지 활동에 적극 참여하는 정치 행동 그룹인 뉴라이트 연합이 있다.[14]

뉴라이트 운동은 한국 경제 발전에 대한 일본과 미국의 역할을 더욱 긍정적으로 평가하고 특히 한국 민족주의를 고취함으로써, 최근 수십 년간 영향력을 키워온 좌파 민족주의 역사책에 맞서고자 했다. 2008년 이명박과 그의 집권당 그리고 뉴라이트 연합과 한국자유연맹 같은 보수 단체들은 8월 15일 국경일의 명칭을, 1945년 그날 일제 식민 지배에서 벗어난 사실보다 1948년 그날 미국의 후원 아래 한국이란 나라를 세운 지 60년이 된 사실에 더 큰 의미를 부여해 기존의 광복절에서 건국절로 바꾸는 작업을 추진했다. 그런 움직임은 큰 논란을 불러 두 진영이 기념식을 각기 따로 서

14) "New Conservative groups band against Roh, Uri Party", *Korea Times*, 30 November 2004; Kim Il-Young, "Beyond New Rights to Procons", *Korea Focus*, 2009년 1월, 『조선일보』 2008년 12월 12일 기사에서 재인용.

행하기에 이르렀고, 결국 실패로 끝났다. 그럼에도 그 일은 일제 식민 지배로부터의 민족—한반도 전체—해방이 갖는 의미라든지 김구 같은 국내외 항일 독립운동가들과 상하이 임시정부의 역할을 축소하는 대신, 건국과 뒤이은 경제성장 '기적'에 대한 한미 동맹의 기여를 강조함으로써 자신들의 정통성을 강화하려는 보수 세력의 의도를 선명하게 드러냈다.

이명박 정권 때는 학교 역사 교과서 개정 시도를 둘러싼 일대 논란이 벌어지기도 했다. 조선 후기의 사회관계와 재산 관계의 역동성을 둘러싼 격론이 장기간 이어졌다. 토지 소유, 문중 제도, 공동체적 사회 생산 및 노예노동의 기능과 특성에 대해 문제를 제기하고 '아시아적 생산양식' 또는 최근의 한국 '봉건'시대 해석에 대한 폭넓은 이견을 제시함으로써 내재적인 '자본주의 발전 맹아론'을 키운 것은 주로 한국 마르크스주의 역사학자들이었다. 1980년대 이후 이런 역사관은 강만길 같은 좌파 민족주의 역사학자들에 의해 널리 제기됐다. 그것은 예정돼 있던 한국의 자생적인 자본주의 근대화를 일본 식민주의가 파괴해버렸다는 함의를 지니고 있다. 이런 역사 기술은 언제나 서구 학자들과 한국 역사학자들 그리고 19세기 말 한반도 농업경제가 위기에 처했거나 상대적으로 '정체'되어 있었다는 점을 강조해온 일본 역사학자들 사이에 논란을 불러일으켰다. 1988년 저서 『조선 후기 사회경제사』에서 당시 마르크스주의 경제사학자였던 이영훈은 그런 역사관에 중요한 기여를 했다.[15]

최근 이영훈은 조선 후기 경제 연구들을 모은 일련의 저작들을 펴내면서, 19세기 후반 조선이 총체적 경제 위기에 빠져 있었으며 조선의 환곡 체제의 와해가 조선 사회의 붕괴를 촉발했다고 주장했다. 그는 "한국 시장 경제와 산업사회 발전의 토대를 놓은"것은 일본 식민 지배 시절에 이뤄

---

15) 이영훈, 『조선후기 사회경제사』, 한길사, 1988.

진 기반 시설과 노동 및 신용 시장의 발전이라고 했다.[16] 이는 하나의 독자적인 역사적 주장으로서, 브루스 커밍스와 카터 에커트(Carter Eckert) 같은 학자들의 평가와도 부합하는 것일 수 있다. 하지만 커밍스는 일본의 근대화가 제국의 군국주의적 팽창기에 이뤄졌고 그것에 의해 촉발된 사회적 격변의 '파행적' 성격에 대한 이해가 중요하다는 점을 오랜 기간 강조해왔다. 변화는 심대했으나 '실패'했으며, 제대로 진행되지도 않았다.[17] 그러나 이영훈의 작업 역시 뉴라이트의 교과서 개정 운동의 일환으로 이뤄진 것이며, 그는 이 운동을 주도하고 있었다. 교과서포럼에서 2008년에 출간한 『대안 교과서: 한국 근현대사』는 정치적 목적에 역사 해석을 종속시킨 혐의가 짙다는 비난을 받았다. 커밍스와 에커트는 한국 교육부의 교과서 개정 작업이 "역사 교과서 주도권을 장악하려는 특별한 정치적 어젠더"의 사주를 받은 것으로 드러났으며, "오직 하나의 역사 해석"만 허용함으로써 "여러 교과서에 반영되어 있는 축적된 역사 연구를 토대로 한 다양한 해석"을 가로막고 있다고 주장하는 많은 학자들의 집단 항의 성명에 서명하는 데 동참했다.[18]

비슷한 논란이 일제강점기의 저항 가능성을 둘러싸고 일기도 했다. 노무현 정권 때의 점증하는 압박 속에 뉴라이트와 손을 잡은 필자들은 식민

---

16) 이영훈, 『수량경제사로 다시 본 조선후기』, 서울대학교출판부, 2004, 389쪽; Owen Miller, "The Idea of Stagnation in Korean Historiography: From Fukuda Tokuzo to the New Right", *Korean Histories*, vol. 2, no. 1, 2010.

17) Bruce Cumings, "The Legacy of Japanese Colonialism in Korea", in Ramon Myers and Mark Peattie, eds., *The Japanese Colonial Empire, 1895-1945*, Prinstone 1984; Carter Eckert, *Offspring of Empire: The Kochang Kims and the Colonial Origins of Korean Capitalism, 1876-1945*, Seattle 1991; Cumings, *Origins of the Korean War, Vol. 1*, p. 67.

18) 한윤형, 『뉴라이트 사용 후기』, 개마고원, 2009; 김기협, 『뉴라이트 비판』, 돌베개, 2008. 「역사 교과서 수정 반대, 해외 역사학자 114명도 서명」, 『국민일보』 2008년 11월 11일 기사도 참조.

지 시절의 극단적 억압을 강조하면서, 저항이 쉬운 선택일 수 없었으며 한국인들은 일본인들에게 협력하는 것 외에 선택의 여지가 거의 없었다고 주장했다.[19] 하지만 이 결정론적인 논리는, 당시 그런 극단적 억압 속에서도 저항운동이 실제로 일어났다는 사실을 설명할 방도가 없다. 그들의 그런 주장 또한 한국 독립운동이 기여한 바를 깎아내리려는 의도를 지닌 것으로 보인다.

불도저

한국의 정계는 여전히 뜨거운 논전이 벌어지고 있는 공간이다. 2007년 대선에서 이명박이 승리한 것은, 이미 얘기했듯이 노무현 정부의 내파에 따른 좌파와 진보 세력 유권자들의 기권 덕을 크게 봤다. 투표율은 2002년 대선 때의 약 71퍼센트에서 62퍼센트 남짓이라는 사상 최저 수준으로 떨어졌다. 이명박은 또 기업 수익을 악화시킨 '반재벌 정책'에 일부 책임을 돌린 '좌파 정권 잃어버린 10년'의 신통찮은 경제 실적 그리고 큰 관심이 쏠렸던 개성 공단과 관광 프로그램들에도 불구하고 활력을 잃은 햇볕 정책에 대한 공세를 강화할 수 있었다.[20] 집권 뒤 이명박은 이승만과 박정희의 이미지에 기대어 뭐든 해내는 강자의 인상을 심어주기 위해 자신의 별명답게 '불도저'처럼 밀고 나가려 했다. 재벌에 대한 금융 규제는 철폐됐으며, 청와대는 일본의 '건너 다니지 않는 다리들' 건설 프로젝트처럼 사회경제적 이익은 볼품없지만 재벌 건설회사들에는 막대한 이익을 약속하는 일련

19) 복거일, 『죽은 자들을 위한 변호』, 들린아침, 2003.

20) Thomas Kalinowski, "The Politics of Market Reforms: Korea's Path from *Chaebol* Republic to Market Democracy and Back", *Contemporary Politics*, vol. 15, no. 3, 2009, pp. 298~99.

의 대규모 건설 사업들을 추진했다. 그 가운데는 '4대강' 사업도 들어 있었는데, 이는 한강과 낙동강, 금강, 영산강의 미화 사업으로, 약 190억 달러를 투입해 희귀한 야생 습지들을 파괴하고 도시 스타일의 '시민 공원'으로 만드는 프로젝트였다.

이명박은 또 매우 공세적인 대북 자세를 취했다. 그는 남북 간에 합의된 프로젝트들을 폐기하고, 북한의 해안선을 따라 분쟁이 빚어지고 있는 서해 해상에서 정기적으로 펼쳐지는 대규모 한–미 합동 군사연습을 더욱 요란하게 선전했다. 북한 어선들과 한국 해군 함정들의 '접촉 사고'(bumping)를 포함한 소규모 충돌로 남북 양쪽에서 사망자들이 발생했다. 2010년 3월 한국 해군의 초계함인 천안함이 침몰했고, 한국 정부는 북한의 '버블 제트' 어뢰 공격 때문이라고 주장했으나, 한국 시민들, 특히 젊은 세대 사이에는 이를 의심하는 불신 풍조가 널리 퍼졌다.[21]

이명박 정권은 실로 여러 면에서 한국 보수주의의 고질적인 이념적 취약성을 선명하게 드러냈다. 이명박의 주요 지지 세력 가운데 하나는 서울에서 가장 잘사는 지역인 강남구, 서초구, 송파구에서 압도적인 위세를 자랑하고 있는 매우 보수적인 개신교 대형 교회들이다. 한국인의 약 30퍼센트가 자신을 기독교 신자라고 밝히고 있는데, 개신교 신자가 가톨릭 신자보다 2 대 1의 비율로 더 많다. 1970년대와 1980년대에 개신교와 가톨릭의 성직자들은 불교 승려들과 함께 한국 민주화운동에서 한몫했다. 그 저항의 전통은 아직도 일부 남아 있는데, 특히 환경운동과 평화운동 분야에서 그러하다. 개신교 교회들이 보수와 진보로 갈린 역사는 보수 세력이 친공산주의 조직이라 여긴 제네바의 세계교회협의회(WCC) 가입 여부를 둘러싸고 벌어진 전후의 논란까지 거슬러 올라간다.[22]

---

21) Tim Beal, *Crisis in Korea: America, China and the Risk of War*, London 2011 참조.

22) WCC에 가입한 한국교회협의회(KNCC)는 독재 체제 반대 운동에서 중요한 역할을 했다. 반

1987년 이후 한국 개신교의 극우 세력은 놀랄 만한 성장세를 보였다. 그들은 개인적 부의 축적이 강한 믿음의 징표라고 설교했다. 이명박 정부는 특히 복음주의 운동과 밀착했다. 이명박 자신이 서울에서 가장 유명한 교회들 가운데 하나인 소망교회(장로교)의 장로다.

대형 교회들은 최근 몇 년간 정치적 동원에 적극적인 역할을 해왔다. 하지만 이는 또한 엉뚱한 결과를 낳을 수도 있다. 예컨대 보수파 서울시장 오세훈이 2011년 8월에 강행한 학교 무상급식에 관한 의사를 확인하겠다고 실시한 주민투표가 있다. 대형 교회 목회자들은 오세훈 시장의 무상급식 반대 캠페인을 헌신적으로 지원했다. 용산 온누리교회의 목사는 전교생을 대상으로 한 학교 무상급식이 동성애를 야기할 수 있다는 흥미로운 의견을 피력했다.[23]

오세훈 시장은 그 주민투표에서 투표율이 개표에 필요한 최저 투표율에도 미치지 못해 사임할 수밖에 없었다. 대형 교회들은 그 뒤 치러진 시장 선거에서 중도좌파 후보 박원순에게 반대하는 악의적인 선거운동을 벌였다. 금란교회(감리교)의 목사는 12만이 넘는 자신의 신도들에게 박원순 후보가 악마에 사로잡혔다고 설교했다. 하지만 그들의 정치적 개입은 다시 한 번 엉뚱한 결과로 끝났다. 박원순 후보는 경쟁 후보를 7퍼센트포인트나 앞서며 당선되었는데, 특히 젊은 유권자들로부터는 압도적인 다수표를 얻었다.

면에 보수적인 한국기독교협의회(KCC)는 강경 반공주의의 근거지였다. 한국 기독교에 대해서는 George Ogle, *South Korea: Dissent Within the Economic Miracle*, Guildford and King's Lynn 1990; Wi Jo Kang, *Christ and Caesar in Modern Korea: A History of Christianity and Politics*, New York 1997 참조.

23) 「대형 교회 목사들, 경고 무시하고 주민투표 캠페인 계속」, 『한겨레』, 2011년 8월 24일.

318 제2부 지역 쟁점

반대

이명박 정부에 대한 저항은 오래지 않아 표출되었다. 그의 취임식 몇 개월 뒤 미국과의 자유무역협정 체결에 반대하는 거리 시위가 1987년 6월항쟁 이후 최대 규모로 펼쳐졌다. 미국산 쇠고기 수입을 포함한 그 협정은 원래 노무현 정부가 제안한 것이었다.[24] 한국 언론들에서는 보수 쪽이 압도적으로 우세하다. 뭉뚱그려 조중동으로 불리는 『조선일보』, 『중앙일보』, 『동아일보』 등 세 신문들이 시장을 지배하면서 좌파 리버럴(left-liberal)과 노동자 지지 성향의 신문 『한겨레』를 무색하게 만들었다. 민주화 투쟁의 성과물인 『한겨레』는 그 이름('하나의 민족'이라는 뜻)이 시사하듯이 북한과의 관계 개선을 적극 지지한다. 원래 가톨릭교회가 설립한 『경향신문』은 한화 재벌 소유로 넘어갔다가 1998년에 사원들이 다시 이를 사들여 『한겨레』와 비슷한 편집 노선을 견지하고 있다. 고품격 좌파 저널로는 『창작과비평』, 『마르크스 21』과 『진보평론』 등이 있다. 많은 발행 부수를 지닌 좌파 리버럴 잡지로는, 『시사저널』에서 삼성 재벌에 관한 기사를 놓고 사내 분쟁을 벌이다가 떨어져 나온 사람들이 새로 설립한 『시사IN』과 『한겨레 21』 등이 있다.

이제는 권력을 향한 더욱 불손한 목소리들도 들을 수 있게 되었다. 뉴미디어들은 두 명의 인기 여배우 이름을 등장시킨 말장난을 통해 이명박 정부 첫 내각의 파벌적 성격을 조롱했다. '강부자-고소영 에스(S) 라인'이란 풍자는 고급품 시장이 있는 서울 강남과 (이명박의 모교인) 고려대학교 그리고 소망교회와 (이명박의 출신 지역이 경상도를 통칭하는) 영남 지방을 끼워 맞춘 말이다.[25] 영어로 옮기면서 이 말들이 지닌 신랄함이 많이 손상되

---

24) Park Mi, "Framing Free Trade Agreement", *Globalizations*, vol. 6, no. 4, 2009.

25) Chung-In Moon, "South Korea in 2008: From Crisis to Crisis", *Asian Survey*, vol. 49,

었을 텐데, 그 내용은 자기 패거리들의 충성을 장관 자리 나눠주는 것으로 보상해주는 이명박식 취향을 문제삼은 것이다. 이명박 정부를 통렬하게 비판한 시사 문제 팟캐스트 〈나는 꼼수다〉는 매회 200만이 넘는 다운로드를 기록했다.

'시민 기자' 체제를 갖춘 『레디앙』, 『프레시안』, 『오마이뉴스』 같은 새로운 웹 언론 매체들에서는 상업성과 대안 논리 추구를 독창적으로 결합한 방식을 채택했다. 안철수와 박원순 같은 비주류 진보 정치가들이 인기를 얻은 것은 이런 새 매체 수요자들의 지지가 한몫했다. 한국 텔레비전 업계에서 벌어진 소동도 영향을 끼쳤다. KBS, MBC, YTN에서는 방송 간부들을 자파 사람들로 교체하려는 이명박의 조치에 항의하는 시위가 벌어졌다. 소망교회를 해부한 MBC의 〈PD 수첩〉 보도로 최승호 피디가 해고당했다.[26] 이런 현실에 불만을 품은 텔레비전 기자들 가운데 일부가 자신들의 온라인 뉴스 프로 〈뉴스타파〉를 만들었다. 유튜브를 통해 시청할 수 있는 이 프로는 폭넓은 시청자들을 확보하고 있다. 한편 이명박 정부가 신문사들의 텔레비전방송 사업 진출을 허용하기 위해 반독점 규제를 철폐함으로써 새로 설립된 보수적 케이블 텔레비전방송(종편)들이 이미 포화 상태인 방송 시장 선점 싸움에 뛰어들었다.

최근 비판적 영화의 제작이 급증했다. 박정희의 암살을 그린 임상수의 「그때 그 사람들」(2005)은 자신의 수하들에게 태연히 일본어로 얘기하는 박정희를 논쟁적으로 묘사했는데, 허구와 사실의 경계가 모호한 다큐멘터리 기법의 장면들 사용을 둘러싸고 법정 공방까지 벌었다. 정지영의 「부러진 화살」(2011)은 한국 사법 체제의 권위주의적인 유산 문제를 다뤘다.

no. 1, 2009, p. 123.

26) 「노조들, 공정방송 회복 위한 연대투쟁 시작」, 『한겨레』, 2012년 2월 7일; 「소망교회 취재하던 피디 수첩 최승호 피디 결국 교체」, 『한겨레』, 2011년 3월 3일.

2012년 대선 직전에는 독재 정권 시절을 들여다보는 영화들이 작은 러시를 이뤘다. 조근현의 「26년」은 광주 학살에서 살아남은 5명의 생존자들이 시도한 복수 계획을 극화했다. 민주화운동가들에 대한 고문 문제를 다룬 정지영의 「남영동 1985」, 1948년 제주 4·3학살 얘기를 그린 오멸의 「지슬」도 그 범주에 들어간다. 비슷한 계열의 다큐멘터리들도 급증했다.

독재 체제에 도전했던 좌파와 리버럴 세력 연합은 1990년대 이후 큰 변화를 겪었다. 민주화운동 지도자들은 집권한 뒤 신자유주의적 중도좌파 노선을 취했고, 전투적인 독립 노동자들의 운동은 노동 집약 산업이 중국 등의 저임금 지역들로 이전해가고 1997년 외환 위기 이후 임시직 노동이 급증함에 따라 심각한 타격을 입었다. 1980~90년대 우후죽순처럼 생겨난 무수한 전투적 노동 현장들의 보호막(우산)이었던 민주노총 지도자들이 2000년에 사회운동과 진보적 NGO, 노동자들을 한데 묶는 광범한 '연합전선'인 민주노동당을 결성키로 한 것은 바로 이처럼 크게 약화된 노동운동 기반 그리고 1998년 김대중과의 협상에 따른 결과였다.

그러나 민주노동당은 1987년 6월부터 표면화된 '민족해방' 계열과 '노동해방' 또는 '인민민주주의'(PD) 계열 간의 심각한 분열로 큰 타격을 입었다. 수적으로 우세한 민족해방 계열에서는 지정학적이고 반제국주의적인 문제로의 집중을 강조하면서 종속이론과 주체사상의 영향을 받은 민족해방 연합전선 결성을 주장했다. 노동해방 계열에서는 제국주의 문제보다 노동-자본 대립 쪽에 우선 집중해야 한다는 입장이었다.[27] 민주노동당은 2004년 총선에서 노무현 집권 뒤의 신통찮은 실적에 대한 대중의 분노 덕에 득표율 17퍼센트를 기록했으나, 그 지지 열기를 일관된 활동가 양성으로 전환하는 데는 어려움을 겪었다. 2006년에 북한을 위한 '간첩' 혐의로

27) Joonbum Bae, "The South Korean Left's 'Northern Question'", in Rudiger Frank and Patrick Kollner, eds., *Korea Yearbook*, Leiden 2009, pp. 87~116.

기소된[28] 간부 두 사람의 제명을 당 지도부에서 거부하자, 학생운동 출신 노동운동가 노회찬이 이끄는 탈당 그룹이 따로 진보신당을 결성했다. 민주노동당은 2012년 두 개의 소규모 분파를 통합해 통합진보당을 결성함으로써 가까스로 제3당의 지위를 유지하는 데는 성공했으나, 2012년 4월 총선에서 10퍼센트 득표율을 올리는 데 그쳤다(노회찬의 진보신당은 0.5퍼센트의 득표율밖에 올리지 못했다).[29]

한편 1980년대에 권위주의적인 개발주의에 저항한 광범위한 민중운동에 연원을 두고 있는 참여연대나 경실련 같은 조직들로 구성된 시민 자유 그룹들은 신자유주의 중도좌파 주류 세력과 자발적으로 연대했다. 그 전형적인 예가 참여연대의 소액주주 권리 찾기 운동이었다. 이 운동의 목적은 소액주주들이 주주총회에 참석해 대기업들의 독점적 경영 방식에 제동을 걸 만큼의 재벌 소유 주식을 매입하는 것이었다. 소액주주들의 권리를 강화하려는 참여연대의 시도는 결과적으로 정부와 기업의 이익, 참여연대의 의도와는 동떨어진 이익 추구가 목적인 주주들에 의해 탈취당하고 말았다.[30]

---

28) 〔옮긴이〕 저자인 그레이가 비례대표 경선 부정 혐의를 간첩 혐의로 잘못 알고 있는 듯하다.

29) 통합진보당은 민주노동당과 국민참여당(노무현 정부 때 보건복지부 장관을 지낸 유시민이 노무현 전 대통령 자살 뒤 결성) 그리고 심상정이 이끈 새진보정당추진회의(나중에 진보정의당) 세력이 손을 잡고 만들었다. 2012년 12월 대선 때 통합진보당 후보 이정희는 텔레비전에 생중계되던 후보자 토론에서 박근혜를 제대로 공략했다는 평을 받았으나, 야당 지지표 분산을 피하기 위해 투표 며칠 전 후보에서 사퇴했다.

30) Thomas Kalinowski, "State-Civil Society Synergy and Cooptation: The Case of the Minority-Shareholder Movement in Korea", *Korea Observer*, vol. 39, no. 3, 2008.

독재자의 딸

이런 상황 속에서 2012년 12월 대선이 치러졌다. 박빙의 승부가 펼쳐지는 가운데 투표일 며칠 전 독자 후보들과 통합진보당 후보가 노무현의 전 측근이자 후계자인 문재인에게 표를 몰아주기 위해 후보직을 사퇴했다. 두 주요 경쟁자들의 개인적 배경은 극적으로 대비되었다. 1970년대 중반 민주화운동 학생운동가였던 문재인은 박근혜의 아버지에 의해 감옥에 붙잡혀갔고, 바로 그 시기에 박근혜는 청와대에서 퍼스트레이디 역할을 하고 있었다. 하지만 두 사람의 정강 정책은 사실상 거의 동일했다. 박근혜는 '경제민주화'와 전통적으로 진보좌파의 전매특허였던 연금 혜택 확충, 보건 복지 개혁, 어린이 보육에 대한 국가 지원 확대, 과중한 가계 부채 경감 등의 '한국형 복지제도'를 공약으로 내걸었다. 두 사람의 대북 정책도 별다른 차이가 없었다. 박근혜는 이명박의 대북 강경 정책과 거리를 두면서 "신뢰와 대화의 틀을 만들겠다"고 약속했고, 인도적 대북 지원과 정치는 분리되어야 한다고 주장했다. 대외(외교) 정책에서도 박근혜는 미국과의 동맹 강화, 중국과의 파트너십 격상을 촉구하면서 미국 및 중국과의 조화로운 협력 관계 유지를 약속했다. 박근혜의 이런 공약은 한-미와 한-중 관계를 동일한 비중으로 다뤄야 한다는 문재인의 정책 방향과 미묘한 차이가 있을 수 있지만, 두 후보 간의 가장 실질적인 차이는 문재인이 부자 증세를 제안한 데 반해 박근혜는 이를 배제했다는 점이었다.

독재자 딸로서의 자신의 역할과 관련해 박근혜는 양다리 걸치기로 무난하게 대처했다. 박근혜의 가계는 의심할 나위 없이, 현재의 점증하는 안보 불안 속에서 박정희를 생활수준이 올라간 시절의 통치자로 기억하는 고연령대 유권자들에게 흡인력이 있었다. 하지만 박근혜는 또한 아버지의 테러 통치에 대한 책임과 유감을 표시할 필요성을 느꼈고, "목적이 수단을 정당화할 수 없다"며 언론의 화려한 조명 속에 아버지의 통치에 저항했던 활동가들의 기념관을 찾아갔다. 이는 종종 역설적인 효과를 낳았다. 1971년 열악한 봉제공들의 비인간적인 저임금 노동에 항거해 분신 자살한 전태일 동상에 꽃다발을 바치려던 박근혜의 시도는 현장에 나온 쌍용자동차 장기 농성 노동자들과 박근혜 경호원들 간의 거친 몸싸움으로 모양새가 다소 일그러졌다. 이는 그에 앞서 박근혜가 아버지의 군사 쿠데타가 "피할 수 없는 상황에서 최선의 선택"이었다고 언급했다가 거센 비판을 받은 때와는 다른 자세를 보인 것이다. 박근혜의 사죄는 자신의 선거운동 진영으로부터도 분노를 샀다. 보수 언론인 조갑제는 박근혜의 그런 처신을 '정치 쇼'이며 "자기 아버지 무덤에 침을 뱉는 짓"이라고 비판했다.[31] 박근혜는 또 인기가 형편없던 이명박과 분명히 선을 그어, 경쟁자인 문재인에 대해서만큼이나 이명박과 충돌했다.

복음주의 대형 교회들은 여전히 박근혜와 새누리당의 주요 지지 기반으로 남아 있었지만, 박근혜의 홍보 담당자들은 박근혜가 신자가 아니라는 점을 조심스럽게 강조함으로써 다른 종교 집단들과의 마찰의 여지를 줄이려 했다.

한국에서 새롭게 보수주의 헤게모니를 장악하려는 시도는 2012년 12월 대선에서 박근혜가 승리함으로써 명백한 성공을 거두었다. 하지만 어느 정도의 성공인지 따져볼 필요가 있다. 박근혜의 3퍼센트포인트 승리―박근혜의 득표율은 51퍼센트, 문재인은 48퍼센트―는 (역전 불능의) 절대적 승리라고 보기는 어렵다. 박근혜는 50대 이상의 유권자들로부터 압도적인 지지를 받았고, 문재인은 젊은 유권자들로부터 박근혜보다 사실상 더 많은 지지를 받았다. 표의 지역적 편차도 여전히 두드러졌다. 문재인은 전라도에서 투표 참가자의 90퍼센트 가까운 표를 얻었고, 박근혜 역시 인구가 더 많은 경상도에서 그에 버금가는 득표율을 기록했다. 수도권을 보면, 문재

---

31) 「박근혜 사과, 민혁당 해프닝」, 『민중의 소리』, 2012년 9월 24일.

인은 서울에서 51퍼센트 대 48퍼센트로 박근혜를 눌렀고, 박근혜는 같은 비율로 인천과 경기 지역에서 앞섰다.

몇 가지 면에서 박근혜는 1987년의 '수동적 혁명'(passive revolution)을 완수하기에 완벽하게 어울리는 인물이다. 독재 체제의 상징이자 그에 앞선 (일제) 파시즘과의 협력(친일)의 상징이었지만 이번엔 화해의 상징으로 배역을 바꿨다. 박근혜는 대통령 선거운동 기간 가운데 자신의 여성성을 소중히 여겼고 한국의 가부장적인 정치를 현대화할 필요가 있다고 강조했다. 하지만 찰스 암스트롱(Charles Armstrong)이 말했듯이, 한국 대통령들의 정치적 자산은 순식간에 증발해버릴 수 있다. 박근혜는 2013년 2월 취임도 하기 전에 이미 자신이 지명한 김용준 총리 내정자가 부패 혐의를 받자 그의 사임 압력을 수용할 수밖에 없었다. 아버지가 엄청난 사회적 비용을 치르고 쌓아 올린 선진적 제조업 경제는 빠른 속도로 작동 불능 상태가 되어가고 있다. 값싼 섬유 · 의류 산업 시대는 지나가버렸으며, 고급 제품들은 이미 포화 상태인 세계시장에서 끊임없이 중국 제품들의 압박에 직면하고 있다.

그 한편으로 평양에 새 젊은 지도자가 들어서고 동아시아 정세가 급변하는 가운데, 서울 한복판에 있는 대규모 미군 기지는 한국이라는 나라가 자신의 운명을 자신이 아니라 나라 바깥에서 결정하는 준주권국(준독립국)임을 명백히 보여주고 있다.

〔한승동 옮김〕

미래가 없는 좌파를 위하여

T. J. 클라크(T. J. Clark)

언어의 모순은 얼마나 기만적인지! 무시간적인 이 땅[1]에서, 방언은 다른 어떤 언어보다 시간을 나타내는 말에서 더 풍부했다. 영원히 부동하는 크라이(crai, '내일'이라는 뜻이지만, 또한 '결코……않다'는 의미이기도 한다)를 넘어, 미래의 하루하루가 각자의 이름을 지닌다……. 모레는 프레스크라이(prescrai), 그다음 날은 페스크릴레(pescrille)이고, 그다음은 차례로 페스크루플로(pescruflo), 마루플로(maruflo), 마루플로네(maruflone)이며, 내일로부터 일곱 번째 되는 날은 마루플리초(maruflicchio)다. 하지만 미래를 엄밀히 구분하는 이 말들에는 역설이 숨어 있다. 이들은 특정한 날을 가리키는 데 쓰이기보다 다 함께 차례로 나열되어 쓰인다. 그 음은 그로테스크한데, 흐린 크라이(내일)를 명확히 하려는 시도가 헛됨을 반영하는 것 같았다.

― 카를로 레비, 『그리스도는 에볼리에 머물렀다』[2]

나는 진정 온 시대가 원치 않기를 바란다. …… 나는 세계가 앞으로 행진하는 것을 방해하기 위해 내가 생각할 수 있는 것은 아무것도 빠뜨리지 않았다. …… 진보를 지연시키기 위해 모든 일을 다했다. …… 내가 언제나 되돌아보는 쟁기를 잡고서…….

― 에드워드 번 존스가 『제프리 초서 작품집』(켈름스콧 출판사판)에 쓴 글[3]

대부분의 지식인들과 마찬가지로, 좌파 지식인들은 정치에 능하지 못하다. 특히 내가 주장하는 것처럼 정치가 일상적인 사소한 일, 즉 힘들고 단조로운 일과 마술 같은 수행 능력(performance)을 의미한다면 말이다. 지식인들은 운지법에서 실수를 한다. 무대 위에서 너무 많은 음(音)을 잘못 연주하는 것이다. 그렇지만 그들은 한 가지에는 도움이 될지 모른다. 계속해서 콘서트홀에 비유해보면, 그들은 때로 오케스트라에서 뒷줄에 위치하는 콘트라베이스 연주자다. 그들이 내는 신음 같은 저음이 잠깐 동안 정치의 조성(調聲)을 설정하고, 심지어 가능성 있는 새로운 조성을 알려주기도 한다. 그리고 가끔이기는 하지만, 어떤 사유와 행동의 전통이 살아남을 수 있는지 없는지는 여기에, 다시 말해 새로운 조성으로 조옮김하는 정치에 달려 있을 수 있다. 이는 우리 시대의 좌파에 대해서도 마찬가지인 것 같다.

이 음(音), 즉 이 편지는 유감스럽게도 근본적으로 자본주의의 오랜 심장부인 유럽의 좌파 앞으로 보내는 것이다.[4] 아마도 그들은 다른 곳에서는 목소리를 쩌렁쩌렁 울릴 것이다. 하지만 자본주의의 장기적인 공략 불가능성에 대해서는 할 말이 없고, 자본주의가 가진 세계의 상호 의존성에 대한 안정된 관리 능력 또는 무력(武力)적 인도주의의 유효성에 대해서는 판단

---

1) 〔옮긴이〕이탈리아 남부의 바실리카타를 가리킨다.

2) Carlo Levi, *Christ Stopped at Eboli* (1945), London 1982, pp. 200, 178. 〔옮긴이〕카를로 레비(Carlo Levi)는 이탈리아의 소설가로서, 반파시즘 활동에 가담했다가 유배당한 체험을 바탕으로 학대받는 남이탈리아 농민의 모습을 그린 『그리스도는 에볼리에 머물렀다』를 썼다.

3) 1895년 12월의 편지. William Peterson, *The Kelmscott Press: A History of William Morris's Typographical Adventure*, Oxford 1991, p. 252에서 인용함.

4) 이언 볼(Iain Boal)에게 고마움을 전한다. 나는 그의 요청을 받아 '겸손 없는 러다이트'(The Luddites, without Condescension)라는 주제로 2011년 5월 버크벡(Birkbeck) 대학에서 열린 학회를 위해 이 글의 초고를 썼다. 그 학회에 참석했던 청중과 이후에 이 논문을 읽어준 분들에게도 감사한다. 나는 때로 이전에 사용했던 자료에 의지했는데, 이미 아는 내용을 보게 될 독자들에게는 사과의 말씀을 드린다.

330 제3부 문화와 예술

없이 지나간다(현 상황에서 어떤 바보가 판단하려 할 것인가?). 이럴 때 자본주의의 실패와 자신의 실패에 대해 어떤 전망을 제시하지 못하는 (우리가 말하곤 하는 것처럼, 기존) 좌파의 능력에 관한 부정적인 견해가 뒤따를 수밖에 없는데, 이는 타당할지도 모른다. 여기서 '전망'이란 수사학, 조성(調聲), 이미지, 논쟁, 시간성(temporality)을 의미한다.

내가 말하는 '좌파'는 자본주의에 대한 철저한 반대를 의미한다. 하지만 그러한 반대가 일련의 자만과 자본주의의 종말에 대한 공상적인 예측으로 얻을 건 아무것도 없다고 생각한다. '철저함'이란 현재형이다. 정치운동은 삽질(기초 준비 작업)이 깊을수록 더 완벽하게 현재에 집중하게 된다. 현재의 질서에 대한 대안이 분명 있다. 하지만 여기에 뒤따르는 것이 아무것도 없다. 정치라 이름 붙일 만한 것이 아무것도 없는 것이다. 내가 보기에, 좌파 정치는 현재의 내장을 까뒤집어 파국과 구원의 징후를 찾아내야 한다는 생각으로 인해 이론의 차원, 따라서 실천의 차원에 고착되어 있는 것 같다. '프레스크라이'와 '마루플리초'의 엄청난 역설, 즉 미래를 경멸하는 소작농의 역설이, 또다시 황제의 무덤 속에서 진격해 나오기를 기다리는 테라코타로 만들어진 대중을 전제로 하는 정치보다 낫다.

*

이는 비관일까? 그렇다. 하지만 지난 10년을 생각할 때, 다른 어떤 조성이 가능해 보이는가? 국제금융 질서가 사실상 붕괴되고(조지 부시는 2008년 8월 자신의 내각에 "이 망할 일을 못해먹을 수도 있다"고 말했다) 그에 내응해 좌파가 충실한 지지자들의 계급을 넘어 반향을 불러일으키는 데 거의 완전히 실패한 것을 우리는 어떻게 이해해야 할까? 또는 달리 묻자면, 지난 10년이 19세기와 20세기의 방식으로 좌파를 부활시킬 수 있는 상황이 아님을 증명하는 게 아니라면 무엇일까?

혹독한 시기다. 오래전부터 요지부동의 중심지였던 대부분의 지역에서, 정치는 한 달 한 달 지날수록 점점 더 '전체주의적인' 형태(그 속에서 살아가는 사람들이 양자택일해야 하는 특성)를 띠어가고 있는 것 같다. 그리고 마르크스주의자 회의의 공상적인 세계와는 반대되는 현실에서 이는 다른 어떤 종류의 정치에 그런 것만큼이나 좌파 정치에 불안하다. 좌파는 그에 대해 준비되어 있지 않다. 예를 들어 그리스에서의 좌파의 침묵, 즉 '아르헨티나의 길'을 택하는 것과 관련된 연차적인 비전, 다시 말해 실제적이고 설득력 있는 채무불이행 경제정책을 보여주는 계획을 제시하지 못하는 무능력이 이를 말해준다. 그리고 이것이 결코 경멸로 여겨지지는 않는다. 서로 맞물려 있는 현재의 세계 질서 속에서 한 국가의 경제가 위기에 처해 있을 때, '일국사회주의'[5) 또는 심지어 '금융자본이 이끄는 자본주의국가가 아닌 어느 정도 고립된 유사 국민국가'에 대해 무슨 (세부적으로 타당한) 할 말이 있겠는가? (좌파는 오랫동안 그래왔던 대로 유럽연합 통합 회의론자들에게 합류할 것인가? 아니면 광둥의 프롤레타리아를 믿을 것인가?)

자본주의의 문제(바로 그 체제 자체가 또다시 그 문제를 제기하면서, 다시 말해 그러한 문제로 인해 고심하게 되면서 당사자들[parties]의 그림자국 뒤편으로부터 실로 심각성이 드러나고 있다)는 괄호가 쳐져야 한다. 그것은 정치적으로 다뤄질 수 없다. 좌파는 자신들이 무엇을 할 수 있을지에 주의를 돌려야 한다.

---

5) [옮긴이] 세계적인 공산주의 혁명이 없어도 소련 하나의 국가만으로 사회주의 건설이 가능하다는 주장이다. 1919년 코민테른이 결성되기까지는 마르크스주의의 세계혁명론이 지배적이었으나, 1924년 레닌이 사망한 후 러시아 공산당 내에서 권력투쟁이 이루어지는 과정에서 세계혁명을 주창하던 트로츠키가 공격을 받고 실각했다. 이때 스탈린은 서구 선진국들에서는 혁명 상황이 후퇴하고 있다고 인식하고, 지금까지의 세계 단위의 혁명과는 다른 하나의 국가 단위의 혁명이 가능하다고 주장했다.

*

　현재의 위기에 대해서는 일반적인 관점에서라도 역사적으로 생각하기
가 어렵다(1929년과의 비교는 도움이 되지 않는 것 같다). 그래서 뒤섞인 혼
란과 경고(rappel a l'ordre)에 대해 판단하기가 어렵다. 최루가스가 채권
소유자들의 생기를 되살리고, 그리스의 총파업이 모든 사람들의 입에 오르
고, 골드먼삭스가 세계를 지배한다. 아마도 1989년 이후의 시기는 유럽의
워털루 전쟁 이후 시기에 비유될 수 있다. 1815년과 1848년 사이 신성동맹
과 왕정복고의 시기는 과도기로서, 생산력이 활발히 재편성되고 있기는 했
지만 분명 역사적으로 부동하는 상태였다. 계몽주의의 기획 면에서 볼 때
(나의 주제는 여전히 대대적인 상황 변화에 대한 정치사상의 대응이다), 이
는 패러다임이 바뀌는 중간에 낀 시기였다. 홉스에서 데카르트, 디드로, 제
퍼슨, 칸트에 이르는, 합리적이고 철학적인 비판의 기다란 호(弧)는 끝났
다. 돌이켜보면 우리는 왕정복고 시대의 우아한 표면 아래에서 공리주의
와 정치경제학이라는 이상한 돌연변이, 생시몽의 공리, 푸리에의 반사실
적 서술, 청년 헤겔파의 지적 에너지 같은 새로운 역사의 미래상을 이루는
요소들이 조합되고 있었다는 것을 알 수 있다. 하지만 메테르니히, 앵그르
(Ingres) 그리고 이후 콜리지(Coleridge)의 영향 아래에 있던 당시에는 이
들 요소를 대항의 한 형태(무엇에 대항해야 하는지에 대한 새로운 이해와 어
떤 새로운 관점에서 대항해가야 할지에 대한 직관)로 합치기는커녕 이들 요
소의 정체를 알아보는 것도 극히 어려웠다. 예전의 언어와 해방에 대한 일
체의 예상이 궁지에 몰렸다는 의미에서 그리고 어압된 정치, 냉혹한 경제
상태, (늘 그렇듯) 미덥지 못한 최신 장치에 대한 열광이라는 전반적인 상
황 속에서 예전의 언어와는 다른 언어의 요소들을 찾을 수 있을 것인지 현
재 불확실하다는 점에서, 캐슬레이[6]의 유럽은 우리의 유럽과 유사하다.

*

　다시 말해, 현재 좌파에게 문제는 계몽주의의 기획을 어느 **정도로** 재건해야 하는가다. '어디까지'(How far down)여야 할까? 어떤 이들은 '세계의 일곱 개 층'(Seven levels of the world)을 생각한다.[7] 우리가 「임박한 봉기」[8]보다 먼저 읽어야 할 책은 크리스토퍼 힐(Christopher Hill)의 『패배의 경험』(*The Experience of Defeat*)이다. 즉 어쨌든 니체, 브래들리의 비극에 관한 글, 발터 부르케르트(Walter Burkert)의 무시무시한 『호모 네칸스』(*Homo Necans*), 인정사정없는 윌리엄 해즐릿[9]과 피터르 브뤼헐(Pieter Bruegel), 1659년 암흑기의 모지스 월,[10] 1940년의 발터 벤야민(Walter Benjamin)이 내는 음들에서 내가 의지하는 믿기 힘들 만큼 다양하고 분명 위험한 목소리들은 진정한 역사적 실패의 순간에야 좌파의 자산으로 다가온다. 현재의 대실패로 이어진 변신을 주제로 한 이전 무대들의 사건들이 우리로 하여금 그에 대해 자문하지 않을 수 없도록 할 때에야 우리는 그들

──────────

6)　〔옮긴이〕Castlereagh: 영국의 정치가로 나폴레옹에 대항하는 대동맹을 이끌었다.

7)　〔옮긴이〕로버트 프로스트(Robert Lee Frost)는 「어여쁜 이들이 선택자가 되리」(The lovely shall be choosers)에서 이렇게 노래한다.

　그 목소리가 말했네, "그녀를 패대기쳐라!"(The Voice said, "Hurl her down!")
　목소리들이 물었네, "어디까지?"(The Voices, "How far down?")
　"세계의 일곱 개 층."("Seven levels of the world.")

　단테의 『신곡: 지옥편』은 7개 층으로 이루어진 지옥을 따라 밑으로 내려가는 구조다.

8)　〔옮긴이〕"L'insurrection qui vient": 자본주의 문화의 붕괴가 임박했다고 보는 프랑스의 정치 논문으로, 프랑스 경찰이 타르나크 9(일련의 시위와 관련해서 2008년 11월 프랑스 타르나크라는 마을에서 체포된, 스스로 무정부주의 파괴 공작원이라고 주장하는 9명의 인물을 가리킨다)과 동일인들이라고 보는 익명의 기고자들인 '보이지 않는 위원회'(Comité invisible)가 쓴 것이다.

9)　〔옮긴이〕William Hazlitt: 19세기 초 영국의 수필가이자 비평가.

10)　〔옮긴이〕Moses Wall: 밀턴의 친구로서 천년왕국설 신봉자이자 관용주의자.

피터르 브뤼헐, 「'작은' 바벨탑」, 1565년경,
로테르담, 보에이만스 판 뵈닝헌 미술관(왼쪽).

제3인터내셔널을 위한 블라디미르 타틀린(Vladimir
Tatlin)의 기념물 모형, 1919~20년경(오른쪽).

을 읽는다.

물론 나의 용법에서 '좌파'라는 말은 현재의 정부와 야당들이 더 이상
대표하지 못하는 정치 전통을 가리킨다. (한때 '극단적'(ultra)이라는 접두
사로 지시되던 전통 내 여러 차이에 대해 곱씹는 것은 이제 이상해 보인다.
일몰 후에는 모든 고양이가 회색으로 보인다.) 그렇다면 좌파는 어떤 부재
를 나타내는 말이며, 거의 비존재에 가까운 그것은 새로운 정치의식 속에
서 솔직해져야 한다. 그렇다고 해서 좌파가 항상 그리고 싶어했던 것처럼,
계속해서 자신의 변방성을 **찬양**해야 한다는, 매력적인 '위대한 거부'(the
great refusal)로 의기양양해히면서 갱생의 의지기 없는 세계를 비깥 이둠
속에 내버려두어야 한다는 말이 아니다. 이를 위해서는 문학이 있다. 그 이
름에 값하는 유일한 좌파 정치는, 늘 그렇듯 겉으로는 무가치해 보이지만
그 흔적이 서서히 또는 급작스럽게 어떤 '움직임'의 출발점으로 발전할 수
있을지 모르는 것에 모든 관심을 기울이는 정치다. 그 과정에서 많은 것들

(거창한 이상, 혁명 양식)이 희생되어 쓰라릴 것이다.

*

이는 두 가지 문제로 이어지는데, 이것이 이들 음의 나머지를 이룬다. 첫째, 좌파 정치가 미래를 생각하지 않는다는 것은, 말하자면 실로 현재에 중점을 두면서 예언하지 않고 환상을 깨뜨리며 끊임없이 '자신의 예언을 조롱한'다는 것은 어떤 것일까? 그것은 좌파의 자아 개념을 이루는 전체 알갱이와 틀에서 아방가르드의 최신의 '뒤늦은 생각'(afterthought)[11]과 이미지를 잊는 것이다. 그리고 두 번째로 연관되는 문제는, 좌파 정치가 비극적인 조성으로 조옮김을 할 수 있을까의 문제다. 좌파, 즉 여전히 두드러지게 마르크스, 라스파유, 모리스, 룩셈부르크, 그람시, 플라토노프, 소렐, 파솔리니의 전통과 닿아 있는 정치에 비극적인 인생의 의미가 가능할 것인가? 저러한 전통이 패배의 경험을 곱씹어보는 것을 당연히(깊이) 꺼리게 하는 것이 아닐까?

*

그렇다면 내가 말하는 비극 또는 비극적인 인생의 의미란 무슨 뜻일까?

---

11) 〔옮긴이〕 '뒤늦게 깨우친다'는 의미의 이름을 가진 에피메테우스(Epimetheus, 영어로는 afterthought에 해당함)는 프로메테우스의 동생이면서 판도라의 남편이다. 제우스가 보내오는 선물을 절대로 받지 말라고 프로메테우스가 경고하지만, 에피메테우스는 판도라의 미모와 매혹적인 목소리에 반해 제우스가 준 항아리를 들고 온 그녀를 아내로 삼는다. 제우스가 항아리를 열지 말라고 경고했음에도 판도라는 항아리를 열었고, 그 항아리에서는 슬픔과 질병, 가난과 전쟁, 증오와 시기 등 온갖 악이 쏟아져 나왔는데, 놀란 판도라가 황급히 뚜껑을 닫아 희망만은 남았다. 항아리에 남은 희망은 '불행 속에서 이루어지지 않는 것을 바라는 헛된 희망'이란 의미로 쓰이기도 한다.

이 개념을 정치에 적용하는 것은 낯설고 아마도 달갑지 않을 것이다. 그래서 이에 대한 나의 논의가 조야해 보일 텐데, 그렇다고 진부하지는 않을 것이다. 앤드류 브래들리[12]는 후기 빅토리아 여왕 시대의 중요한 안내자다. 이후의 다른 모든 탁월한 이론가와 고전주의자들보다 더 정치적이기 때문에, 브래들리가 더 낫다고 나는 생각한다. 게다가 어느 정도는 좌파가 부르주아의 과거에서 재발견해야 할 종류의 중도적인 지혜(고귀한 양식의 거부)를 보여주는 좋은 예이기에, 그를 선택했다. 그는 식민지 관리로 양성되는 자기 학생들에게 주로 셰익스피어를 강의했지만, 이 주제에 대한 거의 모든 일반적인 설명은 좀 더 폭넓게 정치와 공명한다.

알다시피 비극은 인간의 조건에 대해 비관적이다. 그 주제는 고통과 불행, 인간사에 끊이지 않는 폭력, 법이나 어떤 형태의 동의된 사회계약과 폭력을 조화시키는 것의 특별한 어려움이다. 그것은 실수와 자기 오해 그리고 무엇보다 고귀한 위치로부터의 몰락을 중심 주제로 한다. 이 몰락은 인간의 무력함 그리고 상황의 특성에서 유래하는 어떤 힘 또는 전체성에 대한 일반적인 복종을 이야기하는 것처럼 보여서, 그것을 목격하는 사람들을 두려움에 빠뜨리면서도 경외하게 만든다. 비극은 물거품이 되어버리는 고귀함에 대한 것이다. 하지만 그것이 비극이 우울하지 않은 이유다. 브래들리는 이렇게 말한다. "(인간은) 비참하고 끔찍하겠지만 초라하지 않다. 인간의 운명은 비통하고 수수께끼 같지만 경멸받아 마땅한 것은 아니다." "(비극적인 기획은) 필연적으로 많은 고귀함을 지니고 그것의 실수와 몰락에서 우리는 인간 본성의 가능성들을 생생하게 의식하게 될 것이다."[13] 본성과 가능성이라는 두 단어는 전통적으로 좌파를 주춤하게 만들었고, 나는 그 이유를 이해한다. 하지만 그들은 갱생할 수 있을 것이다. 브래들리에게

12) 〔옮긴이〕 Andrew Cecil Bradley: 영국의 문예비평가.

13) A. C. Bradley, *Shakespearean Tragedy* (1904), New York 1968, pp. 28~29.

본성과 가능성은 서로 합치한다는 사실을 주목하라.

*

브래들리는 "(스스로가) 감히 비극 감정의 핵심이라고 하는 것"에 관해 길게 쓰고 있다. 그 전체를 인용해보자.

이 중심적인 감정은 소모의 느낌이다. 셰익스피어에게서, 비극적인 이야기가 유발하는 연민과 공포가 소모의 느낌으로 인한 깊은 슬픔 그리고 신비감과 결합되고, 심지어 융합되는 것으로 보인다. …… 우리는 전체 세계라는 일종의 수수께끼, 다시 말해 비극적인 사건의 한계 훨씬 너머로 확대되는 비극적 사실을 마주하고 있는 것 같다. 발아래 부서진 바위에서부터 인간의 영혼에 이르기까지 도처에서, 우리를 경악하게 하고 우리의 숭배를 요구하는 듯한 힘, 지성, 인생, 영광을 본다. 그리고 도처에서 그들이 흔히 끔찍한 고통과 더불어 죽고, 서로를 멸망시키고, 그들 자신을 파괴하는 것을 본다. 마치 오로지 그것을 위해 태어난 것처럼. 비극은 이 수수께끼의 대표적인 형식이다. 왜냐하면 우리의 관점에서는 그것이 보여주는, 억압당하고 서로 충돌하고 파괴되는 고귀한 영혼은 최고의 존재이기 때문이다. 그것은 우리에게 수수께끼를 강요하고, 소모되는 것의 가치를 아주 생생하게 깨닫게 해서 아마도 모든 것이 헛되다는 생각으로 인해 위안을 찾지 못하게 만든다.[14]

이 단락에 대해 말이 나온 김에 언급해야 할 한 가지는(하지만 이는 단순한 여담 이상이다) 그것이 비극적 조성에서 정치가 가질 수 있는 **음조**의 모델 역할을 할 수 있다는 점이다. 그 음조는 서서히 생겨난다. 그리고 아마

---

14) Bradley, *Shakespearean Tragedy*, p. 29.

도 우리 문화만큼이나 '청년'의 복화술에 전념하는 정치 문화에서 그것이 필연적으로 동떨어지고 심지어 약간 이상한 것으로 인식되는 것은 이런 이유에서다. 현재의 정치 언어, 즉 좌파와 우파의 언어는 소비자본주의에 필수적인 것으로 드러난 인간 욕구와 목적의 전반적인 유아화(幼兒化)에 깊숙이 관여하고 있다. (이 현상에는 이상한 반사실적 서술의 절망이 있다. 소비사회는 '생활수준'의 진정한 개선으로 인해 본질적으로 노화하기 때문이다. 인구의 평균수명이 길수록 더 비굴하게, 문화적 장치가 열여섯 살짜리 아이들의 소망에 적합하도록 맞춰진다고 할 수 있을지 모른다.) 그리고 좌파 또한 이로부터 벗어나야 한다. '어린애 같은 무질서'가 치욕(이는 역시나 레닌에게서 나온 모욕으로, 일부 좌파는 이를 변형해서 재활용하고 싶어할 수도 있을 것이다)이던 시절은 지나갔다. 비극적인 목소리는 청소년기를 잊지 않을 수 없다. 더 이상 랭보는 없다. 다시 말해, 더 이상 명백한 전복은 없다. 더 이상 의기양양한 맹비난은 없다.

*

다시 브래들리의 글이다. "비극적인 세계는 행동의 세계다"라고 그는 말한다.

그리고 행동은 생각을 현실로 옮기는 것이다. 우리는 자신만만하게 그것을 시도하는 남녀를 본다. 그들은 자신의 생각을 추구하기 위해 기존의 질서에 부딪친다. 하지만 그들이 성취하는 것은 그들이 의도한 것이 아니고 그것과는 아주 다르다. 그들은 자신이 작용하는 세계의 무의미성을 알게 된다. 그들은 어둠 속에서 맹목적으로 싸우고, 그들을 통해 작동하는 힘이 그들을 그들 자신이 아닌 어떤 계획의 수단으로 만든다. 그들은 자유롭게 행동하지만 그들의 행동이 그들 자신의 손발을 묶어버린다. 그리고 이는 그들이 선의

를 가졌든 악의를 가졌든 마찬가지다.[15]

그렇다면 비극적 조성의 정치는 항상 인간사에 생겨나기 마련인 공포감
및 위기감과 더불어 작용할 것이다. "그리고 도처에서 그들이 죽고, 서로를
멸망시키고, 그들 자신을 파괴하는 것을 본다." 이것은 수수께끼다. 하지만
(특히 우리의 방향에 맞춰 브래들리를 다시 인용하자면) "비극은 이런 수수
께끼의 …… 형식이다(비극은 우리로 하여금 가장 잘 정치적으로 생각하게
해준다). 왜냐하면 비극이 보여주는, 억압당하고 서로 충돌하고 파괴되는
고귀한 영혼은 우리의 관점에서 최고의 존재이기 때문이다. 비극은 우리에
게 수수께끼를 강요한다." 그리고 수수께끼를 **지역화해서** 고정된 환영(幻影)
이 되는 것을 중지시킨다. 즉 (예를 들어 우리의 정치와 같은) 어떤 정치가
특정한 정치적 재앙의 영향 아래에서 행해지게 만든다.

*

우리의 재앙(우리의 테베)은 1914~89년의 70년이다. 물론 어쨌든 우리
가 유럽과 그 제국들에 살았던 20세기의 가장 중요한 수십 년이 일종의 납골
당이었다고 말하는 것은 사람들이 흔히 하는 생각을 되풀이하는 데 지나지
않는다. 이 시기에 대한 진지한 역사적 논의를 훑어본 사람은 동일한 관점을
많은 부분 받아들이지 싶다(이러한 역사적 논의로는 마크 매조워[16]가 이 시
기를 끔찍하게 개관해놓은 『암흑의 대륙: 유럽의 20세기』(*Dark Continent:
Europe's Twentieth Century*, 1998)가 있는데, 나는 결코 이 책이 남긴 여파
에서 회복될 수 없을 것 같다). 내 기억에, 오래된 한 교과서에서는 이 시기

---

15) Bradley, *Shakespearean Tragedy*, p. 32.

16) 〔옮긴이〕Mark Mazower: 영국의 역사학자.

를 '폭력의 세기'라고 일컬었다.[17] 이 시대는 연기를 뿜어낸다.

하지만 정치적 문제는 이런 것이다. 그 세기의 공포는 어떤 형태의 것인가? 어떤 논리에 따른 것이거나 어떤 중대한 결정에 따라온 것일까? 아니면 히틀러의 카리스마, 무정부주의자의 총알로부터 살아남은 레닌, 폭격기 해리스[18]의 심리 같은 역사의 우연들이 많이 개입된 것일까? 비극적 관점이 도움이 되는 것은 이 지점이다. 그것은 우리가 지난 수백 년에서 어떤 형태나 논리(과거로부터 미래로의 발전)를 **보지 않게** 해준다. 이것이 사라예보의 소동에서부터 시작하여 확실히 1950년대까지(그리고 어떤 의미에서 정치에 대한 유럽인의 공상이 일으킨 최후의 발작이라 할, 간담을 서늘케 하는 마오쩌둥의 '프롤레타리아 문화대혁명'까지 초점을 넓힌다면 거의 1970년대까지) 이어지는 이 시기를 엄밀한 의미에서 재앙으로 보는 시각을 우리에게 제대로 열어준다고 나는 생각한다. (둘 다 난데없이 갑자기 나타난) 과거와 거짓된 미래가 뒤엉켜 에드워드 7세 시대 런던과 빈의 확실성을 덮치고, 상상적인 민족주의 공동체, 계급과 인종이라는 유사 종교, 역사라는 궁극적인 주제에 대한 망상, 대량 살상의 신기술, '백인의 책무'[19]의 단말마, 인플레이션과 실업이라는 음울한 현실, 무계획적인 (하지만 당시에는 가속화되던) 대중정당들의 구성, 대중오락, 대중적인 기기와 부대 용품, 표준화된 일상생활 등 막을 수도 없고 지도를 그릴 수도 없는 힘들이 교차하면서 혼란이 생겨났다. 이런 목록은 익숙하다. 그리고 그에 따라 역사를 쓰고자 하

---

17) 실제 제목은 David Thomson, ed., *The Era of Violence 1898-1945*, Cambridge 1960이다. 톰슨의 책이 들어 있는 시리즈 '케임브리지 새 현대사'(The New Cambridge Modern History)의 편집자들은 발 빠르게 '이동하는 힘의 균형'(The Shifting Balance of World Forces)이라는 제목으로 개정판을 내놓았다.

18) 〔옮긴이〕 Bomber Harris: 아서 트래버스 해리스(Arthur Travers Harris)를 지칭한다. 그는 영국 공군의 원수를 지냈으며, 제2차 세계대전 중에 독일 도시를 대규모로 폭격했다고 하여 그렇게 불린다.

19) 〔옮긴이〕 유색인종의 미개발국을 지도해야 할 책무를 가리킨다.

는 사람은 의식적으로 또는 자동적으로 우세하게 작용하는 다양한 힘들 가운데서 어떤 것을 선택해야 한다. 여기에 문제의 핵심이 있다.

*

이것이 마르크스주의의 문제로 이어진다. 이제 분명해졌지만, 마르크스주의는 부르주아사회와 완전히 실패로 끝나게 될 방식에 대한 가장 생산적인 이론(일련의 서술)이었다. 양상이나 야망에서 다른 점이 많지만, 마르크스주의는 결국 그것이 생겨난 문화적 형성의 병폐인 천년왕국설이나 과학만능주의와 크게 다르지 않다. 마르크스 자신, 1920년대의 루카치, 그람시, 벤야민과 아도르노, 브레히트, 바흐친, 아틸라 요제프,[20] 「플로베르의 작품에 나타나는 계급의식」(La conscience de classe chez Flaubert)의 사르트르가 등장했던 전성기에 마르크스주의는 플로베르의 소설 외에 다른 어떤 서술보다 부르주아의 신념 및 관습의 구조에 더 깊이 다가갔다. 하지만 부르주아사회의 종말에 대해서는 심히 잘못 짚었다. 마르크스주의는 아주 확실해 보이는 19세기의 질서가 혁명으로 끝장나리라고 믿었다. 그것은 자본주의 생산력이 마지막으로 가속화되고(그뿐만 아니라 붕괴되고), 경제와 정치가 재조정되며, 모더니티의 성취를 위해 약진함을 의미했다. 하지만 그렇게 되지 않았다. 확실히 부르주아사회(말레비치[21]와 그람시가 당연시했던 문화 세계)는 해체되었다. 하지만 이는 오랫동안 집적된 자본주의 산업의 잠재력들이 융합·분열되고 변모된 계급 공동체가 등장해서가 아니라, 양자의 상상 가능한 최악의 패러디에 의해서였다. 사회주의는 국가사회주

---

20) 〔옮긴이〕 Attila Jozsef: 헝가리의 시인.

21) 〔옮긴이〕 Kazimir Malevich: 소련의 화가. 절대주의 운동을 전개하고 기하학적 추상화에 의한 지적(知的) 화면 창조에 노력을 기울였으며, 구성주의를 신봉했다.

1930년 무렵 옛 소련의 집단화 운동("우리 콜호스 농민들은 완벽한 집단화에 근거하여 하나의 계급으로서 부농들을 청산할 것이다").

의가 되었고, 공산주의는 스탈린주의가 되었으며, 모더니티는 위기와 충돌로 이어졌고, 국민(Volk)과 공동체(Gemeinschaft)라는 새로운 종교는 대량 학살의 과학기술을 이용했다. 프랑코, 펠릭스 제르진스키,[22] 헤이그 백작,[23] 아이히만, 폰 브라운,[24] 무솔리니, 텔러와 오펜하이머, 장칭(강청江

---

22) 〔옮긴이〕Felix Dzerzhinsky: 러시아의 혁명가이자 정치가. 폴란드 태생이며, 소련의 공안·정보기관인 체카의 설립자다.

23) 〔옮긴이〕제1차 세계대전 때의 프랑스 주둔 영국군 총사령관이자 육군 원수. 그의 소모 전술('독일군을 더 많이 죽여라'로 요약된다)은 1916~17년에 별 소득 없이 엄청난 수의 영국군 희생자를 내 그를 논쟁에 휩싸이게 했다.

24) 〔옮긴이〕Wernher Von Braun: 독일 태생의 미국 로켓 과학자.

靑),[25] 키신저, 피노체트, 폴 포트, 아이만 알 자와히리.[26] 이것이 우리의 정치가 모체로서 가지고 있는 과거다. 이것이 우리의 테베다.

하지만 다시 한 번 주의하라. 비극은 '공포의 방'[27]이 아니라 수수께끼다. 그것은 일상적이면서 고질적이다. 테베는 우리가 잊어버릴 수 있는 것이 아니다. 1930년의 사진에서 갈퀴와 스탈린주의자들의 표어를 가지고 철도역에서 몇 명의 부농을 때려잡기 위해 줄지어 가는 가난한 농부들의 눈을 본다면(이들 앞잡이와 살인자, 즉 뼈다귀를 놓고 싸우는 개들의 눈을 보면서 아마도 안드레이 플라토노프[28]의 도움을 받아 이 카메라가 바라보지 않는 오랜 절망을 기억한다면), 다시 말해 20세기의 진정한 역사를 알게 된다면, 누구라도 '슬픔과 신비감'을 경험하게 된다. 브래들리는 이렇게 지적한다. "그것은 소모의 느낌 때문이다. …… 그리고 도처에서 그들이 흔히 끔찍한 고통과 더불어 죽고, 서로를 멸망시키고, 그들 자신을 파괴하는 것을 본다. …… 마치 오로지 그것을 위해 태어난 것처럼."

*

사진 속 콜호스(옛 소련의 집단농장) 농민들이 살고 있는 역사의 세세한 부분에 대해서는 의견이 분분하겠지만, 적어도 그것이 영웅적이었던 척하지 말고 공정히 평가하자. "유물론적 역사관은 역사에서 영웅적인 요소를

---

25) 〔옮긴이〕 마오쩌둥의 세 번째 부인으로, 마오쩌둥이 죽은 해인 1976년까지 강력한 영향력을 행사했다.

26) 〔옮긴이〕 Ayman al-Zawahiri: 알카에다의 2인자.

27) 〔옮긴이〕 박물관에서 고문 도구 등을 전시하는 구역을 가리킨다.

28) 〔옮긴이〕 Andrei Platonovich Platonov: 소련의 작가이며, 풍자적인 작품으로 공산당으로부터 비판받아 침묵을 강요당했다.

포기해야 한다. 그것은 물화된 '역사의 연속성'[29) 바깥으로 시대를 폭파시킨다(물화된 '역사의 연속성'에서 벗어나 시대를 연구한다). 하지만 또한 시대의 동질성을 폭파해 그것을 폐허에, 즉 현재에 흩뜨린다."[30) 사진 오른쪽에 있는 창고를 보면 수용소(Lager)가 따로 없는데, 현수막에는 "노동이 너희를 자유롭게 하리라"(Arbeit macht frei)라고 쓰여 있다.

*

"지금 세계는 심히 암울하고 황량하다. 그래서 작은 불빛이라도 비친다면 크게 생기를 되찾으리라. 하지만 아아, 인간은 자신 위로 들어 올려져 그로 인해 현재는 탈이 나게 될 것이며, 그 후 다시 죽어서 더욱 비참해지리라." 이는 1654년 성인(聖人)들의 왕국이 기울어가는 상황에 직면해서 청교도 혁명가인 아이작 페닝턴이 한 말이다.[31) 페닝턴은 물론 이런 상황을 몰락의 관점에서 생각한다. 하지만 인간에 대한 그의 태도는 신학적인 배경 없이도 정당하다고 인정될 수 있고, 마땅히 그래야 한다고 나는 생각한다. 그가 미래에 대해 한 말은 여전히 유의미하다. 그리고 그것은 (우리가 필요로 하는 종류의) 가장 소박한, 다시 말해 가장 온건한 유물론과 완전히 공존할 수 있다. 예를 들어 영국 공화정의 몰락이 머지않은 때인 1659년에 모지스 윌이 밀턴에게 쓴 편지를 보자.

---

29) 〔옮긴이〕 클라크가 인용한 1999년 케임브리지 대학 출판부에서 나온 영어본에서는 movement of history로 번역되었으나, 2002년 하버드 대학 출판부의 임프린트인 벨크냅(Belknap) 출판사에서 나온 영어본에서는 continuity of history로 번역되었다.

30) Benjamin, *The Arcades Project*, Cambridge, MA 1999, p. 474, Convolute N9a, 6.

31) Isaac Penington, *Divine Essays*, London 1654. Christopher Hill, *The Experience of Defeat*, New York 1984, p. 120에서 인용함. 〔옮긴이〕 아이작 페닝턴(Isaac Penington)은 영국의 신비주의자이자 성인이다.

자네는 국가의 비발전성에 대해 그리고 자유와 종교적 진리에서 보이는 최근의 역행하는 움직임에 대해 불평하고 있네. 그것은 무척 애통한 일이기는 하네. 하지만 그래도 우리, 인간의 허약함을 불쌍히 여기세. 권력을 부여받으며 우리의 자유를 열렬히 바란다고 강력하게 주장하던 사람들이 자신들에게 약속된 행운을 저버리고, 우리를 다시 이집트로 돌려보내, 우리의 자유를 쟁취해주도록 우리가 그들에게 주었던 힘으로 재빨리 우리를 사슬로 묶어버릴 때, 가련한 사람들이 무엇을 할 수 있겠나? 자네는 우리 구세주가 일어나지 못하도록 그 무덤을 감시했던 이들이 누구인지 알 걸세.

(여기서 월이 말하는 '그들'이란 병사들을 의미한다. 그는 상비군에 대해 알고 있다.)

게다가 사람들이 죽을 때까지 자유롭지 못하고 궁핍한 삶에 순응하는 동안 그들의 영혼은 기가 꺾여 비굴해질 것이네. 따라서 (이를 뒤집도록) 이끌면서, 국가체(國家體)에 편안한 최저생활을 제공할 우리의 제조업, 어장, 소택지, 숲, 공유지 그리고 해상 교역 등과 같은 우리 자생의 산물들을 개선해야 하네…….[32]

언제나 과격주의자가 계획을 세운다.

---

32) 모지스 월이 1659년 5월 25일 밀턴에게 보낸 편지. David Masson, *Life of Milton*, London 1858~80, vol. 5, pp. 602~03에서 인용함. 그리고 Hill, *Experience of Defeat*, pp. 53, 280~81, 327~28에서 일부 인용되어 논의됨. 브래들리는 데이비드 매슨(David Masson)의 『존 밀턴의 생애』(*The Life of John Milton*)를 참고했다.

*

월이 편지에서 제안하는 것처럼, 정치에 관한 비극적인 관점은 불가피하게 전쟁과 전쟁이 인류 역사에서 차지하는 위치의 문제와 연관된다. 또는 어쩌면 무력 분쟁, 조직적인 절멸, 인간의 심리와 사회성, 도시국가와 이후의 민족국가 그리고 우리가 '경제'라고 부르는 것이 생겨난 특정한 방식과 연관된다고 말해야 할지 모른다. 화폐경제로의 이행에서 가장 중요한 요소는 (일종의 물물교환이 계속해서 적절히 기능하는) 문화들 간 교역의 일반화라기보다 고질적인 전쟁의 확산, 대규모 직업 군대의 부상, 운반 가능하고 믿을 수 있는 즉석 지불 방식의 필요성이라는 옛 역사가들의 생각을 나는 진지하게 받아들인다.[33] 그리고 돈, 대량 학살과 더불어 그에 걸맞은 사회적 상상력(인간 본성에 대한 그림)이 도래했다.

니체는 이렇게 말한다.

도시 간의 전쟁에서 승리자는 **전쟁**의 권리에 따라 남자들은 모두 칼로 베고 여자들과 아이들은 모두 노예로 팔았는데, 이런 권리를 승인한 사실에서 우리는 그리스인들이 자신들의 증오를 완전히 발산하는 것이 진정 필요하다고 여겼음을 알 수 있다. 그런 억눌린 순간에, 한껏 부풀어 오른 감정은 긴장을 완화해주었다. 무시무시한 눈에 악의적인 잔인함이 어린 호랑이가 뛰쳐나왔다. 왜 그리스 조각가들은 끝없이 반복되는 전쟁과 전투, 뻗어 누운 인간의 몸, 증오심이나 오만한 승리감으로 팽팽히 당겨진 힘줄, 부상당해 고통으로 몸을 웅크린 사람, 극도의 고통 속에 죽어가는 사람들을 거듭 표현해

---

33) 좀 더 깊은 수준에서, 탈개인화된 장갑 보병에 의한 전쟁, 경쟁력(대결) 문화의 일반화, (소수 시민을 위한) 사회적 '평등' 또는 이소노미아(isonomia, 법 앞에서의 평등)라는 개념으로의 이동 그리고 사회생활의 점점 더 많은 측면들을 수량적으로 평가하는 경향 사이의 연관성에 대한 장-피에르 베르낭(Jean-Pierre Vernant)의 주장은 여전히 중요하다.

볼드윈 스펜서가 1901년 5월 9일 오스트레일리아 앨리스스프링스에서 찍은 사진으로, 제목은
「사회법 위반 혐의가 제기된 후에 다투는 남자들」이다. Baldwin Spencer, *The Photographs of Baldwin Spencer*, Carlton VIC 2005, plate 36.

야 했을까? 왜 그리스 세계 전체가 『일리아스』에 나오는 싸움 장면에 기뻐 날
뛰었을까? 나는 아무래도 이런 것들을 그리스인들식으로 완전히 이해하지
못할 것 같다……. 그래서 만약 우리가 그랬다면 우리는 몸서리를 칠 것이
다…….[34]

니체는 열렬하다. 어떤 이는 기뻐 날뛴다고 말할 것이다. 하지만 특유의
무미건조함을 보여주는 어느 민족학 기록이 주장하는 바도 니체의 주장과

34) Friedrich Nietzsche, "Homer's Contest"(1872년경에 쓴 미발표 단편), in Nietzsche, *On the Genealogy of Morality*, trans,, Carol Diethe, Cambridge 2007, pp. 174~75.

상당 부분 비슷하다.

선사시대의 잦은 골절은 폭력이 원인이다. 곤봉 같은 것으로 세게 내리치는 것을 막으려다 부러진 듯한 팔뚝이 많다. 이런 대부분의 골절은, 오른손잡이가 왼쪽으로 가한 일격을 막기 위해 상대가 들어 올린 왼쪽 팔뚝에 생긴다. 사막 지역 남성들의 10퍼센트와 동부 해안 지역 여성들의 19퍼센트에서 일격을 막으려다 생긴 골절이 발견되었다. 두 집단 모두에게 가장 일반적인 골절 유형은 상지(上肢, 팔) 골절이었다. …… 두개골이 골절된 경우는 여성이 남성의 2~4배 정도로 더 흔하다. 골절은 보통 둔기를 가지고 휘두를 때 엄지손가락 크기의 타원형 모양으로 움푹해지는 것이다. 대부분은 왼쪽 머리에 골절이 있어 오른손잡이가 앞쪽에서 공격했음을 말해준다. 따라서 대부분의 머리 부상은 인간들 사이의 폭력, 아마도 남성이 여성에게 가한 폭력의 결과다.[35]

*

그런데 인간의 흉포함에 대한 이런 식의 생각이 반드시 니체와 같은 방향으로 이어진다고 생각하지는 말라. 얄궂게도 영국 과격주의 전통의 한가운데에 있던 윌리엄 해즐릿의 말을 들어보자.

자연은 (그 안을 들여다볼수록) 반감들로 이루어진 것 같다. 반감이 없다면, 우리는 사고와 행동의 활기를 잃을 것이다. 삶은 충돌하는 이해관계, 즉

---

35) Stephen Webb, *Palaeopathology of Aboriginal Australians: Health and Disease across a Hunter-Gatherer Continent*, Cambridge 1995, pp. 188~216에 언급된 Josephine Flood, *The Original Australians: Story of the Aboriginal People*, Crows Nest NSW 2007, pp. 122~23.

인간들의 길들일 수 없는 격정으로 흐트러지지 않는 고인 물이 될 것이다. 우리 운명의 순백한 일면은 그 주변을 모두 가급적 어둡게 만듦으로써 환해 보인다(또는 알아볼 수 있게 된다). 그래서 무지개는 구름 위에 그 형상을 그린다. 자랑스러운가? 부러운가? 그것은 대조의 힘일까? 그것은 약점일까 또는 악의일까? 하지만 어떤 은밀한 친연성, 즉 인간 마음속에 악에 대한 '갈망'이 있다는 것은 사실이다. …… 신교도들과 기독교도들은 이제 서로를 화형대 위에서 불태우지 않는다. 하지만 우리는 『폭스의 순교자 열전』(Fox's Book of Martyrs, 오늘날 이에 상응하는 것은 『수용소 군도』일 것이다)의 개정판을 사 읽는다. 그리고 스코틀랜드 소설들의 성공 비밀도 정치의 정당과 종교의 종파 그리고 전쟁과 음모에서 맞붙은 족장들과 부족원들의 뿌리 깊은 편견, 지독한 적대감과 거의 비슷하다. 그 소설들은 우리에게 잔혹한 시대와 사람들의 반목, 원한, 파괴, 절망, 부정, 복수를 상기시킨다. 결국 우리는 그 모든 것들과 더불어 온 힘을 다해 증오하는 마음을 느낀다. …… 우리 안의 야수가 다시 우리를 지배하기 시작하면 우리는 사냥개처럼 느낀다. 사냥개가 잠 속에서 출발해 몽상 속에서 사냥에 돌진하면, 심장은 자기 본래의 소굴에서 깨어나 거친 기쁨의 비명을 내지른다…….[36]

이는 이후에 쓰인 대부분의 글들보다 홈스와 아보타바드 또는 아네르스 브레이비크와 헤르트 빌더르스[37]에 대해 할 말이 더 많다.

---

36) William Hazlitt, "On the Pleasure of Hating" (1823), in Hazlitt, *Selected Writings*, Harmondsworth 1970, pp. 397~98.

37) 〔옮긴이〕 홈스(Homs)는 시리아 서부의 도시로, 이슬람주의 반군이 이 도시의 기독교도 90퍼센트를 몰아내고 200여 명을 인질로 잡았다. 아보타바드(Abbottabad)는 파키스탄의 도시로, 오사마 빈라덴이 사살된 곳이다. 아네르스 브레이비크(Anders Breivik)는 2011년 노르웨이에서 총기를 난사해 76명을 살해한 테러범이다. 헤르트 빌더르스(Geert Wilders)는 네덜란드의 극우당을 이끌면서 새로운 극우 소수연정에서 핵심 역할을 한 인물로, 인종적 증오를 부추겼다는 혐의로 재판을 받았다.

*

    인간의 폭력 성향(피투성이의 순종)에 대한 충분한 인식이 정치를 근본적으로 재정비해야 한다는 생각을 차단한다는 추정은 좌파의 논리적 오류인데, 이것이 핵심이다. 문제는 우리가 어떤 뿌리를 파고들어야 하는가다. 그래서 (헤즐릿이 말하듯이 아우구스투스 황제 시대 이후 세대에 그랬던 것처럼) "인간 마음속에 있는 악에 대한 **갈망**"에 관한 헤즐릿 유의 정직성도 "우리 자신의 정신에 의해 우리가 신격화되는 것"과 아주 잘 공존할 수 있다. 인간의 능력은 아마도 무한할 것이다. 분명 그 능력들은 거의 탐사되지 않았고 꽃피울 기회도 거의 부여받지 않았다. 하지만 비극적 의식은 그러한 무한성(깊이를 잴 수 없음)이 좋은 능력만큼이나 나쁜 능력을 위한 것이기도 하다는 사실을 아는 데서 시작된다.

    만약 이것이 작은 걸음의 정치, 암울한 지혜, 구체적인 제안, 원대한 약속에 대한 경멸, 최소한의 '개선'도 어렵다는 인식을 의미한다면, 혁명이라는 말이 여전히 서술적인 힘을 가지고 있다고 생각하면서 정치에서의 온건함은 혁명적이지 않다고 생각하는 것 또한 잘못이다. 그것은 작은 발걸음들이 무엇을 변화시키고자 하는지에 달려 있다. 인간의 가능성에 대한 그림에 달려 있다. 한 걸음 한 걸음, 실수에 실수를 해가며, 호랑이가 뛰쳐나오지 못하도록 하는 정치는 일찍이 그 어떤 정치보다 더 온건하면서 혁명적일 것이다.

    『힘에의 의지』(*Der Wille zur Macht*)에서 미래를 어렴풋이 감지하고 있는 니체가 다시 한 번 우리의 (두 개의 얼굴을 가진) 안내자다. 세상의 정치가 실로 어떤 것일지에 대한 견해로서 이는 지금도 여전히 비할 데가 없다. 니체는 그의 책을 읽은 사람이라면 익숙할 전반적인 진단과 더불어 시작하지만, 그다음에 전개되는 내용은 전형적인 것과는 좀 다르다. 먼저 그 진단은 이렇다.

간단히 말하자면 ······ 오래된 의미에서의 사회는 더 이상 다시 만들어지지 않을 것이다. 다시 말해 더 이상 다시 만들어질 수 없을 것이다. 그런 사회를 세우려면 모든 것이, 무엇보다 재료(material)가 부족하다. **우리 모두**(니체에게 우리는 '현대인들'을 의미한다)**는 더 이상 사회의 재료가 아니다.** 이것이 다가온 시대의 진실이다![38]

우리 현대인들은 더 이상 사회 건설을 위한 재료를 제공하지 않는다. 그리고 계몽주의 시대가 전제되어 있다는 의미에서, 어쩌면 우리는 결코 재료를 제공하지 않았다. 이렇게 '사회적'인 것이 좌절되는 정치가 오래도록 전개되어 끔찍할 것이라고 니체는 믿는다. 그래서 다가올 세기에 대한 니체의 비전은 특히 악의에 차 있다(이것이 옳지 않다는 의미는 아니다). 앞서 인용한 구절은 '좋은 사회주의자들'에 대한 경멸, 나무로 된 쇠 또는 니체가 예언하듯이 쇠 하나로 만들어진 자유로운 사회에 대해 그들이 가진 꿈에 대한 경멸로 이어진다. 이런 종류의 '사회주의' 이후에 필연적으로 혼란이 오겠지만, 그러한 혼란으로부터 새로운 형태의 정치가 여전히 나타날 것이다. "위기는 ······ 정화한다. 그것은 ······ 서로의 소멸에 관련된 요소들을 함께 밀어제친다. ······ 그것은 물론 모든 기성 사회질서 바깥의 ······ 반대되는 생각을 가진 사람들에게 공통된 과제를 지운다." 그리고 그 결말은 다음과 같다.

누가 이 과정에서 가장 강력한 것으로 판가름 날까? 가장 온건한 사람들, 어떤 극단적인 신념을 **요구하지** 않는 사람들, 아주 많은 우연성과 무의미를 인정할 뿐만 아니라 실로 좋아하는 사람들, 그 때문에 그들 자신이 작아지고

38) Friedrich Nietzsche, *The Gay Science* (1882), trans., Walter Kaufmann, New York 1974, p. 304의 번역을 약간 수정해서 실었다. 나는 『힘에의 의지』에서 그리 효율적이지 못하게 거듭 반복되는 생각을 『동성애의 과학』(*The Gay Science*)에서 정식화한 것을 선택했다.

약해지는 일 없이 자신의 가치를 상당히 낮추며 인간에 대해 생각할 수 있는 사람들, …… 자신의 힘에 대해 확신하고 의식적인 자부심을 가지고 인간이 (실제로) 성취한 힘을 보여주는 사람들.[39)]

물론 니체가 말하는 사회주의 이후에 대한 (그다지 중요하지 않은) 세세한 내용이 공감할 만한 건 아니다. 이 주제에 대한 니체의 생각에는, 그 새로운 움직임의 가장 소중한 결실인 '계급 질서'에 관한 역겹다고 할 수는 없지만 순진해빠진 언급들이 뒤얽혀 있다. 하지만 니체의 글은 어떤 온건함이 혁명적인지에 대한 밑그림으로서 지속적으로 반향을 불러일으킨다.

*

다른 한편으로, (근대 초기 관리들의 발명품인) 유토피아주의는 지주들이 좋아할 만한 것이다. 카를로 레비의 농부들이 불신하는 것은 바로 이것이다. 피터르 브뢰헐이 이를 간단히 설명해준다. 그의 「환락경」 (Cockaigne)은 무엇보다 천국이라는 개념의 탈승화, 즉 신성하지 않은 희극이다. 이는 기독교 국가들이 무너지면서 유포되던 (일상적이면서 우화적이고 제도적이면서 이단적인) 비현실적인 다른 모든 제안들과 관련해서만 온전히 이해된다. 이 그림이 가장 조롱하는 것은 종교적 충동 또는 그 충동이 취하는 한 가지 주요한 형태인 필멸의 존재에서 벗어나고자 하는 바람, 불멸의 꿈, 미래의 이상이다(한때 삶의 구석구석에 끼치던 종교의 영향력이 더욱 약화된다). "그들의 눈에서 모든 눈물을 씻어주실 것이다. 이제는 죽음이 없고 슬픔도 울부짖음도 고통도 없을 것이다. 이전 것들이 다 사라져

39) Friedrich Nietzsche, *The Will To Power* (1901), trans., Walter Kaufmann and R. J. Hollingdale, New York 1967, section 55, pp. 38~39의 번역을 약간 수정해서 실었다.

피터르 브뢰헐, 「환락경」(1567), 뮌헨의 알테 피나코테크(Alte Pinakothek)에 소장됨.

버렸기 때문이다."(『요한묵시록』 제21장 제4절) 브뢰헐은 『요한묵시록』에 대고 그들이 변모시킨 척하는 세속의 현실 때문에 도피와 완전함의 가능성에 대한 온갖 비전들이 출몰하고 있다고 말한다(확실히 브뢰헐의 목소리는 농민 문화의 그것으로, 농민 문화의 뿌리 깊은 스타일을 보여준다). 모든 에덴은 강화된 현재다. 불멸은 계속되는 필멸이다. 지복(至福)에 대한 모든 비전은 육체적이고 탐식(貪食)적이며, 육중하고 일상적이고 현재 중심적이다. 그림 배경의 귀리 죽으로 된 산에서 나타나는 남자는 '현대'의 화신이다. 그는 성인들의 공동체로 가는 자신의 길을 먹어치웠다.

땅에 누운 오른쪽의 젊은 남자는 허리띠에 펜을 꽂고 있으며, 옆에 성서가 있다. 다름 아닌 성(聖) 토머스 모어로 볼 수 있을지 모르는 그는 깨어 있지만, 자신의 창작에 골몰해 있다. 그리고 저 도리깨 위의 사내는 잠이 든 걸까? 그가 네드 러드[40]가 아니라면 누구일까?

*

유토피아는 그 무한한 가능성에 대해 모더니티를 안심시킨다. 하지만 왜? 그것은 실패를 직시하도록 배워야 한다.

*

일반적으로 모더니티(우리 현대인들이 더 이상 사회의 재료가 아니게 하는 것)에 대해 새로이 말할 게 있을 것 같지는 않다. 물자체와 마찬가지로 이 주제는 소모적이다. 이에 대한 논의는 결코 끝나지 않고 우리를 지치게 할 뿐이다. 여기서는 기원, 영웅주의, 확립된 방식의 과거가 아니라, 미래를 지향하는 사회의 도래는 복잡하고 우연한 원인들에 의해 어떤 장소와 시간에서 발생하는 역사적 사실이지 자연적 사실이 아니라고 다시 말하는 것으로 족하다. 그 가운데 두 가지가 개인적인 종교(저 이상한 돌연변이)와 복식부기다. 그리고 모더니티는 주거와 소비의 방식이나 패턴보다 훨씬 더 많은 것을 의미한다. 그것은 에토스(ethos), 아비투스(habitus), 인간 주체의 존재 방식을 의미한다. 내가 이전 책에 쓴 개요를 다시 소개한다.

'모더니티'는 우연성을 의미한다. 이는 조상 숭배와 과거의 권위들로부터 계획된 미래(상품, 즐거움, 자유, 자연에 대한 통제의 형식, 새로운 정보 세계)에 대한 추구로 돌아선 사회질서를 가리킨다. 그 과정에는 지독히 공허하고 살균 처리된 상상력이 동반되었다. 동의되고 확립된 가치와 이해의 형식, 상황

---

40) 〔옮긴이〕 Ned Ludd: 19세기 초 기계 파괴 운동인 러다이트 운동은 그의 이름을 딴 것이다. 일설에 따르면 스타킹 공장에서 일하던 그는 사장에게 야단을 맞자 스타킹 직조기 2대를 부수었다고 한다. 그리하여 러드는 그 지역에서 영웅이 되었고, 산업혁명에 반대하는 사람들 사이에서 '러드 왕', '러드 장군'으로 불렸다.

볼드윈 스펜서가 1901년 8월 23일 오스트레일리아 테넌트크릭에서 찍은 사진으로, 제목은 「마지막 장례식」이다. Baldwin Spencer, *The Photographs of Baldwin Spencer*, Carlton VIC 2005, plate 75.

속에 함축된 규율, 어떤 문화가 필요의 영역 그리고 고통 및 죽음의 현실과 벌이는 투쟁에 대한 자신의 인식을 구체화할 수 있는 이야기와 이미지를 '의 미'(meaning)라고 하는 데 동의한다면, 전통이라는 정박지가 없기에, 상상 적이고 강렬하며 복잡한 연대감이 없기에, 일상생활 속속들이 살아남은 과 거라고는 없기에, 그것은 부족한 사회재(social commodity)가 되었다. 막스 베버(Max Weber)가 프리드리히 실러(Friedrich Schiller)에게서 빌려온 말인 '세계의 탈주술화'(내가 보기에, 암울하기는 하지만 미망에서 깨어나 있는 그대로 의 세계에서 살게 된다는 전망 때문에 기뻐하는)는 여전히 모더니티의 이러한 면을 가장 잘 요약해준다.

  '세속화'는 이런 맹목성이 잘 드러나는 구체적인 말이다. 이는 다음과 같 은 것들을 의미한다. 일상적 행위의 구조가 갖는 일부분으로서의 특수화와 추상화, (모든 사람이 그 높은 수준의 위험을 수긍하거나 분하게 여기는) 대규모 통계에 근거한 가능성의 계산에 쫓기는 사회생활, ('정보'에 의해 포화되고 망net과 스크린에서 끝없이 그리고 변함없이 유희되는) 저 가능성의 계산에서 변수가 되는 시간과 공간, 일상생활의 탈숙련화(점점 더 많아지는 자아의 미세구조를 다루는 전문가와 기술자에 대한 경의), 이용 가능하고 급속히 확산되어 늘 따라다니는 전문 지식, '연구'의 관점에서 볼 때 모든 것의 만성적인 수정.[41]

이는 전체 윤곽을 이루는 하나의 블록에 지나지 않으며, 추가해서 기술해야 할 것들이 많다. 하지만 현재의 관점에서 두 가지 주제를 발전시켜볼 필요가 있다. 첫째, 성서를 읽는 향신료 상인에서부터 체육관에서 땀을 흘리는 하버드 출신의 아이패드를 가진 은행가에 이르기까지, 모더니티의 본질은 인쇄된 책, 정신 수양, 커피 그리고 『르 피가로』, 『타임아웃』, 트위터, 담배(또는 금연), 무한한 앱들의 천국 등 부합하는 기술적 지원을 받는, 순종적이고 고립된 새로운 종류의 '개인'이다. 둘째, 이 모든 장치들은 일종의 **시계장치**이거나 그것이 확대된 것이다. 미래의 완전한 존재라는 허구에 의해 개성이 결합된다. 타임아웃(time out)이 항상 아주 가까이에 와 있다. 그리고 이 새로운 연표의 가장 큰 기능은 '주체 위치'라 불리곤 하는 것에 공을 들이는 것, 다시 말해 시민 주체로 하여금 끊임없이 기대감을 갖게 하여 실제로 제공되는 아주 작은 주체성을 받아들이게 하는 것인데, 원대한 희망(Great Look Forward)이 가장 많이 주어지는 것은 정치의 차원이다.

---

41) Clark, *Farewell to an Idea*, New Haven and London 1999, p. 7의 내용을 약간 바꾸었다.

*

　홉스에서 니체 또는 메스트르,[42) 코제브[43)에 이르기까지 계몽주의 시대
가 그리는 궤적에서 우파의 두드러진 강점은 무엇이었을까? 그것은 바로
(항상 원죄의 시연試演으로 넘어가기 직전인) 인간 가능성에 대한 미망에서
깨어난 시각과 이로 인한 미래상의 자제다. 늘 그렇듯이 니체는 여기서 예
외일 수 있다. 하지만 니체가 미래의 정치에 대해 가끔 어렴풋이 감지해내
는 것이 흥미로운 점은 바로 그것이 보여주는 아이러니한 온건함이다.

　우파가 여전히 이런 강점을 가지고 있을까? 그렇지 않다고 본다. 우파는
더 이상 인간의 본성에 대한 견해를 제시하지 않는다(또는 제시하더라도 그
것은 그저 성聖 아우구스티누스의 견해로, 이는 흄, 잠바티스타 비코, 심지어
프로이트와 하이데거의 유산을 저버린다). 또한 우파는 되돌아보는 대신 서
서히, 거침없이 거대한 근대의 명령에 순응했다. 우파는 (좌파에게는 수치
스럽게도) 이전에 모더니티에 대한 현실적인 기술(記述)과 비판을 독점하고
무의미에 근접해가는 언어를 발견할 수 있게 해주었던 위치 또는 조성(調
聲)을 떠났다. 좌파는 그 빈자리를 얻으려 노력하는 것 외에 달리 선택권이
없다.

*

　이는 지성에 대한 비관, 의지에 대한 낙관일까? 이제 그렇지 않다. 낙관
주의는 이제 소비에 대한 약속과 따로 떼어놓을 수 없는 정치적 조성이기

---

42)　〔옮긴이〕 Joseph Marie de Maistre: 19세기 초 프랑스 전통주의를 대표하는 사상가로, 프랑
　　스혁명에 반대하고 절대왕정과 교황의 지상권을 주장했다.
43)　〔옮긴이〕 Alexandre Kojeve: 러시아 태생의 프랑스 철학자이자 정치가로, 특히 헤겔의 개념들
　　을 유럽 철학에 통합함으로써 20세기 프랑스 철학에 큰 영향을 끼쳤다.

때문이다. '미래'는 증권거래소에 복수형으로만 존재한다. 희망은 더 이상 절망을 위해 우리에게 주어지지 않는다. 그것은 끝없는 정치경제적 미코버리즘(Micawberism)[44]으로 돌연변이되었다.

*

비극적 조성은 많은 것을 가능케 하고 또 불가능케 한다. 하지만 아마도 좌파에게 중요한 것은, 변모된 무언가가 나타나기를 비극은 기대하지 않는다는 점이다. 현대 정치의 퇴행은 정치의 끊임없는 미래 지향과 함께 오며, 아마도 거기에 의존한다. 물론 그 지향은 약하고 정형화되었으며, 계획 수립자들과 유전자 접합자들이 속사포처럼 내뱉는 말들은 더 공허해졌다. 발터 벤야민은 자신의 '약한 메시아주의'가 실로 지난 20세기의 강한 메시아로 나아간 방식에 오싹해서 뒷걸음칠 것이다. 트위터 유토피아는 티파티(Tea Party)[45]와 제휴한다. 하지만 좌파든 우파든 어떤 경제 현실(전면적인 궁핍화로 되돌아가는 것도 포함해서)에 저항하는 정치는 그것을 조롱할 수가 있다. 우리가 가진 형태의 정치는 끊임없이 모더니티를 필요로 하며 그것 없이는 머지않아 아무것도 아닌 것이 된다. 즉 마침내 자신이 달리 상상할 방식, 다시 말해 다른 텔로스(telos)를 가지고 있지 않다는 사실을 깨달을 참이다. 좌파의 과제는 그것을 제시하는 것이다. 벤야민은 이렇게 말한다.

---

44) 〔옮긴이〕찰스 디킨스(Charles Dickens)의 『데이빗 카퍼필드』(*David Cofferfield*)에 나오는 인물인 미코버에서 따온 것으로, 공상적 낙관주의를 의미한다.

45) 〔옮긴이〕미국의 보수주의 유권자 단체.

정치적 범주로서의 깨어 있는 정신 상태는 튀르고[46]의 다음과 같은 말에서 훌륭하게 생동한다. "우리가 주어진 상황에서 사태들을 처리하는 것을 배우기 전에, 그것들은 이미 몇 차례나 바뀌었다. 그래서 우리는 항상 너무 뒤늦게 사태에 대해 알게 된다. 따라서 정치는 어쩔 수 없이 현재를 예견한다고 말할 수 있다."[47]

*

결국 내가 지지하는 반유토피아적 정치와 순수하고 단순한 '개혁주의'의 차이가 무엇인지 물을지 모른다. 나는 거기에 무슨 이름이 붙든 개의치 않는다. 인터내셔널(International) 내의 위대한 개혁주의자들이 가진 문제는 생산력이 본질적으로 진보하고 정화되며 재구성될 운명이라는 믿음을 혁명가들과 공유한다는 점이다. 그들은 경제가 내재적으로 그러한 운명을 가지고 있으며 표현형(phenotype)을 다시 만들어낼 것이라고 생각했다. 따라서 그들은 '개혁'이 조그만 제안, 다시 말해 실용적인 제안이라고 생각했다. 그들은 틀렸다. (베른슈타인의 개혁적 사회주의의 본질적이고 가장 고귀한 형태는 크게 흔들려서 20세기 격세유전의 주기가 시작되던 때인 1914년에 중단되었다.[48] 그것은 사회주의 계획으로서 소생될 수 없었다.) 알고 보면, 개혁은 혁명적인 요구다. 공포와 실패의 순환주기로부터 아주 짧은 거리라도 벗어나는 것, 다시 말해 콜호스 농부들과 물 고문자들을 조금이라도 뒤로하고 나아가는 것은 우리 정치의 아주 점진적인 해체를 의미할

---

46) 〔옮긴이〕 Anne Robert Jacques Turgot: 프랑스의 정치가이자 경제학자로, 중농주의 사상에
     의거해 빈곤한 지역을 개혁하고자 했다.

47) Benjamin, *Arcades Project*, pp. 477~78, Convolute N123, I.

48) 〔옮긴이〕 1914년 제1차 세계대전이 발발하기 직전에 제2인터내셔널이 해산되었다.

것이다.

*

앞서 제기한 문제를 다시 언급하는 것으로 이 글을 마치고자 한다. 지난 40년에 걸쳐 쓰라린 사회적·경제적 불평등을 나타내는 모든 척도들에서 이루어진 (통계적으로 전례가 없고 경탄스러운) 믿기 힘들 정도의 대약진이 특히 최근에 대부분 정치 조직체들을 우파로 이끌었다는 사실을, 자본주의 심장부의 좌파는 여전히 직시해야 한다. **원한**의 정치의 현재 형태(우리 시대의 평등주의)는 티파티다. 그렇다면 어떤 틀에서 불평등과 부당성을 다시 정치의 대상으로 만들 **수 있을까?** 이것이 심각하게 제기되는, 현기증을 일으키는 문제다.

모지스 윌이 그런 것처럼, 아마도 불평등과 부당성을 무엇보다 영속적인 전쟁(영속적인 전쟁 상태)의 부수 현상으로 생각하는 데서부터 그리고 "평화는 결코 오지 않을 것"임을 분명히 하는 정치의 틀을 짜는 데서부터 그에 대한 답을 찾는 일을 시작할 수 있을 것이다. 평화는 인간적인 것의 본질 속에 들어 있지 않다. 하지만 이런 인식은 좌파에게, 전쟁의 영향과 규모를 억제하고, 공격성 그리고 민족국가 형태와는 별개 문제인 영토권을 존중하기 위해 (가장 혁명적인 요구를 하고자) 노력하는 것이 초점, 즉 항상 되돌아가는 정치의 중심이 되어야 한다는 사실을 더욱 중요하게 만들 뿐이며 그것이 더욱 혁명적인 계획이 되게 할 뿐이다. 서서히, 시류를 거슬러, 끝없이. 재차 빈곤의 문제에 초점을 맞출지 모르는 좌파와 동일한 정신에서 (물론 그런 기본적인 약속을 하지 않는 좌파는 **없기**에), 전쟁의 영속성에 대한 예수의 말이 그들의 귀에 울려 퍼지도록 더욱더 맹렬하게.

*

다시 계속하자면, 개혁이냐 혁명이냐의 문제는 내가 보기에 야단스러운 수사학과는 달리 진정한 정치적 문제로서 완전히 실패한 것 같다. 랜돌프 본의 중요한 금언[49]을 끌어와 쓰자면, (우리가 가진) 극단주의는 지금 그 국가의 건강이다.

현재 자본주의의 중심부에서 중요한 사실(이는 적어도 유럽만큼이나 아시아와 라틴아메리카에도 적용된다)은 기존의 정당이나 정치 운동이 더 이상 '개혁' 계획을 제시하는 시늉조차 하지 않는다는 점이다. 자본주의의 개혁은 암묵적으로 불가능하다고 여겨지고 있다. 그 대신 정치인들은 부활, 즉 소생에 동의한다. 은행의 재규제, 다시 말해 운이 좋으면 닉슨과 장 모네[50]의 시대로 돌아가는 것이다.

제한적이라도 성공의 기색이 드러나기 시작하는 순간, 내가 지지하는 것에 반대하는 정치운동 집단은 국가가 거기에 대해 무지막지한 격노를 쏟아내기를 바라리라는 점은 두말할 것도 없다. 정치적 조직과 무력 저항 사이의 경계가, 좌파의 선택 문제가 아니라 자기방어라는 단순한 문제로서 사라지게 될 것이다. 만약에 어떤 정치운동 집단이 실제로 (한정된 방식이지만 일련의 상징적인 승리를 보여주며) 영구적인 전시경제(戰時經濟)라는 문제를 안건으로 다시 상정하기 시작했다고 상상해보라. 그러면 무자비한 '키틀'(kettle)[51]이 일반화될 것임을 확신한다. 공공질서를 수호하기 위해

---

49) 〔옮긴이〕랜돌프 본(Randolph Bourne)은 미국의 좌파 지식인이다. 그는 "전쟁은 국가의 건강"(War is the health of the state)이라는 말을 했는데, 전쟁을 통해 국가의 건강성이 유지된다는 의미다.

50) 〔옮긴이〕Jean Monnet: 프랑스의 경제학자. 두 차례에 걸친 세계대전 후 프랑스 재건을 위해 막후에서 중요한 역할을 수행했다.

51) 〔옮긴이〕경찰 인력과 차량으로 만든 저지선을 이용해 시위자들을 좁은 지역으로 몰아가는 것

헬리콥터들이 바레인에서 귀국하고, 진 찰스 데 메네세스[52]는 많은 형제들을 갖게 될 것이다. 하지만 여기에 이런 의문이 따를 법하다. 어떤 상황에서 국가의 탄압과 좌파의 대응에 대한 뻔한 논쟁이 국가의 우세한 군대를 잠정적으로나마 비합법화하기 시작할 수 있을까? 확실한 것은, 국가가 지하철 열차의 잔해로부터 절단되어 산산이 조각난 신체 부위를 모으는 것을 보여줄 수 있는 때는 아니라는 점이다. 거듭 말하자면, 극단주의는 국가의 승차권이다.

*

결국 전쟁, 빈곤, 맬서스의 극심한 공포, 폭압, 잔학 행위, 계급, 부동의 시간 그리고 인간이 이어받고 있는 여러 가지 재앙들이 없는 **미래는 없을 것**이라고 나는 말하고 있다. 왜냐하면 (항상 공세에 시달리고 주류에서 벗어나 있는, 항상 〔자랑스럽게〕 과거의 것인) 좌파가, 니체가 지구상에서 사라졌다고 생각한 '사회의 재료'를 모으려고 분투하는 현재만이 있을 뿐이기 때문이다. 그리고 이것은 정적주의(queitism)가 아니라, 세계를 바로 볼 수 있는 좌파 정치를 위한 처방이다.

〔김영선 옮김〕

을 의미하는 신조어.

52) Jean Charles de Menezes: 브라질 태생으로, 3년 동안 런던 빈민가에 살며 건설 현장에서 전기공으로 일하다 영국 경찰에 의해 테러 용의자로 오인되어 무참히 사살되었다.

현재주의?

T. J. 클라크의 글에 대한 답

수전 왓킨스(Susan Watkins)

앞서 실린 「미래가 없는 좌파를 위하여」에서 T. J. 클라크(T. J. Clark)는 새로운 급진적인 저항을 위한 일련의 도전에 나선다. 그의 출발점은, 심각한 재정 위기가 닥쳤음에도 서방 세계의 지배 질서에 대해 계획에 따른 대안을 내놓지 못하는 기존 좌파의 실패다. 고통받는 지역들에서 거리 시위가 다시 등장하고 있지만, 역사의 이 시점에서 요구되는 근본적인 재고(再考)가 이루어지지 않고 있다고 클라크는 주장한다. 20세기에 있었던 사회주의혁명의 시도들이 수많은 최악의 좌절을 자초함으로써 막다른 골목에 이르렀음을 고려할 때, 인간의 깊은 교착상태를 도덕적·사회적으로 통찰하는 전망이 필요하다는 것이다. 좌파가 거듭나야 한다고 주장하는 클라크의 글은 피터르 브뢰헐(Pieter Bruegel)의 이미지 세계, 17세기 영국 혁명가들의 개인 서신, 윌리엄 해즐릿(William Hazlitt)의 열렬한 혐오, 에드워드 7세 시대의 비극론과 후기 니체의 신화화된 예언들을 인용하고 있는데, '미래가 없다'는 제목은 오만하고 반항적인 니힐리즘을 이야기하는 게 아니다. 좌파가 1914~89년 재앙의 세기로부터 배워야 할 교훈은 인간의 타고난 폭력성과 사회적 관계를 좀먹는 모더니티의 영향에 관한 것이라고 클라크는 생각한다. 그것은 미래의 비자본주의적인 질서에 대한 온갖 생각들을 떨쳐버리고 시야를 엄격히 현재에 고정해, 지속 가능한 경제 발전을 촉진하고 전쟁의 재앙을 억제하기 위한 '작은 걸음들'의 정치를 요구한다.

미술사학자이자 혁명가인 클라크의 세계관은 1848년 혁명에 대한 심층 연구와 1960년대 파리에서의 미술 운동을 동반한 상황주의자 인터내셔널(Situationist International, SI)[1]이라는 용광로에서 벼려졌다. 1966년 드보르의 SI로부터 제명당한 후에도 클라크는 상황주의 원칙에 대해 감탄하리만치 흔들림 없는 충실성을 보여준다. 두 사람 사이에 강조점에서 차이가 있을지언정(예를 들어 클라크가 볼셰비키 사상, 즉 과격주의를 격렬히 증오한 데 반해 드보르는 옛 소련의 관료 체제를 좀 더 고결한 것으로 보았다), 클라크가 요약한 것처럼 두 사람 모두가 "이미지의 영역이 점점 미래에 가능한 '정치'가 그 안에서 그리고 그에 대항해서 틀 지어지는 사회적 영역이 되었다"고 거듭 확인한다.[2] 클라크의 미술 관련 글은 상황주의가 가진 설득력과 지적 활력을 증명해준다. 역사적으로 마르크스부터 트로츠키, 루카치, 사르트르까지 좌파 문화는 압도적으로 문학에 집중하여 회화는 말할 것도 없고 시각미술에 대해 언급하는 경우가 훨씬 적었다. 클라크는 시각미술을 문학 전통에 맞먹는 것으로 만든다.

---

1) 〔옮긴이〕 기 드보르(Guy Debord), 주세페 피노–갈리치오(Giuseppe Pinot-Gallizio) 등 유럽 각국의 미술가와 이론가들이 급진적인 정치적 견해를 표현하기 위해 설립한 조직이자 미술 운동으로, 자본주의에 대한 경멸과 현대인들의 자기진단적 비판 의식을 예술적 실천의 토대로 삼았다. 이들은 패러디와 표절, 콜라주 등을 통해 원래의 의미를 새로운 의미로 대체하고 전복했다.

2) "Origins of the Present Crisis", NLR 2, March-April 2000, p. 89.

1973년 출간된『절대 부르주아』(*Absolute Bourgeois*)와『민중의 이미지』(*Image of the People*)에서는 들라크루아, 도미에, 밀레, 메소니에, 쿠르베의 예술 전략에 영향을 끼친 경험의 양상을 재구성하여 비할 데 없는 역사적 해석을 보여준다.『현대적 삶의 회화』(*The Painting of Modern Life*, 1985)에서는 제2제정 양식에 대한 연구를 확대하여 마네와 그 추종자들의 작품에 표현된 오스만 시대의 파리를 분석한다.『어떤 신념과의 결별』(*Farewell to an Idea*, 1999)에서는 피사로, 세잔, 입체파 화가들, 엘 리시츠키(El Lissitzky), 폴록 같은 미술가들이 회화가 무엇을 할 수 있는지 그 한계를 시험하면서 전략적으로 선택한 관습들을 검토했다. 이들 연구에서는 명료한 사고 과정으로서의 글쓰기 행위가 필수적이다. 그 방식은 대개 집요한 의문 제기로 그것의 사회적이거나 (특히 최근 저작인『죽음의 풍경』(*The Sight of Death*, 2006)과『런던 리뷰 오브 북스』(*London Review of Books*)에 쓴 글에서) 형식적인 의미를 무너뜨리는 식이다. 웅변적인 주장을 지닌 현재 진행형 시제가 특징적이며, 동사 변화는 1인칭('나' 또는 '우리')이다. 그 동력, 다시 말해 논쟁의 에너지는 미학적인 만큼이나 윤리적이고 정치적인 것이다("그게 **중요하다**"고 클라크는 거듭 쓰고 있다).

미술사에 관한 이들 저작과 나란히, 클라크는 반쯤은 논쟁이면서 또 반쯤은 선언문인, 일련의 맹렬한 정치적인 글을 (대략 7년의 간격을 두고) 단독으로 또는 공동으로 썼다. 1990년에는 이언 볼(Iain Boal)[3] 등과 함께「동부전선 이상 없다」(All Quiet on the Eastern Front)라는 제목으로 서양의 냉전 승리가 갖는 의미를 다룬 소논문을 내놓았다. 1997년『옥토버』(*October*)에 발표한「왜 미술은 상황주의 인터내셔널을 끝장내지 못하는가」(Why Art Can't Kill the Situationist International)라는 글은 비상황주의 좌파를 비난하는 동시에, 최근 상황주의 인터내셔널의 이론적 실천

---

3) [옮긴이] 아일랜드의 사회사학자.

을 큰 틀의 예술의 기초로서 열렬히 옹호했다. 2004년에는 「고민하는 권력들」(Afflicted Powers)이 『뉴레프트리뷰』 제27호에 실렸고, 다음해에 이를 발전시켜 버소(Verso) 출판사[4]에서 책으로 출간했다. 리토트(Retort)[5]라는 단체와 공동 집필한 이 글은 반전운동을 좀 더 잘 채비하기 위해 드보르의 개념(스펙터클 사회, 일상생활의 식민지화)을 가져와 뉴욕 세계무역센터(WTC) 쌍둥이 빌딩에 대한 공격의 의미에 대해 고심한다.

「미래가 없는 좌파를 위하여」는 이러한 정치적 저작들의 맥락 속에 놓여 있다. 맨 먼저 언급해야 할 것은 다양한 문화와 시대로부터 발상과 이미지를 가져와 잔인성, 비극, 온건성, 시간성 같은 주제들의 복잡한 상호작용을 보여주는 그 형식의 독창성이다. 「미래가 없는 좌파를 위하여」는 무솔리니 시대의 이탈리아 남부 지역, 영국 라파엘전파의 화가, 불협화음의 오케스트라에 대한 풍자적인 메타포와 더불어 시작되어 도시 거리들에서의 정치행동으로 끝을 맺는다. 아렌테(Arrente)족과 와루뭉구(Warumungu)족[6]의 의식(儀式), 브뢰헐의 몽상가들, 청교도적인 성인들의 왕국 등과 같은 근대 이전의 세계가 두드러지게 등장하고, 네드 러드와 플라토노프, 랭보, 모리스와 진 찰스 데 메네세스 등 많은 사람들이 언급된다. 하지만 지금부터 클라크의 비약적인 주장들을 차근차근 되짚어보기보다는, 대안을 제시하기 전 좌파의 현재 교착상태에 대하여 「미래가 없는 좌파를 위하여」에서 내놓은 해명을 살펴보고, 그것이 참조하는 문헌과 그것이 사용하는 수사학적 전략에 대해 논의할 것이다. 이는 예비적이고 개인적인 답에 지나지 않으며, 다른 수많은 답이 가능하리라는 점은 의심의 여지가 없다.

---

4) 〔옮긴이〕『뉴레프트리뷰』에서 설립한 출판사다.

5) 〔옮긴이〕각자의 방식으로 자본과 제국에 반대하는 약 40명의 작가, 교사, 예술가, 활동가들의 공동체.

6) 〔옮긴이〕둘 모두 오스트레일리아의 원주민 부족이다.

1. '재앙의 세기'

"이것이 우리의 정치가 모체로서 가지고 있는 과거다." 클라크는 20세기 사회주의의 부침에 대한 이해가 21세기 사회주의의 전망에 필수적이라고 올바르게 지적하면서 이렇게 말한다. 「미래가 없는 좌파를 위하여」에서는 무엇이 잘못되었는지에 대해 서로 중복되는 세 가지 해석을 내놓는다. 첫 번째 해석에서 1914년부터 1989년까지의 시기는 "사라예보의 소동에서부터 시작"되는, 어떤 형태나 논리가 없는 불가해한 재앙으로 여겨진다. 두 번째 해석에서 그것은 인간의 타고난 폭력성("피투성이의 순종")의 결과다. 세 번째 해석에 따르면, '모더니티'는 더 이상 사회의 재료로 맞지 않는, 새로운 종류의 고립되고 순종적인 개인을 낳았다.

「미래가 없는 좌파를 위하여」에서 이 세 가지 해석 사이의 인과적인 또는 구조적인 관계는 자세히 설명되지 않는다. 따라서 그 각각을 차례로 논의하는 것이 가장 간단할 것이다.

그렇다면 "난데없이 갑자기 나타난" "재앙의 세기", 즉 "막을 수도 없고 지도를 그릴 수도 없는" 혼란이라는 생각에서 시작해보자. 이렇게 보면, 클라크가 비합리주의를 자신의 주된 인식 체계로 내세우면서 미래의 좌파에게 그것을 권장하는 것처럼 보일 것이다. 비합리주의는 정치적 전망에는 좋지 않은 출발점이며, 파국과 구원에서 벗어나고자 하는 사람들의 기대를 거스른다. 제1차 세계대전의 원인들은 합리적인 연구와 분석에 의해 잘 규명되고 있을 뿐만 아니라, 이후의 역사에서는 이러한 합리적인 연구와 분석이 지식인의 의무로 부과된다. 제1차 세계대전과 전후 처리는 나치의 패권, 제2차 세계대전 그리고 히틀러의 절멸 계획에 전제 조건을 제공했다. 그뿐만 아니라 볼셰비키 혁명을 위한 장을 마련하고 그 향방을 결정짓도록 거들었다. 1914년에 분출된 갈등이 "난데없이 갑자기 나타나"지 않았다는 데는 의심의 여지가 없다. 그것은 선발 국가인 영국과 프랑스에 유리한 기존의 제국 분할과 후발 국가인 독일, 일본, 미국이 가진 더 큰 경제적·군사적 활력 사이의 불균형에서 촉발되었다. 한때 몇몇 열강들이 세계를 완전히 분할해 가졌다. 중국, 터키, 페르시아 같은 반(半)군주국들의 원료, 시장, 자본 투자 계획에 대한 독점권을 놓고 경쟁하는 제국주의들 사이의 충돌과 식민지 소유의 배분이 1890년대 후반부터 19세기 외교의 한계를 넘어서기 시작했다. 제국주의 연합이 유럽 동맹 체제를 불안에 빠뜨렸고, 국제적인 위기들이 점점 더 벼랑끝 전술에 의해 해결되었으며, 경제성장과 더불어 군사력과 해군력이 팽창했다. 1914년 6월 세르비아에 맞서 빈을 지지하기로 한 베를린의 결정은 상트페테르부르크의 재무장 계획을 고려하여 취해진 것이었다. 당시 전쟁을 막을 수 있었을 유일한 세력은 아래로부터의 단호한 반전 활동이었다.

이른바 에두아르트 베른슈타인(Eduard Bernstein)의 "가장 고귀한 형태의 사회 개혁"(클라크의 표현이다)이 이러한 역사 시기에 했던 역할을 여기서 상기할 필요는 없을 것 같다. 베른슈타인은 처음에 1896년의 팽창적인 식민정책을 지지했다. 이는 1914년 8월 전쟁 승인을 위한 독일 사회민주당(SPD) 의원들의 투표가 있기 거의 20년 전이었다. 1898년 그의 자칭 '수정주의'적 개입(사회주의의 목적은 없고 그 운동이 전부였다)은 마타벨레(Matabele)족의 봉기에 대한 세실 로즈[7]의 잔학한 진압을 반대하는 것이 '문명의 확산과 세계시장의 확대'에 반대하는 것이라고 주장했다. 경제에 대한 국가 규제의 지속적인 확대를 통해 사회주의가 '점차' 다가올수록, 선거권을 부여받은 노동자계급은 식민지 시장의 확대에 관심을 갖게 될 것이었다. "열대 플랜테이션의 농산물을 즐기는 데 아무런 잘못이 없다닌 그런 농장을 우리 자신이 경작하는 데도 아무런 잘못이 없다." 그는 다음해 『사회주의의 전제 조건』(*Preconditions of Socialism*)에서 이렇게 썼다. 그

---

7) 〔옮긴이〕 Cecil Rhodes: 영국의 아프리카 식민지 정치가.

리고 1900년에는 이렇게 쓰고 있다. "고급한 문화가 저급한 문화보다 항상 더 큰 권리를 가진다. 필요하면 고급한 문화는 저급한 문화를 통제할 역사적 권리, 즉 의무를 가진다." "모든 강한 종족과 모든 강한 경제는 팽창하고자 애쓴다." 독일인들은 중국 왕조의 통상 정책을 결정하는 데서 결정적인 발언권이 필요했기 때문에, 사회민주주의는 독일 제국의 자우저우(膠州)만[8] 침략을 떳떳이 승인할 수 있었다. 또한 사회주의자들은 종족 문제, 즉 문명인들과 '위험한 몽골인' 사이의 경쟁도 간과하지 않았다.[9] 1914년의 역사적인 조건부 항복은 페이비언주의자(Fabian)[10]들에게서 배운 지속적인 사회제국주의 전략의 논리적 귀결이었다. 그리고 백인의 책무를 짊어지는 나토(NATO)의 중도좌파에게서 그 아류를 발견하게 된다.

인간에게 늑대 같은 인간

클라크가 말하는 '재앙의 세기'의 두 번째 이유는 인간의 타고난 잔인성에 있다. 이는 창을 든 오스트레일리아 원주민의 외침과 앞치마를 두른 소작농들의 눈에서 똑같이 분명해 보인다고 클라크는 말한다. 물론 타고난 성향이 시대구분, 즉 1914~89년의 이유가 될 수는 없다. 당시의 재앙이 1860년대 산업 규모의 무기 생산과 더불어 시작된 건 아니었기 때문이다. 만일 그렇다면 어째서 '재앙의 세기'가 군사 혁신이 여전히 한창 진행되고 있던 75년 후에 끝날 수 있었을까? 그 대신 클라크는 두 가지 다소 다른 주

8) 〔옮긴이〕 중국 산둥 성에 있는 만.

9) Eduard Bernstein, "Zusammenbruchstheorie und Colonialpolitik", *Neue Zeit*, 19 January 1898; *Preconditions of Socialism* (1899), Cambridge 1993, p. 169; "Der Socialismus und die Colonialfrage", *Sozialistische Monatshefte*, 4, 1900.

10) 〔옮긴이〕 1884년 지구전(持久戰) 전법을 쓴 로마의 장군 파비우스(Fabius Maximus, 기원전 275~기원전 203)의 이름을 따서 영국에서 결성된 페이비언 협회(Fabian Society)는 페이비언 사회주의를 추진했다. 계급투쟁 사관이 아니라 사회진화론의 입장을 취하고, 사회·조직의 혁명적 변화가 아니라 민주적인 수단에 의한 점진적이고 유기적인 사회 개혁을 강조했다.

장을 발전시키고자 한다. 첫 번째는 인간의 본성, 다시 말해 인간이 가진 '무한한' 악행 능력과 관련이 있고, 두 번째는 역사의 추동력으로서의 폭력과 관련이 있다. 인간의 본성상 악이 끊이지 않으리라는 주장과 인간성이 꾸준히 나아져왔다는 반대 주장은 오랫동안 팽팽히 맞서왔다. 스티븐 핑커(Stephen Pinker)의 『우리 본성의 좀 더 착한 천사』(*Better Angels of Our Nature*)는 콩도르세까지 거슬러 올라가는 계보의 최신 버전일 뿐이다. 이에 반해, 마르크스주의 전통에서는 '무한하'지 않은 욕구와 능력들이 결합된 것 그리고 존재론적으로 사회적이고 윤리적이고 재현적인 것으로서의 인간 본성 개념을 발전시켰다.[11] 이러한 접근은 다수의 공통점을 인간 본성에 대한 납득할 만한 설명으로서 이론상 상정하는 이점을 가지고 있다.

인간 역사에서 전쟁 발생 빈도는 매우 다양했다. 끝없는 충동보다는 경제적·생태적 압력이 전쟁 발생을 좀 더 설득력 있게 설명해준다. 고고학적인 증거를 보면, 선사시대의 대학살이 거의 항상 환경 재해, 즉 대개 가뭄이나 홍수와 연관될 수 있음을 알 수 있다. 그래서 나일 계곡에 있는 후기 구석기 유적, 즉 '선사시대의 집단 학살'의 가장 이른 예는 그 지역에 비극적인 홍수가 닥친 시기에 생겨났다. 14세기 중반 그레이트플레인스 북부에서 있었던 크로크릭 대학살[12]은 심각한 가뭄 중에 발생했다. 당시 원주민의 묘지들에 변사(變死)로 추정되는 골(骨)해부학적 증거들이 급증한 것은 물 부족 탓으로 여겨진다. 이에 반해, 식민지 시대 이전 사하라 사막 이남 아프리카의 '전쟁'은 흔히 노동력 부족으로 인해 벌어졌고, 그래서 시체보다는 포로를 위한 것이었다. 비슷하게, 16세기와 17세기 초반 막대한 피해를 가져온 전염병 이후에 많은 아메리카 원주민 집단들은 인구를 보충하기

---

11) Norman Geras, *Marx and Human Nature*, London 1983.

12) 〔옮긴이〕 1325년경 북아메리카 대륙 중앙에 남북으로 길게 뻗어 있는 고원 모양의 대평원인 그레이트플레인스(Great Plains) 북부 사우스다코타 지역에서 아메리카 원주민 집단 사이에 발생한 것으로, 수백 명의 남녀 아이들이 살해당했다.

위해 인질을 확보하려 애썼다. 선진 사회경제 질서들 내에서, 일련의 단계를 거친 '제국의 평화'는 현재까지 전쟁을 주변부에 대한 (충분히 잔학한) 경찰 활동으로 제한하는 목표를 대체로 성취했다.

클라크는 전쟁이 문명과 그 진부한 버전인 왕과 여왕들의 역사의 원동력이라는, 흔히 회자되는 이야기에 동의한다. 「미래가 없는 좌파를 위하여」에서 그는 직업 군대의 창설에 의해 화폐제도가 발명되었다고 주장한다. 하지만 사용가치와 교환가치가 결합된 가죽이나 금속 같은 물품들을 화폐로 이용하는 교환은 대외무역에서 1000년이라는 긴 전사(前史)를 가지고 있었다. 그 전제 조건에는 농업, 높은 수준의 수공예 산업, 문자 기록의 발전이 포함되어 있었다. 교역망은 최초 국가들의 군사력과 정치력의 팽창에 앞선다. 기원전 1100년에서 기원전 600년 사이에 근동에서 유사 통화로 쓰인 압인된 청동이나 은 막대는 다른 금속을 정확하게 자르고 압인할 수 있는 철제 도구를 단조할 수 있게 된 데 따른 것이었다. 이를 보면 세금과 공물을 통한 고도의 사전 축적이 가능했던 국가가 존재했음을 알 수 있다. 국가가 국경을 지키는 사령관에게 대가를 지불할 수 있었던 것은 식량, 신발, 허리띠를 얻기 위한 교환에서 압인된 금속을 인정한 상인들의 존재를 전제로 한다.

그런 상황에서 기원전 7세기 페르시아 제국의 국경에 있던 리디아 왕국에서 처음 동전이 등장했을 것이다. 기원전 575년 농민-군인이 책임지는 도시국가인 아테네가 고액 동전뿐만 아니라 소액 동전과 더불어 처음으로 완전히 화폐경제화되었을 때, 그것은 장갑 보병대뿐만 아니라 부유한 내륙 농경 지역과 번성하는 해양 무역 사이에 서로 밀접한 관련이 있는 요구에 부응한 것이었다. 역사 발전에서 군사력의 역할은 부차적이며, 기껏해야 좀 더 폭넓은 경제적 요인들의 맥락 속에서 방아쇠 역할을 했을 뿐이라고 말한다고 해서 그것의 효과를 가벼이 여기는 건 아니다. 무장선(gunship)이 교역의 길을 열었겠지만, 앞서 무엇이 무장선을 건조(建造)케 했을까?

이런 의문을 달리 제기해보자면, 클라크와 오스트레일리아 사진가인 볼드윈 스펜서(Baldwin Spencer)가 창을 흔들어대는 오스트레일리아 원주민 남성들을 지켜보는 동안 여성들은 무엇을 하고 있었을까?[13]

아, 모더니티

좌파를 망가뜨린 재앙적인 모체에 대한 세 번째 설명은 큰 주제인 '모더니티'와 관련이 있다. 이 용어는 클라크가 19세기 프랑스 회화에 대해 쓴 뛰어난 저작들의 원래 편집본에서는 중요하지 않았고, 1990년대 후반에 쓴 『어떤 신념과의 결별』에서 처음 등장한다. 그때는 제3의 길을 추구하는 사회학자들이 전 지구적인 자유시장에 최적화된 문화를 묘사하기 위해 이 개념을 일신해서 여기에 적극적인 유의미성을 부여하던 무렵이었다. 몇 년 후 중국과 인도의 성장률이 솟구치자 이를 나타내기 위해 '대안적 모더니티'라는 개념이 만들어졌다. 프레드릭 제임슨(Fredric Jameson)은 이에 대해 이렇게 썼다. "[대안적 모더니티는] 패권적인 앵글로색슨형 모더니티에서 [비앵글로색슨계 사람들의—옮긴이] 마음에 들지 않는 모든 것으로, 여기에는 앵글로색슨형 모더니티가 그들에게 지워놓은 하위 주체라는 지위가 포함된다. 안심할 만한 개념으로써 이러한 모더니티의 개념을 지우고 그들 자신의 모더니티를 만들어낼 수 있다." 대안적 모더니티를 만들어

---

13) 볼드윈 스펜서가 아렌테족에 대해 쓴 글은 클라크가 그의 사진에서 끌어내는 결론과 극명히 대조된다. 스펜서는 남성은 조상의 영혼이 깃든 곳에 머물러야 한다는 아렌테족의 믿음을 언급함으로써, 어떤 부족도 다른 부족의 영역을 침범하려 하지 않았다는 사실을 설명하고 있다 그 영역은 "의심의 여지 없이 상속에 의해 그의 것"이 되었을 뿐만 아니라 "다른 사람에게는 쓸모가 없었으며 다른 어떤 부족의 영역도 그에게는 소용이 없었다." 클라크가 원시적인 인간의 폭력성을 보여주기 위해 삽화로 쓴, 찾아온 무리와의 '다툼'은 아주 의식(儀式)적인 것이다. 거기서는 많은 고성이 오가고 원주민들이 부메랑을 휘두르기도 하지만, 죽는 사람은 없다. 스펜서가 보기에, 아렌테족에게 가장 큰 위험은 유럽인들이 벗어놓은 옷에서 감염된 결핵이었다. *Photographs of Baldwin Spencer*, Philip Batty et al., eds., Carlton, VIC 2005, pp. 5, 56, 44.

내는 주체는 라틴아메리카, 인도, 아프리카일 수도 있고 유교권일 수도 있다.[14] 사회학자들과 문화비평가들은 자본주의사회의 생활 세계와 예술적 가능성에 대한 태도에서 두 진영으로 나뉜다. 베버에서 엘리엇, 아도르노에 이르는 한쪽 진영에게 그 비전은 쇠창살로 둘러쳐진 우리나 황무지처럼 한없이 절망적이다. 반면 마리네티(Marinetti)에서 홀, 기든스에 이르는 다른 쪽 진영에게 그것은 자기 형성을 위한 새로운 기회를 의미한다. (제3의 접근법에서는 주장하기를, 양쪽을 동시에 포섭하려 한다.[15])

칭찬할 만하게도, 클라크는 축배를 들지 않는다. 그의 저작에서 모더니티는 실로 베버적인 엄격성을 부여받는다. 이는 그것이 개념적 일관성을 획득하고 있다는 말이 아니다. 만족스러운 정의 또는 적용 영역(문화, 에토스, 사회질서), 원인(프로테스탄티즘, 자본주의, 소비주의), 시대구분(봉건제의 종말, 계몽주의 시대, 1850년, 1905년)에 대해 합의가 되어 있지 않은 까닭에, 모더니티는 더 심층적인 연구가 필요함에도 외면되고 있는 유사 개념, 즉 빠져 있는 무언가를 대신하는 별칭 또는 자본주의라는 말을 언급하지 않고 자본주의에 대해 이야기하는 방식으로 기능하게 되었다. 클라크는 『어떤 신념과의 결별』에서 처음으로 이 개념을 제시하면서 "'모더니티'라는 말을 대부분의 독자들이 그냥 보고 알 수 있는 소박한 의미로 사용할 것"이라고 설명한다. 하지만 클라크가 그것을 확인하는 (「미래가 없는 좌파를 위하여」에서 "에토스, 아비투스, 인간 주체의 존재 방식"으로 반복되고 확장되고 있는) 이질적인 "특징들의 다발"이라는 말은 '모더니티'를 더욱 장황하게 만들 뿐이다. 그 결과는 양립할 수 없는 베버와 마르크스의 접근법

---

14) Fredric Jameson, *A Singular Modernity*, London 2002, p. 12. 제임슨은 그리 대단치는 않지만 중요한 개념을 정의하는 데 도움이 될 일련의 경계 설정을 제안한다. 거기서 그는 (그냥 어떤 일이 일어나는지 보기 위해) 어디든 '모더니티'라는 말이 나오면 '자본주의'로 대체하는 운동요법을 제의한다.

15) Marshall Berman, *All That Is Solid Melts into Air*, New York 1982, pp. 15~18.

을 어정쩡하게 결합해놓은 것이다. 클라크는 합리화와 탈주술화라는 개념, 즉 이전(종교개혁 이전?) 세계가 공유하던 모호하게 지시된 가치와 이해의 상실이라는 베버의 개념을 그대로 유지한다. 그리고 마르크스에게서는 모더니티를 구성하는 "특징들의 다발"이 "자본의 축적이라는 중요한 과정에 의해 추진"된다는 주장을 가져오고 싶어한다.[16]

하지만 베버에게 합리화는 퇴적이라는 더딘 과정이었다. 그 기원은 중세 수도원의 시간표에서 유래하며, 회사와 관료 국가의 조직에서 완전히 확고해진다. 결정적인 경우는 윤리였다. 즉 프로테스탄트 정신이 자본의 축적을 추진했다는 것이다. 이와 관련해서 마르크스주의에서는 자본주의에 대한 사회적 경험을 계급, 세대, 성에 영향을 받지 않는 획일적인 것이라고 보지 않았다. 마르크스에게 각 자본주의경제의 발전은 국가의 문화와 환경이 결합되어 특유의 형태로 중층 결정되는 것이었다. 그의 시대 이후 자본주의의 축적 과정은 전쟁, 위기, 불황이 간간이 끼어든 연속적인 단계를 통해 생산양식을 만들어냈다. 독점자본주의, 제2차 산업혁명, 대량생산 방식의 등장, (양자 모두 주변부의 수입 대체와 수출 주도에 의한) 냉전 시대의 복지국가 자본주의와 발전주의 그리고 금융자본의 시대, 즉 신자유주의적 세계화가 진행되고 중국이 세계의 공장으로 부상한 시대를 지나 지금 우리는 분명 그다음 단계로 이행해가고 있다. 이 다양한 풍경을 가로질러 식별할 수 있는 획일적인 에토스, 아비투스 또는 인간 주체의 특정한 존재 방식이란 건 없다.

확실히 클라크 자신은 이제 모더니티에 진저리를 치는 듯하며, 모더니티를 끌어들이는 것은 미래에 대한 그것의 파멸적인 집착에 대한 교훈을 강조할 때뿐이다. 몇 가지 다른 주장들이 여기서 제기되고 있다. 그 하나는, 자본주의(또는 더 정확히 말하자면 '모더니티') 아래에서 미래는 "미래의 완

---

16) Clark, *Farewell to an Idea*, p. 7.

전한 존재라는 허구"로써 "고립되고 순종적인 개인들"을 기만할 뿐이라는 것이다. 두 번째 주장은, 모더니티가 1950년대 뉴욕의 모더니즘 이론가들에 따르면 끊임없이 새로운 것에 집중하는 **모던**이즘(모더니즘)을 대신한다는 것이다. 클라크는 님롯(Nimrod)의 탑과 제3인터내셔널 기념비를 병치해 보여주는데, 이는 블라디미르 타틀린(Vladimir Tatlin)의 모형이 노한 여호와에 의해 무너질 것임을 암시한다. 하지만 타틀린과 구성주의자들은 실로, 클라크가 보기에 '현재의 위기'를 가져온 변화의 비전들 또는 '변모의 단계들'을 대표한다. 여기서도 역시 클라크의 뒤얽힌 주장들을 풀어내기가 쉽지 않다. 클라크는 좌파가 티모시 가이트너(Timothy Geithner)와 버냉키의 '해결책'에 대해 일관된 대안을 갖추는 데 실패한 것을 언급하고 있는 것일까? 만일 그렇다면, 그런 대안은 적어도 변화에 대한 어떤 비전을 포함해야 하지 않을까? 아니면 클라크는 "사회주의=메시아주의=강제 노동 수용소"라는 자유방송(Radio Liberty)[17]의 메시지를 반복하면서 좀 더 세계사적인 차원에서 이야기하고 있는 걸까?

앞서 말한 것이 모두 틀림없을 것이며, 클라크는 많은 반대를 예상했을 것이다. 우리의 생식(生殖) 습관(실로 모든 문화의 창안)이 우리가 그래야 한다고 암시하는 것처럼 미래가 인간 경험을 구성하는 한 차원임을 인정한다면, 미래가 없는 정치라는 생각은 존재론적으로 애당초 불가능해 보이고, 동시에 효과적인 행동은 '과거'와 '현재'의 차이를 그 자체로 구현한다. 정치적 순간으로서 현재 자체는 시대구분을 통해 포착될 수 있을 뿐이다. 구별의 과정은 필연적으로 과거뿐만 아니라 미래를 상정한다. 사회학적으로, '원대한 희망'은 메시아적 믿음의 문제가 아니라 사회와 경제의 변화를 가속시키는 경험에 대한 합리적인 반응이다. 자본주의의 역사를 분석적으로 보면, 이것이 지속될 것이고 비록 관계는 그대로이더라도 상황

---

17) 〔옮긴이〕 소련 붕괴 이전의 뮌헨 시를 거점으로 한 대소련 선전 방송.

은 바뀔 것임을 우리는 알 수 있다. 하지만(그리고 이것이 클라크의 우상파
괴적인 입장을 헷갈리게 만드는데) 이데올로기적인 면에서 '미래가 없다'는
것은 이미 포스트모던의 풍조로 확립된 듯이 보인다. 사방을 둘러봐도 변
화가 없는 현재와 현재주의 정치는 아무 생각 없이 "그래, 할 수 있어"(Yes,
we can)라는 말의 반복이 되어버린다.

2. 발상의 원천들

클라크가 우리의 폐허를 지탱하는 단편들[18]—브뤼헐의 「환락경」, 모지
스 윌의 경제계획, 해즐릿의 「증오의 즐거움에 대하여」(On the Pleasure
of Hating), 브래들리의 『셰익스피어 비극』(Shakespearean Tragedy), 니
체의 『힘에의 의지』, 역사의 개념에 대한 벤야민의 글—은 어떤가? 클라크
는 합스부르크 가문이 통치하던 네덜란드에서부터 나치의 파리 점령에 이
르기까지 시간과 지식 분야를 종횡으로 오가며 이들을 불러낸다. 이들이
좌파를 위한 새로운 전망에 어떻게 기여하는지를 평가하려면, 유토피아,
경제 발전, 인간 본성, 비극론, 정치적 전략과 시간에 대해 이들이 말하는
바를 명확히 하기 위해 이들의 목소리와 비전을 그것들의 맥락 속에 다시

---

18) 〔옮긴이〕 엘리엇은 『황무지』(황동규 옮김)에서 이렇게 노래했다.

나는 기슭에 앉아 낚시질했다. 등위엔 메마른 들판.
적어도 내 땅만이라도 바로잡아 볼까?
런던 교가 무너진다, 무너진다.
〈그리고 그는 정화하는 불길 속에 몸을 감추었다〉
〈언제 나는 제비처럼 될 것인가〉—오 제비여 제비여
〈황폐한 탑 속에 든 아퀴텐 왕자〉
이 단편들로 내 폐허를 지탱해왔다.

놓고 보는 것이 유용할 것이다.

플랑드르의 유물론자

브뢰헐이 항상 그런 것처럼, 「환락경」은 우리를 문득 멈추게 한다. 『뉴레프트리뷰』의 흑백 사진조차 브뢰헐의 작품에서 색이 얼마나 중요한지 다시 한 번 말해준다. 분홍색 실크 바지를 입고 여우털 망토를 걸친 원형(原型)적인 지식인, 그 자체가 탁자이면서 언덕 꼭대기에 불길한 그림자를 드리우는 암갈색의 나무 둥치, 은빛으로 어슴푸레하게 빛나는 바다, 왼쪽 위 구석에 있는 기울어진 지붕을 기와처럼 덮은 적갈색과 황갈색의 푸딩, 그 지붕 아래에서 큰 대(大)자로 누운 세 사람을 내려다보는 굶주린 합스부르크 왕가의 병사. 이 그림을 보는 관람자 역시 메밀 언덕에서 내려다보는 것 같다. 브뢰헐은 우리의 길을 먹어치워야 하는 위치에 우리를 놓아둔다. 현재의 목적을 위해서는, 즉 이 그림을 좌파의 새로운 전망과 관련지을 수 있으려면, 브뤼셀에 있던 브뢰헐의 작업실 바깥의 세계를 염두에 두어야 한다. 「환락경」은 1567년에 그려졌다. 당시 알바(Alba) 공작이 이끌던 합스부르크가의 군대가 네덜란드의 도시들을 공포에 빠뜨리면서 그 전해의 우상파괴적인 폭동 이후 경제 위기의 시기에 종교재판을 재개했다. 그랑플라스(Grand Place)에서 집단 처형과 수천 명의 체포가 있었고, 반란자들의 땅은 점령되었다. '바다의 거지들'[19]의 상륙과 대반란[20]의 폭발을 위한 씨앗이 뿌려지고 있었던 것인데, 그리하여 브뢰헐이 죽은 후에 17세기 계몽주의의 불빛인 네덜란드공화국이 세워지게 된다. 브뢰헐의 「영아 대학살」(Massacre of the Innocents, 1568)은 알바 공작의 테러를 직접적으로 반영

---

19) 〔옮긴이〕 Sea Beggars: 16세기 후반과 17세기 초반 에스파냐의 통치에 저항해 혁명을 일으킨 네덜란드의 저항군.

20) 〔옮긴이〕 주로 프로테스탄트 신자였던 북부 저지대의 7개 지방이 가톨릭 국가인 에스파냐의 통치에 맞서 일으킨 반란.

한 듯하다. 눈 덮인 플랑드르의 마을, 붉은색 문장 박힌 겉옷을 입은 장교들에게 아이들을 살려달라고 애원하는 여인들, 그 장면을 지켜보면서 위협하는 검은 장갑을 두른 군대. 「환락경」은 그것과 정반대다. 누가 주문한 것인지 알 수 없는(브뢰헐의 후원자들 가운데 일부는 합스부르크가 행정부의 고위직에 있었다) 이 그림의 모티프는 수수께끼로 남아 있다. 클라크는 이 그림이 비현실성에 대한 세속적인 풍자라는 매력적인 해석을 내놓는다. 지복(至福)에 대한 모든 비전이 "무겁고 일상적이며 현세 중심적"이라는 것이다. 하지만 혹독한 시대라는 맥락 속에 놓고 볼 때, 바깥에서 일어나는 역사의 발전을 감지하지 못하는, 무한한 현재라는 환상에 대한 비판적인 비평으로 읽힐 수도 있지 않을까?

한 수평파 당원의 양심

클라크가 인용하고 있는, 거의 한 세기 후에 모지스 월이 밀턴에게 쓴 편지는 잊을 수 없는 역사 기록이다. 그 무엇도 놀랍도록 냉철하고 이성적인 목소리로부터 살아남을 수 없다. 이 편지는 후세의 복사본으로만 남아 있다. 밀턴이 월에게 보낸 편지(밀턴은 월에게 『기독교 조직에서의 시민 권력에 관한 논문』(Treatise of Civil Power in Ecclesiastical Causes)을 보냈을 것이다)는 사라지고 없다. 모지스 월의 유일한 다른 흔적은 1627년과 1635년 사이에 케임브리지 대학 학생으로서 남긴 것이다(밀턴은 1625년부터 1632년까지 케임브리지 대학의 학생이었다). 월은 1659년 5월 말 영국 남동부 서리(Surrey) 주의 캐버섬(Caversham)에서 편지를 쓰고 있다. 육군 사령부와 도시 및 젠트리(gentry)라는 두 개의 권력 사이에 이해관계를 두고 유지되던 교착상태에 균열이 생기면서 후자에게 유리해지고 있었다. 조지 멍크[21]의 군대가 곧 런던으로 진군해서 왕정파 의회를 회복하게 될 것이

---

21) 〔옮긴이〕 George Monck: 영국의 장군.

었다.

클라크는 월의 편지에 담긴 "가장 소박한, 다시 말해 가장 온건한 유물론"을 칭찬한다. 하지만 거기에 담긴 경제적 제안은 신중히 다뤄져야 한다. 이는 개간파(Diggers)[22]의 계획이 아니라 수평파(평등파, Levellers)[23]의 계획이다. 월의 가장 급진적인 요구들은 십일조 세금(영국국교회 성직자들을 부양하기 위해 교구 주민들에게 10퍼센트의 세금이 부과되었다)의 폐지와 소농들의 거주권 보장에 대한 것인데, 이는 "백성들이 왕이나 최고 치안판사에게 노예화되는 것보다 훨씬 더 강력하게 영주에게 노예화되"도록 만든 "장원의 영주(라기보다는 폭군) 아래에서의" "등본 소유권"에 의한 소작권에 반하는 것이었다.[24] 하지만 "소택지, 숲, 공유지"를 개선하는 월의 두 번째 제안은 일반적으로 인클로저 운동과 관련이 있다. 방목을 하고 덫을 놓아 동물을 잡을 수 있는 아직 남아 있는 개방된 땅에 의지해서 살아가는, 다시 말해 삯일로 버는 푼돈을 보충할 수 있는 유일한 방편으로서 숲에서 장작을 모으고 배수가 되지 않은 소택지에서 물고기를 잡는 농지 미소유 농촌 노동자들은 인클로저 운동을 심히 반대했다. 숲은 집이 없는 방랑자들에게 안식처를 제공했다. 개간파를 이끈 제러드 윈스탠리는 "눈에서 벗어나거나 노예 상태에서 벗어나"라고 주장했다.[25] 한편으로 제조업, 수산업 그리고 영국의 해양 교역을 향상시키기 위한 월의 다른 권장 사항들

---

22) 〔옮긴이〕영국 청교도혁명 당시 좌익 성향이 가장 강했던 당파로, 1649년 4월 제러드 윈스턴리(Gerrad Winstanley)의 지도 아래 황무지를 개간하여 토지를 공유하는 공동사회를 만들고자 했으나 크롬웰의 탄압으로 해산되었다.

23) 〔옮긴이〕청교도혁명 당시 의회파 가운데 급진파로서, 소상인, 장인, 도제, 소생산자, 농민 등 소부르주아지의 이익을 주장했다.

24) *Complete Prose Works of John Milton*, New Haven and London 1980, vol. VII, 1659-1660, pp. 510~13.

25) Christopher Hill, *The Century of Revolution*, London 1961, rev. edn 1980, p. 41.

은 영국 공화정 시대 정부 경제정책의 핵심 내용이었다. 제조업자들은 독점 규제 철폐와 견습 방식의 완화로 혜택을 입었다. 존 설로[26] 장관의 우체국과 공공 도로 건설 계획은 통신수단을 개선시켰다. 강제수용된 아일랜드가 자금을 댄 크롬웰 치하 해군의 급속한 팽창은 영국의 교역에 이득이 되도록 네덜란드, 스웨덴, 포르투갈의 양보를 강제로 받아내는 데 도움이 되었다. 에스파냐로부터 자메이카를 몰수해 노예 노동력이 극적으로 확대되었다. 영국 해군은 또한 해적으로부터 선박들을 보호해주었고 영국의 어선단을 지켜주었다. 이러한 초기 자본주의의 현대화 계획을 위해 의회, 런던시, 대서양 상인들은 내전을 벌였다. 클라크는 과격주의적이든 과도기적이든 적절한 경제적 요구의 공식화가 새로운 좌파에게 가장 중요한 쟁점이라고 제대로 주장한다. 하지만 수평파 계획의 다양한 요소들은 그들 자신이 하는 말에 근거해서 검토되어야 한다.

이를 바라보는 윌의 전략적 관점은 어떠했을까? "우리는 자유를 기다리고 있네. 하지만 그건 신의 일이지 인간의 일은 아님에 틀림없어"라고 그는 밀턴에게 썼다. "신은 온갖 반대에도 불구하고 그리고 그들이 고집을 부린다면 그들의 파멸을 위해 저 신성한 일을 수행할 것이네." 클라크는 우리가 청교도 혁명가들의 신학적 가정(假定), 다시 말해 상황을 성인들의 왕국과 그 몰락이라는 관점에서 보는 그들의 인식을 무시해도 좋다고 말한다. 하지만 크리스토퍼 힐(Christopher Hill)이 말한 것처럼, 이런 종교적 기초 지식은 좌절을 다룰 때 특히 쓸모없는 것으로 드러났다. 자신이 신의 대의를 위해 싸우고 있다고 믿는 사람들에게 왕정복고 시대가 의미하는 참패는 '엄청난 충격'이었다. "1648~49년 전능한 신의 도구였던 사람들은 이세 무력한 필멸의 존재로 밝혀졌다." 1660년 이후 신은 찰스 2세의 새로운 궁정을 주재했다. 계몽주의 시대의 세속적인 철학자들과 달리 종교는 그 기

---

26) 〔옮긴이〕 John Thurloe: 잉글랜드 보호국 국무회의 장관이면서 올리버 크롬웰의 스파이.

본 텍스트의 애매함 덕분에 어떤 사회적 목적이라도 제공할 수 있다고 힐은 주장했다.[27] 세속적인 정치적 근거의 제시와 상호 서신 교환이라는 관행으로 대표되는 발전은 묵살할 것이 아니라 좌파의 필수적인 유산으로 여겨야 한다.

철저한 복고

윌리엄 해즐릿은 거의 170년 후에 또 다른 역사적 실패의 그늘 아래에서 글을 쓰고 있다. 해즐릿은 영국인으로서 프랑스혁명 시대의 다른 저명한 증오자들, 즉 푸시킨, 하이네, 스탕달에 상응하는 인물로 볼 수 있다. 그와 벨(Beyle)[28]은 서로 알고 있었고 거리낌 없이 서로를 표절했다. 영국에서 검열이 덜 엄격했던 덕분에, 해즐릿은 이들 네 명 가운데 가장 대놓고 정치적이었다(비록 영국 정부의 금지령으로 피털루Peterloo의 학살에 대해 사실상 침묵하기는 했지만 말이다). 출신 배경이 그리 대단치 못한 그는 글쓰기를 독학하며 생활비를 벌었다. 1800년대 초 영국에서 정기간행물의 성장이 거세지면서 해즐릿은 미술, 문학, 연극, 정치사상을 섭렵할 수 있었고, 로버트 사우디[29]와 콜리지(Coleridge)와 워즈워스의 변절[30]을 호되게 비난했다. 클라크는 그를 인간의 타고난 폭력성의 증인으로 내세우고 싶어하면서 그가 '홈스와 아보타바드'[31]에 대해 할 말이 많으리라고 주장한다. 하

---

27) Christopher Hill, "God and the English Revolution", *History Workshop Journal*, Spring 1984.

28) 〔옮긴이〕 스탕달의 본명이다.

29) 〔옮긴이〕 Robert Southey: 영국의 계관시인.

30) 〔옮긴이〕 프랑스혁명을 지켜보며 젊은 시절을 보낸 이들 가운데 해즐릿은 끝까지 열렬한 혁명주의를 고수한 데 반해 다른 모든 이들은 이후 보수주의로 돌아섰다.

31) 〔옮긴이〕 홈스(Homs)는 시리아 서부의 도시로, 이슬람주의 반군이 이 도시의 기독교도 90퍼센트를 몰아내고 200여 명을 인질로 잡았다. 아보타바드(Abbottabad)는 파키스탄의 도시로, 오사마 빈라덴이 사살된 곳이다.

지만 홈스와 아보타바드는 완전히 구별되는 상황으로, 둘 가운데 어느 것
도 아주 오래된 유혈에의 욕망에 의해 설명될 수 없다. 클라크는 그런 맥락
에서 「증오의 즐거움에 대하여」(해즐릿은 개인적인 삶이 처참하던 시기인
1823년에 이 글을 썼다. 당시 그럼에도 그는 집세를 내기 위해 재기발랄한 글
을 써야 했다)의 한 단락을 발췌하면서 그 글의 아이러니를 놓치고 있다. 해
즐릿은 인류학적으로 통찰하려는 것이 아니라 문화적이고 실존주의적으로
비판을 하려 한다. 그는 비위가 약해 거미를 죽이지 못하는 것에 대한 생각
에서 시작하여 이렇게 결론짓는다. "우리는 옛 친구를 증오하고 옛 책을 증
오하고 옛 견해를 증오하고 결국 우리 자신을 증오하게 된다." 그의 친구
레이 헌트[32]는 『솔직한 화자』(The Plain Speaker)에 실린 이 글을 논평하
면서, 그가 "레이크[33] 친구들을 변절하게 만든 것에 넘어가지 않았듯이, 자
신의 분노와 성급함에 넘어가지 않는 사람임을 보여주"기를 바란다고 말했
다.[34]

열정과 이성의 관계는 해즐릿에게 가장 중요한 주제로, 그는 이를 다각
도로 탐구했다. 스탕달과 마찬가지로 해즐릿의 글은 자유연상에 의해 빠르
게 많은 생각들을 불러일으킬 수 있어 수많은 다양한 입장에서 인용될 수
있다. 하지만 해즐릿은 인간의 열정을 폭력성으로 격하하지 않았다. 「민중
이란 무엇인가」(What is the People?)에서 정치에서의 감정과 지성의 관계
에 대해 쓰면서, 그는 민중의 의지는 "먼저 즉각적인 필요와 소망에서 생겨
나는 대중의 감정에 의해" 그리고 다음으로 "공동체의 공명정대한 판단력

---

32) 〔옮긴이〕 Leigh Hunt: 키츠와 셸리의 낭만주의를 옹호한 영국의 작가.

33) 〔옮긴이〕 영국 잉글랜드 북서부의 호수가 많은 지역으로서, 워즈워스, 콜리지, 사우디가 이곳
에 모여 살았다.

34) William Hazlitt, "On the Pleasure of Hating", in *The Fight and Other Writings*,
London 2000, p. 438; James Leigh Hunt, *Companion*, March 1828의 글을 Duncan Wu,
ed., *Selected Writings of William Hazlitt: Volume 8*, London 1998, p. XV에서 재인용.

과 계몽된 지성에서 생겨나는 여론에 의해"인도될 것이라고 주장했다. 국민의 불만에 대한 기준이나 그에 대한 해결책으로서 이보다 더 유효적절한 것은 없으리라고 본다. 만약 좌파가 해즐릿으로부터 증오에 관한 교훈을 얻는다면, 정치적인 교훈을 얻는 것이 더 바람직할 것이다.

좋은 자코뱅 당원이 되려면 좋은 증오자가 되어야 한다. 하지만 이는 온갖 미덕들 가운데서도 가장 어려우면서 가장 호감이 가지 않는 것이다. 모든 과업 가운데 가장 괴롭고 보람 없는 일인 것이다. …… 진정한 자코뱅 당원은 자유의 적들이 자유를 증오하기 때문에 온 힘을 다해 그들을 증오한다. 비록 그의 손은 그들에 비해 부족하지만, 그의 기억은 그들의 기억만큼 오래 가고 그의 의지는 그들의 의지만큼 강하다. 독재자들이 그들 자신에게 가해진 위해를 결코 잊거나 용서하지 않는 데 비해, 그는 국민에게 가해진 위해를 결코 잊거나 용서하지 않는다.[35]

에드워드 7세 시대의 비극주의자

또한 20세기 초 80년 동안 브래들리가 다른 방면에서 영향을 끼치고 있었다. 옥스퍼드 대학 학부생을 대상으로 한 셰익스피어 비극에 관한 강의가 그것인데, 이는 책으로 묶여 수세대 동안 영어권 학생들의 입문서가 되었다. 클라크는 브래들리의 비극관을 자신의 견해와 결합해 '인간사에 거듭 존재하는 폭력'에 관한 이론으로 만들고 싶어한다. 하지만 이는 브래들리의 입장이 아니었다. 그는 헤겔주의자였고 『미학 강의』(Lectures on Aesthetics)에서 펼친 비극론을 고수했다. 헤겔과 마찬가지로 브래들리에게 비극은 폭력이나 고통 자체에서 발생하는 것도 아니고, 그것이 불러일으킬 수 있는 공포와 연민에서 발생하는 것도 아니다. 비극적 갈등의 본질은 '선

---

35) "What is the People?", in Hazlitt, *The Fight and Other Writings*, pp. 373~74, 361.

과 선의 전쟁'이다.

　　가족은 국가가 거부하는 것을 요구하고 사랑은 명예가 금지하는 것을 요
구한다. 경쟁하는 힘들은 둘 다 그 자체로는 정당하고, 각자의 주장은 똑같
이 정당하다. 하지만 그들이 다른 사람의 정당성을 무시하고 그들 가운데 어
느 한쪽에도 속하지 않으며 그들 각자는 그 일부일 뿐인 전체에 속하는 완전
한 지배를 요구하기 때문에, 그들 각자의 정당성은 부당한 것이 된다.[36]

　　이런 관점에서 화해의 행위가 주인공의 죽음이라는 파국을 거칠 수밖에
없기는 하지만, 비극은 갈등의 해소로 끝난다. 정당한 힘들의 윤리적 본질
이 확인되고, 그들의 정당성에 대한 배타적인 주장은 무효화된다. 브래들
리는 갈등이 특히 주인공의 내적인 것인 현대 비극(칼데론Calderón, 실러,
셰익스피어)이 고대 그리스의 규범으로부터의 퇴보를 의미하는 것인가의
문제에서 헤겔과 대체로 입장이 달랐다. 브래들리는『미학 강의』에서 헤겔
의 "개인주의에 대한 적대감과 기독교 도덕의 비정치적 성격"으로부터 거
리를 두면서, 셰익스피어 극에서의 비극적 갈등 역시 선과 선의 전쟁으로
읽을 수 있음을 보여줌으로써 헤겔의 이론을 '강화하'고자 했다. 그는 맥베
스라는 '회복 불가능한 환자'를 통해 자신의 논지를 분명하게 보여주었다.
그는 맥베스에게서 용기, 상상력, 강렬한 양심 그리고 심지어 온 우주가 자
신에게 맞설지라도 앞으로 나아가는 투지를 보았다. "이것들은 그 자체로
는 선한 것, 정말로 선한 것이 아닐까?" 따라서 헤겔-브래들리의 비극론은
나치가 만든 죽음의 수용소의 무시무시한 '인간 연기'(human smoke)에
적용될 수 없다. 그렇게 되면, 그것은 가해자들에게도 일부 선의가 있고 그

------

36)　Bradley, "Hegel's Theory of Tragedy", *Oxford Lectures on Poetry* (1909), London
　　1965, pp. 71~72.

들의 행위에도 '윤리적 본질'이 있다고 생각하게 만들 것이기 때문이다. 아우슈비츠는 테베가 아니었다.

클라크가 브래들리의 비극관에 의지하는 두 번째 이유는, 그가 "다른 모든 탁월한 이론가들보다 더 정치적"이기 때문이다. 브래들리에게 정치는 어떤 것이었을까? 1851년 첼트넘(Cheltenham)에서 태어난 그는 복음주의 교회 목사인 찰스 브래들리(Charles Bradley, 1789~1871)의 막내아들이었다. 찰스 브래들리는 22명의 아이를 두었는데, 아이들을 못살게 굴었다고 전해진다. 아마도 이에 대한 반작용으로 젊은 브래들리는 혁명적 낭만주의, 즉 시에서는 셸리, 정치에서는 주세페 마치니에 이끌렸을 것이다. 훨씬 뒤에 그는 오스트레일리아 태생의 고전주의자이자 아이스킬로스와 소포클레스의 권위 있는 번역자로서 자신의 절친한 친구인 길버트 머레이(Gilbert Murray)에게 1872년 옥스퍼드 대학 밸리올 칼리지의 학생이던 자신이 마치니의 죽음을 알고서 밤을 새우며 앉아 눈물을 흘린 일에 대해 이야기했다. 열렬한 이상주의자인 그는 독일의 통일에 몹시 기뻐했다. 1914년 8월이 되어 이 자유주의적 국제주의는 실패했다. 브래들리는 머레이에게 영국이 전쟁을 선언한 것이 기쁘다고 편지를 썼다. "나는 우리가 물러설까 봐 몹시 두려웠네."[37] 그는 친구인 크램(J. A. Cramb)의 강의를 모은 책인 『독일과 영국』(Germany and England)에 경의를 표하는 서문을 썼다. 이 책에서 그는 양국 제국주의의 영광에 대해 상세히 설명하면서, 양국 사이의 갈등이 불가피한 것이라고 본다.[38] 이런 견해를 따르는 브래들리는 '국제도덕'[39]에 관한 1915년의 한 강의에서 전쟁이 정확히 비극과 비

---

37) 1913년 2월 27일과 1914년 8월에 길버트 머레이에게 보낸 편지. Katharine Cooke, *A. C. Bradley and his Influence in Twentieth-Century Shakespeare Criticism*, Oxford 1972, pp. 24, 44에 게재됨.

38) J. A. Cramb, *Germany and England*, London 1914.

39) [옮긴이] 국제법에 포함되지 않은 국가 행위의 이상적 표준.

교될 수 있을지 모른다고 주장했다. "만약 어느 한쪽의 소멸이 양자에서 보이는 고귀하고 영광스러운 정신적 에너지의 소멸 또는 저하를 의미한다면, 영구히 평화로운 삶은 가련해질 것이다. 그것은 현재의 삶보다 표면적으로는 덜 끔찍하겠지만 위대함과 선함이 훨씬 덜할 것이다."[40]

비합리주의의 선지자

살아서 그것을 보았다면, 니체는 브래들리 못지않게 세계대전을 환영했을 것이다. "전쟁마저 신성하게 하는 정당한 이유를 말하는 것인가? 나는 이렇게 말하겠다. 정당한 전쟁은 어떤 이유도 신성하게 만든다." 니체는 『차라투스트라는 이렇게 말했다』에서 이렇게 썼다. 이 책은 특별히 방수가 되도록 15만 부가 찍혀, 전선(戰線)으로 떠나는 '글을 읽고 쓸 줄 아는' 독일 병사들에게 배부되었다.[41] 니체와 브래들리는 동시대인에 가까웠다. 니체는 브래들리보다 6년 먼저 태어났을 뿐이다. 하지만 브래들리가 1900년대 초에 세계의 대부분을 지배했던 제국 체제에 확고히 자리잡은 중류계급 지식인의 위치에서 글을 썼던 반면, 니체가 놓인 상황은 좀 더 과열되어 있었다. 철학 전통은 독일 제국이 갑작스럽게 열강으로 떠오르고 강력한 노동자계급 운동에 의한 저항이 동시에 일어나는 상황을 좀 더 야심차게 해결해야 했다. 루카치는 니체의 성격을 예리하게 묘사하면서 그의 가장 위대한 재능은 반감을 품은 제국 시대의 지식계급에 요구되는 '앞선 감수성'이라고 했다. 니체의 휘황찬란한 경구와 폭넓은 문화적 다양성이 "매력적이면서 지나치게 혁명적으로 보이는 제스처를 갖는, 좌절되고 때로는 반항적인 지식계급의 본능을 충족시"켰을 것이다. 니체 글의 사회적 기능은 노

40) Bradley, "International Morality", *The International Crisis in its Ethical and Psychological Aspects*, London 1915, pp. 64~65.

41) Friedrich Nietzsche, *Thus Spoke Zarathustra: A Book for All and None*, Cambridge 2006, pp. 33, x.

동자운동이라는 대안에 마음이 끌릴지 모르는 불만에 찬 지식인들을 구출하는 것이었다. 니체의 철학에 기초해서 "지식인은 (별 거리낌 없이, 좀 더 명확한 의식을 가지고) 종전대로 하면서 자신이 사회주의자들보다 훨씬 더 혁명적이라고 생각할 수 있었다." 니체는 하나의 체계라는 생각을 거부했지만, 루카치는 평등에 대한 적의, 민주주의, 사회주의가 니체의 전체 저작을 구성하는 원칙이라고 대단히 설득력 있게 주장했다. "인간 평등이라는 생각을 지적으로 경멸받아 마땅한 것으로 만드는 것 그리고 그런 생각을 완전히 없애버리는 것, 그것이 그의 생애 전체에 걸친 기본 목표였다."[42] 니체의 반기독교 논쟁은 추기경들이 아니라 가장 낮은 곳에 있는 사람들의 구원이라는 이념을 목표로 삼았다.

아주 다른 관점에서 평등의 문제와, 따라서 가치의 문제는 맬컴 불(Malcolm Bull)의 『반니체』(Anti-Nietzsche)에서도 가장 중요한 문제다. 전후(戰後)의 많은 숭배자들(그 선두에 들뢰즈와 푸코가 있다)식으로 니체의 글을 선택적으로 해석하는 사람들이나 우익 팬들과 좌익 비평가들이 그랬던 것처럼 그의 말을 그저 메시아적 엘리트주의로 받아들이는 사람들과는 뚜렷이 구별되게, 불의 목표는 (도덕적·미학적·사회적·생태적으로) 완전히 반니체적인 주장을 하는 것이다. 불은 사회, 관습, 믿음의 역사와의 대화에 사상사를 접목하는 논의에서 니체 철학의 화려함에 반대되는 차분하고 명쾌한 문체로 그리고 다른 사람들의 생각에 대해 한결같은 정중함을 보이며 가치의 부정과 평등의 확대를 놓고 펼쳐지는 논리들을 추적한다. 그 자체로 급진적인 결론은 지금까지 반박할 수 없는 것으로 보인다.[43]

클라크는 뒤늦게 니체에게로 전향했다. 그는 1999년 "사회주의는 이 같

---

42) Georg Lukács, *The Destruction of Reason* (1962), Londodn 1980, pp. 315~17, 358, 366.

43) Malcolm Bull, *Anti-Nietzsche*, London and New York 2011.

은 근원들이 유독하다는 사실을 처음부터 깨달았어야 했다"라고 썼다.

1890년대에는 실증주의에 대한 증오를 위해 니체와 다른 모든 비합리주의 선도자를 무단으로 사용할 수 있다는 생각이 널리 퍼져 있었다. 만약 그것이 사실로 판명되기만 했다면 …… 미래의 동향은 그들이 가진 다른, 좀 더 깊이 내장된, 대중에 대한 증오에 유의했을 것이다.[44]

80년 후에 클라크는 자신을 '좌파 니체 철학자'로 묘사했다.[45] 그는 「미래가 없는 좌파를 위하여」에서 자신의 심경 변화에 대해 밝히지 않으며, 1989년도 2008년도[46] 이 근본적인 전환을 분명하게 설명해주지 못한다. 하지만 니체가 「미래가 없는 좌파를 위하여」에 끼친 영향은 그 글에 인용된 세 구절을 넘어선다. 클라크는 니체가 1872년에 쓴 「호메로스의 경쟁」(Homer on Competition)이라는 글에서 첫 번째 구절을 인용하며 고통과 폭력 속에서 기뻐 날뛰는 인간 본성이라는 자신의 관점을 밝힌다. 하지만 니체는 동시대인들의 나약함과 신체적 퇴화를 한탄하는 데 더 많은 시간을 들였다. 그리고 이 글에서 니체가 주장하는 바는 인간 본성이 아니라 문화에 대한 것으로서, 우리가 고대 그리스인들만큼 전투와 경쟁에 열정적일 수 있으면 좋겠다는 것이다. 두 번째 구절("우리는 사회의 재료가 아니다")이 클라크에게 좀 더 중요할 터이다. 『즐거운 학문』(Die fröbliche Wissenschaft)에서 니체가 보여주는 맹렬함은 물론 사회주의자들을 겨냥

---

44) Clark, *Farewell to an Idea*, pp. 95~96.

45) Clark, "My Unknown Friends: A Response to Malcolm Bull", 2007년 12월 타운센드 센터(Townsend Center)에서 발표한 논문. 뒤에 *Nietzsche's Negative Ecologies*, Townsend Papers in the Humanities, no. 1, 2009로 출간되었다.

46) 〔옮긴이〕 1989년은 프랜시스 후쿠야마가 「역사의 종언」이라는 논문을 발표하여 자유민주주의의 승리를 선언한 해이고, 2008년은 국제 금융 위기가 있었던 해다.

한 것이었다. 독일 제국의 가혹한 반사회주의 법에도 불구하고 "온갖 탁자와 벽에서 미래의 '자유로운 사회'를 위한 그들의 구호를 본다." 이 경구는 길드와 더불어 직업이 미리 정해져 있던 중세 시대를 대비시킨다. 길드와 미리 정해진 직업이 중세 시대의 "광범위한 사회적 피라미드"를 낳았고, 새롭게는 개인은 "어떤 역할을 하느냐에 달려 있"으며 모든 사람이 자력으로 자신을 실험한다는 "미국인"의 믿음을 낳았다. "인간은 **거대한 건물 속 하나의 돌**일 때만이 가치와 의미를 가진다는 기본적인 믿음"은 사라지고 있다.[47] 하지만 니체가 한탄하는, 반사회적인 것과는 거리가 먼 자력의 인간은 다름 아닌 빠르게 팽창하는 자본주의사회를 구성하고 자본주의사회에 의해 구성되는 부르주아 유형의 인간이다. 그렇다면 "우리는 사회의 재료가 아니다"라는 클라크의 논지는 근거 없는 주장이 된다. 경험적으로, 인간 본성은 믿기 어려울 정도로 폭넓은 사회적 형식들 속에서 스스로를 생산하고 복제한다. 그리고 역사 기록에 따르면, 좀 더 공정한 소유와 분배의 체계가 인간 종의 능력을 넘어서는 것이라고는 할 수 없다. 사회학적으로 볼 때, "우리는 사회의 재료가 아니다"라는 주장은 우리 인간이 실로 만족할 줄 모르는 전사인지 아니면 자기 안의 호랑이를 억압하거나 죽이는 "고립되고 순종적인 개인들"인지에 대한 클라크 글의 애매성으로 인해 무너진다.

'온건함'에 관한 세 번째 구절은 아마도 「미래가 없는 좌파를 위하여」에서 가장 중요하다. 클라크는 신중하게도 니체가 1887년 6월 10일에 쓴 『힘에의 의지』의 단편에서 자신이 받아들일 수 없는 요소들을 삭제하고, 인용문에서 그 부분을 말줄임표로 남겨둔다. 그 전체적인 의미와 맥락을 되살려보면, 니체는 **승리자들**이 자신을 정화해주는 위기에서 벗어날 때의 온건함에 대해 말하고 있음이 분명하다. 그런 위기는 "좀 더 나약하고 불안한

47) Nietzsche, *The Gay Science*, Cambridge 2001, 356, 강조는 원문. 니체의 저작에서 인용한 것들은 달리 명시되지 않는 한, 절 번호를 표기한다.

인간들을 드러내"며 "그래서 건강이라는 관점에서 힘에 따른 계급 질서를 촉진한다. 명령하는 사람들은 명령하는 사람으로 인정되고 복종하는 사람은 복종하는 사람으로 인정된다." 이런 맥락에서 가장 온건한 사람들(die Mässigsten, "자신의 힘을 확신하며 의식적인 자부심을 가지고 인간이 성취한 힘을 표현하는 사람들")이 가장 강한 사람들(die Stärksten)로 드러날 것이다.[48] 좀 더 일반적으로, mässig를 비롯해서 이와 어원이 같은 말들의 니체의 용법은 노골적으로 반혁명 정신을 드러내거나 초인(Übermensch)이 경멸하고 분노하는 모든 것을 의미하는 듯하다. 전자의 한 예는 『인간적인, 너무나 인간적인』에 나오는 경구 "혁명 원칙에서의 한 가지 망상"이다. 여기서 니체는 "낙관적인 혁명 정신(이에 대해 나는 '미신을 타파하라!'라고 외친다)을 깨우는" 장 자크 루소의 "열정적인 어리석음과 절반쯤 거짓인 말"을 좀 더 제대로 고발하기 위해 볼테르의 '온건한'(maassvolle) 성향을 칭찬한다. 뒤이은 경구 '온건함'(Moderation)에서는 "모든 갑작스러운 변화의 무용함과 위험성"을 경고한다.[49] 후자의 용법의 대표적인 사례는 니체의 『선과 악을 넘어서』에 나오는 '육식동물'과 '육식하는 인간'(예를 들어 체사레 보르자[Cesare Borgia])에 대한 찬가다. 니체는 이를 '온건한 인간', 따라서 '범인'에 반대되는 "모든 열대의 괴물들 가운데 가장 건강한 것"으로 제시한다. 마찬가지로 『선과 악을 넘어서』의 뒤쪽에서 니체는 이렇게 쓰고 있다. "온건성은 우리에게 이질적이다(Das Maass ist uns fremd). 우리 스스로 이를 자백하자. 우리의 갈망은 실로 무한, 다시 말해 측량할 수 없는 것에 대한 갈망이다. 헐떡이며 앞으로 질주하는 말에 올라탄 기수 등

---

48) 이전 판본에서 클라크는 '계급'(rank)을 "특정한 기술(skill)들에 대한 숙달성과 관련이 있는 것"으로서 이해되는 '리더십'으로 여기는 좌파 니체 철학적 독법에 대해 숙고했다. "좌파가 주로 이론과 그에 의해 잉태된 리더십이라는 정치 관행의 결여로 인해 악화되어왔다는 데 동의하리라고 생각한다." "My Unknown Friends", p. 87.

49) *Human, All Too Human*, 463, 464.

과 같은."[50]

니체의 존재는 아마도 「미래가 없는 좌파를 위하여」에 이보다 더 구석구석 배어 있다. 니체의 생각을 생략하거나 현재의 요구에 맞춰 고쳐 쓴 것임에 틀림없는 부분들에 덧쓰기 위해 클라크가 인용하는 다른 사상가들의 글을 읽어볼 수 있을 것이다. 니체의 비극론은 클라크의 목적에는 너무 긍정적이고 간섭주의적이다(그것은 "잔인한 비극 속에서 스스로 긍정하는 영웅적인 정신이다"[51]). 반면 브래들리의 비극론이 또한 니체가 좀 더 많은 창조적인 역할을 부여한 내면의 호랑이에 소극적인 유의미성을 제공해줄 수 있다. 니체처럼 인간을 지배자와 피지배자로 확고히 구분하는 대신, 해즐릿과 스펜서를 통해 영원한 인간의 폭력성이 이용된다. 불변하는 현재에 대한 클라크 주장의 마지막 부분에서(전쟁, 빈곤 등이 없는 미래는 없을 것이기 때문에 미래는 없을 것이다) 우리는 거의 차라투스트라의 말을 들을 수 있다. "필연적으로 무로 돌아가지만 의미나 목표가 없는, 대단원이 없는 있는 그대로의 존재, 즉 영겁회귀."

벤야민은 다르게 보았다. "영겁회귀는 우주적 차원에 투영된 학교의 유급과 같은 벌이다. 인간은 끝없는 반복 속에서 그 텍스트를 베껴야 한다." 벤야민은 1940년 엘뤼아르(Eluard)를 넌지시 언급하면서 이렇게 썼다. 이런 생각을 갖게 되면서 니체는 "신화적 운명의 담지자"가 되었다.[52] 클라크가 인용한 튀르고(Anne Robert Jacques Turgot)의 멋진 구절("정치는 현재

50) *Beyond Good and Evil*, 197, 224. 니체 개인의 정치사상의 온건성에 대해서는 『반그리스도』의 출간을 예기(豫期)하게 하는 1888년의 글 참조. "내가 안전하도록, 제때 적절한 순간에, 도처에 있는 수백만 명의 추종자들과 연합하는 것이 좋을 것이다. 나는 무엇보다 장교단과 유대인 은행가들을 내 편으로 두는 것을 소중히 여긴다." Mazzino Montinari, *Reading Nietzsche*, Urbana, IL 2003, p. 121.

51) *Will to Power*, 852.

52) Walter Benjamin, "Paralipomena to 'On the Concept of History'", *Selected Works*, vol. 4, Cambridge, MA 2003, pp. 403~04.

를 예견해야 한다")에서 벤야민이 환기시키는 '지금 시간'(Jetztzeit)이라는 역동적인 개념은 영겁회귀의 논리에 완전히 어긋난다. 벤야민은 이렇게 썼다. "계급 없는 사회의 존재에 대한 고려는 그러한 사회를 위한 투쟁에 대한 고려와 동시에 이루어질 수 없다. 하지만 역사가에게 구속력이 있는 현재 개념은 필연적으로 이들 두 시간 질서에 의해 규정된다."[53] 두 사상가를 함께 접목하려는 시도는 필요치 않을 것이다.

3. 스타일에 대하여

「미래가 없는 좌파를 위하여」는 "수사학, 조성(調聲), 이미지"를 약속한다. 이는 무엇을 뜻하는 걸까? 클라크는 좌파의 가장 재능 있는 저자 가운데 한 사람으로, 감동적이고 의미 있는 글들을 자유자재로 인용한다. 하지만 「미래가 없는 좌파를 위하여」를 읽는 독자는 때로 자신이 설득당하고 있다고 느끼는 것 못지않게 강요당하고 있다고 느낄 것이다. 이 글이 취하는 한 가지 형식은 접속사의 생략이다. (예를 들어) 프랑코, 폴 포트, 아이만 알 자와히리가 접속사도 없이 이어져, 그가 역사적 인과관계가 어떤 역할을 한다고 생각하는 것인지 그렇지 않은 것인지 의아하게 만든다. 또 다른 데서는 이미 확고한 사실을 액면 그대로 단호히 부인하는 듯 확신에 찬 주장을 펼친다. "사회주의는 국가사회주의가 되었다"(사실은 주로 사회민주주의가 되었다). "그리스 좌파는 침묵했다"(반대로 다양한 형태의 채무불이행에 대한 논쟁이 맹렬히 계속되었다). "마르크스", "룩셈부르크", "그람시"는 "실패의 경험에 대해 곱씹기를 꺼"렸다(하지만 마르크스 정치 저작들의 가장 중요한 두 가지 주제는 제2제정의 출현과 파리 코뮌의 궤멸이었다. 그

---

53) Benjamin, "Paralipomena to 'On the Concetp of History'", p. 407.

리고 그람시는 소극적인 혁명으로서의 복고에 관한 이론을 펼쳤으며, 1915년 봄 룩셈부르크는 "그리고 이 광란의 와중에 사회민주주의의 항복이라는 세계의 비극이 일어났다"라고 썼다). 물론 클라크는 이를 안다. 따라서 다른 의미로 이 말을 썼음에 틀림없다. 어쩌면 사회민주주의나 그리스나 유물론적 역사관의 좌절에 대한 논의들을 곱씹고 싶지 않은 자신의 마음을 내비치는 것인지도 모른다. 하지만 그렇다면 왜 그렇게 말하지 않는 걸까?

편지 형식의 「미래가 없는 좌파를 위하여」가 수신인으로 삼은 유럽 좌파는 일찌감치 이런 수사학적 불가항력의 피해자가 되었다. 유럽 좌파는 파국과 구원에 고착된 자신의 변방성에 대해 의기양양해하는 모습으로 무자비하게 희화화되었다. 분명 클라크가 붙인 꼬리표 가운데 그들에게 해당되는 것도 있고, 어쩌면 그 모든 꼬리표들에 일치하는, 킬(Kiel)이나 바르셀로나에 대한 악몽의 플래시백에 빠진 가련한 미친 영혼도 있을 것이다. 하지만 그것은 오늘날 좌파 지식인과 활동가들이 보여주는 소규모 산발적인 힘에 대한 집단 초상화로서는 설득력이 없다. 「미래가 없는 좌파를 위하여」에서 이들 힘의 실체가 어떤 것인지에 대한 실제 분석을 내놓지 않은 점이 두드러진다. 그 힘의 실체란 『르몽드 디플로마티크』, 『일 마니페스토』, 『다스 아구멘트』[54] 같은 잡지와 출판사들, 반전과 반긴축 정책을 내세우는 3~10퍼센트의 득표율을 얻는 허술한 선거 조직 그리고 (사회민주주의와 유럽공산주의euro-communism[55]에서 탈피한 좌파, 마르크스주의자 집

---

54) 〔옮긴이〕『일 마니페스토』(Il manifesto)는 이탈리아 공산당에서 안토니오 그람시 사상의 급진적 해석을 주창하다가 쫓겨난 로사나 로산다(Rossana Rossanda), 루치오 마그리(Lucio Magri) 등이 발간한 신문이다. 『다스 아구멘트: 철학·사회과학지』(Das Argument: Zeitschrift für Philosophie und Sozialwissenschaften)는 1959년 서독에서 만들어진 학술지로, 두드러지게 마르크스주의를 지향했다.

55) 〔옮긴이〕에스파냐, 이탈리아, 프랑스 등의 서유럽 국가에서 1970년대에 전개된 공산당의 독자적인 '자주노선'을 가리킨다. 종래 많은 국가들의 공산당은 소비에트 공산당의 노선을 답습하는 경우가 많았다. 그러나 의회민주주의 전통을 가진 이들 국가의 공산당은 '레닌주의'나 '프롤레타

단의 흔적, 온순한 노동조합, 길들여지지 않은 환경주의자, 대안 세계화 운동에서 처음 등장한 뒤 2008년 이후 다시 활발해지고 있다고 주장되는 수평주의자 같은) 여러 세대가 중첩된 불완전하고 불충분한 정치 형태다.『고민하는 권력들』에서 클라크와 공동 저자들은 "역사적 실패를 이야기하", "자신의 무능함을 아"는 좌파에 대해 좀 더 신중한 평가를 내놓았다.[56] 이것이 좀 더 정확해 보인다. 2000년『뉴레프트리뷰』의 한 편집자가 (도덕적이거나 지적인 것이 아닌) 정치적인 실패에 대해 명확히 표명할 것을 주장해 격분을 샀는데, 오늘날 이것이 대체로 일반적인 의식이다.[57]

4. 대안

「미래가 없는 좌파를 위하여」에서 도달한 결론은 승리자들의 온건성 및 국가의 영토 주권을 약화시키거나 무력화할 평화 유지 계획일까? 그렇게 생각할 근거는 없다. 클라크가 자인하는 개량주의에서는 미국-유엔이 주축이 된 질서가 지지되거나 미화되지 않는다. 좌파의 계획을 '일곱 개 층'의 깊이까지 숙고해보려는 클라크의 도전은 환영받을 만하고 시의적절하다. 어떤 이는 클라크가 자신이 의지하는 사상가들의 한계를 알면서도, 브래들리나 니체**와 달리** 제국주의 논리에 반대하고 사회적 평등 원칙과 철학적 이성에 입각한 좌파를 위해 상상력 넘치고 치열하게 전망을 탐색하는

리아독재'를 버리고 사회당이나 보수당과의 정치적 연대를 무색하여 민주적인 정권 교체를 용인하는 노선으로 전환했다. 예를 들면 이탈리아 공산당은 1973년 기독교계 보수당과의 '역사적 타협'을 선언했다.

56) Retort, *Afflicted Powers: Capital and Spectacle in a New Age of War*, London and New York 2005, p. 14.

57) Perry Anderson, "Renewals", NLR I, Jan-Feb 2000.

데 감탄할 것이다. 그런 전망이 의지할 수 있는 발상의 원천으로 다른 어떤 것이 있을까?

행위와 혼란

비극에 관한 한, 좀 더 폭넓은 유물론적 역사관의 전통이 가장 좋은 시작점일지 모른다. 레이먼드 윌리엄스(Raymond William)는 『현대 비극』(*Modern Tragedy*)에서 "사회사상과 비극적 사고의 통상적인 구분"을 극복하는 긍정적인 전망을 보여준다. 철도원의 아들인 윌리엄스의 목표는 일련의 비극론들의 경계가 어떻게 설정되는지를 이해하는 것이었는데, 엄청나게 충격적인 사람들의 삶의 경험이 그 이론들로부터 조직적으로 배제되었다는 것이다. 극(劇)에서 유래한 개념과 사회적 활용의 양상을 오가면서, 윌리엄스는 부르주아 문화가 비극적 경험의 범위를 확장한(시민의 비극이 왕자의 비극만큼이나 박진감 넘칠 수 있다) 동시에 비극적 경험의 성격을 철저히 제한했다고 주장했다. 초기 형태에서 비극 주인공의 몰락은 그의 감정이나 왕국의 몰락을 수반하는 사회적 결과였다. 이와 달리 부르주아의 비극은 일반적으로 냉정한 대중에 맞서는 개인의 운명과 연관되었다. 동시에 그 기원이 사회인 (말하자면 광산 재해 같은) 인간의 고통은 보편적인 의미가 결여되고 '우연적'이기 때문에 '진정한 의미에서의' 비극이 아니라고 정의되었다.[58]

윌리엄스는 비극적 고통과 '우연한' 고통이 구분되어야 한다는 점을 인정한다. 그는 인간 행위자, 윤리적 본질(보편적 의미에 대하여 인물이 보여주는 궤적의 관계), 질서 그리고 비극적 행위가 만들어내는 혼란이라는, 비극에 대한 헤겔과 브래들리의 정의를 그대로 받아들인다. 하지만 '귀족주의적인' 헤겔-브래들리의 이론은 전체 계급의 인간의 고통을 배제했다. 노

---

58) Raymond Williams, *Modern Tragedy* (1966), rev. edn, London 1979, pp. 63ff.

동, 기근, 빈곤이 가져다주는 고통이 윤리적 본질, 인간 행위자 또는 보편적 의미와 연관성이 없다고 말하는 것은 파탄적이라고 윌리엄스는 주장했다. 현실적인 동시대의 고통과 연관짓기 위해서는 "행위로 구현되기에 충분히 실질적인" 새로운 개념이 필요했다. 윌리엄스는 (대단히 다양하면서 꼭 고독하지는 않은 경험으로서의) 죽음과 악에 대한 독특한 개념에서 이에 대한 기초를 놓았다. 그는 악을 절대 조건으로서 추상화하는 데 단호히 반대하면서, 아마도 제2차 세계대전에서 탱크 지휘관으로 활약한 자신의 경험에 기초하여 특정 행위나 상황을 '악'으로 받아들일 태세가 되어 있었다.[59]

하지만 사회가 비극적 사고에서 배제되었다면, 비극도 마찬가지로 사회사상과 무관해졌다. 자신의 상황을 변화시키는 인간의 능력을 강조하는 좌파 전통 내에서 비극의 비전은 패배주의로 보였다. 비극이 관념적으로 승인하는 듯한 고통을 사회 변화가 끝낼 수 있을 것이었다. 윌리엄스는 혁명적 격변의 살아 있는 현실인 "폭력, 혼란 그리고 광범위한 고통"의 정도를 가벼이 여기려는 시도에 대해 매우 비판적이었지만, 돌이켜보면 그것이 '영웅적'으로 보일 수도 있다. 동시에 계속되는 혁명적 상황 앞에서 오해는 불가피하게 편파적이었다. 고통의 책임이 어느 한 당사자에게 있는 것으로 보였고, 바로 그것을 표명하는 것이 혁명 또는 반혁명 행위가 되었다. 추상화되어버린 '수백만 명의 비참함'은 소재에 불과한 것으로 보일 수 있었다. 그런 추상화는 현재와 미래, 수단과 목적의 결정적인 연관을 은폐했고, 그 결과는(윌리엄스는 옛 소련을 염두에 두었다) 혁명 자체를 억제함으로써 유지되는 혁명정권이었다. "인간 해방의 과정이 일반적이고 추상적인 것으로 여겨질수록 어떤 실제적인 고통의 중요성도 덜해지고, 심지어 죽음이 회페가 되기까지 한다."[60]

59) Williams, *Politics and Letters: Interviews with NLR*, London 1979, pp. 57~58 참조.

60) *Modern Tragedy*, pp. 64~65, 75.

하지만 동일한 것이 세계적인 자본주의를 이루는 훨씬 더 큰 규모의 거대한 혼란에도 해당된다. (번지르르하면서 모욕적인 오늘날의 용어로 말해 '빈곤에서 벗어나'기를 끝없이 기다리는) 수십억 명의 공포, 추락, 비인간화는 그 체제에 의해 통계자료에 지나지 않는 것이 되었다. 저 혼란을 구현하고 체계화하는 제도들이 안정적이면서 결백한 것으로 보일 수 있는데, 상처 입고 억압당하는 사람들의 시위가 혼란의 근원으로 보이는 것이 그 방어벽 역할을 해준다. 20세기 전후 유럽에서는 "너무 자주 이기적이고 위험한, 일종의 비활성의 평화주의"가 유발되었다. 그래서 다른 지역의 격변은 평화에 대한 위협으로 여겨져 '경찰 행위'에 의해 진압되거나 '중재'에 의해 억제되었고, 이를 통해 그야말로 근본적인 혼란이 재현되었다. 윌리엄스의 목표는 근본적인 비극적 혼란을 은폐하지 않고 해소하는 것이었다. 그렇게 되면 전 인류가 하나의 사회로 통합되어 "완전한 사회 평등이라는 기초 위에서 적극적인 상호 책임과 협력으로 사회를 이끄는 능력을 갖"게 될 것이었다.[61]

1979년에 쓴 어느 후기에서 윌리엄스는 1960년대 이후 미래의 상실이라는 광범위한 의미에서 한층 더 나아간 '비극적 차원'이 등장했다고 언급했다. 그가 그 글을 쓰던 시기는 "자본주의 경제 질서가 정치적 지지의 조건으로서 완전고용, 장기신용, 높은 사회복지 지출을 제공하기로 한 가장 최근의 계약을 불이행하고 있"던 때 그리고 "수백만 명이 실직하고, 타산이 맞지 않아 자본이 떠남에 따라 옛 산업 개발 지역들에 사는 사람들의 삶이 노출되어 속수무책이 되고, 강요된 경쟁적인 일상의 스트레스가 증가"하는 등 앞으로 치러야 할 비용이 분명해지던 때였다. 하지만 예견된 미래가 조작된 것은 이것이 처음은 아니었다. 실패가 투쟁 욕구의 타당성을 무효화하지도, 투쟁의 가치를 약화시키지도 않았다. 적절히 사회적이고 적절

---

61) *Modern Tragedy*, pp. 64, 80~81, 76~77.

히 비극적인 전망은 실현 가능한 다른 미래로 가는 길을 가로막는 모든 힘, 조건, 모순들을 필요한 차원에서 직시해야 할 것이다. 여기에는 다시 한 번 비극적 행위를 이해하는 것이 포함된다.[62] 윌리엄스의 설명에 대한 반대가 제기될 수도 있고, 주요 용어인 '행위'(action)가 극에서 복잡한 사회적 활용으로 그렇게 쉽게 조옮김이 되지는 않을 것이다. 하지만 지배 질서에 대해 인간이 치르는 비용과 그것을 해결하는 어려움(현재 상황에서 보면 어쩌면 불가능하다고 해야 할 것이다)을 인식하는 비극적 전망이 좌파에게 필요하다면 그런 목적에는 윌리엄스가 브래들리보다 더 적합해 보이는데, 특히 윌리엄스는 사회적 평등을 협상의 여지가 없는 것으로 여기기 때문이다.

시간성

클라크가 「미래가 없는 좌파를 위하여」에서 제안하는 전망의 구성 요소들(수사학, 조성, 이미지, 논의, 시간성)은 각각이 예술의 세 부분, 정치의 한 부분, 철학의 한 부분을 이룬다. 『뉴레프트리뷰』에서 대안적인 전망의 원천은 정치경제적 분석(현대 자본주의의 운동 법칙을 피할 수 없다)과 철학(자기비판적인 합리주의와 균형 잡힌 유물론)과 (적의 작전, 즉 적의 강점과 약점을 완전히 파악하기 위한) 정치 전략일 것이다. 그런 전망은 「미래가 없는 좌파를 위하여」가 자신의 조망에서 확실하게 배제한 것들(청년 세대, 아랍의 혁명, 중국의 재건, 불황이 덮친 초강대국, 유로존 또는 영어권 좌파 외의 세계)을 모두 재수용함으로써 시작될 것이다. 이는 단조로운 균질적인 현재가 아니라 동일한 연대에 작동하는 다양한 불균질적인 시간성을 인식하는 것이다. 중국은 여전히 초기 자본주의 팽창기에 있고, 아랍 공화국들에서는 이제야 구소련 시대 정부들이 해체되기 시작했으며, 영원한 미래의 땅인 브라질은 주석 지붕이 덮인 빈민가에서 포스트모던한 신용 거품을 개

---

62) *Modern Tragedy*, pp. 208, 210, 218~19; Williams, *Politics and Letters*, p. 63.

척했고, 미국은 '아메리칸 드림'을 빼앗긴 성마른 사람들과 직면한 채로 또 다른 반세기에도 세계의 헤게모니를 놓치지 않기 위해 중공비행(中空飛行)으로 엔진을 조절하고 있다. 이러한 세계는 세계주의적인 전망뿐만 아니라 더 이상 단순화할 수 없는 다원주의적인 전망을 필요로 한다. 하나의 조성이 아니라 많은 조성이 필요한 것이다. 아리스토텔레스는 타당하게도, 하지만 마지못해 비극과 나란히 희극의 위치를 인정했는데, 이들은 상반된 가치를 가진다. 통일성(시간, 공간, 행동의 통일)과 다양성, 죽음과 성교 및 출산, 아리스토텔레스의 『시학』에서 '저열한 사람들'이라 일컬어지는 언제나 다수인 사람들 그리고 마지막으로 통치자에 대하여 그들이 느끼는 연민이나 경외감이 아닌 조롱.

현재 중심주의를 주장함에도, 클라크는 우리 시대에 대해서는 거의 아무런 말도 하지 않는다. 40년여에 달하는 엄청난 불황에도 좌파의 좀 더 일관된 저항이 나타나지 않고 있다는 것에 그는 조바심을 내고 있다. 하지만 베른슈타인이 제대로 이해한 한 가지는 경제 위기가 자동적으로 자본주의 붕괴와 아래로부터의 반란으로 이어지지는 않으리라는 것이었다. 수조 달러의 긴급 구제와 돈 찍어내기라는 월스트리트–미국재무부–미국연방준비은행의 전략이 부채가 있는 금융 분야를 떠받쳤고, 그래서 이제 다시 금융 분야는 자신으로부터 돈을 빌리는, 부채가 있는 정부에 돈을 빌려줄 수 있게 되었다. 엄청난 개입을 통해 세계의 불황을 약 4퍼센트 정도로 저지했지만, 중국이 한층 더 불황을 심화시킬 수 있다. 세계경제는 과도기에 전형적인 불확실성(회복을 뒤흔들어놓는 한층 더한 불황, 위기, 도산)의 시대로 들어섰다. 어떤 근본적인 압력이 앞으로의 향방을 결정하게 될까?

부르주아사회의 종말에 대해 마르크스주의는 완전히 틀렸다고 클라크는 제대로 지적한다. 『자본』의 혁명은 1914년에 실패했다. 엥겔스는 독일 노동자들이 인터내셔널 동지보다는 그들의 간부 직원들에게 총부리를 향할 것이라고 생각했다. 그런데 비참하게도 그들은 그러지 않았다. 세계경제 주변부에서의 '『자본』에 맞선 혁명'은 그 핵심에 있는 프티부르주아와 화이트칼라 중산층의 역사적 팽창을 동반했다. 1970년대(대체로 독일 사회민주당에 의한 1974년 포르투갈 혁명의 중립화가 전환점이었다)에 '전 세계의' 중산층은 부르주아의 지배에 대해 영원한 지지를 보내는 듯했다. 하지만 그와 거의 동시에 산업화가 진전되면서 제조 능력과 노동력의 과잉 공급 그리고 상대적인 수요 부족을 낳기 시작했고, 이것이 옛 공산주의 세계가 세계경제로 편입된 것과 더불어 위기를 넓게 확산시켰다. 1970년대 이후 그 중심부에서의 평균임금이 정체되어 있었고, 연이은 신용 거품이 부의 효과를 낳았다. 이제 장기적인 역전, 즉 중산층이 반세기 전처럼 다시 궁핍해지는 문제가 제기되었는데, 이는 이미 최근 위기의 과정에서 몇 단계 진행되었다. 이것이 상황을 20세기 초로 되돌리지는 않겠지만, 새로운 계급 배치와 사회적 불평등의 출현을 불러올 것이다. 제국의 현자들은 대의민주주의가 함수적으로 연관되어 있는 중산층 없이 살아남을 수 있을지 의문을 제기했다.[63] 이는 자본의 창조적인 힘을 과소평가하는 것이 아니다. 수억 명의 소작농들이 세계시장의 망 바깥에 남아 있는 한 자본은 한계에 도달하지 않을 것이며, 더욱더 거대해지는 신용 거품이 앞으로의 수십 년을 좌우할 것이다.

이런 상황에서 유물론적 역사관이라는 지적 유산은 아무런 진전을 이루지 못할 것이다. 오히려 그것은 비판적으로 그리고 역사적으로 새로워지고 발전해야 한다. 합리주의가 부족하지 않도록 새로워져야 한다. 꿈의 세계와 직관으로부터 얻은 통찰이 귀중할지는 모르지만, 그에 이끌린 정치는 재앙으로 치달을 것이다. 힘의 균형은 압도적으로 지배 질서에 기 있다. 오바마의 국토안보부는 2011년의 점령(Occupy)을 눈 깜짝할 사이에

---

63) Francis Fukuyama, "The Future of History: Can Liberal Democracy Survive the Decline of the Middle Class?", *Foreign Affairs*, Jan-Feb 2012.

중단시킬 수 있을 것이다. 하지만 미국 국토안보부를 포함해서 아무도 새로운 빈곤화에 반대하는 시위가 끝났다고 생각하지는 않는다. 아랍의 혁명에서 드러난 것처럼, 패배와 승리는 어떤 경우든 복잡한 과정이다. 우리는 우리가 처한 상황 속에서 할 수 있는 최선을 다하고, 후세대들(an die, Nachgeborenen),[64] 즉 뒤이어 올 사람들에게 우리 행동의 이유를 설명하려 한다. 만약 클라크가 자신을 국경 넘어 베른슈타인의 온건성으로 데려다줄 혁명의 여권을 니체에게 의뢰하려 한다면 그 여정은 길어질 것이며, 많은 손들이 그의 외투를 세게 끌어당겨 그 길을 늦출 것이다.

〔김영선 옮김〕

---

64) 〔옮긴이〕 베르톨트 브레히트의 시 제목이기도 하다.

제4부
서평

자유주의적 지(地)문화?

이매뉴얼 월러스틴의 『근대 세계체제』 제4권

제니퍼 피츠(Jennifer Pitts)

이매뉴얼 월러스틴(Immanuel Wallerstein)의 시리즈 『근대 세계체제』
는 그것이 출간되고부터 40년에 걸쳐 우리 시대 지구적 질서의 구성을 분
석하는 데 바쳐진, 논쟁적이고 폭넓으며 생산적이었던 그의 작업의 핵심
이었다. 이 분석은 그가 16세기 지구적 질서의 기원이라고 파악한 것에서
부터 그가 가정한 지난 수십 년에 걸친 그것의 전개까지를 포함한다. 긴
간극이 전작들로부터 최근작 『근대 세계체제 IV: 중도적 자유주의의 승
리, 1789~1914년』(*The Modern World-System IV: Centrist Liberalism
Triumphant, 1789-1914*, University of California Press: Berkeley 2011,
이하 『중도적 자유주의의 승리』)—지금은 6부 또는 7부라고 생각되는 것
가운데 네 번째 책이다—을 분리시킨다. 전작들은 처음에 1974년 그리고
1980년과 1989년에 출간되었다. 처음 세 권은 월러스틴이 특유의 확신과

쾌활함으로 그의 비판자들에게 보내는 유익한 새 서문과 함께 캘리포니아 대학 출판부에서 네 번째 권과 합쳐 깔끔한 세트로 재출간되었다. 월러스틴의 근본적으로 새로운 접근은 다시 한 번 결론부에서 이해하기 쉽게 요약되어 있는데, 거기에서는 1789~1914년에 걸친 장기 19세기를 다중혁명—아마 이것은 무엇보다도 에릭 홉스봄(Eric Hobsbawm)의 프랑스혁명과 산업혁명의 '이중'혁명—의 시대로 바라보고 그 결과가 경쟁하는 제국주의 강대국들이 거대한 전쟁에서 충돌했을 때 정점에 달하게 된다는 '통상적인 관점'에 대하여 활기찬 비판을 개진했다.

월러스틴에게 '이른바 산업혁명'은 특수한 영국에 토대를 둔 발전이 아니라 단지 산업 생산의 기계화에 따른 순환적 상승이었다. 그에게 이러한 현상은 이전에도 여러 번 발생했던 것이며, 또다시 생겨날 것이었다. 프랑스는 16세기 이래 '자본주의적 세계체제'의 일부였기 때문에, 프랑스혁명 또한 통상적으로 상상하듯이 그 어떤 의미에서도 '부르주아'혁명이 아니었다. 월러스틴에게 그것은 실패한 반자본주의적 혁명이며, 새로운 세계체제의 헤게모니적 강대국이 되려는 잉글랜드의 노력을 패퇴시키기 위한 마지막 시도, 실패할 수밖에 없었던 시도였다. 그의 관점에서 근대 세계체제는 두 개의 거대한 주기적 과정에 의해 추동되었다. 첫 번째는 경제적인 것으로, 그 기간이 대략 50년인 경기 팽창과 불경기의 콘트라티예프(Kondratiev) 주기다. 두 번째는 훨씬 더 느린 순환으로, 국가 간 체계에서 헤게모니적 강대국의 성장과 몰락을 포함한다. 『근대 세계체제』에서 이러한 발전에 대한 그의 설명은 연대기적으로 전개되지만, 또한 일련의 장기적이지만 중첩되는 기간을 통해 주제별로 다루어지기도 한다.

1450~1640년의 '장기 16세기'를 망라하는 첫 번째 권('자본주의적 농업과 유럽 세계체제의 기원')에서는, '자본주의적 세계경제'가 무역과 농업을 기반으로 창출되었지만 성장하던 도시-산업 부문으로 말미암아 그 핵심이 점점 더 북서 유럽, 특히 1599년 이후에는 프랑스와 잉글랜드에 집

중되고 있던 상황을 묘사하고 있다. 1600~1750년을 포괄하고 있는 두 번째 권('중상주의와 유럽 세계경제의 공고화')에서는 관료적 국가의 성장, 1648년 이후 국가 간 체계의 출현과 그에 이어 국가 간 체계에서의 헤게모니를 얻기 위해 강대국—네덜란드, 프랑스, 잉글랜드—들 사이에 벌어진 투쟁을 핵심부 '자본주의적 세계경제'를 공고히 하는 과정으로 보면서 이것들을 분석하고 있다. 이러한 과정은 17세기의 전반적인 경제적 후퇴에도 불구하고 진행되었다. 세 번째 권('자본주의적 세계경제의 거대한 팽창의 두 번째 시대')에서는 18세기 중반에서 1860년대까지를 다루고 있다. 식민지 팽창, 자본주의적 산업화 그리고 1789년(프랑스혁명)에 대한 기존의 설명을 정중하게 부정한 후, 월러스틴은 영국과 프랑스 사이의 헤게모니 투쟁에 초점을 맞춘다. 이 투쟁에서 영국은 1815년 승리하게 되는데, 이 승리는 이전에는 '자본주의적 세계경제'의 외부에 남아 있던 드넓은 구역을 그것의 주변부 또는 반주변부로 포섭하게 됨으로써 얻어졌다.

가장 최근에 추가된 시리즈의 제4권인 『중도적 자유주의의 승리』는 이렇듯 놀라울 정도로 독창적인—그리고 물론 매우 논쟁적인—구성 위에 세워졌다. 제4권 서문에서 월러스틴은 각 권은 큰 시리즈의 일부를 이룰 뿐만 아니라 그 자체로 독립적이 되도록 설계되었다고 썼다. 그리고 그의 말을 문자 그대로 듣는 것이 적절해 보인다. 그러나 대략 세 번째 권과 같은 시기를 정치·경제적 전망 아래 다루다 보니, 19세기 자유주의에 대한 이러한 설명에서 산업자본주의의 성장, 노예무역 또는 식민지 팽창의 역할에 대한 고려가 공백으로 남게 된다. 이러한 설명 탓인지, 19세기 자유주의에는 그 추동력이 지배자의 정치적 의지인 듯 보이는 19세기 유럽의 외교사와 지성사처럼 대단히 낡은 성격이 부여된다. 월러스틴은 전작들에서 보여준 역사문헌학적 인습 타파와 달리, 이번에는 프랑스혁명을 근대 질서의 이데올로기적 분기점으로 파악하고 무엇보다 프랑스와 영국에서의 그것의 분기를 추적하는 보다 전통적인 서사로 복귀한다. 이러한 추적은 자유주의적 의회주의 국가의 형성, 1848년 혁명들, 노동자운동과 여성운동의 성장과 그에 대한 억압 그리고 근대 사회과학의 성립을 통해 수행된다.

『중도적 자유주의의 승리』에서 월러스틴은 1990년대 초의 논문들에서 끄집어내기 시작했던 주제들을 다듬고 있다. 그 주제들 가운데 가장 두드러졌던 것은, 19세기 역사 과정을 통틀어 단지 세계체제의 지배적인 이데올로기가 되는 것이 아니라 진실로 외부가 없는 하나의 세계 문화로서의, 유일한 이데올로기가 되기 위해 경쟁 관계에 있던 보수주의와 급진주의를 편입했던 중도적 교의로서의 '지(地)문화'(geoculture)와 자유주의의 관념이었다. '자본주의적 세계경제'의 본질적인 특징은 프랑스혁명까지 거의 3세기에 걸쳐 존재했지만, 그가 오랫동안 주장해왔듯이 그것에는 아직은 '정당한 地문화'가 결여되어 있었다. 1789~1815년의 투쟁들에서 경쟁하는 이데올로기들—보수주의, 급진주의, 자유주의—의 '삼위일체'가 출현했다. '중도적 자유주의'는 다른 이데올로기들에 승리했을 뿐만 아니라, 그것들을 자신이 형성하고 지배하던 구조로 포섭했다. 월러스틴은 자신이 하나의 정치철학, 하나의 '좋은 사회에 대한 형이상학'으로서 자유주의를 설명하는 것이 아니라 하나의 이데올로기, 즉 민중적 주권을 요구하는 급진주의와 프랑스혁명에 의해 풀려난 복고적 보수주의 모두를 논박하는 것을 목적으로 했던 '하나의 정치적 메타 전략'으로서의 자유주의를 제시하고 있다고 강조한다. 따라서 그것은 처음부터 스스로를 '중도적'으로 위치시킨다. 자유주의로 하여금 '최대의 지지를 확보'할 수 있게 해주었던 것은 바로 자유주의의 개념적 유연함, 즉 그것이 경제적·정치적·사회적으로 넓은 범위의 의미를 지니고 있다는 점이다.

중도적 자유주의의 주된 목적은 국가를 자본주의에 알맞게 개혁하는 것이었고, 월러스틴은 제2장에서 세계체제의 '중심'이었던 영국과 프랑스—비엔나 회의 이후 캐슬레이(Castlereagh)의 주도 아래 프랑스를 신중하게 복구하면서 여전히 그랬다—에서 1815~30년에 진행되던 '자유주의국가

를 창출하고 공고히 하는 기획'을 서술한다. 월러스틴은 자신이 자유주의
의 공식이라고 파악하고 있는 것에 따라, "탄압 다음에 정치적 안정의 가
장 확실한 보증으로서의 정치 개혁이 뒤따랐던" 두 나라의 발전에서 나타
난 놀라울 정도의 유사성을 추적한다. 따라서 1830년의 6월혁명과 영국의
1832년 개혁법(Reform Act)은 피털루(Peterloo)와 부르봉 왕조 복원에 뒤
이은 결과였다. 혁명의 해였던 1830년에는 폴란드, 헝가리 그리고 벨기에
에서 봉기가 목격되었지만, 영국과 프랑스의 외교적인 지지를 받았던 것은
벨기에뿐이었다. 월러스틴은 그 이유가 영국인들과 프랑스인들이 자유주
의적 산업국가를 촉진하는 데서 공동의 이해관계를 가지고 있었기 때문이
라고 주장했다. 벨기에의 성공은 경제적으로 진보했고 군사적으로 강력한
'자유주의 서구'와 이에 비해 후진적이었던 '귀족적 동구'라는 유럽에서의
이데올로기에 따른 지리적 분할을 견고히 하는 데 도움이 되었다.

제3장에서는 자유주의가 1815년 언저리, 토리(Tory)당의 반동과 프랑스
정통 왕조파(Legitimists)에 반대했던 중도좌파적 출발점으로부터 자본주
의국가에 반하는 반체제적 도전들을 진압하는 역할로 우경화되었던 궤적
을 추적한다. 1830년 이후 경쟁자로서의 사회주의가 출현했을 때, 자유주
의의 "좌파적 신임장은 약화되었다." 이것은 심지어 자유주의자들이 정치
적 변동의 '정상성'을 주장하고, '진보와 질서'를 향상시키며, 극단주의자
들을 변화에 저항하거나 위험할 정도로 급격한 정치적 변형을 압박했던 사
람들로 정의함으로써 계속해서 자신들의 중도적 위치를 주장했을 때조차
그러했다. 월러스틴이 주장하는 대로, 자유주의국가는 19세기 중엽의 수
십 년 동안 부르주아지의 정치적 역할을 정당화하고 노동계급의 열망을 억
압하는 데 전념했다. 그러나 "주기적으로 나타난 심각한 경제적 후퇴에 의
해 초래된 혼란"은, 1848년의 혁명에서 입증된 것처럼 자유주의자들이 다
루기 어려웠다. 월러스틴은 1848년 프랑스의 혁명에 대한 존 스튜어트 밀
(John Stuart Mill) 같은 '좌파 자유주의자들'의 지원을 언급하지만, 나폴레

옹 3세를 '자유주의적 중도'의 진정한 대표자로 제시하는데, 여기서 그는 다른 곳에서와 마찬가지로 자유주의의 해방적 측면을 경시하고 있다. 자유주의적 시민권에 대한 확대된 논의에서는, 그것을 통해 자본주의의 핵심 긴장―자본주의에서 선언된 평등에의 신봉과 "점점 첨예해지는 실제 삶의 기회의 양극화 및 그 결과로서의 만족의 양극화" 사이의 긴장―을 감추는 자유주의의 배제와 분할 전략을 탐색한다. 월러스틴은 프랑스혁명의 유산이었던 시민권의 포괄적 개념이 본국인과 외국인, 남성과 여성, 백인과 흑인을 대비시키며 적극적 시민과 소극적 시민 사이의 구별을 만들어내는 배제적인 개념으로 변형되었다고 주장한다. 이 주장의 요지는 노동계급의 거대 부문을 포섭하는 것이었다.

자유주의적 地문화가 얻은 최고의 승리는 근대 사회과학의 출현과 더불어 '전반적인 새로운 지식 부문'을 창출한 것이다. 역사는 랑케의 객관성에 대한 주장과 더불어 스스로를 과학으로 제안한 첫 번째 인문학 분과였다. 그다음 월러스틴은 독일, 프랑스, 이탈리아, 영국, 미국에서 1890년대 '현재에 대한 전문화된 분과들'―각각이 분리된 연구의 장인 시장, 시민사회, 국가를 가진 경제학, 사회학, 정치학의 '삼위일체'―의 동시적 출현을 추적한다. 알프리드 마셜(Alfred Marshall)과 레옹 발라(Léon Walras) 같은 신고전파 경제학자들은 애덤 스미스부터 마르크스까지의 정치경제학자들이 다루었던 '거대한 동학'을 '문제 해결'과 '정책 결정에서의 목소리'로 대체했다. 프랑스의 에밀 뒤르켐(Emile Durkheim)과 미국의 앨비언 스몰(Albion Small)을 따라서 사회과학자들은 사회 안정화를 위한 개혁 정책들을 개발하는 것을 추구했다. 시앙스 포(Sciences Po, 프랑스 국립정치학교), LSE(런던 경제대학)와 컬럼비아 대학의 정치학부에서는 외교와 고급 행정 분야에 종사할 자유주의국가의 간부들을 전문적으로 훈련하는 것을 추구했다. 새롭게 등장한 사회과학에서는 좀 더 급진적인 변동을 원하는 '반체제적인' 민중의 열망을 좌절시키기 위해 '정상적'인 사회적 · 정치적 변동을 구성하는 것이 무엇인지에 대한 주장을 체계화하려고 노력했다.

『중도적 자유주의의 승리』의 두드러진 특징은 그것이 가지는 인용의 밀도다. 긴 분량에 걸쳐 거의 모든 문장에 인용부호를 단 아주 많은 구절들이 포함되어 있다. 솔직히 말해, 월러스틴이 추구하고 있는 분과를 가로지르는 접근은 언제나 다른 사람들의 일차 연구에 의존해왔다. 정말 그는 학술적 전문화에 대한 비판을 자신의 보다 큰 역사문헌학적 의제로 포함시켰다. 그가 『근대 세계체제』 제1권의 새 서문에서 자신의 초기 작업이 다양한 분과의 감시원들에 의해 한쪽 발이 묶였었다고 불평한 것은 틀리지 않았다. 경제학자들과 역사가들은 사회학자는 경제사를 쓸 수 없다는 견해를 공유했고, 다양한 지역 전문가들은 2차적 자료에 근거한 책에 반대했다. 월러스틴은 자신이 분석 단위를 국민국가에서 보다 큰 '체계'로 주요하게 전환시킨 것이 그러한 대략적인 분과를 가로지르는 작업을 요청했다고 강력하게 대응했다. 그럼에도 불구하고 제4권에서 다른 학자들로부터 차용한 분석의 정도는, 특히 영국과 프랑스의 외교와 정치 개혁을 다루고 있는 전반부 장들에서 차용한 정도를 보면 월러스틴이 자신의 영역에 있지 않다는 것을 느낄 수 있다. 이러한 의미에서 가장 최근의 책은 초점이 무역과 인구동학이었던 전작들과 대조적인 위치에 있다. 거기서 이론화는 그 자신의 것이었다. 그는 서로 다른 분석적 주장들을 담은 문헌들을 자세하게 연구하고 나서 판별하곤 했다. 전문가적 학식은 참고되어야 할 자료로서 취급되었다. 우리는 『근대 세계체제』의 개념적 스케일은 환영하지만, 월러스틴의 강점이 19세기 지성사와 정치사에 있지 않다는 점을 언급할 수밖에 없다. 『중도적 자유주의의 승리』에서 그 자신의 목소리는 계급 갈등과 사회과학을 다루는 장에서 가장 잘 드러나고 확신에 차 있다. 계급 갈등을 다루는 장, 특히 콘트라티예프 주기의 패턴을 통해 생산율과 국가 간 경쟁에 관한 그의 분석은 이에 앞서 출간된 시리즈들을 훨씬 많이 닮았다.

일반적으로 말해 '자본주의적 세계경제'는 그가 '地문화'라고 부르는 것을 발전시키게 된다는 그리고 19세기에는 '중도적 자유주의'의 地문화 안에서 헤게모니 성장이 목격된다는 그의 핵심 주장으로부터 무엇을 얻을 수 있는가? 만약 우리가 시리즈의 전작들에서 제시된 생각, 즉 북서 유럽의 핵심에서 세계경제는 19세기 후반 제국주의가 최고 수위에 이르기 오래전부터 존재했다는 생각을 받아들인다면, '장기 19세기'를 다루는 책에서는 무엇을 보여주어야만 하는가? 월러스틴은 오스만 제국처럼 '자본주의 세계경제' 외부에 존재했던 구역이 주변부 지역—'중심' 경제들에 의해 대규모 잉여가치가 추출되는 지역—으로서의 노동 분업 속으로 포섭되어 들어오게 됨에 따라, 이 시기에 이미 존재하던 체계 내부의 관계가 심화되었음을 인정한다. 이러한 포섭의 결과, 이 지역들은 '자본의 끊임없는 축적'이라는 체계의 최우선 명령에 종속됨에 따라 제조업의 파국적인 쇠퇴와 중심으로의 대규모 잉여가치의 이전을 포함하는 끔찍한 결과를 경험하게 된다. 이것은 그가 제3권에서 발전시킨 주제였다. 여기서 주된 주장은, 이미 잘 자리잡고 있던 체계의 물질적 토대와 더불어 19세기의 핵심적 발전은 지적이고 문화적이라는 것이었다. 즉 영국과 프랑스에서 중도적 자유주의가 헤게모니적 地문화로서 발전하고 뿌리내렸다는 것이다.

월러스틴이 주장하는 것처럼 19세기에 지배적인 地문화가 존재했을까? 어떤 것을 하나의 地문화로 간주할 수 있을까? 이것은 분석적으로 유용한 범주일까? 그리고 이러한 地문화는 월러스틴이 주장하고 있듯이 그것의 형성에 크게 앞서는 경제적 발전과 어떤 관계를 가지는 것일까? 월러스틴은 **세계**라는 용어가 자신만의 독특한 의미에서 언제나 전체로서의 지구(globe)를 지칭하는 것이 아니라고 주장하며, 다루어지는 체계들이 독자적으로 세계들이 된다는 생각을 피력한다. 그러나 실제로 그의 작업의 초점이 되어왔던 '근대 세계체제'는 지구 전체를 포괄하게 되었다. 그리고 논쟁적으로 '근대 세계체제'는 지구 전체를 포괄하게 되었다는 바로 그 이유 때문에 그의 관심을 끌게 되었다. '세계'라는 용어 그리고 地문화라는 관념은 따라서 그 안에 존재하는 모든 것을 포괄하는 체계의 본성과 그 지구적 수준의 경과 모두를 묘사하는 이중적 목적을 수행한다. 더욱이 월러스틴이 이 시기 세계체제에 대해 언급하기를 원했던 주된 경제적인 이야기가 외부 구역이 '자본주의적 세계경제'의 주변부 지역으로 통합되는 것에 대한 설명이었다면, 그가 자본주의를 정당화하는 이데올로기로서의 자유주의가 이에 관해 설명해야만 했던 것에 대해 어떻게 그렇게 조금밖에 생각하지 않는가는 놀랍다. 월러스틴은 다른 곳에서, 가장 분명하게는 의미심장하고 지속적인 영향력을 끼치고 있는『역사적 자본주의』(*Historical Capitalism*, 1983)에서 자본주의의 두드러진 특징은 "인정사정없이 기괴할 정도로 자기중심적인"―그리고 궁극적으로는 무분별하고 모순적이고 난폭하게 파괴적인―끝없는 축적의 명령이라고 역설했다. 『중도적 자유주의의 승리』전체에서 자본주의의 地문화로서의 자유주의가 어떻게 자본주의의 이러한 핵심 특징들을 정당화하는 데 봉사했는지 또는 자유주의의 전파자들이 이러한 임무를 수행하기 위해 그것을 어느 정도까지 의도했는지는 명확하게 해명되지 못한 채 남아 있다.

월러스틴 자신의 정의에 따르면, 하나의 地문화는 "세계체제를 거쳐 매우 광범위하게 공유되는 가치"와 관계된다. 19세기의 진정한 地문화로서의 자유주의를 설명하려면―또는 심지어 서유럽의 대변자 가운데서 그것의 특징을 자세히 살펴보려면―자유주의의 초국민적·제국주의적 그리고 심지어 지구적 성격에 관심을 가질 것이 요청된다. 월러스틴은 체계의 地문화를 파악하기 위해서는 서유럽 부르주아지가 전개한 좌파와 우파 라이벌들과의 정치적 투쟁을 연구하는 것으로 충분하다고 가정하는 듯하다. 그는 제국주의적 팽창과 자유주의 이데올로기의 발전 사이의 관계를 어떻게 봐야 하는지에 대해 거의 아무런 이야기를 하지 않는다. 하지만 유럽의 지구적 헤게모니가 확고해짐에 따라 자유주의가 바로 그 지배적 공간에서 발전했다는 사실은 자유주의가 취한 모습, 그것의 집착 및 자기이해와 깊이 관련되어 있다. 월러스틴은 이 시기에 형성되던 자유주의가 자기의식적으로 초국민적이었다는 것을 모르지 않았다. 그가 초점을 맞추고 있는 영국과 프랑스의 자유주의자들은 그리스 독립 투쟁 그리고 조금 덜한 정도로 벨기에, 폴란드, 헝가리의 자유주의적 민족주의 운동 같은 사건들에 깊이 연루되었다. 그들은 자유주의를 시작부터 최소한 유럽적 수준의 운동으로 이해하고 있었다. 제러미 벤담(Jeremy Benthan)은 아마도 그의 개인 서신이 정말로 지구적 범위를 가로지르고 있었다는 점에서 독특했지만, 비슷한 생각을 가진 인물들—벵갈의 람모한 로이(Rammohan Roy)부터 북아프리카의 하수나 드기스(Hassuna D'Ghies)와 함단 호자(Hamdan Khodja), 아이티의 대통령 장 피에르 부아예(Jean Pierre Boyer)부터 시몬 볼리바르(Simón Bolívar)와 그 밖의 남아메리카 반식민주의적 자유주의자들—과 급진적 개혁에 관한 생각을 나누고 싶어했던 그의 관심은 그들의 프로그램을 지구적 수준에서 실현하려 했던 자유주의자들이 가진 사명 의식의 특징이었다. 자유주의는 또한 월러스틴이 설명하는 것보다 훨씬 직접적이고 명백하게 서유럽의 지구적 헤게모니를 정당화하는 이데올로기로 발전했다.

제4권에서 드물게 나타나는 유럽 바깥에 대한 언급 가운데 하나에서 월러스틴은 뒤이어 세계의 사회 · 노동운동의 주된 역사적 기억을 형성했고 "거의 모든 곳에서 담론의 준거가 되었던 모든 논쟁"은 애초에 프랑스와 영국에서 생겨났다고 주장한다. 이것은 만약 노동운동이 조직화된 산업 노동계급의 관점에서만 고려한다면 정의상 진실에 가까울 수 있다. 하지만 아이티의 혁명 이후 유럽 바깥의 급진적 운동은 유럽의 준거를, 地문화라고 불릴 수 있는 것의 발전에 마찬가지로 기여한 사회적 · 제국주의적 · 인종적 억압에 대한 새로운 비판과 결합했다. 어떤 地문화들은 개혁적 · 자유주의적 성격이었고 또 어떤 것들은 좀 더 급진적 성격이었다. 정말로 19세기 자유주의와 급진주의 사이의 분할은 월러스틴이 생각했던 것만큼, 심지어는 그리스 독립을 위한 급진적 · 자유주의적 그리고 낭만주의적 선동에 대한 그의 설명이 제시한 것만큼 날카롭지 않았다. 월러스틴은 '식민지 나라들의 사회주의자들'에 대해 성급하게 단일한 아일랜드 민족주의자를 짧게 언급하는 선에서 그친다. 식민지 문제에 대한 유럽 사회주의자들의 위치는 두 개의 단락에서만 언급된다. 월러스틴은 다른 학자들을 인용하면서 심지어 반식민 투쟁을 지원했던 사람들조차 그 문제를 '소규모 전투'의 형태로 생각했다고 적었다. 앞으로 출간된 시리즈에서 그 또한 마찬가지로 그럴 것인지를 드러내게 될 것이다.

기나긴 경력 안에서 월러스틴이 가장 훌륭하게 기여한 것은 역사 분석의 적절한 시간적·공간적 규모, 즉 역사 분석의 범위와 시기 구분의 문제를 연구한 것이었다. 그는 19세기에 확립되었고 20세기 대부분 동안 지배적이었던 국가 단위에 기초한 역사문헌학을 날카롭게 비판했다. 그것이 근대 세계에서 발생한 변동들의 주요 문제를 연구하기에는 근시안적이고 부적합하며, 오래전에 만들어진 근대 국민국가의 국경을 시대 연구의 적합한 경계로 삼는 것은 시대착오적이라는 이유였다. 마찬가지로 그는 무역과 통신을 통해 엮인 넓은 지리적 지역을 가로지르는 체계적 유형보다는 경제적·정치적 조건의 핵심적 결정 인자로서의 국가 **내부**의 계급투쟁에 초점을 맞추는 정통 마르크스주의적 설명도 비판했다. 이러한 그의 독특한 설명을 고려했을 때, 『중도적 자유주의의 승리』의 가장 혼란스러운 점은 이 책에서 그가 프랑스와 영국에서의 발전이라는 매우 좁은 주제에 관심을 가진다는 것이다. 월러스틴의 보다 큰 기획은 유럽중심주의라는 혐의를 받아왔는데, 특히나 오랫동안 그의 협력자였던 안드레 군더 프랑크(Andre Gunder Frank)는 월러스틴이 그 자신이 거부하려 했던 전통적인 사고에 사신이 깨닫는 것 이상으로 사로잡혀 있다고 생각했다. 16세기를 전환점으로 선택함으로써 월러스틴은 유럽을 근대성의 엔진으로 만들었다. 이에 반해 프랑크는, 가장 두드러지게는 『리-오리엔트』(*Re-Orient*, 1998)에서, 보다 적절한 5천 년의 시간 프레임을 설정하면서 그렇게 되면 중국이 중심부에 위치하고 유럽은 자신에 합당한 위치인 주변부로 좌천될 것이라고 주장했다. 그러나 근대 자본주의적 질서를 전근대적 질서와 구분하는 핵심적인 역사적 전환점과 새로운 체계의 중심으로의 유럽을 제시하는 월러스틴의 기본적 서사를 수용한다고 하더라도, 시리즈의 최근 권의 시야는 놀라울 정도로 제한되어 있다. 문제는 단지 세계체제가 서유럽 헤게모니에 의해 추동되었다는 월러스틴의 주장 때문에 유럽 중심적인 것이 아니라는 것이다. 오히려 그가 헤게모니의 국제적 범위, 자유주의의 지구적 열망과 세계 질서의 서로 다른 부분—지금은 사실상 헤게모니적인 그의 용어를 사용한다면 중심, 주변, 반주변—에 대해 가지려 했던 자유주의의 필사적인 함의에 거의 아무런 관심을 기울이지 않는다는 것이 문제다. 이 책을 세계체제 이론의 창시자가 썼다는 것을 몰랐다면, 저자가 세계체제 분석을 알았다면 19세기에 대해 전혀 다른 역사를 기술했으리라고 불평할 수도 있을 것이다.

방대한 문헌 목록—1500개 이상의 문헌을 담고 있는 70쪽 이상의—에 비추어볼 때 『중도적 자유주의의 승리』의 연구 가운데 상당 부분은 아마도 제3권을 준비하고 있던 때와 같은 시기인 1980년대 후반 또는 1990년대에 이미 완성되었던 것으로 보인다. 어쨌든 월러스틴은 지구적 역사의 맥락에서의 자유주의에 대한 활기찬 새로운 연구들을 모르고 있는 것 같다. 그런 학자들 가운데 다수가 그가 보인 명백한 무관심으로 되돌아가는 것처럼 보일지라도, 이러한 문헌과 월러스틴의 세계체제 분석이 서로에게 이야기해야만 했던 것이 무엇일까를 질문하는 것은 가치 있는 일이다. 『중도적 자유주의의 승리』는 특히 베일리(C. A. Bayly)의 『근대 세계의 탄생』(*Birth of the Modern World*, 2004) 및 그의 최근 작업에 비교될 수 있는데, 베일리는 19세기 중엽에 "지구적인 자유주의의 구성 순간"이 있었음을 주장한다. 월러스틴과 베일리 모두 이 시기를 영국이 지구적 헤게모니를 공고히 했던 기간이라고 생각한다. 둘은 모두 영국에 기초하고 자본주의에 의해 추동된 산업혁명이 주요한 원동력이었다는 주장에 대해 대안을 분명히 하려고 시도했다. 월러스틴이 새로운 주변부 지역이 유럽인들의 주도권 아래에서 포섭되었다고 주장하는 그곳에서, 베일리는 유럽 침입의 전제 조건을 제공했던 18세기 인도의 무너져가던 무굴 제국과 같은 흡인 요인(pull factors)과 식민화된 사람들로부터 나온 주체(agency)를 강조한다. 베일리의 작업을 통해 월러스틴이 의도한 것보다 훨씬 더 포괄적인 의미에서의 19세기 자유주의 地문화에 대해 이야기하는 것이 가능하다고 제안한다. 19세기 자유주의 地문화의 추종자들은 월러스틴이 논의하지 않은 동유럽과 남유럽뿐만 아니라 인도, 북아메리카와 남아메리카 그리고 아랍 세계에서도 나타났다. 베일리의 책은 반대의 공백이 문제라고 이야기될 수도 있다. 『뉴레프트리뷰』에 실린 2007년 서평에서 비벡 치버(Vivek Chibber)는 "베일리의 이야기에서 자본주의는 지구 전체에 퍼져 나가는 것과는 어느 정도 반대의 비율로 사라지는"―"세계경제 체계가 설명 원리로 가장 중요한 그 순간에 그것이 그의 분석으로부터 완전히 사라지는"―아이러니를 지적했다.

물론 월러스틴은 자유주의에 대한 뻔뻔한 비판자로서 글을 쓰고 있다. 다른 곳, 예를 들어 1993년 논문인 「자유주의의 고뇌」(The Agonies of Liberalism)에서 그는 자유주의를 근본적으로 반민주적이고 실제로는 '위험한 계급들'에 대한 교육받은 계급의 지배를 유지하는 데 이바지하는 '귀족적' 이데올로기로 묘사했다. 제4권에서는 자유주의가 한편으로 특권적 질서 안에 위치한 노동자들의 핵심층을 확보하기 위해 다양한 형태의 민족주의적·문화적·인종적 배제에 관여하면서, 남성 참정권과 제한된 복지국가를 통해 백인 노동계급을 매수함으로써 커다란 규모로 이러한 역할을 수행했다고 주장한다. 또 다른 측면에서 그는 자유주의가 귀족적 빈둥분자들에게 개혁은 점진적일 것이며 생각처럼 위협적이지 않을 것이라고 약속함으로써 그들을 달래고 포섭했다고 주장한다. 비록 그가 19세기와 20세기의 폭력적 정치 투쟁을 가볍게 다루지는 않지만, 월러스틴의 서사에서는 자유주의의 '온건한 현상 유지'가 우파와 좌파 모두로부터의 위협에 대해 상당히 조용한 승리를 거두었다고 암시된다. 이러한 분석의 결과는 19세기 자유주의자들이 가졌던 진정한 해방에 대한 열망을, 유럽인들과 유럽의 식민 지배를 받고 있었던 사람들의 역량 및 그들에게 어울리는 운명에 대해 가졌던 근본적으로 다른 생각을 가볍게 평가하는 설명이었다. 따라서 월러스틴의 설명은 자유주의가 그것의 옹호자들이 실제 경험했던 것보다 훨씬 덜 지구적이고 제국주의적일 뿐만 아니라 원래 그랬던 것보다 덜 흥미롭고 덜 모순적인 것으로 생각되도록 이끈다.

이 책에서 월러스틴은 19세기 자유주의가 우리 시대를 포함한 후대에 가지는 함의를 추적하는 것을 택하지 않는다. 그러나 비록 그가 현재의 신자유주의에 대해 전혀 언급하지 않는다고 하더라도, 그것은 앞선 시대의 자유주의의 형식에 대한 그의 설명을 암묵적으로 구조화하는 것 같다. 신자유주의는 월러스틴이 언제나 자유주의의 소명이었다고 주장한 자본주의를 정당화하는 이데올로기로서 가장 노골적이고 분명하게 작동하고 있기 때문이다. 19세기 주창자들에 의해 움직이고 있던 자유주의는 많은 목표들을 가지고 있었고, 자본주의의 정당화는 단지 그 가운데 하나였을 뿐이다. 그것만큼 중요했던 것은 개인의 도덕적이고 지적인 자율성을 증진하는 일, 자유주의자들이 민주주의의 불가피한 도래를 근대 세계에서 받아들일 수 있는 유일한 정치적 조정이라고 느끼고 있었던 것과 비폭력적으로 타협하는 일이었다. 자유주의자들은 이러한 것들을 양면적 감정—말하자면 불안과 흥분의 감정—속에서 경험했다. 신자유주의는 이러한 다른 열망들 대부분을 포기했다. 고전적 자유주의의 의미상의 모호함과 복합성은 그것이 보였던 이데올로기적 유연함의 근원이었다. 이러한 성격을 상실함으로써 그 계승자들은 점점 더 허약해 보이게 된다.

〔서영표 옮김〕

아나키스트들을 위한 금융 이야기

데이비드 그레이버의 『부채: 처음 5천 년』

로빈 블랙번(Robin Blackburn)

데이비드 그레이버(David Graeber)의 『부채: 처음 5천 년』(*Debt: The First 5,000 Years*, Melville House: New York 2011)은 새로운 지구적 역사를 구성하는 데 인류학자가 내놓은 기여인 동시에, 반자본주의를 외치는 한 학자 겸 활동가의 지적인 신념이라 볼 수 있다. 금융 발명품들의 역사를 저술하는 이 프로젝트에서는 부채라는 것을 논리적으로 해체하는 작업과 2008년 사태를 하나의 결정적 전환점으로 보는 논리가 한데 결합되어 있다. 이 안경을 쓰고 본다면, 최근에 벌어진 사건들은 부자들과 가난한 자들, 채권자들과 채무자들, 화폐 기계와 인류의 존속 및 번영의 원인 사이에 전개되어온 저 오래된 갈등에 벌어진 새로운 반전으로 나타나게 된다. 이 책은 흥미를 돋우는 멋진 유머와 설득력 있는 급진적 관대함을 지니고 있다. "아마도 이 세상은 정말로 당신을 먹여 살려야 할 책임이 있다"고 그레이버는 말한다. 그는 폴 라파르그(Paul Lafargue)와 미하일 바쿠닌(Mikhail Bakunin)의 전통에 서서, 일하지 않는 가난한 이들이 하고 싶은 말을 멋지게 대변한다. "적어도 이들은 아무도 해치지는 않는다. 이들이 일자리가 없어 남는 시간을 자기가 사랑하는 이들, 즉 가족 및 친지들과 보내고 있다면, 아마도 우리가 인정하는 것 이상으로 이들은 세상을 더 좋은 곳으로 만들고 있다고 해야 할 것이다." 이 책이 '점령하라'(Occupy) 운동에 뛰어들었던 대출 빚에 시달리는 젊은 학생들, 노동자들, 비(非)노동자들 사이에 그토록 널리 읽혔다는 것은 쉽게 이해될 수 있다.

이 책의 이야기는 단선적으로 진행되지 않는다. 책 전반부에는 의무, 물물교환, 보상, 명예 등의 다양한 관념들을 다루는 장들이 널리 펼쳐지고 있다. 그다음 후반부는 외견상 관습적인 시간 순서를 따르는 것처럼 보인다. 선사시대부터 시작하여 고대 중동, 로마와 그리스, 중국과 인도를 거쳐 차축 시대(Axial Age, 기원전 800년부터 기원후 600년), 중세, '자본주의 대제국들의 시대', 마지막으로 1971년 이후의 시대─저자는 이 시대를 "아직 결정되지 않은 무언가의 시작"이라고 부른다─로 끝난다. 하지만 이렇게 역사적 단계들이 이어지는 모습을 취하고는 있지만, 그 중간에도 그레이버는 중세 아일랜드를 이야기하다가 현대 아프리카로 가기도 하고, 또 로마법을 다루다가 중간 항로(Middle Passage)[1]로 이야기를 옮겨가기도 하므로, 시간 진행 순서는 중간에 끊길 때가 많다. 그는 또 종종 여러 문명 사이의 초시간적 유사점들을 반추하면서 과거, 심지어 아득한 과거까지 끌어와 최근의 사건들과 연결하기도 하지만, 시장이 인간의 통제를 벗어나는 경향이 있다는 주제는 그 와중에도 계속 반복되고 있다. 아주 지독히 유식한 이

---

1) 〔옮긴이〕근대 초기 대서양 무역은 주로 유럽에서 공산품을 싣고 아프리카에서 노예를 사다가 아메리카에서 원료와 바꾸어 유럽에 판매하는 삼각무역 형태를 띠고 있었다. 그 중간의 항로, 즉 아프리카에서 아메리카로 노예를 싣고 나르는 항로를 중간 항로라고 한다.

가 아닌 한, 그의 매혹적인 여러 논의에서 무언가 배우지 않기란 불가능하다. 마르크스처럼 그레이버 또한 자신의 비판을 독자의 마음에 전달하기 위해 경제학자들보다는 라블레, 괴테, 성경, 천일야화 등의 문학을 인용하곤 한다.

이 책의 첫 장에서 그레이버는 신고전파 경제 이론에 나오는 '사회로부터 뽑혀 나온'(disembedded) 시장, 화폐, 부채 등은 비교적 최근에 발명된 추상적이고 자의적인 구성물들에 불과하다고 주장하며, 이를 입증하기 위해 폭넓은 인류학적 연구에서 논의를 가져온다. 교환은 단지 두 개인이 가격 수용자, 가격 결정자로 등장하는 식으로 벌어지는 법이 결코 없다. 실제 교환 행위는 항상 둘 혹은 그 이상의 사회적 세계들 간에 일어나는 일이며, 그 세계들이 각각 내놓는 청구권의 주장, 가정, 기대 등의 내용을 살펴보면 부분적으로나마 서로 공유되는 부분들이 반드시 있게 마련이라는 것이다. 또 교환은 겉으로는 단순해 보이지만 거기에서 발생하는 의무는 항상 불균등하게 되어 있고, 또 시간적으로도 불일치가 나타나게 되어 있다고 한다. 이렇게 복잡하고 섬세한 교환 행위가 실제로 벌어지려면 없어서는 안 될 요소들이 여럿 있다. 채권과 채무도 있고, 교환을 시작하려면 먼저 수수료를 지불해야 한다는 장치도 그 가운데 하나이며, 심지어 "신세 많았습니다"(much obliged), "괜찮으시다면"(please), "감사합니다"(thank you) 등 인간관계에서의 빚을 표현하는 모든 소소한 인사말들도 그런 것들이다.

인간관계에서의 책무(obligation)가 부채로 전환되는 것은 양적으로 표현되어 계산될 수 있는 가능성에 달려 있다고 그레이버는 말하고 있으며, 여기에서 화폐와 시장이 질을 양으로 환원한다는 생각으로 자연스럽게 이어지게 된다. 하지만 그는 단지 이 정도로 결론을 내리려 하지 않는다. 그는 한 걸음 더 나아가 물물교환이 최초의 경제 유형이라는 생각을 완전히 무너뜨리고 있으며, 이보다 훨씬 중요한 것은 화폐의 진화라 보고 있다.

최초에 물물교환이 있고, 그 뒤에 화폐가 발견되고, 마침내 신용 시스템이 발견되는 식으로 진행된 것이 아니다. 실제로 벌어졌던 것은 정확하게 그 반대 순서다. 우리가 오늘날 가상 화폐라고 부르는 것이 가장 먼저 나타났다. 주화(鑄貨)는 그보다 훨씬 나중에 나타났던 데다가 주화를 실제로 사용하는 관행은 아주 불균등하게 확산되었기 때문에, 신용 시스템을 완전히 대체하는 일은 결코 벌어진 적이 없다. 한편 물물교환은 대개 주화 혹은 지폐의 사용에서 우연적으로 생겨난 모종의 부산물인 것으로 보인다. 역사적으로 보자면, 물물교환이란 주로 현금 거래에 익숙한 이들이 이런저런 이유에서 통화를 얻지 못할 때 그 대신에 하는 행동이었던 것이다.

그의 설명에 따르면, 이미 교환이 일반화되기 전부터 많은 사회에서 다양한 통화들이 나타났다고 한다. 어떤 통화는 순전히 일상의 소비와 관련된 소규모 거래에만 쓰였으며, 어떤 것들은 순전히 기본적 인간관계들을 조절하고 증진하는 데만 쓰였다는 것이다. 그는 그 실례로 아프리카와 북아메리카의 부족사회들을 들고 있다. 이런 사회에서는 혼인을 촉진한다든가 살인이 벌어졌을 때 끝없는 보복과 보복의 악순환이 벌어지는 것을 막으려는 목적에서 쓰이는 통화들이 있었다고 한다. 딸을 시집보내는 씨족이나 가족의 입장에서는 딸을 잃어버리는 셈이니 그 대가로 놋쇠 막대기나 고래 이빨이나 줄에 꿴 조개껍데기 등으로 '지불'을 받을 권리를 갖게 되는 것으로 나타난다. 또 가족 성원 한 사람이 살해당하면 이와 비슷한 특별한 가치 증표들을 피해자 쪽에 바치게 된다는 것이다. 여기에 사용된 '통화'는 그 어떤 등가 시스템에도 속해 있지 않은 것들이다. 나이지리아 농촌의 티브(Tiv)족에 대해 그레이버가 말한 바를 보자. "오크라 콩을 아무리 많이 가져다준다 해도 놋쇠 막대기를 얻을 수는 없다. 이는 아무리 놋쇠 막대기를 많이 가져다주어도 여자 한 사람에 대한 모든 권리를 바로 얻을 수 없는 것과 같은 원리다." 이렇게 놋쇠 막대기를 잔뜩 가져다준다면 이는 그저 받은 쪽이 특정 종류의 책무를 지게 되었음을 기록할 뿐이며, 이 책무는 그 놋쇠 막대기를 받은 보상으로 결혼 상대자를 내줄 때 비로소 청산이 시작된다. 심지어 그렇다 해도 진짜로 보상이 개시되는 것은 그 결혼을 통해 아이가 태어났을 때부터다. 신부(新婦)값을 치르는 경우에 항상 그러하듯, 이렇게 놋쇠 막대기나 조개 묶음을 제공하는 것은 가격을 치르는 것이 아니라 특정 종류의 책무를 기록하는 장치일 뿐이며, 그 책무는 다른 어떤 것을 통화로 쓰더라도 청산할 수 없다.[2]

다른 형태의 책무로는 혈연 부채(blood debts)가 있다. 이 부채를 진 이는 자기 혹은 자기 자식들을 인질로 잡히겠다고 서약만 하면 인신의 종속 상태가 쉽게 발생하게 되어 있다. 하지만 정상적인 상황이라면 추수가 끝난 후 혹은 가뭄이 끝난 후에 빚을 청산하면 되니까 이렇게 볼모를 잡는 부채라 해도 특별히 부담이 큰 것이라고 할 수는 없다. 하지만 채무자의 생활이 나아지지 않는다든가 교역 네트워크가 팽창하여 채권자에게 그가 잡고 있는 볼모를 어떻게 할지에 대한 새로운 선택지가 열리게 되면, 결국 채무

---

2) 〔옮긴이〕 티브족에게서 놋쇠 막대는 특별한 물건으로서, 남성만이 소유할 수 있다. 시장에서의 교환은 여성의 소관으로 되어 있으므로, 이 놋쇠 막대는 시장에서 유통되는 법이 없다. 한편 자신이 결혼하고 싶은 처녀가 있다면 먼저 그 부모에게 두세 묶음의 놋쇠 막대를 선물로 보내야 한다. 그래야 일단 구혼자의 반열에 오르게 된다. 그다음 그 처녀와 눈을 맞추어 함께 도망가는 일련의 행동을 취한다. 처녀의 어머니는 몹시 화를 내며 이들에게 따지러 들고, 남성 쪽은 그 어머니를 달래기 위해 다시 놋쇠 막대를 더 내주고 일단 그 상황을 모면하기 위한 조치로 그 처녀의 조상 수호령(guardian)에게도 놋쇠 막대를 바친다. 그렇게 '도망가서' 살림을 차린 뒤 아이가 태어나면 그 아이를 인정해달라고 다시 신부의 부모에게 놋쇠 막대를 또 바친다. 이로써 부모에 대한 책무는 청산되지만, 그 조상 수호령에 대한 책무는 이를 통해 해결되지 않는다. 왜냐하면 거의 모든 초기 사회의 관습에서 나타나듯이, 아이를 낳을 능력을 가진 특출한 사람인 여성은 다른 여성 한 사람을 내주지 않는 한 그 어떤 것으로도 등가 관계를 맺을 수 없기 때문이다. 따라서 이 책무는 오직 미래 언젠가 그 신부의 씨족에게 다른 여성—아마도 그 신부의 딸이나 손녀—를 내줄 때 비로소 청산된다는 것이다. 따라서 이 놋쇠 막대는 어디까지나 이렇게 다른 여성 한 사람을 내줄 때까지 '영원히 갚을 수 없는 빚'을 기록하고 인정하는 도구로 제공되는 것일 뿐, 결코 그 신부를 '사온' 가격은 아니라는 것이다.

자가 자기 가족 성원들의 인신을 넘겨줄 수밖에 없는 일들이 벌어질 수 있다. 교역상들은 파산한 채무자가 내놓는 인질들을 잡아가기도 한다. 그레이버는 이것이 노예무역 일반, 특히 대서양 노예무역의 한 원천임을 주목한다(하지만 대서양 무역에서는 노예무역 희생자의 3분의 2가 남성 혹은 소년들이었기에, 성적 불균형이 있었음을 주목하라. 전형적인 인질 잡기에서는 여성 쪽이 희생물이 되는 경우가 더 많다는 것과 크게 다르다).

그레이버는 철학으로 이야기를 옮겨 니체가 『도덕의 계보학』에서 내놓았던 주장을 반박한다. 니체에 따르면 부족 집단은 그 성원들로부터 악착같이 희생물을 뜯어내게 되어 있으며 성원들은 사지의 일부까지 절단당하게 된다고 주장한 바 있다. 항상 곁에 계시는 조상들의 영령에게 부족의 존속 자체를 빚지고 있다고 믿기 때문이라는 것이었다. 그레이버의 주장에 따르면, 만약 이렇게 교환하고 비교하고 계산하는 것이 인간의 보편적 성향이라는 생각을 당연한 전제로 받아들여 모든 인간 사회가 조상들에 대한 원초적 부채의 부담에 짓눌려 있는 것처럼 생각하게 되면 반드시 그릇된 방향으로 나아가게 된다. 그가 보기에는 원초적 부채라는 니체의 주장은 "전적으로 부르주아 사상의 틀 안에서 벌어지는 게임"일 뿐이라는 것이다. 이러한 주장은 자유주의적 개인주의에서 이루어지는 저 영웅적 단순화의 논리들을 논박하거나 그 논리에 제한을 가할 수 있을지는 모르지만, 그저 신화에만 나올 뿐 실제로는 존재하지도 않았던 저 '눈에는 눈, 이에는 이'식의 계산 체제에 계속 생각이 붙들려 있게 된다는 것이다. 니체의 이야기는 "야만 수렵 사회의 성원들이 서로서로의 신체를 조각조각 잘라낸다는 환상"일 뿐이다. 이를 페테르 프로이센(Peter Freuchen)의 『에스키모들의 이야기』(Book of the Eskimos)에 나오는 이누이트 수렵·채집 생활자들이 천명했던 생각과 비교해보라.

"우리 땅에서는 우리 모두 인간이다!" 그 사냥꾼은 말한다. "우리 모두가 인간이므로 우리는 서로 돕는다. 누구든 그것에 대해 고맙다고 말하는 걸 듣고 싶어하지 않는다. 오늘은 내가 얻지만 내일은 당신이 얻을지 모른다. 선물을 주면 노예를 얻을 수 있고 채찍을 휘두르면 개를 얻게 된다는 것이 이곳의 속담이다."

많이 잡은 사냥꾼들은 그러지 못한 사냥꾼들에게 모종의 책무를 느끼며, 이는 수량적 계산을 넘어선 것이라는 것이다. 물론 여기에도 일정한 교환의 요소가 있음을 그레이버도 인정한다. 하지만 무릇 여러 형태의 교환 시스템이라는 것들은 그가 "모든 인간관계의 기저에 깔려 있는 공산주의(baseline communism)"라고 부른 상호 부조와 협동의 그물망에 의존하는 모종의 상부구조라는 것이 그레이버의 주장이다.

다른 곳에서 그는 교환, 위계, 공산주의는 "경제적 관계들의 기초가 될 수 있는 세 가지 주요한 도덕적 원리들"이라는 생각을 제시한다. 이 세 가지 모두는 "어떤 인간 사회에든 나타나"며, 서로 결합되어 나타날 때도 많다. 중세 촌락에서나 자본주의 공장에서나 생산과정은 직접생산자들 사이에 벌어지는 소규모 협동에 의존한다. 하지만 그레이버가 보기에 그가 말하는 기저에 깔린 공산주의는 모든 종류의 사회적 상호작용에 내재하고 있어서, 길을 묻는 이들이나 담뱃불을 빌려달라는 이들에게 우리가 응하는 것이 그 예라는 것이다. 이는 "사회성을 이루는 원료로서, 우리가 궁극적으로 서로 의존하고 있으며 이것이 사회적 평화의 궁극적인 실체임을 인정하는 것"이라는 것이다. 시장의 작동과 '부채의 덫'의 위협이 있다고 한다면, 이에 맞서서 "사회는 항상 존속할 것"이라는 생각에 기초하여 무한히 뻗어나가는 상호성의 지평선을 소중하게 받드는 여러 관행들 및 제도들을 활용할 수 있다는 것이다. 그러한 신뢰를 사회 안에 달성할 수 있다면, 누구나 어느 시점에 누군가에게 친절을 베푼 것이 언젠가 다시 자기에게 돌아오는 보답으로 이어지리라고 확신하게 된다. 즉 이누이트 사냥꾼이 '내일'

벌어질지 모를 일이라고 언급했던 그 가능성 말이다. 그레이버는 우리에게 부채란 그 함의들을 따져볼 때 한 가지로만 평가될 것이 아님을 상기시킨다. 빚더미에 앉아 몰락하는 사태를 피할 수만 있다면 이는 모종의 상호 책무의 망을 형성할 수 있고, 이는 다시 사회가 지속되도록 보장하는 데 힘이 되리라는 것이다.

이 책 후반부를 이루는 역사적 이야기는 그레이버가 찾아낸 방대한 일련의 순환주기에 따라 구성된다. "지난 5천 년간 유라시아 대륙의 역사를 살펴보면, 크게 보아 신용화폐가 지배한 기간과 금은이 지배한 시기가 번갈아 나타났던 것을 알게 된다." 그 후에 그가 제시하는 시대구분 또한 이 순환주기에 기초하고 있다. 초기의 농업 제국들의 시기(기원전 3500년~기원전 800년)에는 신용화폐가 지배적이었으며, 그다음에 나타난 차축 시대(기원전 800년~기원후 600년)는 주화와 철학이 지배했던 시기, 그다음의 중세는 신용이 다시 한 번 지배하게 된 시기였다. 그다음의 '자본주의 대제국들의 시대'는, 그의 말에 따르면 "1450년경 전 지구적으로 다시 금괴·은괴로 되돌아가는 거대한 경향이 나타나며 시작되었고, 닉슨이 미국 달러화를 더 이상 금으로 태환하지 않겠다고 선언한 1971년이 되어서야 겨우 끝난다." 그레이버에 따르면, 우리가 살고 있는 이 새로운 시대―40년도 채 되지 않았다―가 "궁극적으로 어떤 모습이 될지는 당연히 아직 알 수 없다."

이러한 역사적 순환을 추동하는 동력은, 그레이버에 따르자면 "전쟁으로 보인다." "상대적인 사회적 평화의 시기에는 신용 시스템들이 지배하는 경향이 있는 반면 …… 전쟁과 약탈이 광범위하게 나타나는 시대에는 신용 시스템 대신 귀금속이 그 자리를 차지하는 경향이 있다." 금괴나 은괴는 교환을 단순화해주는 이점이 있지만(또 훔치기 쉽다는 이점도 있다) 신용화폐는 여러 인간관계와 기록들로 이루어진 복잡한 망에 대해 사람들이 신뢰를 가질 것을 요구한다. 그레이버가 비꼬듯 말하고 있듯이, "중무장한 채 여기저기 이동하는 병사야말로 지독한 신용 리스크 자체다.”그는 또 “차축 시대의 괄목할 만한 폭력”에 주목하고, 또 여기에 화폐의 기원에 대한 제프리 잉엄(Geoffrey Ingham)의 설명에 의존하면서 초기 제국들에 전형적으로 나타나는 ‘군사-주화주조-노예 복합체’를 냉정하게 설명하고 있다. 예를 들어 알렉산더 대왕의 페르시아 정복은 “페르시아에 존재하던 광산들과 조폐국들의 체제를 침략군의 필요를 조달한다는 목적으로 재조직해야 한다는 것을 뜻했다. 두말할 것도 없이 고대에 광산에서 일하는 것은 노예였다. 또 대부분의 노예들은 전쟁 포로들이었다.”이 책에서는 이렇게 말한다. “이 과정이 어떻게 스스로를 확대재생산하게 되는지는 쉽게 알 수 있다.”

그레이버의 관점에서 볼 때, 지구 위에 살고 있는 사람들 대부분에게 중세는 “차축 시대의 공포로부터 괄목할 만한 개선”을 뜻하는 것이었다. 큰 영토를 가진 제국들이 무너진 폐허 위에 출현한 이 새로운 국가들에서는 “전쟁, 금·은괴, 노예제 사이의 연관 관계가 끊어져 있었다.”유라시아 대륙 전체에 걸쳐 신용화폐가 다시 출현하고 있었으며, 추상적인 가상의 형태를 취하고 있었다. 중국 송나라의 지폐와 부절(符節),[3] 이슬람 세계의 사크(sakk)라고 불리던 약속어음 등이 그 예다. 이와는 대조적으로 ‘자본주의 대제국들’의 시대는 다시 금·은괴로의 회귀를 나타낸다. 이 시대의 진전을 가속화한 것은 에스파냐의 멕시코 정복으로서, 이것이 1500년대에 벌어진 서유럽의 ‘가격혁명’을 촉발하는 데 일조한다. 그레이버는 이 과정 전체에 걸쳐 강제력이 얼마나 중요한 역할을 했는지를 주목한다. “전쟁과 상업이 하나로 뒤엉키는 유럽인들의 독특한 방식”때문에 식민지 세계 수백만의 사람들에게 공포와 노예화가 나타났다는 것이다.

---

3) 〔옮긴이〕톨리(tally), 즉 부절이란 나무 막대기에 금을 그어 부채의 양을 표시한 뒤 이를 세로로 반쪽 내어 채권자와 채무자가 나누어 갖는 채무 증표다. 채무를 변제하게 되면 이 두 조각을 다시 합쳐 불에 태워 청산한다. 그 밖에도 여러 다른 형태들이 있다.

그레이버가 말하는 장기 지속의 도식에서 마지막 순환주기는 브레튼우즈 금융 설계도가 해체된 1971년에 시작된다. 이 시기는 그 앞의 여러 장에서 논의했던 바 신용화폐와 귀금속이 번갈아 나타나는 패턴과의 단절이 생겨난다. 그의 말대로 "만약 역사가 사실이라면, 가상 화폐의 시대란 전쟁, 제국 건설, 노예제, 빚 노예(임금을 받든 받지 못하든) 등으로부터 멀어지는 한편, 채무자들을 보호하는 지구적 규모의 제도들이 창출되는 방향으로 나아간다는 것을 뜻한다." 하지만 "우리가 지금까지 목도한 바는 그 반대다." "이 새로운 지구적 통화는 옛날의 지구적 통화보다 더욱더 군사력에 강고하게 뿌리박고 있다." 그는 1970년대 이후 가장 활발하게 미국 재무부 채권을 구매한 이들이 사실상 미국의 군사적 보호령인 서독, 일본, 한국이었던 경향이 있음을 지적한다. 그레이버가 보기에 "환율이 자유롭게 변하는 달러의 출현이란 자본주의가 본래 기초로 삼았던 전사(戰士)들과 금융가들의 동맹이 무너진 것을 뜻하는 게 아니라 그 동맹을 최종적으로 신격화한다는 것을 나타낸다." 하지만 이 새로운 시대가 시작된 지는 40년도 채 되지 않았으며, 어쩌면 중국의 발흥과 함께 결국에는 좀 더 익숙한 역사적 패턴으로 되돌아갈지도 모른다. 아마도 우리는 "미국이 전통 시대 중국의 번국(藩國)과 같은 위치로 전락해가는 아주 긴 과정의 첫 번째 단계"를 보고 있는지도 모를 일이라는 것이다.

이 책에서는 사회적 노동 형태가 어떠한 역사적 변증법에 따라 변해왔는지보다 좋은 삶에 대해 어떤 다양한 사회적 상상이 있었던가에 더욱 관심을 쏟는다. 그레이버는 부채의 역사를 쓰고 있는 것이지, 생산성의 역사를 쓰는 것도, 또 그 기저를 이루는 농업 생산 시스템 혹은 산업 생산 시스템의 역사를 쓰고 있는 것도 아니다. 그는 부채를 놓고 벌어지는 갈등이 역사적으로 계급투쟁의 주된 쟁점을 제공했으며 임금, 노동조건, 단결 조직의 권리 등에 대한 갈등은 중요성이 덜했다고 믿는다. 그는 자유로운 임노동이란 보통 생각하는 것보다 훨씬 더 드물었으며, 반대로 빚 노예, 농노,

노예제 등의 다양한 체제가 보통 생각하는 것보다 훨씬 더 중요했다고 강조하고 있다. 그는 프롤레타리아를 완전히 거부하는 것은 아니지만 '일하지 않는 빈민'을 변화의 추동자로서 기쁘게 찬양하고 있다. '본원적 축적'은 먼 옛날 근대 초기 시대에 단 한 번 벌어지고 끝난 단계로 보아서는 안 된다는 그의 주장은 아주 옳고, 또 많은 최근의 연구와도 합치한다. 하지만 임노동과 자본주의 사이에 필연적인 (비록 대단히 불균질하지만) 연관이 있음을 거부하는 그의 주장은 근거가 박약하다. 물론 임노동자들은 현물로 임금을 받을 때도 있고, 또 회사 상점에서만 쓸 수 있는 증표 따위로 임금을 받을 때도 있다. 그리고 경제 외적 강제가 그 보조 수단으로 사용되는 경우도 아주 빈번하다. 하지만 자본주의가 발달하게 되면 또한 경제적 강박의 효력이 확장될 때가 많으며, 이에 따라 부채는 보조적인 역할로 물러서게 된다. 그레이버 스스로도 몇 세기 전까지 거슬러 올라가서 영국의 임금률에 관한 데이터를 제공하고 있으며, 자본주의가 산업혁명 훨씬 이전에 영국 농촌에서 발전했다고 주장한다. 그는 또한 미국 노동생산성의 상승과 거의 정체 상태에 있는 임금률 사이에 갈수록 격차가 커지고 있음을 보여주는 좀 더 최근 데이터를 내놓고 있다. 오늘날 전 세계적으로 수십억에 이르는 사람들—아마도 인류의 절반—이 생계 수단을 임금과 봉급에 의존하고 있다. 그리고 가난한 이들의 저임금과 빚더미야말로 지구적 불균형과 금융 위기에 어마어마하게 기여한 바 있으며, 이는 그레이버 또한 분명히 동의할 것이다.

사회적 생산관계에 대한 관심이 이렇게 결여된 결과의 한 예를 들자면, 그레이버는 이 때문에 아메리카 대륙에 대한 에스파냐의 지배에서 작동되던 복잡성을 제대로 포착하지 못하고 있다. 그 지배의 한 요소였던 자유로운 임노동이라는 요소를 빼먹고 있기 때문이다. 부역 나온 노동자들 혹은 노예노동 등이 안데스 지역의 조건에서는 은 광산에 적합하지 않다. 일단 추위가 너무 심한 데다가 알티플라노 고원 지역의 척박한 토양 때문에 노예들은 자신의 생존 자체에 모든 에너지를 쏟아부어야 한다. 또 부역 나온 노동자들은 여기에 징발되어 머무는 기간이 짧기 때문에 이 일에 필요한 기술을 완전히 익힐 수 없다. 왕실 관리들은 이러한 난점들을 피해갈 교묘한 방식을 찾아냈다. 정복 이전에 존재했던 공납 체제를 적절히 바꾸어 쓰는 것이다. 여러 마을들로 하여금 광산에서 6개월간 일할 노동자들도 내놓도록 했을 뿐만 아니라 식료품과 옷감도 바치도록 했으며, 이를 당국은 알티플라노 고원의 광산 지역에 있는 임노동자들에게 판매했다. 이 임노동자들은 독일의 은 광부들이 받았던 것과 비슷한 임금률로 임금을 계산하여 은으로 지불받았다(피에르 빌라르(Pierre Vilar)의 고전인 『금과 화폐의 역사』(History of Gold and Money)에 설명되어 있다). 하지만 이 노동자들은 임금으로 받았던 돈 대부분을 공납으로 바쳐진 옷과 음식을 사는 데 써버렸다. 이러한 방식을 통해 식민지 국가는 옥수수와 목화를 은으로 바꾸는, 실로 마이더스 왕과 같은 능력을 발전시켰던 것이다. 이러한 장치는 왕실 관리들이 금화·은화를 뽑아내는 데 얼마나 천재적이었는가(그리고 탐욕스러웠는가)를 잘 보여준다. 다른 수입원으로는 은을 채굴하는 허가장의 판매, 생산된 모든 은에 대한 왕실의 5분의 1세, 화물 운반비, 노예 판매상(asiento) 허가에서 오는 수익, 가정 노예의 수입권 판매 등이 있었다.

이러한 이야기에는 시장, 특히 '자유시장'이 끼치는 크나큰 파괴에 대한 강조가 반복되고 있다. 하지만 그레이버의 목적은 자본주의보다 한참 오래전부터 있었던 제도 하나를 절대 악으로 몰아붙이는 것에 있지 않다. 그 대신 그는 국가냐 시장이냐라는 '잘못된 선택지'를 문제로 삼는다. 그레이버의 "모든 인간관계의 기저에 깔린 공산주의"는 사회적 존재가 살아가는 데 절대적으로 중요한 차원 혹은 수준을 나타내는 것이다. 그는 이를 단지 시장만 억누를 수 있다면 인류가 사적 소유와 노동 분업이라는 망상에서 마법처럼 풀려날 것이라는 식의 생각과 대조시킨다. 물론 이런 식의 생각은 분명히 망상일 뿐만 아니라 위험하기까지 하다는 것이 드러난 바 있다. 하지만 그렇다고 해서 '생산수단의 소유권'에 관심을 갖는 것이 모두 그저 '신화적 공산주의'의 형태에 불과한 것은 아니다. 이 지구화의 시대에 공공소유라는 개념은 분명히 근본적으로 다시 생각될 필요가 있으며, 대단히 복잡한 문제일 것임은 틀림없다. 이는 생산자들, 소비자들, 공동체들, 여러 네트워크들 등 '공공'을 구성하면서 서로 교차하는 여러 다양한 구현체들이 모두 함께 기여하며 만들어가야 할 것이다. 하지만 자본주의적 소유의 힘을 우습게 보는 태도를 가진다면, 결코 이러한 공공 소유의 개념을 찾아낼 수 없다. 자본주의적 소유의 힘은 항상 큰 물고기가 작은 물고기를 잡아먹는 것을 허락하도록 되어 있기 때문이다.

그레이버의 주장은 아나키즘의 전통에 영향을 받은 듯하지만, 이따금씩은 그도 국가권력이 사회정의 혹은 더 폭넓은 경제적 역량 강화를 장려하는 방식으로 활용될 수 있다고 인정하고 있다. 그는 국가와 시장을 대립시키는 것이 어불성설이라고 주장한다. 국가가 임금과 필수품을 지급하는 방식으로, 또 시장에 필수적인 기본 규칙들과 재산권을 보장하는 방식으로 시장을 창출하고 유지하는 것은 너무나 빈번한 일이었다는 것이다. 이 책의 주요 주제는 국가가 부채를 탕감할 능력이 있다는 것이다. 이는 메소포타미아까지 거슬러 올라가는 것일 뿐만 아니라 오늘날에 이루어져야 할 것의 한 예로서 등장하고 있기도 하다. 이 책에는 국가에 의해 변함없이 저질러져온 착취와 억압이 빈번하게 기록되어 있지만, 국가가 한 손으로 뺏은 것을 다른 손으로 돌려주는 양가적인 제도이며 또 생산적인 제도이기도 하다는 예는 거의 보여주지 않는다.

그레이버는 선사시대에 어떤 일이 벌어졌을까를 논쟁적으로 재구성하는 가운데서 빈번하게 오늘날의 신자유주의 이데올로기를 겨냥하고 있다. 시장근본주의에 기반한 신자유주의는 집단 전체의 가능한 미래를 어떻게 그려낼 것인가라는 문제에 전혀 답하지 않는다는 것이다. 그의 주장은 설득력이 클 때도 많지만, 너무 도매금으로 싸잡아서 비판을 전개하다가 논점이 잘못 나간 경우도 있는 것처럼 보인다. 폴 새뮤얼슨(Paul Samuelson)의 유명한 논문에 대한 그의 비판이 그 한 예다. 그레이버의 이 실수는 이 책의 큰 주장과 직접적인 관련이 있으므로 좀 설명할 필요가 있다. 새뮤얼슨이 1958년 『정치경제학 저널』(*Journal of Political Economy*)에 게재한 논문은 「화폐라는 사회적 고안물을 가정하지 않은 상태에서의 이자에 대한 소비–대부 정밀 모델」(An Exact Consumption-Loan Model of Interest, With or Without the Social Contrivance of Money)이라는 상당히 건조하고 기술적인 제목을 달고 있다. 그레이버가 불평하는 바는 새뮤얼슨이 화폐를 생산관계와 무관하게 단지 그 위에 씌워진 베일로 보고 있다는 것으로서, 이 논점 자체는 높게 평가할 필요가 있다. 하지만 새뮤얼슨의 논문이 갖는 의미와 중요성은 당시 미국의 사회보장 프로그램을 둘러싸고 벌어진 논쟁에 해법을 제시했다는 데서 찾아야 한다. 본래 1935년에 법령화된 이 프로그램에서는 연금이 제공되고 있지만, 오직 이전에 돈을 납입했던 이들만 대상으로 삼고 있었기에 여러 문제가 있었다. 그 가운데서도 새로 납입금이 밀려들어와 쌓이고 있었지만 막상 연금을 지급받는 사람은 별로 없었다는 게 무엇보다 큰 문제였다. 그리하여 두 가지 좋지 않은 결과가 나왔다. 우선 1938년에 벌어진 경기후퇴를 더욱 악화시켰다는 것이며, 또 고령의 노동자들은 아무 보호도 받지 못하고 있었다는 것이다. 1950년에 와서 이 법령이 수정되어, 당시의 고령 노동자들에게 만약 1935년 이전에 그 법령이 존재했다면 그들이 납입했을 기여금의 액수를 가상으로 계산하여 연금으로 지급하는 조치가 취해진 것이다. 이러한 가정—종종 '일괄 가입'(blanketing-in)이라 불린다—덕분에 사회보장국에서는 노령연금을 훨씬 풍족하게 지급할 수 있게 되었고, 이는 거시경제적 균형뿐만 아니라 노인들의 은퇴 후 소득에도 좋은 결과를 가져왔다. 실로 이는 앞에 나온 이누이트 사냥꾼들의 인간적이고도 집단주의적인 가치들을 체현한 발명품이라고 볼 수 있다. 이 사회보장제도에서는 모든 이가 기여금을 납입하는 동시에 모든 이가 혜택을 보게 되어 있으니, 눈에 보이지 않는 재분배를 실행함으로써 모든 이들에게 연금을 제공한 것이다.

하지만 이 고령 노동자들은 아무 대가도 치르지 않고 무엇인가를 제공받은 셈이 아닌가? 새뮤얼슨은 그 논문에서 그럼에도 불구하고 이것이 어째서 완벽하게 지속 가능한 장치인지 설명했던 것이다. 그는 '사회보장 패러독스'라는 개념을 써서 사회보장 신탁기금에는 항상 현재 연금 수령자들에게 주어야 할 돈이 충분히 있다는 점을 설명한다. 현재 납입금을 내는 이들에게 나중에 주어야 할 연금의 일부는 '아직 태어나지 않은 이들'이 내면 된다는 것이다. 이에 대해 비판하는 이들은 이렇게 반대한다. 다 좋지만, 그 '마지막 세대'의 연금은 누가 지불할 것인가? 새뮤얼슨은 이러한 연금 계획이 존속하고 정부가 보증을 서는 한 미래의 연금도 지불할 수 있게 되리라는 점을 보여주었으며, 그 필수적인 요건으로 연금의 스폰서(즉 국가)가 20년 혹은 50년 후에도 존속할 것을(이는 민간 보험업체로서는 결코 약속할 수 없는 것이다) 사람들이 믿어야 한다는 것을 들었다.

보수적 사상가들은 원초적 부채를 강조하면서 이를 완전히 갚는 것은 영원히 불가능한 일이라고 주장하는 데 반하여, 새뮤얼슨의 주장은 브라이언 배리(Brian Barry)가 쓴 용어대로 '세대 간 정의의 연금 계획'에 자금을 대기 위해 미래로부터 대담하게 돈을 꿔오자는 것이었다. 새뮤얼슨은 여기에서 자신이 관습적인 정치경제학의 한계에 도전하고 있다는 것을 잘 알고 있었다. 그래서 자신의 접근법을 옹호하기 위해 심지어 프리드리히 엥겔스의 여러 결론들까지 끌어오고 있는데, 이는 1958년 미국에서는 별 생각 없이 할 수 있는 일이 아니었다. 그레이버는 계속해서 1945년 이후의 시기를 사회적 포용이 확장된 기간으로 묘사하고 있다. 미국에서의 사회보장법 개정—다른 나라에서도 이와 비슷한 조치들이 취해진다—은 이러한 공공으로 조직된 사회보호 체제가 확립되는 데 중대한 기여였으며, 오늘날까지 여기에 가해진 공격들을 버티는 데 큰 능력을 보여준 바 있다.

비록 이 책이 느슨하게나마 시간적 순서의 구조를 띠고는 있지만, 그것이 무슨 진보라든가 전진이 벌어져왔다는 것을 암시하는 것은 아니다. 그레이버는 자본주의적 근대를 낙관적으로 독해하는 것에 전면적으로 도전하고 있으며, 그 대신 국가 부채를 발행하는 국민국가의 출현은 더욱 파괴적인 전쟁들을 몰고 오는 전조(前兆)라고 보고 있다. 그는 자본주의를 가장 깊이 있게 분석한 이들이 모두 자본주의가 붕괴 직전에 있다는 견해를 갖고 있었다고 주장한다. "자본주의의 위대한 이론가들은 마르크스에서 베버, 슘페터, 폰 미제스까지 정치적 스펙트럼의 전 영역에 걸쳐 거의 모두가 자본주의는 기껏해야 한두 세대면 사라질 것이라고 생각했었다." 물론 이러한 주장을 뒷받침하기 위해 이런저런 인용문을 끌어모으는 것도 가능할 것이다. 하지만 이 자본주의 연구가들의 사상에는 그레이버가 말하는 것과 다른 흐름도 있다. 자본주의는 그 자칭 비판가들의 설익은 생각에는 아랑곳하지 않고 위기의 메커니즘을 통해 '창조적 파괴'를 거치면서 튼튼하게 존재한다고 강조하는 흐름이다. 그레이버가 지적하는 대로, 핵무기와 생명 영역에 대한 여러 위협들이 나타나면서 자본주의 붕괴 시나리오의 가능성이 올라간 것은 사실이다. 하지만 이러한 위험들을 충분히 의식하면서도 그레이버는 여전히 자신의 중심 메시지를 희망적으로 보고 있다. 즉 인간 세상의 여러 제도를 근본적으로 변형해 "모든 인간관계의 기저에 깔린 공산주의"라는 암묵적인 기초 위에서 "모두 능력에 따라 기여하고 모두 필요에 따라 받는" 원리에 의거해 다시 구축할 수 있다는 것이다.

분명히 그레이버는 자신의 의도가 사회적 가능성에 대한 희망을 다시 일깨우는 것이라고 천명하고 있다. 그는 대안에 대한 세세한 논의는 별로 내놓고 있지 않지만, 부채의 전면적 탕감이라는 오래된 아이디어가 여전히 최상의 출발점이라고 분명히 역설하고 있다. 은행들의 이익에 복무하기 위해 어마어마한 규모로 화폐를 창출했던 최근 몇 년간의 경험을 보건대, 은행가들 및 채권 상인들을 금융 영역의 지배자로 받들어 모시는 것이 얼마나 불합리한 일인가를 똑똑히 알 수 있다. 이렇게 본다면 모든 채무 증서를 파기하는 고대 유대인들의 희년(Jubilee)이라는 제도가 지금 그 어느 때보다 현실적인 의미를 가진다는 것이 그의 생각이다. 하지만 그가 말하는 부채 없는 세상(혹은 건강하지 않은 부채가 없는 세상이라고 해야 할까?)이 도대체 어떤 모습일지에 대해 대략이라도 보여주었으면 하는 아쉬움이 남는다. 그런 세상에서 소비자 협동조합들, 노동자들의 집합체, 자치 공동체들, 전 세계적인 네트워크들 및 협력체들 등은 어떤 방식으로 자신들의 사업을 조절하게 되는 것일까? 프루동이 주장했던 것처럼, 이들이 각자 번성하기 위해서는 자기만의 고유한 투자와 신용의 방식을 가져야 하는 것일까? 가격은 여전히 필요할까? 만약 필요하다면 가격을 결정하는 방식은 무엇일까? 그레이버의 논리가 지향하는 방향은 저 밉살스러운 부채를 탕감해버리고 나서 우리 존재 방식을 극적으로 단순화하자는 것이 아니라 사회적 포용, 탈상품화, 민주적 통제 등을 구현하는 새로운 제도들을 풍부하게 만들어내자는 데 의존하고 있다. 경제적인 무권력 상태와 결합된 형식뿐인 대의민주제는 명시적으로 거부된다. '재분배 국가'가 패거리주의와 '정체성의 정치학'을 낳는 일이 너무나 많은 것과 마찬가지로, '국가 부채'와 그 채권시장은 민주주의에 족쇄를 채울 뿐이라는 것이다.

이 책은 현재에도 진행 중인 금융 위기의 와중에 출간되었지만, 2008년 사태와 그것을 낳은 각종 지구적 불균형의 문제에 대해서는 별로 이야기가 없다. 하지만 그레이버가 이 위기에 비추어 자신의 논지를 더 발전시켰더라면 흥미로웠을 것이다. 현재의 위기는 대단히 많은 것을 우리에게 가르쳐주고 있다. 대규모 은행들의 존속 자체가 국가가 지원하는 어마어마한 규모의 지속적인 공적 자금 투입에 의존하고 있다는 것은 이제 아무도 부인할 이가 없을 것이다. 그럼에도 불구하고 이 은행들은 여전히 신용을 꽁꽁 감추어 경제 회복에 찬물을 끼얹고 있다. 제너럴 모터스에 취해진 구제금융은 여러 가혹한 조건들을 달고 있었지만, 그래도 이를 통해 우리는 단기적으로 공공 신용이 생산을 재생할 능력이 있다는 것을 똑똑히 알게 되었다. 하지만 그렇다고 해서 이미 퇴물이 되어버린 사회경제적 모델을 영원한 것인 양 결론을 내릴 수는 없다. 그 대신 우리는 협동에 기초한 노동과 집단적 소유, 상이한 생산물 혹은 서비스에 기초한 새로운 경제 모델의 유형을 상세하게 그려내기 위해 노력해야 한다.

나쁜 부채에 대한 이 묵직한 논고를 보면 건강한 신용이 무엇인가를 정의하기 위해 더 많은 작업이 필요하다는 것을 알 수 있다. 그레이버는 자본주의를 '도박'이라고 보는 유서 깊은 전통에 서서 비판을 내놓는다. 하지만 미래의 여러 시설에 대한 투자에는 항상 불확실성의 요소와 자원에 대한 청구권이 포함되어 있게 마련이다. 만약 그러한 투자가 진정 사회적 필요를 효과적으로 충족시키는 것으로 판명된다면, 정부는 그에 필요한 돈을 무(無)에서 창출할 수 있다. 필수적인 여러 사회적 혁신을 포착하고 돈을 대는 과제에는 자본가들이 무능할 때가 많으며, 특히 대규모 보조적 인프라를 필요로 하는 사회적 혁신의 문제에서는 더욱 그러하다. 채무, 수요 부족, 기후변화의 재난, 빈곤, 사회기간시설의 붕괴, 생산을 옥죄는 긴축정책 등에 짓눌려 있는 이 세상에 빠져 있는, 하지만 절대적으로 필요한 요소가 하나 있다면, 이는 공공사업, 그것도 폭넓은 다양한 영역에서 펼쳐지는 공공사업이다. 그레이버는 부채로 얼룩진 옛날의 나쁜 세상을 폭로하며, 또 상품화를 넘어선 새로운 지평으로 가는 길이 어느 쪽인지 가리키고 있다. 아마도 이 새로운 지평을 훤히 밝혀주는 것은 공공 신용일 것이다.

〔홍기빈 옮김〕

| 출전 |

제1부 〔특집〕 21세기 자본주의론

예란 테르보른, 「21세기의 계급」(Class in the 21st Century)

    New Left Review 78(2012. 11~12), pp. 5~29.

볼프강 슈트렉, 「고객으로서의 시민: 새로운 소비 정치에 대한 고찰」(Citizens as Customers)

    New Left Review 76(2012. 7~8), pp. 27~47.

앤드류 스미스, 「서비스 노동」(On Shopworking)

    New Left Review 78(2012. 11~12), pp. 99~113.

로브 루카스, 「비판적 인터넷 평론가」(A Critical Net Critic)

    New Left Review 77(2012. 9~10), pp. 45~69.

줄리언 스탤러브라스, 「디지털 빨치산: 『뮤트』와 인터넷의 문화정치학」(Digital

Partisans: Cultural Politics, Technology and the Web)

New Left Review 74(2012. 3~4), pp. 125~39.

낸시 프레이저, 「삼중 운동?: 폴라니 이후 정치적 위기의 속살을 파헤친다」(A
Triple Movement?: Parsing the Politics of Crisis after Polanyi)

New Left Review 81(2013. 5~6), pp. 119~32.

제2부 지역 쟁점

리처드 던컨, (대담)「새로운 세계 불황?」(A New Global Depression?)

New Left Review 77(2012. 9~10), pp. 5~33.

미셸 아글리에타, 「소용돌이 속의 유럽」(The European Vortex)

New Left Review 75(2012. 5~6), pp. 15~36.

아세프 바야트, 「혁명의 호시절?」(Revolution in Bad Times)

New Left Review 80(2013. 3~4), pp. 47~60.

타리크 알리, 「과거와 미래 사이에서: 아세프 바야트에 답함」(Between past and
future: Reply to Asef Bayat)

New Left Review 80(2013. 3~4), pp. 61~74.

케빈 그레이, 「한국의 정치 문화」(The Political Cultures of South Korea)

New Left Review 79(2013. 1~2), pp. 85~101.

제3부 문화와 예술

T. J. 클라크, 「미래가 없는 좌파를 위하여」(For a Left with No Future)

New Left Review 74(2012. 3~4), pp. 53~75.

수전 왓킨스, 「현재주의?: T. J. 클라크의 글에 대한 답」(Presentism? A Reply to
T. J. Clark)

New Left Review 74(2012. 3~4), pp. 77~102.

제4부 서평

제니퍼 피츠, 「자유주의적 지(地)문화?: 이매뉴얼 월러스틴의 『근대 세계체제』 제4권」(A Liberal Geoculture?)

New Left Review 78(2012. 11~12), pp. 136~44.

로빈 블랙번, 「아나키스트들을 위한 금융 이야기: 데이비드 그레이버의 『부채: 처음 5천 년』」(Finance for anarchists)

New Left Review 79(2013. 1~2), pp. 141~50.

| 지은이 소개 | (게재순) *

예란 테르보른(Göran Therborn)은 1941년 스웨덴 칼마르(Kalmar)에서 태어났다. 『뉴레프트리 뷰』에 다수의 글을 발표했으며 대표적인 마르크시스트 사회학자로 세계적인 명성을 얻었다. 주요 연구 분야는 세계화와 근대성 그리고 복지국가 담론이며, 현재 케임브리지 대학 사회학과 명예교수로 있다. 저서로 국내에 번역 · 소개된 『다른 세계를 요구한다』(홍시, 2011)를 비롯해 *Science, Class and Society*(1976), *What Does the Ruling Class do When it Rules?: State Apparatuses and State Power under Feudalism, Capitalism and Socialism*(1978), *The Ideology of Power and the Power of Ideology*(1980), *Why Some Peoples are More Unemployed than Others*(1986), *European Modernity and Beyond: The Trajectory of European Societies, 1945~2000*(1995), *Between Sex and Power: Family in the World, 1900~2000*(2004), *From Marxism to Post-Marxism?*(2008), *The Killing Fields of*

* 로브 루카스(Rob Lucas)는 원서에도 약력이 밝혀져 있지 않고 다른 경로를 통해서도 확실한 자료를 확인할 수 없어 소개글을 싣지 못했습니다.

Inequality(2013) 등이 있다.

볼프강 슈트렉(Wolfgang Streeck)은 1946년 독일 렝거리히에서 태어나 프랑크푸르트와 뉴욕에서 사회학을 공부한 후, 뮌스터 대학에서 조교수로 일했다. 1980년 프랑크푸르트 대학에서 박사학위를 받고 빌레펠트 대학에서 사회학 전공으로 하빌리타치온을 취득했다. 학창 시절 사회민주주의 대학생동맹(Sozialdemokratischen Hochschulbund, SHB)에서 열성적으로 활동했고, 오펜바흐의 '사회주의자 모임'(Sozialistische Büro, SB) 창설에 참여했다. 1980~88년 베를린 사회과학연구소 선임 연구원으로 일한 바 있다. 그 후 1988~95년에는 위스콘신 대학 매디슨 캠퍼스에서 사회학과 산업 관계를 가르쳤으며, 1995년 이후 지금까지 쾰른 소재 막스 플랑크 사회연구소 소장으로 일하고 있다. 또한 1999년부터 쾰른 대학의 경제학·사회과학대학에서 사회학을 가르치고 있기도 하다. 1998년 베를린-브란덴부르크 학술 아카데미 회원이 되었다. 경제와 정치 및 그 상호 관계 문제에 몰두하고 있으며, 무엇보다 공공 정책에 대한 역사적 비교 연구에 관심을 두고 있다. 저서로 *Internationale Wirtschaft, nationale Demokratie: Herausforderungen für die Demokratietheorie*(1998), *Governing interests: business associations facing internationalization*(2006), *Re-Forming Capitalism: Institutional Change in the German Political Economy*(2009), *Gekaufte Zeit: Die vertagte Krise des demokratischen Kapitalismus*(2013) 등이 있다.

앤드류 스미스(Andrew Smith)는 문학사회학으로 박사학위를 취득한 후 영국 글래스고 대학 강사로 사회학을 가르치고 있으며, 인종주의·민족·민족주의 연구센터의 소장을 역임했다. 주로 문화정치, 특히 대영제국과 그 후의 문화정치에 중점을 두고 연구하고 있다. 저서로 *C. L. R. James and the Study of Culture*(2010)가 있다.

줄리언 스탤러브라스(Julian Stallabrass)는 영국 옥스퍼드 대학을 졸업했다. 런던 대학에서 석사·박사과정을 마치고, 현재 이곳에 남아 강의하며 큐레이터와 사진작가로도 활동하고 있다. 예술과 대중문화, 뉴미디어에 이르는 폭넓은 분야를 연구하고 있는데 현대예술, 전 지구화 시대의 예술 세계, 전후 영국 예술, 사진의 역사, 뉴미디어 아트 등 그의 관심 분야는 시대와 영역을 횡단하면서 정치성이라는 큰 축으로 연결되어 있으며, 예술 분야의 다양한 출판물에 정기적으로 리뷰를 게재하고 있기도 하다. 2001년에는 'Art and Money Online'이라는 제목의 전시를 영국 테이트 박물관에서 진행했으며, 2008년 브라이튼 포토비엔날레(Briton Photo Biennial)의 큐레이터로 활약하기도 하였다. 저서로 *Gargantua: Manufactured Mass Culture*(1996), *Internet Art: The Online Clash of Culture and Commerce*(2003), *Art Incorporated:*

The Story of Contemporary Art(2004), *High Art Lite: The Rise and Fall of Young British Art*(2006) 등이 있다.

낸시 프레이저(Nancy Fraser)는 1947년 미국 볼티모어에서 태어났으며, 1969년 브린모어 대학 철학과를 졸업하고, 뉴욕 시립대학 철학과에서 석사·박사학위를 받았다. 1995년부터 현재까지 미국 뉴욕 스쿨(the New School for Social Research)에서 Henry A. and Louise Loeb Professor of Political and Social Science로 재직하고 있으며, 저널 『Constellations』의 편집자문위원으로도 활동하고 있다. 오늘날 대표적인 젠더 이론가들 가운데 한 사람이자 페미니스트 정치철학자로 꼽히는 그녀의 저서로는 국내에 번역·출간된 『지구화 시대의 정의』(그린비, 2010), 『분배냐 인정이냐?』(공저, 사월의책, 2014)를 비롯해 *Unruly Practices: Power, Discorse, and Gender in Contemporary Social Theory*(1989), *Feminist Contentions*(공저, 1994), *Justice Interruptus*(1997), *Adding Insult to Injury*(Kevin Olson 편집, 2008), *Fortunes of Feminism: From Women's Liberation to Identity Politics to Anti-Capitalism*(2013) 등이 있다.

리처드 던컨(Richard Duncan)은 1979~83년에 미국 반더빌트 대학에서 문학과 경제학을 공부한 후, 1986년까지 매사추세츠 주 소재의 밥슨(Babson) 대학에서 국제금융을 전공하며 MBA를 마쳤다. 홍콩에서 주식 애널리스트로서 일했고, 그 경험을 바탕으로 글로벌 거대금융기업인 네덜란드의 ABN AMRO 자산운용사에 채용되어 런던에서 글로벌 투자전략 책임자로 일했다. 또한 세계은행 워싱턴 본부에서 금융부분 전문가로 일했으며, 세계 유수의 투자은행인 살로몬 브라더스(Salomon Brothers)와 제임스 카펠 증권사(James Capel Securities)에서도 주식 연구부서 책임자로 일한 바 있다. 1997년 동아시아 위기 기간 동안에는 태국에서 IMF 자문위원을 역임했고, 현재는 싱가포르에 위치한 Blackhorse 자산운용사에서 수석 경제학자로 일하고 있다. 저서로 국내에 번역·출간된 『신용 천국의 몰락』(인카운터, 2013)을 비롯해 2008년 글로벌 금융위기를 예견이라도 한 듯한 *The Dollar Crisis: Causes, Consequences, Cures*(2003)를 발표하여 세계적인 베스트셀러가 되었으며, 이외에 *The Corruption of Capitalism: A Strategy To Rebalance The Global Economy And Restore Sustainable Growth*(2009) 등이 있다.

미셸 아글리에타(Michel Aglietta)는 1938년 프랑스에서 태어나 에콜 폴리테크닉(Ecole Polytechnique)을 졸업했다. 파리 1대학에서 박사학위를 받았으며, 1974년에 그의 학위논문 『자본주의의 조절과 위기』가 출간되었고, 영어본은 1976년에 출간되었다. 아미앵 대학 교수와

INSEE의 연구원을 거쳐 현재 파리 10대학 교수로 재직하고 있으며, CEPII 고문을 맡고 있다. 부아예(Boyer), 코리아(Coriat), 리피에츠(Lipietz) 등과 함께 프랑스 조절이론의 창시자로 금융경제 및 국제금융에 대하여 주로 연구하고 있다. 주요 저서로는 『화폐의 폭력』(공저, 1984), 『금융 자본주의의 표류』(공저, 2004) 등이 있으며, 국내에 번역·출간된 『자본주의 조절이론』 (한길사, 1994), 『금융제도와 거시경제』(문원출판사, 1998), 『현대 자본주의의 미래와 조절이론』(문원출판사, 1999), 『세계 자본주의의 무질서』(공저, 도서출판 길, 2009), 『위기, 어떻게 발발했으며 어떻게 극복할 것인가』(한울아카데미, 2009) 등이 있다.

아세프 바야트(Asef Bayat)는 이란에서 태어나 영국 켄트 대학에서 사회학과 정치학으로 박사학위를 받았다. 네덜란드 레이던 대학의 국제현대이슬람연구소(ISIM) 연구이사를 역임했으며, 이집트 카이로의 아메리칸 대학에서 16년간 사회학과 중동학을 가르치면서 캘리포니아 대학 버클리캠퍼스와 컬럼비아 대학, 뉴욕 대학, 옥스퍼드 대학 등의 초빙교수로도 활동했다. 현재는 일리노이 대학의 사회학 및 중동학 교수로 있다. 정치사회학, 사회 운동, 도시 공간과 정치, 정치와 종교성의 일상, 현대 이슬람과 중동 등 광범위한 주제를 다룬 책들을 썼다. 저서로 *Street Politics: Poor People's Movements in Iran*(1997), *Making Islam Democratic: Social Movements and the Post-Islamist Turn*(2007), *Life as Politics: How Ordinary People Change the Middle East*(2013) 등이 있다.

타리크 알리(Tariq Ali)는 1943년 파키스탄 라호르에서 태어났다. 라호르 대학을 다닐 때, 군사독재에 맞서 저항하다 영구 추방되어 영국 옥스퍼드 대학으로 유학을 떠났다. 옥스퍼드 유니언의 회장으로 선출되어 베트남 전쟁 반대시위를 계획하면서부터 정치적 명성을 얻었다. 격동의 시기였던 1960년대를 반전운동가로 활동했으며, 현재 『뉴레프트리뷰』 편집위원으로 있다. 저서로 *The Stone Woman*(2001), *A Sultan in Parlermo*(2006), *The Leopard and the Fox*(2007), *The Duel: Pakistan on the Flight Path of American Power*(2008), *Night of the Golden Butterfly*(2010), *The Obama Syndrome: Surrender at Home, War Abroad*(2010), 국내에 번역된 『1968: 희망의 시절, 분노의 나날』(공저, 삼인, 2001), 『근본주의의 충돌』(미토, 2003), 『술탄 살라딘』(미래M&B, 2005), 『석류 나무 그늘 아래』(미래M&B, 2007), 『1960년대 자서전: 열정의 시대 희망을 쏘다』(책과함께, 2008) 등이 있다.

케빈 그레이(Kevin Gray)는 영국 리즈 대학을 졸업하고 뉴캐슬 대학에서 대학원 과정을 마쳤다. 그는 주로 노동과 세계화 사이의 관계에 대해 연구해왔으며, 특히 한국의 노동조합 투쟁에 대해 많은 관심을 가져 「계급이하의 계급으로서 한국의 이주노동자」라는 논문을 국내 단행본 연구서(『위기의 노동』, 후마니타스, 2005)에 발표한 바도 있다. 현재 서식스 대학 교수로 있다.

T. J. 클라크(T. J. Clark)는 1943년 영국 브리스틀에서 태어나 케임브리지 대학의 세인트존스 칼리지에서 공부하고 런던 대학 코톨드 미술연구소에서 박사학위를 받았다. 하버드 대학과 캘리포니아 대학(버클리 캠퍼스)을 포함하여 영국과 미국의 많은 대학에서 미술사를 가르쳤다. 미술사 분야에서 큰 영향력을 가진 그는 현대 회화를 현대 삶의 사회적 · 정치적 상황이 표현된 것으로 본다. 좌파 성향이 두드러지며 스스로도 마르크스주의자임을 자처한다. 저서로 *Image of the People: Gustave Courbet and the 1848 Revolution*(1973), *The Absolute Bourgeois: Artists and Politics in France, 1848~1851*(1973), *The Painting of Modern Life: Paris in the Art of Manet and his Followers*(1985), *Farewell to an Idea: Episodes from a History of Modernism*(2005), *The Sight of Death: An Experiment in Art Writing*(2006), *The Painting of Postmodern Life?*(2009), *Picasso and Truth: From Cubism to Guernica*(2013) 등이 있다.

수전 왓킨스(Susan Watkins)는 노스런던 칼리지어트 스쿨 포 걸스(North London Collegiate School for Girls)와 옥스퍼드 대학에서 수학했고, 현재 『뉴레프트리뷰』의 편집위원으로 활동하고 있다. 저서로 『1968: 희망의 시절, 분노의 나날』(공저, 삼인, 2001), 『페미니즘』(김영사, 2007) 등이 있다.

제니퍼 피츠(Jennifer Pitts)는 시카고 대학 정치학과 부교수로 재직하고 있다. 그녀의 주요 연구 분야는 근대 정치사상이며, 특히 18세기와 19세기 영국과 프랑스 사상에 관심이 많다. 이 밖에도 제국, 국제법의 역사, 지구적 정의에 대해서도 연구하고 있다. 18세기와 19세기 동안 유럽을 넘어서는 사회들과의 법적 관계를 둘러싸고 전개되었던 유럽의 논쟁을 다루는 책을 준비하고 있으며, 케임브리지 대학에서 출간되고 있는 Ideas in Context 시리즈의 공동편집자이기도 하다. 시카고 대학에서는 인권 프로그램, 니콜슨 영국연구센터, 프랑크 인문학연구소, 여성 리더십위원회에 참여하고 있다. 저서로 *A Turn to Empire: The Rise of Imperial Liberalism in Britain and France*(2005)가 있다.

로빈 블랙번(Robin Blackburn)은 1940년 영국 런던에서 태어났다. 옥스퍼드 대학과 런던 정경대학(LSE)에서 역사사회학, 비판적 사회 이론, 현대 자본주의, 제3세계 등을 주제로 연구하고 강의했으며, 킹스 칼리지, 케임브리지, FLACSO(Latin American Social Science Faculty), 우드로 윌슨 센터 등을 거쳐 영국 에식스 대학과 석좌교수로 있는 미국 뉴욕 뉴 스쿨에서 사회사와 정치경제를 가르치고 있다. 『뉴레프트리뷰』 편집위원장을 역임했고(1981~99), 1962년부터 현재까지 편집위원을 맡고 있다. 1970년 이후 버소(Verso) 출판사에서 편집 자문위원으로도 활동하고 있다. 저서로는 *The Overthrow of Colonial Slavery, 1776~1848*(1988), *The Making of New World Slavery: From the Baroque to the Modern, 1492~1800*(1997), *Banking on Death or Investing in Life: The History and Future of Pensions*(2002), *Age Shock and Pension Power: Grey Capital and the Challenge of the Aging Society*(2007) 등이 있으며, 편저로는 『몰락 이후』(창비, 1994)가 있다.

김성경은 1977년 서울에서 태어나 경희대 사회학과를 졸업했다. 영국 에식스 대학에서 문화사회학
으로 석사학위를, 지구화 시대의 민족영화와 영화산업 연구로 사회학 박사학위를 받았다. 이
후 에식스 대학, 성공회대, 경희대 등에서 강의하고 연구하였다. 2013년에 싱가포르 국립대학
아시아연구소의 방문연구원으로 초청되어, 현재 싱가포르 국립대학 사회학과에서 재직 중이
다. 영화산업과 대중문화 연구를 병행하고 있으며, 최근에는 동아시아에서의 다양한 이동과 이
주를 문화사회학적 시각으로 연구하고 있다. 주요 논문으로 「북한 이탈 주민의 월경과 북중 경
계지역: '감각'되는 '장소와 북한 이탈 여성의 '젠더화'된 장소 감각」, 「경험되는 북중 경계지역
과 이동경로: 북한이탈주민의 경계넘기와 초국적 민족 공간의 확장」, 「영화산업의 신자유주의
체제화」, "'Defector', 'Refugee', or 'Migrant'?: North Korean Settlers in South Korea's
Changing Social Discourse" 등이 있으며, 저서로는 『탈북의 경험과 영화표상』(공저, 문화과
학, 2013), 『독재자의 자식들』(공저, 북오션, 2012)이 있다.

김영선은 중앙대 문예창작학과를 졸업하고 홍익대 대학원 미학과를 수료했다. 편집자 생활을 거쳐
기획과 번역 일을 하고 있다. 아이를 낳아 키우면서 사회 정의와 도시 공간의 관계, 칸트가 말

하는 '근본악'에 대한 제한과 자유주의 이념 사이에 균형잡힌 바람직한 공적 · 정치적 정서의
함양, 하루 24시간 1년 내내 시스템을 풀가동하기 위해 인공 태양을 이용해 우리의 잠 속까지
잠식해 들어오려는 자본주의 팽창 등의 문제를 다루는 책들에 더욱 관심을 갖게 되었다. 역서
로『러브, 섹스, 그리고 비극』(예경, 2006),『괴짜사회학』(김영사, 2009),『어느 책 중독자의 고
백』(돌베개, 2011),『왼쪽-오른쪽의 서양미술사』(뿌리와이파리, 2012),『지능의 사생활』(웅진
지식하우스, 2012) 등이 있다.

박형준은 1969년 경기도 가평에서 태어나 서울대 토목공학과를 졸업했다. 영국 서식스 대학 사회
정치사상 과정에서 마르크스의 소외론으로 석사학위를 받았고, 캐나다 토론토의 요크 대학
에서 조너선 닛잔(Jonathan Nitzan) 교수의 권력자본론을 공부하고, 그를 바탕으로 한국사
회의 자본주의적 진화과정을 다룬「Dominant Capital and the Transformation of Korean
Capitalism: From Cold War to Globalization」이란 논문으로 박사학위를 받았다. 새로운사
회를여는연구원과 진보금융네트워크에서 연구원으로 일했고, 현재는 글로벌정치경제연구소
에서 연구원으로 있다. 저서로『재벌, 한국을 지배하는 초국적 자본』(책갈피, 2013)이 있고, 역
서로는『불경한 삼위일체』(공역, 삼인, 2007),『스티글리츠 보고서』(동녘, 2010),『GDP는 틀
렸다』(동녘, 2011),『경제성장과 사회보장 사이에서』(책갈피, 2014) 등이 있다.

서영표는 1970년 서울에서 태어나 서울대 국사학과를 졸업하고 같은 대학 사회학과 대학원에서 석
사를 수료했다. 1996년 국제연대정책정보센터(PICIS, Policy and Information Center for
International Solidarity) 설립에 참여했다. 2007년 영국 에식스 대학 사회학과에서 박사학위
를 받았다. 영국 체류 중 적녹연구그룹(Red-Green Study Group)에 참여했다. 현재는 급진민
주주의 연구 모임인 '데모스'에 참여하고 있다.「영국 신좌파 논쟁에 대한 재해석」(『경제와 사
회』제80호) 등 녹색 사상과 녹색운동, 사회학 이론, 도시사회학에 대한 논문을 발표했다. 저
서로『런던 코뮌: 지방사회주의의 실험과 좌파 정치의 재구성』(이매진, 2009),『사회주의, 녹색
을 만나다: 생태주의, 사회주의, 민주주의』(한울, 2010),『좌우파 사전: 대한민국을 이해하는 두
개의 시선』(공저, 위즈덤하우스, 2010),『독재자의 자식들: 독재자 아버지, 영웅인가 망령인가』
(공저, 북오션, 2012) 등이 있다. 성공회대 '민주주의연구소' 연구교수를 거쳐 현재 제주대 사
회학과 교수로 있다.

정병선은 연세대 신문방송학과를 졸업했으며, 현재 번역과 집필, 다큐멘터리 작업 등을 하고 있
다. 편역서로『우리는 어떻게 비행기를 만들었나』(지호, 2003)가 있으며, 역서로『모차르트』
(책갈피, 2002),『벽을 그린 남자, 디에고 리베라』(책갈피, 2002),『축구 전쟁의 역사』(이지북,

2002), 『렘브란트와 혁명』(책갈피, 2003), 『브레인 스토리』(지호, 2004), 『전쟁과 우리가 사는 세상』(지호, 2004), 『미국의 베트남 전쟁』(책갈피, 2004), 『그 많던 지식인들은 다 어디로 갔는가』(청어람미디어, 2005), 『전쟁의 얼굴』(지호, 2005), 『한 뙈기의 땅』(밝은세상, 2006), 『존 리드 평전』(아고라, 2007), 『조류독감』(돌베개, 2008), 『타고난 반항아』(사이언스북스, 2008), 『돼지가 과학에 빠진 날』(김영사, 2008), 『자연과 함께한 1년』(한겨레출판, 2009), 『미래시민 개념사전』(21세기북스, 2009), 『사라진 원고』(난장이, 2009), 『참호에 갇힌 제1차 세계대전』(마티, 2009), 『현대 과학의 열쇠, 퀀텀 유니버스』(마티, 2009), 『레닌 재장전』(공역, 마티, 2010), 『여자가 섹스를 하는 237가지 이유』(사이언스북스, 2010), 『에너지 위기, 어떻게 해결할 것인가』(도서출판 길, 2010), 『게임 체인지』(컬처앤스토리, 2011), 『건 셀러』(가우디, 2011), 『잠동사니의 역습: 죽어도 못 버리는 사람의 심리학』(월북, 2011), 『뇌 속의 신체지도』(이다미디어, 2011), 『카 북: 자동차 대백과사전』(공역, 사이언스북스, 2013) 등이 있다.

한승동은 1957년 경남 창원에서 태어나 서강대를 다닌 뒤, 1988년 한겨레신문 창간멤버로 입사하여 국제부, 사회부, 정치부 기자, 도쿄 특파원, 논설위원을 거쳐 현재 문화부 기자로 있다. 저서로 『대한민국 걸어차기』(교양인, 2008), 『지금 동아시아를 읽는다: 보수의 시대를 가로지르는 생각』(마음산책, 2013)이 있으며, 역서로는 『우익에 눈먼 미국: 어느 보수주의자의 고백』(나무와숲, 2002), 『부시의 정신분석』(교양인, 2005), 『시대를 건너는 법: 서경식의 심야통신』(한겨레출판, 2007), 『로지컬 리스닝: 속마음을 읽어내는 기술』(공역, 시대의창, 2007), 『세계를 움직이는 인맥』(시대의창, 2009), 『나의 서양음악 순례』(창비, 2011), 『디아스포라의 눈: 서경식 에세이』(한겨레출판, 2012), 『속담 인류학』(마음산책, 2012), 『원전 없는 미래로: 출구는 자연에너지다』(공역, 도요새, 2012), 『희생의 시스템, 후쿠시마 오키나와』(돌베개, 2013), 『멜트다운: 도쿄전력과 일본정부는 어떻게 일본을 침몰시켰는가』(양철북, 2013), 『평화를 기다리는 아이들: 전쟁과 평화』(길벗스쿨, 2013) 등이 있다.

홍기빈은 서울대 경제학과를 졸업하고 같은 대학 외교학과 대학원을 마치고 캐나다 요크 대학 정치학과에서 박사학위를 받았다. 저서로 『아리스토텔레스 경제를 말하다』(책세상, 2001), 『투자자-국가 직접소송제: 한미 FTA의 지구정치경제학』(녹색평론사, 2006), 『소유는 춤춘다: 세상을 움직이는 소유 이야기』(책세상, 2007), 『리얼 진보』(공저, 레디앙, 2010), 『자본주의』(책세상, 2010), 『비그포르스, 복지 국가와 잠정적 유토피아』(책세상, 2011), 『살림/살이 경제학을 위하여』(지식의날개, 2012), 『지금 여기의 진보』(공저, 이음, 2012) 등이 있으며, 역서로는 『전세계적 자본주의인가 지역적 계획경제인가』(책세상, 2002), 『다수 문명에 대한 사유』(책세상, 2005), 『자본의 본성에 관하여』(책세상, 2009), 『거대한 전환: 우리 시대의 정치·경제적 기원』

(도서출판 길, 2009), 『자본주의: 어디로 와서 어디로 가는가』(미지북스, 2010), 『돈의 본성』
(삼천리, 2011), 『자본주의 고쳐 쓰기: 천박한 자본주의에서 괜찮은 자본주의로』(한겨레출판,
2012), 『자본주의 특강』(삼천리, 2013) 등이 있다. 온라인과 오프라인의 여러 매체에 지구정치
경제 칼럼니스트로 정기·비정기 기고를 하고 있다. 주요 연구 분야는 지구정치경제와 일본 자
본주의 구조 변화이며, 서구 정치경제 사상사에 대한 연구를 병행하고 있다. 금융경제연구소
연구위원을 거쳐, 현재 글로벌정치경제연구소 소장으로 있다.